LOUISIANA CENSUS RECORDS

NATCHITOCHES

POINTE COUPEE

IBERVILL

RAPIDES

CLAIBORNE UNION MOREHOUSE
WEST
CARROLL
EAST
CARROLL
BOSSIER
WEBSTER
CADDO LINCOLN OUACHITA
BIENVILLE JACKSON RICHLAND MADISON
RED
RIVER
DE SOTO CALDWELL FRANKLIN
WINN TENSAS
NATCHITOCHES
SABINE GRANT LA SALLE CATAHOULA CONCORDIA
RAPIDES
VERNON AVOYELLES
WEST
FELICIANA EAST
FELICIANA EAST
FELICIANA ST
HELENA WASHINGTON
BEAUREGARD ALLEN EVANGELINE ST LANDRY POINTE
COUPEE EAST
BATON
ROUGE LIVINGSTON TANGIPAHOA ST TAMMANY
WEST
BATON
ROUGE
CALCASIEU JEFFERSON
DAVIS ACADIA LAFAYETTE ST MARTIN
(PART) IBERVILLE ASCENSION ST
JAMES ST
JOHN THE
BAPTIST ORLEANS ST BERNARD
IBERIA ST
MARTIN
(PART) ST CHARLES JEFFERSON
CAMERON VERMILION ST
MARY ASSUMPTION LAFOURCHE PLAQUEMINES
TERREBONNE

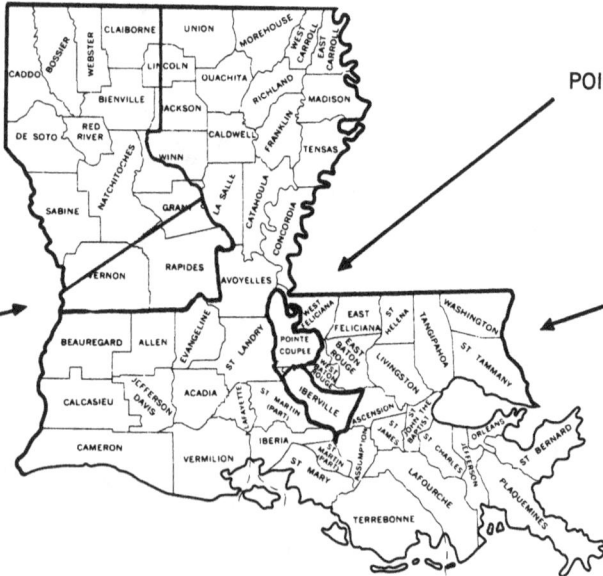

MAP OF LOUISIANA

Showing approximate jurisdictions of Iberville, Natchi-
toches, Pointe Coupee, and Rapides Parishes during the
early 19th Century.

LOUISIANA CENSUS RECORDS

Volume II

Iberville, Natchitoches
Pointe Coupee, and Rapides Parishes
1810 & 1820

Compiled by

ROBERT BRUCE L. ARDOIN

With a Foreword by

JAMES L. FORESTER

CLEARFIELD

Library of Congress Cataloging in Publication Data
Ardoin, Robert Bruce L

Louisiana census records.

CONTENTS: v. 1. Avoyelles and St. Landry Parish-
es, 1810 & 1820.—v. 2. Iberville, Natchitoches, Pointe
Coupee, and Rapides Parishes, 1810 & 1820.

1. Louisiana—Census. I. U. S. Census Office. 3d
census, 1810. II. U. S. Census Office. 4th census, 1820.
III. Title.

F374.A8   929.3'763   71-134170
ISBN 0-8063-0446-4 (v. 1)
ISBN 0-8063-0507-X (v. 2)

Format designed and typed by the compiler.

Published by
Genealogical Publishing Co., Inc.
Baltimore, Maryland

Reprinted for
Clearfield Company, Inc. by
Genealogical Publishing Co., Inc.
Baltimore, Maryland
1995

Ce deuxième volume est
dédié à la même
personne que le premier

CONTENTS

ERRATA

Page xx, line 10: the following should fall between the compensation descriptions of the marshals of Delaware and Virginia:

"... the marshal of the district of Maryland, three hundred dollars ..."

Page xxvi, line 23: the following should fall between the compensation descriptions of the marshals of East Tennessee and Ohio:

"... the marshal of the district of West Tennessee, one hundred and fifty dollars ..."

Page 71: James Glaughlin should read James McGlaughlin

Page 81: G̶o̶d̶e̶f̶r̶o̶y̶ Jean Labbee should read G̶o̶d̶f̶r̶o̶y̶ Jean Labbee

Page 103: Valentine Laysard should read Valentine Layssard

The following names were inadvertently omitted from the index:

FOREWORD

The first volume of LOUISIANA CENSUS RECORDS gave scholars an opportunity to study the census records of Avoyelles and St. Landry Parishes in a convenient form. Now, due to the dedication of Bruce Ardoin, the parishes of Iberville, Natchitoches, Pointe Coupee and Rapides join their ranks in this second volume.

In an attempt to "Americanize" Louisiana's political pattern, one of the first acts of William C. C. Claiborne's council divided the Orleans Territory into twelve counties. Louisiana does not, however, easily conform to patterns alien to her culture and "counties" did not long remain on the map. Owing to the scattered population, it was found that greater convenience could be secured in making the area under the jurisdiction of a church a political as well as a religious unit. People who came together at regular intervals could be the more easily reached. As each church had its parish, so the "Parish" became Louisiana's political unit. Of Claiborne's counties eight remain, diminished in size, as parishes — among them Iberville, Natchitoches, Pointe Coupee and Rapides.

In point of time Natchitoches is the older. In 1714 the threat of Spanish encroachment led Louis Juchereau, Sieur de St. Denis, to establish his Post de Natchitoches, the oldest surviving settlement in the state. By the opening of the next century the post had lost its defensive role, but the settlement was a thriving center for Indian trade and an infant plantation economy. With the settlement as its nucleus Natchitoches Parish was among the most populous of the outlying parishes.

The early 1800's found Les Rapides a little post in the stage of beginning, with its settlers strung out along Red River and Bayous Rapides, Boeuf and Roberts. Named for the rocky shallows in the Red River, and existing largely because of the barrier they presented to navigation, the settlement gave little promise of becoming the present city of Alexandria and Parish of Rapides. The rapids are gone now, and few of the early records of Les Rapides survive — those that do are, therefore, valued all the more. Were it not for these we might not know that the years just prior to 1810 witnessed the first tide of "American" immigrants that would make the southern part of the parish firmly Anglo-Saxon by the end of the next decade.

Beautiful Pointe Coupee has changed considerably since its beginning as a little settlement huddled between False River and the Mississippi. In 1767 Le Page du Pratz found small farms given over entirely to the cultivation of tobacco; a half century later her great plantations had begun and the original French settlers had a liberal sprinkling of Anglo-Saxon neighbors. Names left behind by the ill-fated English expedition into West Florida combined with those of later immigrants to alter permanently the composition of the settlement. Thus, Nelson, Clark, and Evans lived and worked beside Chesse, Ledoux, and Lavergne in peace if not always in harmony.

Historically, Iberville Parish is one of the oldest sections of Louisiana. Pierre Le Moyne, Sieur d'Iberville, passed that way in 1699 leaving a Jesuit missionary behind, but no settlement was established for half a century. A small band of Acadian settlers established a church at Saint Gabriel in 1760 but there were still only 376 residents ten years later. Iberville's great plantations were to be built largely by others after the Purchase. Under American domination the parish grew in wealth and population. In the first three decades of the new century settlers from Tennessee, Virginia, and elsewhere came — men of wealth and men seeking wealth. They came and the French remained.

The diverse fabric of Louisiana's population can be no better illustrated than by these census records. What a tragedy it might have been were they lost! We are indebted to Bruce Ardoin for their preservation.

James L. Forester, B. S. E. , M. A.

Eunice, Louisiana
October 1, 1971

INTRODUCTION

As in Volume I an effort has been made to transcribe the censuses exactly as they were in the old manuscripts. The purpose of doing so was to represent a typed replication of the records as objectively and as close to the originals as possible. Consequently, recognizable errors and words or names scratched out and rewritten were copied as such. Additional information such as computations and occupations scribbled in the margins of the records were also copied.

An attempt to supplement each record with Colonial records proved to be unsuccessful; however, one 1790 census of Natchitoches was located and has been used as a supplement to those of 1810 and 1820. The document is apparently a church census concerning the collection of money to pay a carpenter for the construction of an addition to the parish presbytery. There is a possibility that this census registered only Roman Catholics who, indeed, comprised the greatest part of the population — if not the total population! The names from this enumeration are in the general index and a translation is found in the footnotes.

Unquestionably, this work contains errors which were made in the transcription of the names and coded numbers; however, special care was taken and research in other records of the same parishes was undertaken to substantiate certain vague and almost indecipherable names that appeared in the censuses. Discrepancies too may have originated in some carelessness on the part of the census-taker, often depending on his means of communication with some inhabitants and the authenticity of the information rendered him by those inhabitants. Indecipherable or obliterated names are followed by question marks, questionable figures are underlined or followed by question marks also, and words or letters not in the original but inserted by the compiler for clarification are enclosed within brackets.

One must remember that the spelling of many names may have been changed from decade to decade by the different recorders. For that reason, cross-references have been included in the index, but only for a few names: to make cross-references for each name would be impossible unless one were thoroughly familiar with every name in the records. One should not overlook the fact that the rediscovery of old names often depends more on the sound than on the orthography. Also, names that were at times translated from French to English or vice versa, and those that underwent the loss or addition or change of the definite or partitive articles are likely to lead researchers astray.

As an aid to the researcher each page has been headed with a guide for which keys can be located in the back of the book. The keys in the back of the book are detachable for ready-reference when paging through the book. In addition to listing the page numbers for the names in the index, the years and parishes under which they appear have also been included.

Fortunately for the interested genealogist some assistant marshals were very precise in recording information and the results of their labor exhibit a genuine interest in obtaining and preserving such valuable data. Six of the censuses are regionalized; that is, the location where each inhabitant lived is specified; thus, the researcher is given more valuable geographical and historical information about his ancestors. The Rapides census-takers for both 1810 and 1820 seem to have rearranged the names in an almost perfect alphabetical order.

Copies of the exact information required of every census-taker for the 1810 and 1820 censuses found in the statutes and amendments passed in Congress follow this introduction. A comparison of the required information with the completed tallies often reveals that some marshals and their assistants were not as assiduous and accurate as others; nevertheless, most of them followed the forms closely.

A sincere request is made to all who make use of this reference to make the compiler aware of any errors. Hopefully, succeeding volumes will be improved and will contain more Colonial censuses to supplement those of 1810 and 1820.

The compiler is very thankful to Mr. James Forester for his consideration in giving advice and help when this second volume was begun.

Robert Bruce L. Ardoin

Baton Rouge, Louisiana
15 September 1971

Congressional Acts and Amendments
providing for the federal censues of the
United States

An act providing for the third census or enumeration of the inhabitants of the United States.[1]

SECT. 1. Be it enacted by the senate and house of representatives of the United States of America in congress assembled, That the marshals of the several districts of the United States, and of the district of Columbia, and the secretaries of the Mississippi territory, of the Indiana territory, of the Michigan territory, of the Illinois territory, of the Louisiana territory, and of the Orleans territory, respectively, shall be, and they are hereby, authorized and required, under the direction of the secretary of state, and according to such instructions as he shall give pursuant to this act, to cause the number of the inhabitants within their respective districts and territories to be taken, omitting is such enumeration Indians not taxed, and distinguishing free persons, including those bound to service for a term of years, from all others; distinguishing also the sexes and colors of free persons, and the free males under ten years of age; and those of ten years, and under sixteen; those of sixteen, and under twenty-six; those of twenty-six, and under forty-five; those of forty-five and upwards. And distinguishing free females under ten years of age; those of ten years, and under sixteen; those of sixteen, and under twenty-six; those of twenty-six, and under forty-five; those of forty-five and upwards. For effecting of which, the marshals and secretaries aforesaid shall have power, and hereby are, respectively, authorized and required, to appoint one or more assistants in each county and city, in their respective districts and territories, residents of the county and city for which they shall be appointed, and shall assign a certain division of his district or territory to each assistant, which division shall not consist of more than one county or city, but may consist of one or more towns, townships, wards, hundreds, or parishes, plainly and distinctly bounded by water courses, mountains, public roads, or other monuments. And the said enumeration shall be made by an actual inquiry at every dwelling house, or of the head of every family, within each district, and not otherwise. The marshals or secretaries, as the case may be, and their assistants, shall, respectively, take an oath or affirmation, before some judge or justice of the peace resident within their respective districts or territories, previous to their entering on the duties by this act required. The oath or affirmation of the marshal or secretary shall be as follows:
"I, A B, marshal of the district of
(or, secretary of the territory of   as the case may be) do solemnly swear, or affirm, that I will, well and truly, cause to be made a just and perfect enumeration and description of all persons resident within my district, (or territory) and return the same to the secretary of state, agreeably to the directions of an act of congress, entitled 'An act providing for the third census or enumeration of the inhabitants of the United States,' according to the best of my ability."

The oath or affirmation of an assistant shall be:
          "I, A B, do solemnly swear, (or affirm)
     that I will make a just and perfect enumeration and des-
     cription of all persons resident within the division as-
     signed to me for that purpose by the marshal of
               (or, the secretary of the territory of
     as the case may be) and make due return thereof to the said
     marshal (or secretary) agreeably to the directions of an
     act of congress, entitled "An act providing for the third
     census or enumeration of the inhabitants of the United
     States," according to the best of my abilities."
The enumeration shall commence on the first Monday of August
next, and shall close within nine calendar months thereafter.
The several assistants shall, within the said nine months, trans-
mit to the marshals or secretaries, by whom they shall be re-
spectively appointed, accurate returns of all persons, except In-
dians not taxed, within their respective divisions; which returns
shall be made in a schedule, distinguishing, in each county, city,
town, township, hundred, ward, or parish, the several families, by
the names of their master, mistress, steward, overseer, or other
principal person therein, in the manner following; this is to say:
The number of persons within my division, consisting of
          appears in a schedule hereto annexed, subscribed by me,
this   day of   A B, assistant to the
marshal of   or secretary of

	Schedule of the whole number of persons within the division allotted to A.B.
	Name of the county, parish, township, town, or city, where the family resides.
	Names of head of family
	Free white males under ten years of age
	Free white males of ten, and under sixteen
	Free white males of sixteen, and under twenty-six, including heads of families.
	Free white males of twenty-six, and under forty-five, including heads of families.
	Free white males of forty-five and upwards, including heads of families.
	Free white females under ten years of age
	Free white females of ten years, and under sixteen
	Free white females of sixteen, and under twenty-six, including heads of families.
	Free white females of twenty-six, and under forty-five, including heads of families.
	Free white females of forty-five and upwards, including heads of families
	All other free persons, except Indians not taxed.
	Slaves

SECT. 2. And be it further enacted, That every assistant failing or neglecting to make a proper return, or making a false return, of the enumeration to the marshal, or the secretary, (as the case may be,) within the time limited by this act, shall forfeit the sum of two hundred dollars.

SECT. 3. And be if further enacted, That the marshal and secretaries shall file the several returns aforesaid, and also an attested copy of the aggregate amount hereinafter directed to be transmitted by them respectively, to the secretary of state, with the clerks of their respective districts, or superior courts, (as the case may be,) who are hereby directed to receive and carefully preserve the same. And the marshals and secretaries, respectively shall, on or before the first day of March, one thousand eight hundred and eleven, transmit to the secretary of state the aggregate amount of each description of persons within their respective districts or territories. And every marshal or secretary failing to file the returns of his assistant, or any of them, with the clerks of their respective courts, as aforesaid, or failing to return the aggregate amount of each description of persons in their respective districts or territories, as required by this act, and as the same shall appear from said returns, to the secretary of state, within the time limited by this act, shall, for every such offence, forfeit the sum of eight hundred dollars; all which forfeitures shall be recoverable in the courts of the districts or territories where the said offences shall be committed, or in the circuit courts to be held within the same, by action of debt, information, or indictment; the one-half thereof to the use of the United States, and the other half to the informer; but where the prosecution shall be first instituted on behalf of the United States, the whole shall accrue to their use. And, for the more effectual discovery of such offences, the judges of the several district courts in the several districts, and of the supreme courts in the territories of the United States, as aforesaid, at their next sessions to be held after the expiration of the time allowed for making the returns of the enumeration hereby directed to the secretary of state, shall give this act in charge to the grand juries in their respective courts, and shall cause the returns of the several assistants, and the said attested copy of the aggregate amount aforesaid, to be laid before them for their inspection.

SECT. 4 And be it further enacted, that every assistant shall receive at the rate of one dollar for every hundred persons by him returned, where such persons reside in the country; and where such persons reside in a city or town, containing more than three thousand persons, such assistant shall receive at the rate of one dollar for every three hundred persons, but where, from the dispersed situation of the inhabitants, in some divisions, one dollar for every hundred persons shall be insufficient, the marshals or secretaries, with the approbation of the judges of their respective districts or territories, may make such further allowance to the assistants in such divisions, as shall be deemed an adequate compensation: Provided, the same does not exceed one dollar and twenty-five cents for every fifty persons by them returned. The several marshals and secretaries shall receive as follows: The marshal of the district of Maine, two hundred and fifty dollars; the marshal of the district of New Hampshire, two hundred and fifty dollars; the marshal of the district of Massachusetts, three hundred dollars; the marshal of the district of Rhode Island, one hundred and fifty dollars; the marshal of the district of Vermont, two hundred and fifty dollars; the marshal of the district of New York, four hundred dollars; the marshal of the district of New Jersey, two hundred dollars; the marshal of the district of Pennsylvanis, four hundred dollars; the marshal of the district of Delaware, one hundred dollars; the marshal of the district of Virginia, five hundred dollars; the marshal of the district of Kentuoky, three hundred dollars; the marshal of the district of North Carolina, three hundred and fifty dollars; the marshal of the district of South Carolina, three hundred dollars; the marshal of the district of Columbia, fifty dollars; the marshal for the district of Georgia, three hundred dollars; the marshal of the district of East Tennessee, one hundred and fifty dollars; the marshal of the district of West Tennessee, one hundred and fifty dollars; the marshal of the Ohio district, two hundred dollars; the secretary of the Mississippi territory, two hundred dollars; the secretary of the Indiana territory, one hundred dollars; the secretary of the Michigan territory, one hundred dollars; the secretary of the Illinois territory, one hundred dollars; the secretary of the territory of Orleans, one hundred and fifty dollars; the secretary of the territory of Louisiana, one hundred dollars.

SECT. 5 And be it further enacted, That every person whose usual place of abode shall be in any family on the aforesaid first Monday of August next, shall be returned as of such family; and the name of every person who shall be an inhabitant of any district or territory, without a settled place of residence, shall be inserted in the column of the schedule which is allotted for the heads of families in that division where he or she shall be on the said first Monday of August next; and every person occasionally absent at the time of enumeration, as belonging to that place in which he or she usually resides in the United States.

SECT. 6 And be it further enacted, That each and every free person, more than sixteen years of age, whether heads of families or not, belonging to any family within any division, district, or territory, made or established within the United States, shall be and hereby is, obliged to render to such assistant of the division, if required, a true account, to the best of his or her knowledge, of all and every person belonging to such family, respectively, according to the several descriptions aforesaid, on pain of forfeiting twenty dollars, to be sued for and recovered, in an action of debt, by such assistant; the one-half for his own use, and the other half to the use of the United States.

SECT. 7 And be it further enacted, That each and every assistant, previous to making his return to the marshal or secretary, (as the case may be,) shall cause a correct copy, signed by himself, of the schedule containing the number of inhabitants within his division, to be set up at two of the most public places within the same, there to remain for the inspection of all concerned; for each of which copies the said assistant shall be entitled to receive two dollars: Provided, proof of the schedule having been so set up, and suffered to remain, shall be transmitted to the marshal or secretary, (as the case may be,) with the return of the number of persons; and in case any assistant shall fail to make such proof to the marshal or secretary, as aforesaid, he shall forfeit the compensation by this act allowed him.

SECT. 8 And be it further enacted, That the secretary of state shall be, and hereby is, authorized and required to transmit to the marshals of the several states, and to the secretaries aforesaid, regulations and instructions, pursuant to this act, for carrying the same into effect, and also the forms, contained therein, of the schedule to be returned, and proper interrogatories, to be administered by the several persons to be employed therein.

SECT. 9 And be if further enacted, That in case there shall be no secretary in either of the territories of the United States, the duties directed by this act to be performed by the secretary may be performed by the governor of such territory, who shall receive the same compensation to which the secretary would be entitled for the performance of said duties, and be subject to the same penalties.

Approved, March 26, 1810

An act to alter and amend an act, entitled "An act providing for the third census or enumeration of the inhabitants of the United States," passed the twenty-sixth day of March, one thousand eight hundred and ten. 2

SECT. 1 Be it enacted by the senate and house of representatives of the United States of America in congress assembed, That the enumeration, mentioned in the first section of the act hereby amended, shall close within five months from the first Monday in August next, and the assistants shall make their returns to the marshals and secretaries within the said five months, any thing in the said act to the contrary notwithstanding.

Approved, April 12, 1810

An act further to alter and amend "An act providing for the third census, or enumeration of the inhabitants of the United States." 3

SECT. 1 Be it enacted by the senate and house of representatives of the United States of America in congress assembed, That so much of the first section of the act, passed during the present session of congress, entitled "An act providing for the third census, or enumeration of the inhabitants of the United States," as relates to the forms of the oaths or affirmations thereby directed to be taken by the marshals, secretaries, and assistants, therein mentioned, respectively, shall be, and hereby is, repealed, and that the said oaths or affirmations shall be in the following forms, that is to say: The marshals' and secretaries' oath in the form following:

      " I, A B, marshal of the district of   (or

secretary of the territory of   as
the case may be, do solemnly swear of affirm, that
I will well and truly cause to be made a just and
perfect enumeration and description of all persons
resident within my district (or territory), and re-
turn the same to the secretary of state, agreeably
to the directions of the several acts of congress
providing for the third census or enumeration of the
inhabitants of the United States, according to the
best of my ability."

And the assistants' oath or affirmation, in the form following:

" I, A B, do solemnly swear or affirm, that I will
make a just and perfect enumeration and description
of all persons resident within the division assigned
to me for that purpose, by the marshal of
        (or the secretary of the territory of
as the case may be,) and make due return thereof to
the said marshal (or secretary) agreeably to the
directions of the several acts of congress providing
for the third census, or enumeration of the inhabitants
of the United States; according to the best of my
ability."

    SECT. 2 And be it further enacted, That it shall be the duty
of the several marshals, secretaries, and their assistants, afore-
said, at the time for taking the census or enumeration aforesaid,
to take, under the direction of the secretary of the treasury, and
according to such instructions as he shall give, an account of the
several manufacturing establishments and manufactures within their
several districts, territories, and divisions. The said assis-
tants shall make return of the same to the marshals or secretaries
of their respective districts or territories, and the said mar-
shals and secretaries shall transmit the said returns, and abstracts
thereof, to the secretary of the treasury, at the same times at
which they are, by this act, and the several acts to which this
act is an addition, required, respectively, to make their return of
said enumeration to the secretary of state; for the performance of
which additional services they shall, respectively, receive such
compensation as shall hereafter be provided by law.

                                        Approved, May 1, 1810

    An Act to extend the time for completing the third census, or
enumeration of the inhabitants of the United States.[4]

    Be it enacted by the Senate and the House of Representatives
of the United States of America in Congress assembled, That the
assistants in the several states and territories, for which re-
turns have not been completed, have, until the first Monday of
June next, to make their returns to the marshals and secretaries;
and that the marshals and secretaries have, until the first Monday
of July next, to make and file their returns in the office of the
Secretary of State, any law to the contrary not withstanding.

                                        Approved, March 2, 1811

xxii

An Act for allowing a reasonable compensation to the persons who have taken an account of the several manufacturing establishments and manufactures within the United States.[5]

Be it enacted by the Senate and House of Representatives of the United States of America in Congress assembled, That the Secretary of the Treasury be, and be hereby is authorized to allow such reasonable compensation as he shall deem adequate, for the services of each those persons who took, under his direction, in pursuance of an act, entitled "An Act further to alter and amend An act providing for the third census or enumeration of the inhabitants of the United States," an account of the several manufacturing establishments and manufactures within their several districts; Provided however, that nothing herein contained shall authorize the Secretary of the Treasury to expend out of the fund already appropriated for taking the enumeration of the inhabitants of the United States, a sum exceeding thirty thousand dollars.

Approved March 3, 1811

An Act to provide for taking the fourth census, or enumeration of the inhabitants of the United States, and for other purposes.[6]

Be it enacted by the Senate and House of Representatives of the United State of America, in Congress assembled, That the marshals of the several districts of the United States, and of the district of Columbia, and of the territories of Missouri, Michigan, and Arkansas, respectively, shall be, and they are hereby, authorized, and required, under the direction of the Secretary of State, and according to such instructions as he shall give, pursuant to this act, to cause the number of the inhabitants within their respective districts and territories, to be taken, omitting, in such enumeration, Indians not taxed, and distinguishing free persons, including those bound to service for a term of years, from all other; distinguishing, also, the sexes and colours of free persons, and the free males under ten years of age; those of ten years and under sixteen; those of sixteen and under twenty-six; those of twenty-six and under forty-five and those of forty-five and upwards; and, also, distinguishing free females under ten years of age; those of ten and under sixteen; those of sixteen and under twenty-six; those of twenty-six and under forty-five; and those of forty-five and upwards; and, also, distinguishing the number of persons engaged in agriculture, commerce, and manufactures, respectively. For effecting which the marshals aforesaid shall have power, and they are hereby, respectively, authorized and required, to appoint one or more assistants in each county and city, in their respective districts and territories, residents of the county and city for which they shall be appointed, and shall assign a certain division to each of the said assistants, which division shall not consist of more than one county or city, but may include one or more town, townships, wards, hundreds, or parishes, plainly and distinctly bounded by water courses, mountains, public roads, or other monuments. And the said enumeration shall be made by an actual inquiry at every dwelling-house, or of the head of every family, and not otherwise. The marshals and their assistants shall, respectively, take an oath or affirmation before some judge or justice of the peace, resident within their respective districts or territories, before they enter on the duties required by this act. The oath or affirmation of the marshal shall be as follows:

> "I, A.B. marshal of the district of -------, do solemnly swear, (or affirm,) that I will well and truly cause to be made, a just and perfect enumeration and description of all persons resident within my district or territory,) and also an account of the manufactures, except household manufactures, and return the same to the Secretary of State, agreeably to the directions of an act of Congress, entitled "An act to provide for taking the fourth census or enumeration of the inhabitants of the United States, and for other purposes," according to the best of my ability."

The oath or affirmation of an assistant shall be:

> "I, A.B. do solemnly swear, (or affirm,) that I will make a just and perfect enumeration and description of all persons resident within the division assigned to me for that purpose, by the marshal of -------, and also an account of the manufactures, except household manufactures, and make due return thereof to the said marshal, agreeably to the directions of an act of Congress, entitled "An act to provide for taking the fourth census or enumeration of the inhabitants of the United States, and for other purposes," according to the best of my abilities."

The enumeration shall commence on the first Monday of August, in the year one thousand eight hundred and twenty, and shall close within six calendar months thereafter. The several assistants shall, within the said six months, transmit to the marshals, by whom they shall respectively be appointed, accurate returns of all persons, except Indian not taxed, within their respective divisions: which returns shall be made in a schedule, distinguishing, in each county, city, town, township, ward, or parish, the several families, by the names of their master, mistress, steward, overseer, or other principal person therein, in the manner following: The number of persons within my division, consisting of ------, appears in a schedule hereto annexed, subscribed by me this -----day of-----in the year one thousand eight hundred and twenty. A.B. assistant to the marshal of -----.

SECT. 2 And be it further enacted, That every assistant, failing or neglecting to make a proper return, or making a false return, of the enumeration to the marshal, within the time limited by this act, shall forfeit the sum of two hundred dollars, recoverable in the manner pointed out in the next section of this act.

SECT. 3 And be it further enacted, that the marshals shall file the several returns aforesaid, and, also, an attested copy of the aggregate amount hereinafter directed to be transmitted by them, respective to the Secretary of State, with the clerks of their respective district or superior courts, (as the case may be,) who are hereby directed to receive and carefully to preserve, the same. And the marshals, respectively, shall, on or before the first day of April, in the year one thousand eight hundred and twenty-one, transmit to the Secretary of State the aggregate amount of each description of persons within their respective districts or territories. And every marshal failing to file the returns of his assistants, or the returns of any of them, with the clerks of the respective courts, as aforesaid, or failing to return the aggregate amount of each description of persons, in their respective districts or territories, as required by this act, and as the same shall appear from said returns, to the Secretary of State, within the time limited by this act, shall, for every such offence, forfeit the sum of one thousand dollars; which forfeitures shall be recoverable in the courts of the districts or territories where the said offences shall be committed, or within the circuit courts held within the same, by action of debt, information, or indictment; the one half thereof to the use of the United States, and the other half to the informer; but where the prosecution shall be first instituted on behalf of the United States, the whole shall accrue to their use. And, for the more effectual discovery of such offences, the judges of the several district courts in the several districts, and of the supreme courts in the territories of the United States, as aforesaid, at their next session, to be held after the expiration of the time allowed for making the returns of the enumeration hereby directed, to the Secretary of State, shall give this act in charge to the grand juries in their respective courts, and shall cause the returns of the several assistants, and the said attested copy of the aggregate amount, to be laid before them for their inspection.

SECT. 4 And be it further enacted, That every assistant shall receive at the rate of one dollar for every hundred persons by him returned, where such persons reside in the country; and where such persons reside in a city or town, containing more than three thousand persons, such assistant shall receive at the rate of one dollar for every three hundred persons: but where, from the dispersed situation of the inhabitants in some divisions, one dollar will be insufficient for one hundred persons, the marshals, with the approbation of the judges of their respective districts or territories, may make such further allowance to the assistants in such divisions as shall be deemed an adequate compensation: Provided, The same does not exceed one dollar and twenty-five cents for every fifty persons by them returned; Provided further, That before any assistant, as aforesaid, shall be entitled to receive said compensation, he shall take and subscribe the following oath or affirmation, before some judge or justice of the peace, authorized to administer the same, to wit:

" I, A. B. do solemnly swear or affirm, that the number of persons set forth in the return made by me, agreeably to the provisions of the act, entitled 'An act to provide for taking the fourth census or enumeration of the inhabitants of the United States, and for other purposes,' have been ascertained by an actual inquiry at every dwelling-house, or of the head of every family, in exact conformity with the provisions of said act; and that I have, in every respect, fulfilled the duties required of me by said act, to the best of my abilities, and that the return aforesaid is correct and true, according to the best of my knowledge and belief."

The several marshals shall receive as follows; the marshal of the district of Maine, two hundred and fifty dollars; the marshal of the district of New Hampshire, two hundred and fifty dollars; the marshal of the district of Massachusetts, three hundred dollars; the marshal of the district of Rhode Island, one hundred and fifty dollars; the marshal of the district of Connecticut, two hundred dollars; the marshal of the district of Vermont, two hundred and fifty dollars; the marshal of the southern district of New York, two hundred and fifty dollars; the marshal of the northern district of New York, two hundred and fifty dollars; the marshal of the district of New Jersey, two hundred dollars; the marshal of the eastern district of Pennsylvania, three hundred dollars; the marshal of the western district of Pennsylvania, three hundred dollars; the marshal of the district of Delaware, one hundred dollars; the marshal of the district of Maryland, three hundred dollars; the marshal of the eastern district of Virginia three hundred dollars; the marshal of the western district of Virginia two hundred dollars; the marshal of the district of Kentucky, three hundred dollars; the marshal of the district of North Carolina, three hundred and fifty dollars; the marshal of the district of South Carolina, three hundred dollars; the marshal of the district of Georgia, three hundred dollars; the marshal of the district of East Tennessee, one hundred and fifty dollars; the marshal of the district of Ohio, three hundred dollars; the marshal of the district of Indiana, two hundred dollars; the marshal of the district of Illinois, one hundred and fifty dollars; the marshal of the district of Mississippi, one hundred and fifty dollars; the marshal of the district of Louisiana, one hundred and fifty dollars; the marshal of the district of Alabama one hundred and fifty dollars; the marshal of the district of Columbia fifty dollars; the marshal of the Missouri territory, one hundred dollars; the marshal of the Michigan territory, one hundred dollars; the marshal of the Arkansas territory, one hundred dollars.

SECT. 5 And be it further enacted, That every person whose usual place of abode shall be in any family, on the said first Monday in August, one thousand eight hundred and twenty, shall be returned as of such family; and the name of every person who shall be an inhabitant of any district or territory, without a settled place of residence, shall be inserted in the column of the schedule which is allotted for the heads of families in the division where he or she shall be on the said first Monday in August; and every person occasionally absent at the time of enumeration, as belonging to the place in which he or she usually resides in the United States.

SECT. 6 And be it further enacted, That each and every free person more than sixteen years of age, whether heads of families or not, belonging to any family within any division, district, or territory, made or established within the United States, shall be, and her by is, obliged to render to the assistant of the division, if require a true account, to the best of his or her knowledge, of every person belonging to such family, respectively, according to the several descriptions aforesaid, on pain of forfeiting twenty dollars, to be sued for and recovered, in any action of debt, by such assistant; the one half to his own use, and the other half to the use of the United States

SECT. 7 And be it further enacted, That each and every assistant previous to making his return to the marshal, shall cause a correct

Name of the county, parish, township, town, or city, where the family resides.
Names of heads of families.
Free white males under ten years.
Free white males of ten and under sixteen.
Free white males between sixteen and eighteen.
Free white males of sixteen and under twenty-six, including heads of families.
Free white males of twenty-six and under forty-five, including heads of families.
Free white males of forty-five and upwards, including heads of families.
Free white females under ten years of age.
Free white females of ten and under sixteen.
Free white females of sixteen and under twenty-six, including heads of families.
Free white females of twenty-six and under forty-five, including heads of families.
Free white females of forty-five and upwards, including heads of families.
Foreigners not naturalized
SLAVES
Males under fourteen.
Males of fourteen and under twenty-six
Males of twenty-six and under forty-five.
Males of forty-five and upwards.
Females of fourteen.
Females of fourteen and under twenty-six.
Females of twenty-six and under forty-five.
Females of forty-five and upwards.
FREE COLOURED PERSONS.
Males under fourteen years.
Males of fourteen and under twenty-six.
Males of twenty-six and under forty-five.
Males of forty-five and upwards.
Females under fourteen years.
Females of fourteen and under twenty-six.
Females of twenty-six and under forty-five.
Females of forty-five and upwards.
All other persons, except Indians not taxed.

SCHEDULE of the whole number of persons within the division allotted to A.B.

copy signed by himself, of the schedule containing the number of inhabitants within his division, to be set up at two of the most public places within the same, there to remain for the inspection of all concerned; for each of which copies, the said assistant shall be entitled to receive two dollars: Provided, Proof of the schedule having been set up and suffered to remain, shall be transmitted to the marshal, with the return of the number of persons; and in case any assistant shall fail to make such proof to the marshal, as aforesaid, he shall forfeit the compensation allowed him by this act.

SECT. 8 And be if further enacted, That the Secretary of State shall be, and hereby is, authorized and required, to transmit to the marshals of the several districts and territories, regulations and instructions pursuant to this act, for carrying the same into effect, and also the forms contained therein of the schedule, to be returned, and such other forms as may be necessary in carrying this act into execution, and proper interrogatories to be administered by the several persons to be employed in taking the enumeration.

SECT. 9 And be it further enacted, That in those states composing two districts, and where a part of a county may lie in each district, such county shall be considered as belonging to that district in which the courthouse of said county may be situate.

SECT. 10 And be it further enacted, That it shall be the duty of the several marshals and their assistants, at the time for taking the said census, to take, under the direction of the Secretary of State, and according to such instructions as he shall give, and such forms as he shall prescribe, an account of the several manufacturing establishments and their manufactures, within their several districts, territories, and divisions: the said assistants shall make return of the same to the marshals of their respective districts or territories; and that the said marshals shall transmit the said returns, and abstracts thereof, to the Secretary of State, at the same time at which they are by this act, required, respectively, to make their returns to the Secretary of State; for the performance of which additional service, they shall, respectively, receive, as compensation therefor, not exceeding twenty per centum in addition to the sums allowed by this act, to be apportioned in proportion to the services rendered, under the direction of the Secretary of State.

SECT. 11 And be it further enacted, That in all cases where the superficial content of any county or parish shall exceed forty miles square, and the number of inhabitants in said parish or county shall not exceed two thousand five hundred, the marshal or assistants shall be allowed, with the approbation of their judges of the respective districts or territories, such further compensation as shall be deemed reasonable: Provided, The same does not exceed three dollars for every fifty persons by them returned.

SECT. 12 And be it further enacted, That when the aforesaid enumeration shall be completed, and returned to the office of the Secretary of State, by the marshals of the states and territories, he shall direct the printers to Congress to print, for the use of the Congress, fifteen hundred copies thereof.

Approved, March 14, 1820

An Act to amend the act, entitled "An act to provide for taking the fourth census or enumeration of the inhabitants of the United States, and for other purposes."[7]

Be it enacted by the Senate and House of Representatives of the United States of America, in Congress assembled, That insteadof the time prescribed in the above-recited act, in which the marshals and their assistants should perform the various duties assigned them by the said act, the same is hereby enlarged to the first day of September next.

Approved March 3, 1821

Resolution providing for the distribution of the marshal's return of the fourth census.[8]

Resolved by the Senate and House of Representatives of the United States of America, in Congress assembled, That the Secretary of State be instructed to furnish to each member of the present Congress, and the delegates from territories, the President and Vice President of the United States, the executive of each state and territory, the attorney general, and judges of the courts of the United States, and the colleges and universities in the United States, each one copy; for the use of the departments, viz: State, Treasury, War, and Navy, five copies each; for the use of the Senate, five copies; and for the use of the House of Representatives, ten copies of the marshal's returns of the fourth census; and that the residue of the copies of the said returns be deposited in the library of Congress.

Approved February 4, 1822

Resolution directing the classification and printing of the accounts of the several manufacturing establishments and their manufactures, collected in obedience to the tenth section of the act to provide for taking the fourth census.[9]

Resolved by the Senate and House of Representatives of the United States of America, in Congress assembled, That the Secretary of the State be directed to cause to be classified and reduced to such form as he may deem most conducive to the diffusion of information, and their manufactures, taken in pursuance of the tenth section of the act, entitled "An act to provide for taking the fourth census or enumeration of the inhabitants of the United States, and for other purposes," approved the fourteenth of March, one thousand eight hundred and twenty, and that he cause fifteen hundred copies of the digest, so to be made, to be imprinted, subject to the disposition of Congress.

Approved, March 30, 1822

1810 Census
Iberville Parish, Louisiana [10]

Schedule of the whole number of Persons within
the division allotted to Nathan Meriam.

Right Bank of Mississippi

	1	2	3	4	5	6	7	8	9	10	11	12
Pierre Domingue	0,	0,	0,	1,	0,	1,	0,	1,	0,	0,	0,	0.
Joseph Barret	0,	0,	0,	1,	0,	0,	0,	0,	1,	0,	0,	0.
Zachary Hebert	2,	1,	1,	0,	0,	1,	0,	1,	0,	0,	0,	4.
Michel Hebert	0,	1,	1,	0,	0,	2,	0,	1,	0,	0,	0,	4.
L. A. Reboul	2,	0,	0,	1,	0,	0,	0,	1,	0,	0,	0,	1.
Joseph Chlatre	0,	0,	0,	1,	0,	0,	0,	1,	0,	0,	0,	4.
Widow B. Chlatre	0,	2,	1,	0,	0,	0,	0,	0,	0,	1,	0,	9.
Jaques Devilliers	0,	3,	0,	3,	0,	2,	1,	2,	1,	0,	1,10.	
Widow Richard	0,	0,	0,	2,	0,	0,	0,	1,	0,	1,	0,15.	
Jno. Franchebois	2,	1,	2,	1,	0,	1,	0,	1,	0,	0,	1,	5.
Widow Franchebois	0,	0,	0,	0,	1,	0,	0,	0,	0,	1,	0,	2.
Ant. Guyot	1,	0,	1,	1,	0,	2,	3,	1,	1,	0,	0,	6.
Henry Vige	2,	0,	0,	1,	0,	3,	0,	1,	0,	0,	0,	2.
Widow Ls. Nero	1,	2,	0,	0,	0,	1,	1,	0,	1,	0,	0,	7.
Pierre Breau Sr.	2,	0,	1,	2,	1,	2,	2,	3,	0,	1,	0,	2.
Pierre Breau Jr.	0,	0,	1,	1,	2,	1,	0,	1,	0,	0,	0,	1.
Paul Dupuis	2,	0,	0,	1,	0,	2,	0,	1,	0,	0,	0,	3.
John Billings	0,	0,	0,	3,	0,	3,	0,	0,	2,	0,	0,	2.
Wm. Billings	2,	0,	7,	3,	1,	1,	2,	0,	1,	0,	0,	4.
Frs. Marionneau	1,	0,	2,	0,	1,	1,	1,	1,	0,	1,	0,29.	
Frs. Marionneau Jn.	1,	0,	0,	1,	0,	3,	0,	1,	0,	0,	0,	4.
Widow Rills	0,	0,	1,	3,	0,	0,	0,	0,	1,	0,	0,	3.
Joseph Rills	0,	0,	1,	0,	0,	1,	0,	1,	0,	0,	0,	0.
Widow Leonard	1,	0,	0,	1,	0,	1,	0,	1,	0,	1,	0,	4.
Frs. Dupland	0,	0,	0,	1,	0,	1,	0,	0,	1,	0,	0,	0.
Joseph Erwin	0,	0,	0,	8,	0,	0,	0,	0,	0,	0,	0,68.	
Wm. Marson	1,	0,	0,	1,	0,	2,	0,	1,	0,	0,	0,	2.
Widow Brunto	0,	0,	0,	0,	0,	0,	0,	0,	0,	2,	0,	6.
Aubry Dupuy	0,	0,	1,	2,	0,	2,	2,	0,	0,	1,	0,10.	
Mr. Lambremont	0,	1,	0,	1,	0,	2,	1,	1,	0,	1,	0,	5.
Jacques LeBlanc	3,	1,	0,	1,	0,	0,	0,	0,	1,	0,	0,	4.
Widow Landry	0,	1,	0,	0,	0,	2,	1,	1,	0,	1,	0,	4.
B. Dauterive	2,	0,	0,	1,	0,	2,	0,	0,	1,	0,	0,	7.
Vital Rivet	2,	0,	1,	0,	0,	1,	0,	1,	0,	0,	0,	4.
Jos. LeBlanc (Agios?)	2,	2,	2,	0,	1,	1,	2,	1,	0,	0,	2,	1.
Jno. B. LeBlanc (Agios?)	1,	1,	2,	1,	1,	2,	2,	0,	1,	0,	0,	7.
Widow M. Landry	2,	0,	0,	0,	0,	0,	1,	0,	1,	0,	0,	5.
Widow A. Landry	0,	0,	0,	0,	0,	0,	0,	0,	0,	1,	0,	5.
Pre. Pe. LeBlanc	0,	0,	1,	0,	0,	0,	0,	1,	0,	0,	0,	1.
Gregre. Melanson	3,	1,	1,	1,	0,	0,	2,	1,	0,	1,	0,	1.
Augt. LeBlanc	0,	0,	1,	1,	0,	0,	0,	1,	0,	0,	0,	2.
Widow S. Melanson	0,	1,	1,	0,	0,	0,	0,	1,	1,	0,	0,	0.
Widow C. Arnandiz	0,	2,	1,	0,	0,	1,	0,	0,	1,	1,	0,	2.
Thos. Hebert	2,	1,	0,	0,	0,	2,	0,	0,	1,	0,	0,	1.
Pierre Rivet	0,	0,	4,	0,	1,	0,	1,	0,	0,	2,	0,	1.
Alexr. Landry	0,	2,	2,	0,	1,	1,	1,	1,	0,	2,	1,	2.
Denis Landry	3,	0,	0,	1,	0,	2,	2,	1,	1,	0,	0,	4.
Amant Hebert	0,	1,	1,	0,	2,	1,	0,	0,	0,	1,	0,20.	
Diego Arnandiz	0,	0,	0,	0,	1,	0,	0,	0,	0,	1,	0,14.	
J. B. Arnandiz	1,	0,	0,	1,	0,	0,	0,	1,	0,	0,	0,	1.

```
                              1, 2, 3, 4, 5, 6, 7, 8, 9,10,11,12.

Pre. Rivet fils               1, 0, 0, 1, 0, 1, 0, 0, 1, 0, 0, 2.
Jean Olin                     0, 0, 0, 1, 0, 1, 1, 0, 1, 0, 0, 0.
Guillme. Danos                2, 0, 0, 1, 0, 0, 0, 1, 0, 0, 0, 0.
Jean Danos                    0, 0, 1, 0, 0, 1, 1, 1, 0, 0, 0, 0.
J. B. LeBlanc (Jean?)         1, 0, 0, 1, 0, 2, 1, 0, 1, 1, 0, 4.
Elie Hebert                   1, 0, 0, 1, 1, 2, 1, 0, 1, 0, 0, 4.
Jaqs. Arnandiz                1, 0, 0, 1, 0, 4, 0, 0, 1, 0, 0, 1.
Jos. Arnandiz                 2, 0, 0, 1, 0, 0, 0, 0, 1, 0, 0, 1.
Widow J. P. Hebert            2, 0, 1, 0, 0, 0, 1, 2, 0, 1, 0, 1.
J. C. Hebert                  0, 1, 0, 1, 1, 1, 0, 0, 1, 0, 0, 0.
J. B. Hebert                  0, 0, 1, 0, 0, 1, 0, 1, 0, 0, 0, 0.
Joseph Rivet                  0, 0, 2, 0, 0, 0, 0, 0, 0, 0, 0, 1.
Frs. X. LeBlanc               0, 0, 0, 1, 0, 1, 0, 0, 1, 0, 0, 0.
B. Hamilton                   2, 2, 0, 1, 0, 2, 1, 0, 1, 0, 0, 6.
N. Meriam                     0, 0, 0, 2, 0, 0, 0, 0, 0, 0, 0, 3.
N. Mitchel                    2, 0, 1, 1, 0, 2, 1, 0, 1, 0, 0, 0.
J. Hussiau                    2, 0, 0, 1, 0, 0, 0, 0, 1, 0, 0, 0.
Jos. Goodby                   2, 3, 1, 0, 1, 3, 3, 2, 1, 0, 0,13.
Jos. Landry                   0, 0, 1, 0, 0, 0, 0, 1, 0, 0, 0, 1.
Hypte. Landry                 1, 0, 1, 0, 0, 0, 0, 1, 0, 0, 0, 3.
J. L. Bush                    2, 1, 2, 1, 0, 2, 1, 0, 0, 1, 0, 6.
Manre.? Doucet                2, 0, 0, 1, 1, 2, 0, 1, 0, 0, 0, 4.
J. B. Doucet                  0, 0, 0, 0, 1, 0, 0, 0, 0, 0, 0, 1.
Hipe. Dupuy                   3, 0, 0, 1, 0, 0, 1, 0, 1, 0, 0, 5.
Jos. Hebert                   0, 1, 2, 0, 1, 0, 2, 0, 0, 0, 0,11.
Louis Breau                   4, 0, 0, 1, 0, 1, 0, 0, 1, 1, 0, 3.
Chs. Breau                    4, 0, 0, 1, 0, 2, 0, 1, 0, 0, 0, 7.
P. J. Landry                  5, 2, 3, 1, 1, 2, 1, 1, 1, 0, 0, 7.
Jno. Lambremont               2, 1, 0, 0, 2, 3, 1, 0, 1, 0, 0, 6.
Widow P. Hebert               0, 2, 1, 0, 0, 0, 0, 0, 0, 1, 0, 1.
Joseph Henry                  0, 0, 0, 0, 2, 0, 0, 1, 0, 1, 0, 5.
Geo. Troxler                  0, 0, 1, 0, 0, 0, 0, 1, 0, 0, 0, 0.
Nichas. Troxler               0, 0, 1, 0, 0, 1, 0, 1, 0, 0, 0, 0.
Honore Daigle                 1, 0, 0, 1, 0, 2, 0, 0, 1, 0, 0, 2.
Arsene Breau                  3, 0, 0, 1, 0, 3, 1, 0, 1, 0, 0, 3.
Widow Quintment               2, 0, 1, 0, 0, 0, 0, 0, 1, 0, 0, 0.
Henry Edlemaire               1, 1, 1, 0, 1, 0, 2, 1, 0, 1, 0, 0.
Widow Boudrot                 0, 1, 0, 0, 0, 0, 2, 0, 0, 1, 0, 0.
Joseph LeBlanc                0, 0, 1, 0, 1, 3, 1, 0, 1, 0, 0, 4.
J. C. Comau                   2, 1, 3, 0, 2, 1, 1, 0, 1, 0, 0, 1.
Bernd. Comau                  1, 0, 1, 0, 0, 0, 0, 1, 0, 0, 0, 0.
John Hull                     2, 0, 1, 1, 0, 2, 0, 1, 0, 0, 0, 7.
Alexr. Hebert                 1, 0, 1, 0, 0, 0, 0, 1, 0, 0, 0, 2.
Jos. Capdeville               0, 0, 1, 1, 0, 0, 0, 2, 0, 0, 0, 0.
F. Capdeville                 3, 1, 0, 1, 0, 3, 0, 0, 1, 0, 0, 0.
Frs. Galeghan                 2, 0, 0, 1, 0, 0, 0, 0, 1, 0, 0, 2.
Widow Harrington              1, 0, 2, 0, 1, 0, 0, 0, 1, 1, 0, 1.
J. L. Comau                   1, 0, 0, 1, 0, 0, 0, 1, 0, 0, 0, 2.
J. B. Lorrie                  0, 0, 0, 2, 0, 0, 0, 0, 0, 1, 0, 0.
Jos. LeCroix                  0, 0, 0, 1, 0, 0, 0, 0, 0, 0, 0, 0.
```

	1,	2,	3,	4,	5,	6,	7,	8,	9,	10,	11,	12.
Pre. LeCroix	0,	0,	0,	2,	0,	1,	0,	2,	0,	0,	0,	3.
Frs. Maurice	0,	0,	0,	1,	0,	0,	0,	0,	0,	0,	0,	2.
Philip Roth	3,	2,	1,	0,	1,	1,	0,	2,	1,	0,	0,	6.
Pierre Belly	0,	0,	0,	3,	1,	0,	0,	0,	0,	0,	5,	85.
Godfy. Roth	3,	0,	1,	1,	0,	0,	0,	1,	0,	0,	0,	2.
Ant. Dubuclet	0,	0,	0,	0,	0,	0,	0,	0,	0,	0,	6,	8.
Cyprn. Ricard	0,	0,	0,	0,	0,	0,	0,	0,	0,	0,	4,	6.
Pierre Segur	4,	2,	1,	0,	2,	0,	2,	2,	0,	1,	0,	24.
J. B. Melanson	3,	0,	0,	1,	0,	4,	0,	1,	1,	1,	0,	6.
Nichos. Orillion	0,	0,	0,	1,	0,	1,	0,	1,	0,	0,	0,	5.
Jos. Mollere pere	1,	2,	1,	0,	1,	1,	1,	1,	1,	0,	0,	50.
Widow Blanchard	0,	1,	1,	1,	0,	0,	2,	0,	1,	0,	0,	7.
Jos. Orillion	1,	2,	0,	1,	0,	3,	1,	0,	1,	0,	0,	14.
Ach. Landry	2,	0,	0,	2,	0,	0,	0,	1,	0,	0,	0,	6.
Widow J. Dupuy	1,	0,	1,	0,	1,	1,	1,	0,	1,	1,	0,	6.
M. L. LaCroix	1,	0,	0,	0,	0,	1,	0,	2,	0,	0,	0,	2.
Paul Babin	2,	0,	0,	1,	0,	1,	0,	0,	1,	0,	0,	0.
Widow Clouatre	1,	2,	1,	0,	0,	2,	3,	1,	1,	0,	0,	0.
Chas. Babin	2,	0,	0,	1,	0,	2,	0,	0,	1,	0,	0,	2.
Frs. Babin	2,	0,	0,	1,	0,	1,	0,	1,	0,	0,	0,	1.
Jos. Mollere Jr.	2,	0,	0,	1,	0,	1,	0,	1,	0,	0,	0,	3.
Danl. Budle	1,	0,	0,	1,	0,	2,	3,	0,	1,	0,	0,	0.
Jos. Landry	2,	0,	0,	1,	0,	3,	0,	0,	1,	0,	0,	0.
Donat Landry	0,	0,	0,	1,	0,	3,	3,	1,	1,	0,	0,	0.

Plaquemine

	1,	2,	3,	4,	5,	6,	7,	8,	9,	10,	11,	12.
Andra Langlois	0,	0,	1,	1,	0,	0,	0,	0,	0,	0,	0,	6.
Thos. Crapper	2,	0,	0,	2,	0,	0,	0,	0,	1,	0,	0,	17.
Honore Leonard	1,	1,	0,	1,	0,	3,	0,	0,	1,	0,	0,	4.
Philip Stope	0,	1,	2,	0,	1,	2,	1,	0,	1,	0,	0,	0.
Geo. Crouse	4,	0,	0,	2,	0,	0,	0,	1,	0,	0,	0,	0.
Felix Breau	0,	0,	1,	2,	0,	0,	0,	1,	0,	0,	0,	5.
N. Crapper	1,	2,	0,	1,	1,	3,	0,	2,	0,	1,	0,	13.
J. Burent	0,	0,	2,	0,	0,	0,	0,	1,	0,	0,	0,	15.
L. Marionneau	3,	0,	1,	0,	0,	3,	0,	1,	0,	0,	3,	1.
Jos. Martin	0,	0,	1,	0,	0,	0,	0,	1,	0,	0,	0,	1.
H. Dardenne	0,	0,	4,	0,	1,	0,	0,	1,	0,	1,	0,	5.
Patoir	0,	0,	0,	1,	0,	0,	0,	0,	1,	0,	1,	1.
Peter Beluner	0,	1,	0,	1,	0,	0,	0,	1,	0,	0,	0,	0.
Wm. Blake	0,	1,	2,	2,	1,	0,	0,	0,	0,	1,	0,	41.
Pierre Grenier	0,	0,	2,	0,	1,	0,	1,	1,	0,	1,	0,	3.
Bert Toffier	0,	1,	0,	0,	1,	0,	1,	0,	0,	1,	0,	11.
J. LeBertenure	0,	0,	2,	0,	1,	0,	0,	0,	0,	1,	0,	0.
Augt. Bruner	0,	0,	0,	1,	0,	0,	0,	1,	0,	0,	0,	0.
F. Blanchard	0,	0,	1,	1,	0,	3,	0,	1,	0,	0,	0,	2.
J. S. Brunaud	0,	0,	0,	1,	0,	0,	0,	0,	0,	0,	0,	0.
J. Domingue	0,	0,	0,	2,	0,	0,	0,	0,	1,	0,	0,	0.
A. Lanclois Jn.	1,	1,	2,	0,	0,	0,	0,	1,	0,	0,	0,	2.
A. Lanclois Sr.	0,	0,	2,	1,	1,	0,	0,	0,	1,	0,	0,	3.

```
                                  1, 2, 3, 4, 5, 6, 7, 8, 9,10,11,12.

Jean Maye                         0, 1, 3, 3, 1, 3, 1, 1, 1, 1, 0, 7.
Widow Charloe                     0, 0, 3, 0, 0, 0, 0, 0, 0, 1, 0, 2.
J. Riviere                        0, 0, 0, 0, 0, 0, 0, 0, 0, 0, 7, 0.
Celestin                          0, 0, 0, 0, 0, 0, 0, 0, 0, 0,10, 0.
Ant. Dodey                        0, 0, 1, 0, 1, 0, 0, 0, 0, 0, 0, 0.
Jean Troxille                     3, 0, 0, 1, 0, 0, 0, 0, 0, 0, 0, 3.
Gucorie                           2, 1, 0, 1, 0, 2, 0, 0, 1, 0, 0, 0.
A. Bourgeois                      0, 0, 0, 1, 0, 3, 1, 0, 1, 0, 0, 0.
D. Acoste                         1, 1, 2, 0, 1, 2, 1, 0, 0, 0, 0, 3.
Widow Robichaud                   3, 1, 1, 0, 0, 2, 1, 0, 1, 0, 0, 0.
```

Grand Riviere

```
Saml. Parker                      0, 0, 0, 0, 1, 0, 0, 0, 0, 0, 0, 0.
Heussier                          0, 2, 0, 2, 0, 2, 1, 0, 2, 0, 0, 0.
Geo. Elliot                       0, 2, 0, 2, 0, 2, 1, 0, 2, 0, 0, 0.
Bolmar                            0, 0, 0, 0, 1, 0, 0, 0, 0, 0, 0, 0.
Hamilton                          2, 0, 0, 1, 0, 1, 0, 0, 1, 0, 0, 0.
```

Left Bank of Mississippi

```
F. Devorbois                      0, 0, 2, 1, 0, 2, 0, 1, 0, 1, 0,29.
Stephen Blunt                     1, 0, 0, 1, 1, 0, 0, 0, 1, 0, 0, 0.
Luke Blunt                        2, 1, 2, 1, 0, 3, 0, 0, 1, 0, 0, 3.
Hugh Blunt                        1, 0, 0, 2, 0, 0, 0, 1, 0, 0, 0, 0.
A. Kincaide                       1, 0, 0, 1, 0, 1, 0, 0, 1, 0, 0, 0.
Abner Gray                        1, 0, 0, 1, 0, 1, 0, 0, 1, 0, 0, 0.
J. Labauve                        1, 0, 2, 0, 0, 0, 0, 1, 0, 0, 0, 0.
D. Marianaux                      0, 0, 2, 0, 0, 0, 0, 1, 0, 0, 0, 2.
Augt. Landry                      0, 0, 2, 0, 0, 0, 0, 1, 0, 0, 0, 2.
Simon Landry                      1, 0, 1, 1, 0, 1, 0, 1, 0, 0, 0, 5.
Paul Hebert                       0, 0, 1, 0, 0, 1, 0, 1, 0, 0, 0, 0.
M. Garreuil                       0, 0, 0, 1, 0, 3, 0, 0, 1, 0, 0, 4.
N. Hebert                         2, 0, 1, 0, 0, 1, 0, 1, 0, 0, 0, 3.
F. Segueneau                      1, 0, 2, 0, 0, 0, 0, 1, 0, 0, 0, 0.
E. Hebert                         0, 0, 1, 0, 0, 1, 0, 0, 0, 0, 0, 3.
A. Hebert                         0, 0, 1, 0, 0, 0, 2, 0, 1, 0, 0, 2.
J. LeBlanc                        0, 2, 3, 0, 0, 1, 1, 0, 0, 1, 2,19.
J. B. Babin                       0, 0, 0, 0, 0, 1, 0, 0, 0, 0, 0, 4.
N. LeBlanc                        0, 0, 1, 0, 0, 2, 1, 1, 0, 0, 0, 2.
Simon Babin                       1, 0, 1, 2, 0, 0, 1, 1, 1, 0, 0, 2.
Widow S. Allain                   2, 1, 2, 0, 0, 0, 0, 1, 0, 1, 0,14.
Isaac LeBlanc                     0, 0, 1, 1, 1, 2, 5, 1, 0, 1, 0, 2.
Olivier Brasset ? (Brapet?)       1, 1, 2, 2, 1, 2, 1, 1, 1, 0, 0, 6.
F. Pougeole                       2, 1, 0, 0, 1, 3, 0, 0, 1, 0, 0, 0.
Jos. Babin                        5, 0, 0, 0, 1, 2, 0, 1, 1, 0, 0, 4.
S. Babin                          2, 0, 0, 1, 0, 4, 0, 0, 1, 0, 0, 7.
G. Babin                          2, 0, 0, 1, 0, 4, 0, 0, 0, 1, 0, 1.
D. C. Hatch                       1, 0, 0, 3, 1, 1, 0, 3, 0, 0, 0, 2.
Widow Culler                      0, 0, 2, 0, 0, 2, 0, 0, 1, 0, 0, 0.
```

	1,	2,	3,	4,	5,	6,	7,	8,	9,	10,	11,	12.
Jos. Dupuis	0,	1,	3,	0,	1,	0,	1,	0,	0,	1,	0,	13.
Dukulus	0,	0,	1,	0,	1,	0,	0,	0,	0,	0,	0,	2.
de St. Pierre	0,	0,	0,	0,	1,	0,	0,	0,	0,	0,	1,	1.
Pierre Goyer	0,	0,	1,	0,	1,	0,	0,	1,	0,	1,	0,	7.
O. Blanchard	0,	0,	0,	0,	1,	0,	0,	0,	0,	0,	0,	1.
J. LeBlanc	0,	1,	1,	0,	1,	0,	0,	1,	0,	1,	0,	11.
E. Comau	0,	2,	1,	0,	1,	1,	2,	0,	0,	1,	0,	9.
V. Chiasson	0,	0,	1,	0,	0,	1,	0,	1,	0,	0,	0,	0.
P. Chiasson	0,	0,	0,	0,	1,	0,	0,	2,	0,	1,	3,	2.
V. Blanchard	3,	0,	0,	2,	0,	3,	0,	0,	1,	0,	0,	12.
Lomalcar	2,	0,	0,	1,	0,	0,	0,	1,	0,	0,	0,	2.
H. Landry	3,	0,	0,	1,	1,	1,	2,	0,	1,	0,	0,	8.
Guillm. Germain	0,	2,	0,	0,	1,	1,	0,	1,	0,	1,	0,	0.
H. Babin	1,	1,	2,	1,	0,	0,	0,	1,	0,	0,	0,	2.
Chs. Dugar	2,	2,	0,	1,	0,	1,	2,	0,	1,	0,	0,	0.
Pre. LaCave	0,	0,	0,	1,	0,	0,	0,	0,	1,	0,	0,	0.
J. Asselaire	3,	1,	0,	1,	0,	1,	1,	0,	1,	0,	0,	2.
F. Rivas Jr.	0,	0,	1,	0,	0,	0,	0,	1,	0,	0,	0,	2.
Boissac	1,	0,	0,	1,	0,	0,	0,	1,	0,	0,	0,	8.
F. Rivas Senr.	0,	0,	1,	0,	1,	0,	0,	1,	0,	1,	0,	33.
F. LeSapier	1,	0,	0,	2,	0,	2,	0,	1,	0,	0,	0,	6.
Widow S. Babin	3,	0,	0,	2,	0,	2,	0,	0,	1,	1,	0,	21.
J. B. LeBlanc	0,	0,	1,	1,	1,	0,	0,	1,	1,	1,	0,	6.
Jos. LeBlanc	1,	0,	0,	1,	0,	1,	0,	1,	0,	0,	0,	5.
Alexis LeBlanc	0,	0,	0,	1,	1,	1,	0,	1,	0,	0,	0,	3.
E. Capdevielle	2,	0,	0,	1,	0,	3,	0,	0,	1,	0,	0,	4.
J. B. Allain	1,	0,	2,	0,	0,	0,	0,	0,	0,	0,	0,	1.
S. LeBlanc	2,	0,	0,	1,	0,	2,	0,	0,	1,	0,	0,	3.
Marcel Dupuy	0,	0,	0,	1,	0,	1,	0,	1,	0,	0,	0,	3.
Wm. James	0,	0,	0,	0,	1,	2,	1,	0,	1,	0,	0,	0.
S. Broussard	1,	0,	0,	1,	0,	2,	0,	0,	1,	0,	0,	0.
Pre. Allain	0,	0,	0,	1,	0,	1,	0,	1,	0,	0,	0,	1.
Jo. Richard	5,	0,	0,	1,	1,	0,	0,	1,	0,	0,	0,	2.
S. Richard Jun.	1,	0,	0,	1,	0,	2,	0,	0,	0,	0,	0,	2.
S. Richard Sen.	0,	0,	1,	0,	1,	0,	0,	1,	0,	1,	0,	6.
Paul Richard	3,	0,	0,	2,	0,	1,	0,	0,	1,	0,	0,	1.
J. J. Babin	1,	0,	0,	2,	0,	0,	0,	0,	1,	0,	0,	6.
J. P. Landry	0,	0,	0,	2,	0,	0,	0,	1,	0,	0,	0,	0.
C. Grenier	1,	0,	0,	1,	0,	0,	0,	0,	1,	0,	0,	0.
Urbain Braud	1,	0,	1,	0,	0,	0,	0,	1,	0,	0,	0,	0.
Widow C. Breau	0,	1,	1,	0,	0,	0,	0,	1,	1,	0,	0,	0.
Jos. Breau	0,	1,	1,	0,	1,	0,	0,	1,	0,	1,	0,	4.
Jno. Nerauld	0,	0,	1,	0,	0,	0,	0,	1,	0,	0,	0,	0.
Ls. Landry	0,	1,	0,	1,	1,	0,	0,	0,	0,	1,	0,	0.
Wm. Henderson	2,	1,	1,	1,	0,	2,	1,	0,	1,	0,	0,	0.
M. Hebert	1,	0,	0,	1,	0,	3,	0,	0,	1,	0,	0,	0.
F. DesCoteaux	1,	0,	0,	1,	0,	1,	0,	1,	0,	0,	0,	0.
Olivar Breau	1,	0,	1,	0,	0,	0,	0,	0,	1,	0,	0,	0.
J. L. Parent	1,	1,	1,	1,	0,	1,	0,	0,	1,	0,	0,	0.
J. W. Scott	1,	0,	0,	3,	0,	0,	0,	1,	0,	0,	0,	27.

Galvez Town

Name	1	2	3	4	5	6	7	8	9	10	11	12
Jacob Winfree	0,	0,	1,	0,	1,	0,	2,	0,	0,	2,	0,	29.
Php. Winfree	0,	0,	0,	1,	0,	2,	0,	1,	0,	0,	0,	18.
P. Browner	0,	0,	1,	2,	0,	0,	0,	0,	0,	0,	0,	0.
Adam Sides	0,	0,	0,	0,	1,	0,	1,	0,	0,	1,	1,	1.
Wm. Reed	2,	0,	0,	2,	0,	1,	0,	1,	0,	0,	0,	2.
E. L. Collier	2,	0,	1,	0,	1,	0,	1,	0,	0,	0,	0,	15.
N. de Laume	2,	0,	0,	1,	0,	1,	0,	0,	1,	0,	0,	0.
J. S. Yarborough Sr.	2,	0,	0,	1,	1,	0,	0,	0,	0,	1,	0,	0.
J. S. Yarborough Jr.	1,	0,	0,	2,	0,	0,	0,	0,	1,	0,	0,	0.
Wm. Yarborough	1,	0,	0,	1,	0,	2,	0,	1,	0,	0,	0,	0.
Jos. Cow	2,	1,	0,	3,	0,	0,	0,	2,	0,	1,	0,	0.
B. Keys	1,	1,	2,	0,	0,	0,	2,	0,	0,	1,	0,	0.
A. Webb	1,	0,	0,	1,	0,	0,	0,	1,	0,	0,	0,	0.
F. Jones	0,	0,	0,	1,	0,	0,	0,	0,	0,	0,	0,	0.
Jno. Lee	1,	1,	1,	0,	1,	2,	1,	1,	0,	1,	0,	0.
Benjn. Burnett	1,	1,	1,	0,	1,	1,	0,	1,	0,	0,	0,	0.
	244	93	167	199	83	238	100	136	100	69	45	1,205

Iberville 20th September 1810

[signed] N. Meriam, Assistant to the Secretary of the Territory
of Orleans.

Right bank of the Mississippi

N. Families 124   133, 52, 75, 99, 35, 126, 64, 71, 53, 33, 18, 663

Plaquemine & Grand River

ditto ditto 38   23, 16, 33, 28, 15, 31, 9, 13, 15, 10, 20, 145

Left Bank of the Mississippi

"   "   279   72, 21, 52, 57, 27, 72, 20, 44, 30, 18, 6, 332

Galvez Town

"   "   16   16, 4, 7, 15, 6, 9, 7, 8, 2, 8, 1, 65
257

244, 93, 167, 199, 83, 238, 100, 136, 100, 69, 45, 1,205

Territory of Orleans   Parish of Iberville

     Personally Before me Nathan Meriam, Judge of the Parish
of Iberville appeared William Marson of the said Parish and
made Oath, that he Posted up a (correct?) copy of the within
Schedule at each of the following places to wit: at the House
of Bartholemew Hamilton in sd. Parish on the eleventh of Sept-
ember 1810 and at the house of Pierre Gogeur, Inholder in sd.
Parish on the 12 September 1810 where he suffered the same to
remain and that the said copies (there?) remain to the best of
his knowledge and belief.

            [signed] Wm. Marson

Sworn at the Parish of Iberville
this 19 of September 1810.

            [signed] Before me, N. Meriam, Parish Judge

1820 Census
Iberville Parish, Louisiana[11]

The number of Persons within my Division, consisting
of 6,749 Appears in a Schedule hereto annexed, subscribed
by me, this tenth day of September in the year one thous-
and and twenty.

Assistant to the Marshal of Louisiana

County of Iberville
Schedule of the whole number of Persons within the
Division allotted to Antoine Cauvarel.

```
                            1, 2, 3, 4, 5, 6, 7, 8, 9,10,11,12,13,
          14,15,16,17,18,19,20,21,22,23,24,25,26,27,28,29,30,31.
```

Bou. Goula

```
Steven Ross              6, 0, 1, 2, 1, 1, 2, 0, 1, 2, 0, 0, 2,
              0, 0, 0, 0, 1, 0, 0, 0, 0, 1, 0, 0, 0, 0, 0, 0, 0, 0.
Peter Belay              4, 1, 0, 0, 1, 0, 0, 1, 0, 2, 0, 0, 1,
              0, 0, 0, 0, 0, 0, 0, 0, 0, 0, 0, 0, 0, 0, 0, 0, 0, 0.
Jean Bt. Boyon           0, 3, 0, 0, 1, 0, 3, 0, 1, 1, 0, 0, 4,
              0, 0, 0, 0, 0, 0, 0, 0, 0, 0, 0, 0, 0, 0, 0, 0, 0, 0.
Jean Hautain             2, 0, 0, 0, 1, 0, 0, 1, 1, 0, 0, 0, 1,
              0, 0, 0, 0, 0, 0, 0, 0, 0, 0, 0, 0, 0, 0, 0, 0, 0, 0.
John Good Bay            0, 0, 0, 1, 1, 0, 0, 0, 0, 0, 0, 0, 3,
              0, 0, 1, 1, 0, 0, 0, 0, 0, 0, 0, 0, 0, 0, 0, 0, 0, 0.
```

Bou. De La manufacture ?

```
Philippe Raud            1, 3, 0, 1, 1, 0, 0, 1, 0, 0, 1, 0, 3,
              0, 0, 1, 1, 0, 0, 1, 1, 1, 1, 0, 0, 0, 0, 0, 0, 0, 0.
Godefroi Raud            6, 2, 0, 0, 1, 0, 0, 0, 0, 1, 0, 0, 4,
              0, 0, 2, 0, 0, 0, 2, 0, 1, 0, 0, 0, 0, 0, 0, 0, 0, 0.
```

Bou. Plaquemine

```
Eleasar Ricard Villier   0, 0, 0, 2, 3, 0, 0, 0, 0, 0, 0, 0, 0,
              1, 0, 0, 1, 0, 0, 1, 0, 0, 1, 1, 0, 0, 0, 0, 0, 0, 0.
Jean Ginkins             1, 0, 0, 0, 0, 1, 4, 0, 0, 1, 1, 0, 0,
              0, 0, 0, 0, 0, 0, 0, 0, 0, 0, 0, 0, 0, 0, 0, 0, 0, 0.
Mm. Durat et Fois. Duplessis 0, 1, 0, 2, 4, 1, 0, 0, 0, 0, 0, 0, 0,
              0, 0, 0, 6, 4, 0, 0, 2, 0, 0, 0, 0, 1, 0, 0, 0, 0, 0.
William Sevry            3, 0, 0, 2, 2, 1, 0, 0, 1, 0, 0, 0, 2,
              0, 0, 0, 0, 0, 1, 0, 0, 0, 0, 0, 0, 0, 0, 0, 0, 0, 0.
Honore Leonard           1, 1, 0, 2, 0, 1, 1, 2, 1, 1, 0, 0, 3,
              0, 0, 1, 1, 0, 0, 0, 0, 1, 0, 0, 0, 0, 0, 0, 0, 0, 0.
Johns Ballangs           2, 0, 0, 0, 1, 0, 5, 0, 0, 1, 0, 0, 4,
              0, 0, 0, 3, 0, 0, 0, 1, 0, 0, 0, 0, 0, 0, 0, 0, 0, 0.
William Cham             1, 0, 0, 0, 1, 1, 0, 1, 1, 0, 0, 0, 0,
              0, 0, 0, 0, 0, 0, 0, 0, 0, 0, 0, 0, 0, 0, 0, 0, 0, 0.
John Dutton              1, 0, 0, 1, 6, 0, 0, 0, 1, 1, 0, 0,20,
              0, 4, 4, 3,10, 1, 3, 1, 6, 0, 0, 0, 0, 0, 0, 0, 0, 0.
Chs. Braud et Dardenne   0, 0, 0, 0, 3, 0, 0, 0, 0, 0, 0, 0, 6,
              2, 0, 2, 2, 3, 0, 3, 0, 2, 0, 0, 0, 1, 0, 0, 0, 0, 0.
Charles Thieneman        2, 0, 0, 1, 4, 1, 1, 2, 1, 1, 0, 0,26,
              0, 0, 5, 5, 7, 1, 3,10, 2, 1, 0, 0, 0, 0, 0, 0, 0, 0.
Pierre Grenier           0, 0, 0, 0, 2, 1, 0, 0, 1, 0, 1, 0, 1,
              0, 0, 2, 0, 0, 0, 2, 0, 0, 1, 0, 0, 0, 0, 0, 0, 0, 0.
Joseph Richard           1, 0, 1, 1, 0, 0, 0, 1, 1, 0, 0, 0, 1,
              0, 0, 0, 0, 0, 0, 0, 0, 0, 0, 0, 0, 0, 0, 0, 0, 0, 0.
Thomas Bendley           0, 0, 0, 0, 2, 0, 0, 0, 0, 0, 0, 0, 0,
              0, 0, 0, 0, 0, 0, 0, 0, 0, 0, 0, 0, 0, 0, 0, 0, 0, 0.
Emeran Lenclos           0, 1, 0, 0, 2, 0, 3, 0, 1, 0, 0, 0, 3,
              0, 0, 0, 1, 0, 1, 0, 1, 0, 0, 0, 0, 0, 0, 0, 0, 0, 0.
Joseph Dardenne          0, 0, 0, 0, 1, 0, 3, 1, 0, 0, 0, 0, 1,
              0, 0, 0, 0, 0, 0, 0, 0, 0, 0, 0, 0, 0, 0, 0, 0, 0, 0.
```

```
                              1, 2, 3, 4, 5, 6, 7, 8, 9,10,11,12,13,
              14,15,16,17,18,19,20,21,22,23,24,25,26,27,28,29,30,31.

Jacques Eudebert          0, 0, 1, 1, 1, 0, 0, 0, 0, 0, 0, 0, 0,
              1, 0, 0, 0, 0, 0, 0, 0, 0, 0, 0, 0, 0, 0, 0, 0, 0.
Augustin Bruno            2, 0, 0, 0, 1, 0, 1, 0, 0, 1, 0, 0, 2,
              0, 0, 0, 0, 1, 0, 1, 0, 1, 1, 0, 0, 0, 0, 0, 0, 0.
Chrisostome Ain. Borne    1, 0, 0, 0, 1, 0, 1, 1, 0, 0, 1, 0, 1,
              0, 0, 0, 0, 0, 0, 0, 0, 0, 0, 0, 0, 0, 0, 0, 0, 0.
Ve. Nathaniel Cropper     1, 0, 0, 0, 1, 0, 1, 0, 3, 0, 0, 0, 6,
              0, 0, 0, 2, 2, 0, 0, 1, 2, 0, 0, 2, 0, 0, 0, 0, 0.
Benjamin Praer            1, 0, 0, 0, 2, 0, 0, 0, 1, 0, 0, 0, 4,
              0, 0, 0, 1, 1, 0, 0, 0, 1, 0, 0, 0, 0, 0, 0, 0, 0.
Walter H. Mears           2, 0, 0, 1, 1, 0, 2, 1, 0, 1, 0, 1, 0,
              0, 0, 0, 0, 1, 1, 0, 1, 2, 2, 0, 0, 0, 0, 0, 0, 0.
Daniel Baque              0, 0, 0, 0, 1, 0, 3, 0, 1, 0, 0, 0, 0,
              0, 0, 0, 0, 0, 0, 0, 0, 0, 0, 0, 0, 0, 0, 0, 0, 0.
Francois Neraud           4, 1, 0, 1, 1, 0, 1, 1, 0, 1, 0, 0, 8,
              1, 0, 2, 2, 2, 1, 2, 1, 1, 0, 0, 0, 0, 0, 0, 0, 0.

                          B. de Mre. ?

Jean Dardenne             1, 0, 0, 0, 0, 0, 5, 0, 0, 1, 0, 0, 1,
              0, 0, 1, 0, 1, 0, 0, 0, 1, 0, 0, 0, 0, 0, 0, 0, 0.
Ve. Robichaux             1, 0, 1, 2, 0, 0, 0, 0, 0, 1, 0, 0, 5,
              0, 0, 1, 0, 0, 0, 0, 0, 0, 0, 0, 0, 0, 0, 0, 0, 0.
Ve. Dominique Lacoste     0, 0, 1, 2, 2, 0, 0, 0, 1, 0, 1, 1, 2,
              0, 0, 1, 0, 2, 0, 1, 1, 1, 0, 0, 0, 0, 0, 0, 0, 0.
Jean Bte. Villiard        0, 0, 0, 0, 0, 0, 0, 0, 0, 0, 0, 0, 2,
              0, 0, 0, 0, 0, 0, 0, 0, 0, 1, 1, 0, 1, 3, 0, 1, 1.
Alexander Toups           1, 0, 0, 1, 0, 0, 0, 0, 1, 0, 0, 0, 1,
              0, 0, 0, 0, 0, 0, 0, 0, 0, 0, 0, 0, 0, 0, 0, 0, 0.
Francois Maille           0, 0, 0, 0, 1, 0, 0, 0, 0, 0, 1, 0, 0,
              0, 0, 1, 1, 0, 0, 1, 0, 1, 0, 0, 0, 0, 0, 0, 0, 0.
Jean Maille               2, 0, 0, 1, 1, 1, 3, 1, 2, 0, 1, 0, 5,
              0, 0, 2, 0, 1, 0, 0, 1, 0, 0, 0, 0, 0, 0, 0, 0, 0.
Jean Pierre Maille        2, 0, 0, 0, 2, 0, 2, 1, 0, 1, 0, 0, 0,
              0, 0, 0, 0, 0, 0, 0, 0, 0, 0, 0, 0, 0, 0, 0, 0, 0.
Denis Louviere            0, 0, 0, 1, 1, 1, 0, 1, 0, 0, 1, 2, 0,
              0, 0, 0, 0, 0, 1, 0, 0, 0, 1, 0, 0, 0, 0, 0, 0, 0.
Belloni Leblanc           0, 2, 0, 0, 2, 0, 0, 2, 1, 1, 0, 0, 2,
              0, 0, 2, 0, 2, 0, 2, 2, 0, 0, 0, 0, 0, 0, 0, 0, 0.
Ferdinand Cap de viel     0, 3, 0, 1, 1, 0, 2, 0, 0, 1, 0, 0, 3,
              0, 0, 0, 0, 0, 0, 0, 0, 0, 0, 0, 0, 0, 0, 0, 0, 0.
Francois Xavier Leblanc   0, 0, 0, 0, 1, 0, 0, 1, 0, 1, 0, 0, 1,
              0, 0, 0, 0, 0, 0, 0, 0, 0, 0, 0, 0, 0, 0, 0, 0, 0.
Ve. Blaise Rivet          0, 0, 0, 0, 1, 0, 0, 0, 0, 0, 1, 0, 0,
              0, 0, 0, 0, 0, 0, 0, 0, 0, 0, 0, 0, 0, 0, 0, 0, 0.
Marcel Rivet              0, 0, 0, 0, 1, 0, 0, 2, 0, 1, 0, 0, 1,
              0, 0, 0, 0, 0, 0, 0, 0, 0, 0, 0, 0, 0, 0, 0, 0, 0.
Narcisse Badaud           0, 0, 0, 1, 0, 0, 2, 0, 1, 0, 0, 0, 1,
              0, 0, 0, 0, 0, 0, 0, 0, 0, 0, 0, 0, 0, 0, 0, 0, 0.
```

Page 14

```
                            1, 2, 3, 4, 5, 6, 7, 8, 9,10,11,12,13,
               14,15,16,17,18,19,20,21,22,23,24,25,26,27,28,29,30,31.
Andre Bourgeois              0, 0, 1, 1, 1, 0, 3, 0, 0, 1, 0, 0, 1,
            0, 0, 0, 0, 0, 0, 0, 0, 0, 0, 0, 0, 0, 0, 0, 0, 0, 0.
Vve. Lenclos                 2, 0, 1, 1, 0, 2, 2, 0, 1, 0, 1, 0, 2,
            0, 0, 0, 0, 2, 0, 0, 1, 1, 0, 0, 0, 0, 0, 0, 0, 0, 0.
William Ballangs             0, 2, 0, 0, 1, 2, 1, 0, 0, 0, 1, 0, 4,
            0, 0, 0, 1, 0, 0, 0, 0, 0, 0, 0, 0, 0, 0, 0, 0, 0, 0.

                         Galvestone

E. Coostes                   0, 0, 0, 0, 1, 1, 0, 0, 0, 0, 1, 0, 0,
            0, 0, 0, 0, 0, 0, 0, 0, 0, 0, 0, 0, 0, 0, 0, 0, 0, 0.
Dominique Antoine            0, 0, 0, 1, 1, 0, 3, 0, 0, 1, 0, 0, 0,
            1, 0, 0, 0, 0, 0, 0, 0, 0, 0, 0, 0, 0, 0, 0, 0, 0, 0.
Christine Norden             0, 0, 0, 0, 2, 0, 2, 1, 1, 1, 0, 0, 0,
            0, 0, 0, 0, 0, 0, 0, 0, 0, 0, 0, 0, 0, 0, 0, 0, 0, 0.

                        Terres Hautes

Joseph Graetcherd            0, 0, 0, 1, 2, 0, 0, 0, 0, 0, 0, 0, 2,
            0, 0, 0, 0, 0, 0, 1, 0, 0, 0, 0, 0, 0, 0, 0, 0, 0, 0.
Gray Collier                 1, 0, 0, 0, 1, 0, 0, 0, 1, 0, 0, 0, 4,
            0, 0, 0, 1, 1, 1, 1, 0, 1, 0, 0, 0, 0, 0, 0, 0, 0, 0.
John Saids                   1, 0, 0, 0, 1, 0, 3, 0, 2, 1, 0, 0, 1,
            0, 0, 0, 0, 0, 0, 0, 0, 0, 0, 0, 0, 0, 0, 0, 0, 0, 0.
Vve. John Lee                1, 0, 0, 0, 0, 0, 0, 0, 0, 0, 0, 1, 0, 0,
            0, 0, 0, 0, 0, 0, 0, 0, 0, 0, 0, 0, 0, 0, 0, 0, 0, 0.
Sem Canner                   0, 0, 0, 2, 0, 0, 1, 1, 1, 0, 0, 0, 0,
            0, 0, 0, 0, 0, 0, 0, 0, 0, 0, 0, 0, 0, 0, 0, 0, 0, 0.
J. Loose                     0, 0, 0, 0, 1, 0, 0, 0, 0, 0, 0, 0, 0,
            0, 0, 0, 0, 0, 0, 0, 0, 0, 0, 0, 0, 0, 0, 0, 0, 0, 0.
Zacharia Raya                0, 0, 0, 1, 0, 0, 0, 2, 0, 0, 1, 0, 0,
            0, 0, 0, 0, 0, 0, 0, 0, 0, 0, 0, 0, 0, 0, 0, 0, 0, 0.
Martin Nelson                2, 0, 0, 1, 1, 0, 4, 1, 0, 1, 0, 0, 2,
            0, 0, 0, 0, 0, 0, 0, 0, 0, 0, 0, 0, 0, 0, 0, 0, 0, 0.
Catherine Gaudin             5, 0, 0, 0, 0, 0, 0, 0, 1, 0, 1, 0, 0,
            0, 0, 0, 0, 0, 0, 0, 0, 0, 0, 0, 0, 0, 0, 0, 0, 0, 0.
Wm. Young Blodd              2, 1, 0, 0, 1, 0, 4, 0, 0, 1, 0, 0, 0,
            0, 0, 0, 0, 0, 0, 0, 0, 0, 0, 0, 0, 0, 0, 0, 0, 0, 0.
Samuel Harris                1, 0, 1, 1, 1, 0, 1, 1, 0, 1, 0, 0, 0,
            0, 0, 0, 0, 0, 0, 0, 0, 0, 0, 0, 0, 0, 0, 0, 0, 0, 0.
```

| | 64 | 21 | 7 | 36 | 75 | 15 | 69 | 26 | 30 | 28 | 15 | 4 | 146 |
| (subtotal) | 6 | 4 | 28 | 33 | 39 | 6 | 24 | 26 | 26 | 5 | 2 | 4 | 1 | 2 | 8 | 3 | 1 | 1 |

```
William Hodgson              2, 0, 0, 0, 1, 0, 1, 0, 1, 0, 0, 0, 1,
            0, 0, 0, 0, 0, 0, 0, 0, 0, 0, 1, 0, 0, 1, 3, 1, 0, 0.
Thomas Ring                  1, 1, 1, 1, 2, 1, 0, 0, 0, 1, 0, 5, 4,
            0, 0, 0, 0, 0, 0, 1, 1, 0, 0, 0, 0, 0, 0, 0, 0, 0, 0.
```

```
                                  1, 2, 3, 4, 5, 6, 7, 8, 9,10,11,12,13,
                      14,15,16,17,18,19,20,21,22,23,24,25,26,27,28,29,30,31.
Adams Saids               0, 0, 0, 0, 0, 2, 0, 0, 0, 0, 1, 0, 2,
            0, 0, 2, 1, 0, 0, 1, 1, 0, 0, 0, 0, 0, 0, 0, 0, 0.
Pharaon Roche             0, 0, 0, 2, 1, 0, 2, 1, 2, 1, 0, 0, 3,
            0, 0, 4, 1, 1, 0, 2, 1, 1, 1, 0, 0, 0, 0, 0, 0, 0.
David Gaudin              0, 0, 0, 1, 0, 0, 0, 1, 1, 0, 0, 0, 1,
            0, 0, 0, 0, 0, 0, 0, 0, 0, 0, 0, 0, 0, 0, 0, 0, 0.
Josue Tisch               4, 0, 0, 0, 1, 0, 0, 1, 0, 1, 0, 0, 0,
            0, 0, 0, 0, 0, 0, 0, 0, 0, 0, 0, 0, 0, 0, 0, 0, 0.
Peter Wilson              0, 0, 0, 0, 1, 0, 0, 0, 0, 0, 0, 0, 0,
            0, 0, 0, 0, 0, 0, 0, 0, 0, 0, 0, 0, 0, 0, 0, 0, 0.
Louis Macon               0, 0, 0, 1, 0, 0, 0, 0, 0, 0, 0, 0, 0,
            0, 0, 0, 0, 0, 0, 0, 0, 0, 0, 0, 0, 0, 0, 0, 0, 0.
Benjamin Burnet           0, 0, 0, 1, 0, 1, 0, 0, 1, 0, 0, 0, 1,
            0, 0, 0, 0, 0, 0, 0, 0, 0, 0, 0, 0, 0, 0, 0, 0, 0.

                         Omit River

Mathurin Masguiard        2, 0, 0, 2, 1, 0, 1, 0, 0, 1, 0, 0, 3,
            0, 0, 0, 0, 0, 0, 0, 0, 0, 0, 0, 0, 0, 0, 0, 0, 0.
Jean Bite. Wickner        1, 0, 0, 0, 1, 0, 0, 0, 0, 1, 0, 0, 0,
            0, 0, 0, 1, 1, 0, 0, 1, 0, 0, 0, 0, 0, 0, 0, 0, 0.
Elie Paule                0, 0, 0, 0, 0, 0, 0, 0, 0, 0, 0, 0, 0,
            0, 0, 0, 0, 0, 0, 0, 0, 0, 0, 1, 0, 0, 0, 1, 0.
Vve. Browner              0, 1, 0, 0, 0, 0, 1, 0, 0, 1, 0, 0, 0,
            0, 0, 0, 0, 0, 0, 0, 0, 0, 0, 0, 0, 0, 0, 0, 0, 0.
Mathurin Babin            1, 0, 0, 0, 3, 0, 2, 0, 0, 1, 0, 0, 5,
            0, 0, 1, 0, 1, 0, 1, 0, 1, 0, 0, 0, 0, 0, 0, 0, 0.

                     Tessi (Tesow ?) River

Sem Harbour               0, 0, 0, 1, 0, 0, 1, 0, 1, 0, 0, 0, 1,
            0, 0, 0, 0, 0, 0, 0, 0, 0, 0, 0, 0, 0, 0, 0, 0, 0.
Richard Burnet            0, 0, 0, 1, 1, 0, 0, 0, 1, 0, 0, 0, 1,
            0, 0, 0, 0, 1, 0, 0, 0, 0, 0, 0, 0, 0, 0, 0, 0, 0.
Wm. Peter Beaumont        2, 0, 0, 0, 1, 0, 1, 0, 1, 0, 0, 0, 1,
            0, 0, 0, 0, 0, 0, 0, 0, 0, 0, 0, 0, 0, 0, 0, 0, 0.
Benjamin Barrow           0, 1, 1, 1, 1, 0, 2, 0, 0, 1, 0, 0, 2,
            0, 0, 2, 0, 1, 0, 1, 1, 0, 0, 1, 0, 0, 0, 0, 0, 0.
Aaron Beards              0, 0, 0, 1, 1, 0, 0, 0, 0, 1, 0, 0, 2,
            0, 0, 0, 0, 0, 0, 0, 0, 0, 0, 0, 0, 0, 0, 0, 0, 0.

                        Bou. Manchac

Vve. Joseph Cavo          0, 1, 0, 0, 0, 0, 0, 0, 0, 0, 1, 0, 1,
            0, 0, 0, 0, 0, 0, 0, 0, 0, 0, 0, 0, 0, 0, 0, 0, 0.
Marcel Cavo               0, 0, 0, 0, 1, 0, 0, 0, 1, 0, 0, 0, 1,
            0, 0, 0, 0, 0, 0, 0, 0, 0, 0, 0, 0, 0, 0, 0, 0, 0.
Joseph Cavo               2, 0, 0, 0, 1, 0, 0, 1, 1, 0, 1, 0, 1,
            0, 0, 0, 0, 0, 0, 0, 0, 0, 0, 0, 0, 0, 0, 0, 0, 0.
```

```
                        1, 2, 3, 4, 5, 6, 7, 8, 9,10,11,12,13,
         14,15,16,17,18,19,20,21,22,23,24,25,26,27,28,29,30,31.
```

Thomas Cavo   1, 0, 0, 1, 0, 0, 1, 0, 1, 0, 0, 0, 1,
           0, 0, 0, 0, 0, 0, 0, 0, 0, 0, 0, 0, 0, 0, 0, 0, 0, 0.
John Smith   0, 0, 0, 0, 1, 0, 0, 0, 0, 0, 1, 0, 1,
           0, 0, 0, 0, 0, 0, 0, 0, 0, 0, 0, 0, 0, 0, 0, 0, 0, 0.
James Fabre   1, 1, 1, 1, 0, 0, 2, 0, 0, 1, 1, 0, 2,
           0, 0, 0, 0, 0, 0, 0, 0, 0, 0, 0, 0, 0, 0, 0, 0, 0, 0.
Matheo Rodrigue   2, 1, 1, 1, 1, 0, 0, 1, 0, 1, 0, 0, 3,
           0, 0, 0, 0, 0, 0, 0, 0, 0, 0, 0, 0, 0, 0, 0, 0, 0, 0.
William Fabre   2, 1, 0, 0, 1, 0, 0, 1, 0, 1, 0, 0, 2,
           0, 0, 0, 0, 0, 0, 0, 0, 0, 0, 0, 0, 0, 0, 0, 0, 0, 0.
Zacaria Tolber   1, 0, 0, 0, 1, 0, 3, 0, 0, 1, 0, 0, 1,
           0, 0, 0, 0, 0, 0, 0, 0, 0, 0, 0, 0, 0, 0, 0, 0, 0, 0.

                         Iberville

Joseph Arnandez   0, 0, 1, 2, 2, 0, 3, 0, 0, 0, 0, 0, 6,
           0, 0, 0, 2, 1, 0, 0, 2, 0, 0, 0, 0, 0, 0, 0, 0, 0, 0.
Jean Btiste. Hebert   3, 1, 0, 0, 2, 0, 2, 0, 1, 0, 0, 0, 3,
           0, 0, 1, 0, 0, 0, 0, 0, 0, 0, 0, 0, 0, 0, 0, 0, 0, 0.
Helie au Coing   0, 0, 0, 0, 1, 1, 0, 1, 0, 1, 0, 0, 3,
           0, 0, 0, 0, 1, 0, 1, 0, 1, 0, 0, 0, 0, 0, 0, 0, 0, 0.
Guillaume Danos   2, 1, 0, 0, 1, 1, 2, 0, 0, 1, 0, 0, 3,
           0, 0, 0, 0, 0, 0, 0, 0, 0, 0, 0, 0, 0, 0, 0, 0, 0, 0.
Joseph Debon (Dehon ?)   2, 0, 0, 2, 2, 0, 0, 0, 0, 0, 0, 0, 1,
           0, 0, 0, 0, 0, 0, 0, 0, 0, 0, 0, 0, 0, 0, 0, 0, 0, 0.
Joseph Rivais   1, 0, 0, 0, 1, 0, 2, 0, 0, 1, 1, 0, 1,
           0, 0, 0, 0, 1, 0, 0, 0, 0, 0, 0, 0, 0, 0, 0, 0, 0, 0.
Charles Thomay   0, 0, 0, 0, 0, 2, 0, 0, 0, 0, 0, 0, 3,
           0, 0, 0, 0, 0, 1, 0, 1, 0, 0, 0, 0, 0, 0, 0, 0, 0, 0.
Jerome Boudraud   1, 0, 0, 0, 1, 0, 1, 0, 1, 0, 0, 0, 1,
           0, 0, 0, 0, 0, 0, 0, 0, 0, 0, 0, 0, 0, 0, 0, 0, 0, 0.
Thomas Brownd   2, 2, 0, 1, 1, 0, 1, 0, 1, 1, 0, 0, 5,
           0, 0, 5, 0, 0, 1, 2, 0, 3, 0, 0, 0, 0, 0, 0, 0, 0, 0.
(Gaol) Turner   2, 0, 0, 2, 1, 0, 2, 0, 0, 1, 0, 0, 2,
           0, 0, 0, 2, 0, 1, 0, 0, 0, 0, 0, 0, 0, 0, 0, 0, 0, 0.
Daniel Bidel   1, 1, 0, 0, 0, 1, 2, 0, 1, 1, 0, 0, 1,
           0, 1, 0, 0, 0, 0, 0, 0, 0, 0, 0, 0, 0, 0, 0, 0, 0, 0.
Jean Maden   1, 0, 0, 1, 1, 1, 2, 0, 1, 1, 0, 0, 3,
           0, 0, 0, 0, 0, 0, 0, 0, 0, 0, 0, 0, 0, 0, 0, 0, 0, 0.
Joseph Houisiaux   0, 1, 0, 0, 1, 0, 1, 0, 0, 1, 0, 0, 2,
           0, 0, 0, 0, 0, 0, 0, 0, 0, 0, 0, 0, 0, 0, 0, 0, 0, 0.
John Humeton   0, 0, 0, 0, 2, 0, 0, 0, 1, 0, 0, 0, 3,
           0, 0, 0, 1, 0, 0, 1, 0, 0, 0, 0, 0, 0, 0, 0, 0, 0, 0.
James Good bay   0, 2, 0, 0, 0, 1, 0, 1, 2, 0, 1, 0, 9,
           0, 0, 2, 4, 6, 0, 5, 3, 1, 0, 0, 0, 0, 0, 0, 0, 0, 0.
Vve. Helene Bouche   0, 1, 1, 2, 0, 0, 0, 1, 1, 0, 1, 0, 7,
           0, 0, 0, 0, 3, 0, 0, 3, 0, 0, 0, 0, 0, 0, 0, 0, 0, 0.
Joseph Landry   1, 0, 0, 0, 1, 0, 1, 0, 0, 0, 0, 0, 2,
           0, 0, 1, 1, 0, 0, 1, 1, 0, 0, 0, 0, 0, 0, 0, 0, 0, 0.
Louis Bognand   1, 0, 0, 0, 1, 0, 1, 0, 0, 1, 0, 0, 5,
           1, 0, 1, 1, 1, 0, 0, 2, 1, 0, 0, 0, 0, 0, 0, 0, 0, 0.

Name	1	2	3	4	5	6	7	8	9	10	11	12	13	14	15	16	17	18	19	20	21	22	23	24	25	26	27	28	29	30	31
Edmon Cap de Viel	1	3	0	0	0	1	1	1	0	1	0	0	4	0	0	0	0	0	0	1	1	0	0	0	0	0	0	0	0	0	0
Philip Thomas	2	0	0	0	2	0	0	2	0	1	0	0	42	0	0	12	0	7	5	0	6	7	2	1	0	0	0	0	0	0	0
Louis Braud	2	1	1	1	1	1	1	2	0	1	0	1	5	0	0	6	1	2	0	2	0	2	0	0	0	0	0	0	0	0	0
Charles Braud	1	3	1	1	1	1	0	0	1	0	0	0	9	0	0	0	3	1	0	1	1	1	0	0	0	0	0	0	0	0	0
Pre. Joseph Landry	3	2	1	1	0	1	1	1	1	0	1	0	11	0	0	4	1	3	0	2	1	1	0	0	0	0	0	0	0	0	0
Joseph Henry	0	1	0	0	0	0	0	0	0	0	0	0	4	0	0	0	1	3	0	0	0	1	0	0	0	0	0	0	0	0	0
Jean Btiste. Ambremon	1	1	0	1	0	2	2	1	0	1	0	0	6	0	0	0	3	0	0	0	2	0	0	0	0	0	0	0	0	0	0
Joseph Hebert	1	1	0	0	1	0	0	0	0	1	0	0	4	0	0	4	0	0	1	2	2	1	0	0	0	0	0	0	0	0	0
Eloy Hebert	1	0	0	1	1	0	2	0	1	0	0	0	3	0	0	1	0	1	0	1	0	0	0	0	0	0	0	0	0	0	0
Pierre Dufresne	1	0	0	1	0	0	1	0	1	0	1	0	1	0	0	0	0	0	0	0	0	0	0	0	0	0	0	0	0	0	0
Jean Raday	1	0	0	1	0	0	1	0	1	0	0	0	0	0	0	0	0	0	0	0	0	0	0	0	0	0	0	0	0	0	0
George Trosclair	0	0	0	0	1	0	2	0	1	1	0	0	1	0	0	0	0	0	0	0	0	0	0	0	0	0	0	0	0	0	0
Charles Maille	1	0	0	0	1	0	2	0	0	1	0	0	0	0	0	0	0	0	0	0	0	0	0	0	0	0	0	0	0	0	0
Jeacques Trosclair	1	1	0	0	1	0	4	0	0	2	0	0	2	0	0	0	0	1	0	0	0	0	0	0	0	0	0	0	0	0	0
Edouard Landry	2	1	0	1	0	0	1	0	1	0	0	0	0	0	0	0	0	0	0	0	1	0	0	0	0	0	0	0	0	0	0
Arsene Braud	5	3	0	0	2	1	2	0	4	0	1	0	6	0	0	1	2	1	0	4	2	0	0	0	0	0	0	0	0	0	0

[subtotal]

126 54 16 66 126 33 129 37 61 59 26 10 344
7 5 75 65 74 10 58 55 47 8 4 5 2 3 6 1 2 1

Name	1	2	3	4	5	6	7	8	9	10	11	12	13	14	15	16	17	18	19	20	21	22	23	24	25	26	27	28	29	30	31
Joseph Ruben Bouche	1	0	0	1	0	0	0	0	1	0	0	0	2	0	0	0	0	0	0	0	0	0	0	0	0	0	0	0	0	0	0
Firmin Landry	2	0	0	1	1	0	0	0	1	0	0	0	3	0	0	0	0	1	0	3	1	0	0	0	0	0	0	0	0	0	0
Henry Delmere	0	0	0	1	0	1	0	0	0	0	1	1	2	0	0	0	0	0	1	1	1	1	1	0	0	0	0	0	0	0	0
Francois Decui	1	0	0	0	1	0	0	0	0	1	0	0	0	0	0	0	0	0	0	0	0	0	0	0	0	0	0	0	0	0	0
Joseph Leblanc	0	0	0	0	0	1	0	1	1	0	0	0	5	0	0	1	0	1	3	3	0	1	0	0	0	0	0	0	0	0	0
Jerome Leblanc	2	0	0	0	1	0	1	0	1	0	0	0	1	0	0	0	0	0	0	0	0	0	0	0	0	0	0	0	0	0	0

```
                                    1,  2,  3,  4,  5,  6,  7,  8,  9,10,11,12,13,
                14,15,16,17,18,19,20,21,22,23,24,25,26,27,28,29,30,31.

Julien Como           0,  0,  0,  0,  1,  0,  2,  0,  1,  0,  0,  0,  1,
           0,  0,  0,  0,  0,  0,  0,  0,  0,  0,  0,  0,  0,  0,  0,  0,  0.
Charles Como          0,  0,  1,  1,  2,  1,  0,  0,  1,  0,  0,  0,  2,
           0,  0,  1,  0,  0,  0,  3,  0,  1,  0,  0,  0,  0,  0,  0,  0,  0.
Vve. Marie Smith      0,  1,  0,  0,  0,  0,  0,  0,  0,  1,  0,  0,  0,
           0,  0,  0,  0,  0,  0,  0,  0,  0,  0,  0,  0,  0,  0,  0,  0,  0.
Jean Louis Como       2,  1,  0,  0,  1,  0,  0,  0,  0,  1,  0,  0,  3,
           0,  0,  0,  1,  0,  0,  2,  1,  0,  0,  0,  0,  0,  0,  0,  0,  0.
Augustin Bory         0,  0,  0,  0,  1,  0,  0,  0,  0,  0,  0,  1,  6,
           0,  0,  2,  2,  2,  1,  1,  2,  0,  1,  0,  1,  1,  0,  0,  0,  1,  0.
Maximilien Ricard     0,  0,  0,  0,  0,  0,  0,  0,  0,  0,  0,  0,  5,
           0,  0,  1,  3,  0,  0,  3,  0,  2,  0,  2,  0,  1,  0,  2,  0,  1,  0.
Alexandre Hebert      0,  1,  0,  0,  1,  0,  1,  0,  1,  0,  0,  0,  6,
           0,  0,  2,  0,  1,  0,  1,  1,  0,  1,  0,  0,  0,  0,  0,  0,  0,  0.
Joseph Cap de Viel    2,  0,  0,  1,  1,  0,  3,  0,  0,  1,  0,  0,  2,
           0,  0,  0,  0,  0,  0,  0,  1,  0,  0,  0,  0,  0,  0,  0,  0,  0,  0.
Joseph Alin Braud     2,  0,  0,  0,  1,  0,  4,  0,  0,  1,  0,  0,  2,
           0,  0,  1,  0,  1,  0,  0,  1,  0,  0,  0,  0,  0,  0,  0,  0,  0,  0.
Francois Gallard      0,  2,  0,  0,  1,  0,  2,  0,  0,  1,  0,  0,  2,
           0,  0,  0,  0,  0,  1,  1,  1,  0,  0,  0,  0,  0,  0,  0,  0,  0,  0.
Robert Megvin         0,  0,  0,  0,  1,  0,  0,  0,  0,  0,  1,  0,  0,
           0,  0,  0,  0,  0,  0,  0,  0,  0,  0,  0,  0,  0,  0,  0,  0,  0,  0.
Julien Hebert         0,  0,  0,  1,  0,  0,  0,  0,  0,  0,  0,  0,  0,
           0,  0,  0,  0,  0,  0,  0,  0,  0,  0,  0,  0,  0,  0,  0,  0,  0,  0.
Vve. Joseph Moller    3,  2,  0,  0,  0,  0,  1,  1,  0,  1,  0,  0,  2,
           0,  0,  0,  0,  2,  0,  3,  0,  1,  0,  0,  0,  0,  0,  0,  0,  0,  0.
Pierre La croix       0,  1,  0,  0,  1,  0,  4,  0,  0,  1,  0,  0,  2,
           0,  0,  1,  0,  2,  0,  1,  1,  0,  0,  0,  0,  1,  0,  0,  0,  0,  0.
Joseph Huguet         1,  0,  0,  0,  1,  2,  2,  0,  1,  0,  0,  0,  2,
           1,  0,  0,  1,  0,  1,  0,  1,  1,  0,  0,  0,  0,  0,  0,  0,  0,  0.
Rose Belly            0,  0,  0,  0,  0,  0,  0,  0,  0,  0,  0,  0,11,
           0,  0,  5,  3,  1,  5,  5,  1,  3,  1,  1,  1,  1,  1,  1,  1,  1,  1.
Zacharie Honore       0,  0,  0,  0,  0,  0,  1,  0,  0,  0,  0,  0,  7,
           0,  0,  2,  1,  4,  2,  3,  3,  0,  1,  0,  0,  1,  0,  2,  1,  0,  0.
Pierre Sigur          0,  3,  1,  2,  0,  1,  0,  0,  2,  0,  1,  0,30,
           0,  0,  3,  8,  4,  3,  9,  7,  6,  3,  0,  0,  0,  0,  0,  0,  0,  0.
Abraham Right         0,  0,  0,  5,  1,  0,  0,  0,  1,  0,  0,  0,14,
           3,  4,  2,  1,  3,  5,  3,  0,  0,  0,  0,  0,  0,  0,  0,  0,  0,  0.
Nicolas Orillon       0,  0,  0,  0,  1,  0,  1,  1,  0,  0,  0,  0,  5,
           0,  0,  2,  1,  2,  1,  0,  1,  0,  0,  0,  0,  0,  0,  0,  0,  0,  0.
Vve. Ant. Blanchard   0,  0,  0,  1,  0,  0,  0,  0,  2,  0,  1,  0,  2,
           0,  0,  0,  2,  0,  0,  1,  0,  1,  0,  0,  0,  0,  0,  0,  0,  0,  0.
Charles Dupuis        0,  0,  0,  0,  1,  0,  3,  0,  1,  0,  0,  0,  4,
           0,  0,  0,  1,  1,  1,  0,  1,  1,  0,  0,  0,  0,  0,  0,  0,  0,  0.
Joseph Orillon        1,  2,  0,  1,  0,  2,  1,  2,  4,  2,  1,  1,30,
           0,  0,  8,10,  7,  0,11,10,  1,  0,  0,  0,  0,  0,  0,  0,  0,  0.
Vve. Jean Dupuis      0,  0,  0,  1,  0,  1,  0,  0,  0,  0,  1,  0,  6,
           0,  0,  2,  1,  1,  0,  1,  0,  3,  0,  0,  0,  0,  0,  0,  0,  0,  0.
Jerome Blanchard      4,  0,  0,  1,  0,  0,  1,  0,  1,  0,  0,  0,  1,
           0,  0,  1,  0,  1,  0,  1,  1,  0,  0,  0,  0,  0,  0,  0,  0,  0.
```

```
                              1, 2, 3, 4, 5, 6, 7, 8, 9,10,11,12,13,
             14,15,16,17,18,19,20,21,22,23,24,25,26,27,28,29,30,31.

Philippe Raud fils          0, 0, 0, 0, 2, 0, 0, 0, 1, 0, 0, 1, 1,
             0, 0, 0, 0, 0, 0, 0, 0, 0, 0, 0, 0, 0, 0, 0, 1, 0.
Slem Melancon               1, 0, 0, 0, 1, 1, 1, 1, 1, 0, 0, 0, 2,
             0, 0, 0, 1, 0, 0, 0, 0, 0, 0, 0, 0, 0, 0, 0, 0, 0.
Bapteste Bergeron           0, 1, 0, 1, 3, 1, 0, 0, 1, 0, 0, 5, 3,
             2, 0, 0, 1, 1, 0, 0, 1, 0, 1, 1, 0, 1, 1, 0, 0.
Vve. Joseph Cloitre         0, 2, 1, 1, 0, 0, 0, 2, 3, 0, 1, 0, 2,
             0, 0, 0, 0, 0, 0, 0, 0, 0, 0, 0, 0, 0, 0, 0, 0, 0.
Joseph Cloitre              0, 0, 0, 0, 1, 0, 0, 0, 1, 0, 0, 0, 1,
             0, 0, 0, 0, 0, 0, 0, 0, 0, 0, 0, 0, 0, 0, 0, 0, 0.
Francois Babin              4, 0, 1, 1, 0, 1, 2, 1, 1, 0, 0, 0, 3,
             0, 0, 0, 0, 0, 1, 0, 0, 0, 0, 0, 0, 0, 0, 0, 0, 0.
Marc Wm. Newel              0, 0, 0, 0, 2, 0, 0, 0, 0, 0, 0, 0,18,
             0, 0, 3, 7, 0, 0, 4,11, 1, 0, 0, 0, 0, 0, 0, 0, 0.
Achille et Cadet Segur      2, 0, 0, 1, 2, 0, 1, 0, 0, 1, 0, 0,30,
             0, 0, 6, 6, 6, 4, 6, 8, 4, 0, 0, 0, 0, 0, 0, 0, 0.
Athanas Landry              0, 0, 0, 1, 1, 0, 0, 0, 0, 0, 0, 0, 4,
             0, 0, 0, 0, 1, 0, 0, 1, 0, 0, 1, 0, 0, 0, 3, 0, 1, 0.
Joseph Babin                1, 2, 0, 0, 0, 1, 3, 2, 0, 1, 0, 0, 3,
             0, 0, 0, 0, 0, 0, 0, 0, 1, 0, 0, 0, 0, 0, 0, 0, 0.
Donnat Landry               0, 0, 1, 3, 0, 1, 0, 2, 4, 0, 1, 0, 2,
             0, 0, 1, 0, 1, 0, 0, 0, 0, 0, 0, 0, 0, 0, 0, 0, 0.
Js. cham Fox                2, 0, 0, 0, 1, 0, 1, 0, 0, 1, 0, 0,42,
             0, 0, 4,16, 2, 0, 2,15, 1, 0, 0, 0, 0, 0, 0, 0, 0, 0.
Robert Adam                 0, 0, 0, 1, 0, 0, 0, 0, 0, 0, 0, 0,12,
             0, 0, 3, 3, 1, 2, 4, 3, 1, 0, 0, 0, 0, 0, 0, 0, 0, 0.
Christoph Adam              0, 0, 0, 1, 1, 0, 0, 0, 0, 0, 0, 0,41,
             0, 0, 9,18, 4, 1, 1,12, 0, 2, 0, 0, 0, 0, 0, 0, 0, 0.
Thomas Cropper              0, 2, 0, 1, 1, 1, 1, 1, 0, 0, 1, 0, 1,10,
             0, 4, 0, 4, 5, 1, 1, 3, 3, 0, 0, 0, 0, 0, 0, 0, 0.
Nidy Belly                  0. 0, 0, 0, 0, 0, 0, 0, 0, 0, 0, 0, 2,
             0, 0, 0, 0, 0, 0, 0, 0, 0, 1, 1, 1, 0, 2, 0, 1, 0.
Ciprien Richard             0, 0, 0, 0, 0, 0, 0, 0, 0, 0, 0, 0,12,
             0, 0, 4, 4, 2, 1, 1, 1, 5, 1, 4, 0, 1, 0, 3, 0, 1, 0.
Antoine Dubuclet            0, 0, 0, 0, 1, 0, 0, 0, 0, 0, 0, 1,10,
             0, 0, 2, 6, 0, 0, 4, 3, 0, 0, 2, 0, 0, 1, 1, 5, 1, 0.
William Dodd                1, 0, 0, 0, 1, 0, 1, 0, 1, 0, 0, 0, 8,
             0, 0, 3, 2, 0, 2, 4, 0, 2, 0, 0, 0, 0, 0, 0, 0, 0.
John Pimberton              1, 0, 0, 1, 0, 1, 4, 0, 2, 1, 1, 6,43,
             0, 0, 7, 8,12, 4, 6, 9, 5, 5, 0, 0, 0, 0, 0, 0, 0, 0.
Joseph Rils                 2, 0, 0, 0, 3, 0, 5, 1, 1, 0, 0, 1, 3,
             0, 0, 3, 0, 1, 2, 2, 0, 0, 0, 0, 0, 0, 0, 0, 0, 0.
Seph Jean                   0, 0, 0, 0, 1, 0, 0, 0, 0, 0, 0, 0,14,
             0, 0, 3, 5, 5, 0, 5, 2, 4, 0, 0, 0, 0, 0, 0, 0, 0.
Jeacques Arnandez           0, 0, 1, 1, 1, 0, 2, 3, 0, 1, 0, 0, 2,
             0, 0, 2, 0, 1, 1, 3, 1, 0, 0, 0, 0, 0, 0, 0, 0, 0.
Honore Daigle               1, 1, 0, 0, 1, 0, 3, 1, 0, 1, 1, 0, 6,
             0, 0, 3, 2, 0, 0, 1, 1, 0, 0, 0, 0, 0, 0, 0, 0, 0.
Jean Btiste. Leblanc        1, 0, 0, 0, 2, 0, 2, 2, 0, 1, 0, 0, 2,
             0, 0, 1, 2, 0, 0, 2, 1, 0, 0, 0, 0, 0, 0, 0, 0, 0.
```

Page 20

```
                          1, 2, 3, 4, 5, 6, 7, 8, 9,10,11,12,13,
       14,15,16,17,18,19,20,21,22,23,24,25,26,27,28,29,30,31.

Augustin Chaboisseau      2, 1, 0, 0, 0, 1, 2, 0, 1, 0, 0, 0, 1,
        0, 0, 0, 1, 0, 0, 1, 2, 0, 0, 0, 0, 0, 0, 0, 0, 0.
Jean Danosse              1, 0, 0, 0, 1, 0, 4, 0, 1, 0, 0, 0, 1,
        0, 0, 0, 0, 0, 0, 0, 0, 0, 0, 0, 0, 0, 0, 0, 0, 0.
Pierre Rivet fils         2, 0, 0, 1, 1, 0, 0, 0, 1, 0, 0, 0, 3,
        0, 0, 0, 1, 0, 0, 1, 0, 0, 0, 0, 0, 0, 0, 0, 0, 0.
Jean Bteste. Arnandez     1, 1, 0, 0, 1, 0, 0, 0, 1, 1, 0, 0, 3,
        0, 0, 4, 0, 1, 1, 1, 0, 1, 0, 0, 0, 0, 0, 0, 0, 0.
Joseph Berret             3, 0, 0, 0, 1, 0, 1, 0, 0, 1, 1, 0, 2,
        0, 0, 1, 2, 0, 1, 1, 2, 1, 0, 0, 0, 0, 0, 0, 0, 0.
Vve. Amant Hebert         0, 0, 0, 1, 0, 0, 1, 0, 1, 0, 1, 0,20,
        0, 0, 7, 3, 5, 3, 5, 3, 7, 2, 0, 0, 0, 0, 0, 0, 0.
Jeacques Melancon         1, 1, 1, 1, 0, 1, 0, 0, 0, 1, 0, 0, 1,
        0, 0, 0, 0, 0, 1, 0, 0, 1, 0, 0, 0, 0, 0, 0, 0, 0.

[subtotal]   174, 78, 23, 99, 172, 50, 191, 57, 101, 80, 38, 28, 809

   10, 9, 176, 193, 155, 54, 167, 176, 111, 28, 16, 8, 9, 6, 21, 9, 8, 3

Alexandre Landry          0, 0, 0, 1, 0, 0, 1, 1, 0, 1, 0, 0, 2,
        0, 0, 0, 0, 1, 0, 0, 0, 0, 0, 0, 0, 0, 0, 0, 0, 0.
David Landry              0, 0, 0, 0, 1, 0, 1, 0, 1, 0, 0, 0, 1,
        1, 0, 0, 0, 0, 0, 0, 0, 0, 0, 0, 0, 0, 0, 0, 0, 0.
Joseph Landry             1, 0, 0, 0, 1, 0, 2, 0, 1, 0, 0, 0, 1,
        0, 0, 0, 0, 0, 0, 0, 0, 0, 0, 0, 0, 0, 0, 0, 0, 0.
Jerome Olivet             1, 0, 0, 0, 1, 0, 1, 0, 1, 0, 0, 0, 1,
        0, 0, 0, 0, 0, 0, 0, 0, 0, 0, 0, 0, 0, 0, 0, 0, 0.
Pierre Rivet              0, 0, 0, 0, 3, 1, 0, 0, 1, 0, 1, 0, 3,
        0, 0, 0, 0, 0, 0, 1, 0, 0, 0, 0, 0, 0, 0, 0, 0, 0.
Thomas Hebert             1, 0, 1, 4, 2, 1, 0, 2, 1, 0, 1, 2, 7,
        0, 0, 2, 3, 2, 0, 2, 1, 1, 1, 0, 0, 0, 0, 0, 0, 0.
Gilbert Arnandez          1, 0, 0, 2, 1, 0, 0, 0, 1, 0, 0, 0, 2,
        0, 0, 0, 0, 0, 1, 0, 0, 0, 0, 0, 0, 0, 0, 0, 0, 0.
Vve. Simon Melancon       0, 0, 0, 1, 1, 0, 0, 0, 1, 0, 1, 0, 2,
        0, 0, 0, 0, 0, 0, 0, 0, 0, 0, 0, 0, 0, 0, 0, 0, 0.
Jean Negotraud            0, 0, 0, 0, 0, 0, 0, 0, 0, 0, 0, 0, 0,
        0, 1, 0, 0, 0, 0, 0, 0, 0, 4, 0, 1, 0, 0, 0, 1, 0.
Joseph Leblanc (dit Michel) 2, 0, 0, 1, 3, 1, 3, 0, 1, 1, 1, 0,26,
        0, 0, 4, 1, 7, 2, 7, 2, 6, 1, 0, 0, 0, 0, 0, 0, 0.
Andrew Elbayard           0, 0, 0, 1, 0, 0, 0, 0, 0, 0, 0, 0, 6,
        0, 0, 7, 3, 4, 0, 2, 4, 0, 0, 0, 0, 0, 0, 0, 0, 0.
Vve. Toffiez              2, 0, 0, 1, 0, 2, 0, 0, 1, 0, 1, 0, 7,
        0, 0, 2, 0, 4, 0, 3, 1, 0, 0, 0, 0, 0, 0, 0, 0, 0.
Joseph Madlew             0, 0, 0, 0, 0, 1, 0, 0, 0, 0, 0, 0, 5,
        0, 0, 0, 4, 0, 0, 1, 0, 0, 0, 0, 0, 0, 0, 0, 0, 0.
Antoine Leonard           0, 1, 1, 1, 3, 0, 0, 1, 0, 1, 0, 0, 5,
        0, 0, 0, 1, 2, 0, 0, 2, 1, 0, 0, 0, 0, 0, 0, 0, 0.
Nicholas Wilson           2, 0, 0, 0, 3, 0, 2, 1, 0, 0, 0, 0,31,
        0, 0, 7, 0,20, 0, 2, 1,11, 0, 0, 0, 1, 0, 0, 0, 0, 0.
```

```
                            1, 2, 3, 4, 5, 6, 7, 8, 9,10,11,12,13,
                  14,15,16,17,18,19,20,21,22,23,24,25,26,27,28,29,30,31.

Joseph Erwin            1, 0, 0, 1, 2, 2, 0, 0, 1, 0, 0, 0,130,
              0, 0,39,19,42, 3,30,24,34, 3, 0, 0, 1, 0, 0, 0, 0, 0.
Jean Bteste. Rils       3, 0, 0, 1, 4, 0, 3, 0, 0, 1, 1, 0, 8,
              0, 0, 4, 3, 0, 0, 3, 0, 4, 0, 0, 1, 0, 0, 0, 0, 0, 0.
Vve. Rils               0, 0, 0, 0, 0, 0, 0, 0, 0, 1, 1, 0, 0,
              0, 0, 0, 0, 0, 1, 0, 0, 0, 0, 0, 0, 0, 0, 0, 0, 0, 0.
Francois Marianaud      0, 0, 0, 0, 1, 1, 1, 1, 1, 0, 1, 0,19,
              0, 0,11, 3, 6, 5,14, 2, 6, 2, 0, 0, 0, 0, 0, 0, 0, 1.
Valery Marianaud        0, 0, 0, 0, 1, 0, 1, 0, 0, 1, 0, 0, 0,
              0, 0, 1, 0, 0, 0, 1, 1, 0, 0, 0, 0, 0, 0, 0, 0, 0, 0.
Treville Marianaud      0, 0, 0, 0, 1, 0, 2, 0, 0, 1, 0, 0, 4,
              0, 0, 2, 1, 0, 0, 0, 1, 0, 0, 0, 0, 0, 0, 0, 0, 0, 0.
J. Robert               2, 0, 0, 1, 0, 1, 2, 0, 0, 1, 0, 0, 1,
              0, 0, 0, 0, 0, 0, 0, 0, 0, 0, 0, 0, 0, 0, 0, 0, 0, 0.
Baltasard Dupuis        1, 0, 0, 1, 0, 0, 1, 0, 1, 0, 0, 0, 4,
              0, 0, 1, 2, 0, 0, 0, 1, 0, 0, 0, 0, 0, 0, 0, 0, 0, 0.
Pre. Jn. Bte. Braud     0, 0, 0, 3, 0, 1, 1, 0, 1, 1, 1, 1, 4,
              0, 0, 0, 0, 2, 1, 0, 1, 0, 0, 0, 0, 0, 0, 0, 0, 0, 0.
William Black           0, 0, 0, 1, 0, 0, 2, 0, 1, 0, 1, 0, 8,
              0, 0, 2, 2, 3, 0, 3, 3, 2, 0, 0, 0, 0, 0, 0, 0, 0, 0.
Jeacques Ant. Griffet   0, 0, 0, 1, 1, 0, 1, 1, 0, 0, 1, 0,17,
              0, 0, 4, 1, 4, 1,10,13, 1, 1, 0, 0, 0, 0, 0, 0, 0, 1.
Just be Jack ?          1, 0, 0, 0, 0, 0, 0, 0, 2, 0, 0, 0, 7,
              0, 0, 4, 3, 0, 0, 2, 2, 0, 0, 0, 0, 0, 0, 0, 0, 0, 0.
Jean Coifty             0, 1, 0, 0, 1, 2, 1, 1, 0, 1, 0, 0, 3,
              1, 0, 2, 2, 1, 1, 2, 0, 3, 0, 0, 0, 0, 0, 0, 0, 0, 0.
Nicolas et Terence      0, 0, 0, 0, 0, 0, 0, 0, 0, 0, 0, 0, 2,
              0, 0, 0, 0, 0, 0, 0, 0, 0, 2, 0, 0, 0, 0, 0, 0, 0, 0.
Vve. Eleth              2, 0, 1, 1, 0, 0, 1, 1, 1, 1, 0, 0,
              1, 0, 0, 0, 0, 0, 0, 0, 0, 0, 0, 0, 0, 0, 0, 0, 0, 0.
Simon Broussard         0, 1, 0, 0, 0, 0, 0, 1, 0, 1, 0, 0, 0,
              0, 0, 0, 1, 0, 0, 0, 0, 0, 0, 0, 0, 0, 0, 0, 0, 0, 0.
Vve. Peckins            1, 0, 0, 0, 1, 0, 1, 0, 1, 1, 0, 0, 4,
              0, 1, 2, 0, 1, 0, 1, 1, 0, 0, 0, 0, 0, 0, 0, 0, 0, 0.
Jean Ant. Haase         0, 0, 0, 0, 3, 0, 0, 0, 1, 0, 0, 1, 0,
              1, 0, 0, 0, 0, 0, 1, 0, 0, 0, 0, 0, 0, 0, 0, 0, 0, 0.
Greaud et Viel          0, 0, 0, 0, 5, 0, 0, 0, 0, 0, 0, 0, 0,
              1, 0, 0, 0, 1, 0, 0, 0, 0, 0, 0, 0, 0, 0, 0, 0, 0, 0.
Jeacques Jacob          0, 0, 0, 0, 2, 0, 0, 0, 0, 0, 1, 0,16,
              0, 0, 5, 2, 3, 1, 5, 2, 2, 2, 0, 0, 0, 2, 0, 0, 0, 0.
Paul Drumau             0, 0, 0, 0, 2, 0, 0, 0, 0, 1, 0, 0, 0,
              0, 0, 0, 0, 0, 0, 0, 0, 0, 0, 0, 0, 0, 0, 0, 0, 0, 0.
George Vannoble         0, 0, 0, 0, 1, 0, 0, 0, 1, 0, 0, 0, 0,
              0, 0, 0, 0, 0, 0, 0, 0, 0, 0, 0, 0, 0, 0, 0, 0, 0, 0.
Philipp Stopp           0, 0, 0, 2, 0, 1, 0, 0, 2, 0, 1, 0, 1,
              0, 0, 0, 0, 0, 0, 0, 0, 0, 0, 0, 0, 0, 0, 0, 0, 0, 0.
Felix Braud             2, 0, 0, 2, 1, 0, 1, 0, 0, 0, 0, 2, 3,
              0, 0, 2, 0, 1, 1, 5, 1, 2, 0, 0, 0, 0, 0, 0, 0, 0, 0.
Joseph Demoulet         1, 0, 0, 0, 1, 0, 1, 0, 1, 0, 0, 0, 1,
              0, 0, 0, 0, 0, 0, 0, 0, 0, 0, 0, 0, 0, 0, 0, 0, 0, 0.
```

```
                                1, 2, 3, 4, 5, 6, 7, 8, 9,10,11,12,13,
              14,15,16,17,18,19,20,21,22,23,24,25,26,27,28,29,30,31.

Jn. Pre. Braud fils        0, 0, 0, 0, 2, 0, 4, 1, 0, 1, 0, 0, 4,
                 0, 0, 0, 0, 2, 0, 1, 0, 0, 1, 0, 0, 0, 0, 0, 0, 0, 0.
Treville Braud             1, 0, 1, 2, 1, 0, 0, 1, 0, 1, 0, 1, 4,
                 0, 0, 0, 0, 1, 0, 1, 0, 0, 0, 0, 0, 0, 0, 0, 0, 0, 0.
Milien Catois              2, 0, 0, 0, 1, 0, 2, 0, 0, 1, 0, 0, 1,
                 0, 0, 0, 0, 0, 0, 0, 0, 0, 0, 0, 0, 0, 0, 0, 0, 0, 0.
Michel Shelatre            3, 0, 0, 0, 2, 0, 1, 0, 0, 0, 1, 1, 5,
                 0, 0, 2, 2, 1, 1, 0, 1, 1, 0, 0, 0, 0, 0, 0, 0, 0, 0.
Joseph Shelatre            3, 0, 0, 0, 2, 0, 0, 0, 1, 1, 0, 0,14,
                 0, 0, 6, 2, 5, 0, 6, 1, 1, 0, 0, 0, 0, 0, 0, 0, 0, 0.
Louis Marianaud            1, 3, 0, 0, 2, 0, 1, 3, 0, 1, 0, 0, 3,
                 0, 0, 0, 0, 1, 0, 0, 1, 1, 1, 0, 0, 0, 0, 0, 0, 0, 0.
Paul Dupuis                1, 2, 0, 1, 2, 0, 3, 1, 1, 1, 0, 1, 5,
                 0, 0, 1, 1, 2, 2, 2, 2, 1, 0, 0, 0, 0, 0, 0, 0, 0, 0.
Francois Marianaud         3, 1, 0, 0, 1, 0, 1, 1, 1, 1, 0, 0, 4,
                 0, 0, 4, 1, 2, 0, 1, 0, 0, 0, 0, 0, 0, 0, 0, 0, 0, 0.
Vve. Brands                2, 1, 0, 1, 0, 0, 1, 1, 0, 1, 0, 0,13,
                 0, 0, 2, 3, 3, 3, 2, 2, 0, 0, 0, 0, 0, 0, 0, 0, 0, 0.
Michel Hebert              1, 0, 0, 0, 6, 0, 0,16, 0, 1, 1, 0, 5,
                 0, 0, 0, 1, 2, 0, 3, 3, 0, 0, 0, 0, 0, 0, 0, 0, 0, 0.
Zacharie Hebert            2, 2, 1, 1, 2, 0, 1, 1, 0, 1, 0, 1, 7,
                 0, 0, 3, 0, 2, 2, 2, 1, 1, 0, 0, 0, 0, 0, 0, 0, 0, 0.
Denys Landry               1, 3, 0, 1, 0, 1, 0, 2, 0, 1, 0, 1, 6,
                 0, 0, 0, 0, 2, 0, 2, 0, 2, 0, 0, 0, 0, 0, 0, 0, 0, 0.
Chevalier Villier          1, 0, 0, 1, 0, 0, 0, 1, 1, 0, 0, 0, 1,
                 0, 0, 0, 0, 0, 0, 0, 0, 0, 0, 0, 0, 0, 0, 0, 0, 0, 0.
Joseph Doiron              1, 0, 0, 0, 1, 0, 2, 0, 1, 0, 0, 0, 1,
                 0, 0, 0, 0, 0, 0, 0, 0, 0, 0, 0, 0, 0, 0, 0, 0, 0, 0.
Betzi Goden                3, 0, 0, 0, 1, 0, 1, 0, 1, 0, 1, 0, 0,
                 0, 0, 0, 1, 0, 0, 0, 0, 0, 0, 0, 0, 0, 0, 0, 0, 0, 0.
Henry Como,                2, 0, 0, 0, 1, 0, 1, 1, 0, 1, 0, 0, 1,
                 0, 0, 0, 0, 0, 0, 1, 1, 0, 0, 0, 0, 0, 0, 0, 0, 0, 0.
Juan Trojillo              0, 1, 1, 3, 2, 0, 0, 0, 1, 1, 0, 0, 3,
                 0, 0, 1, 0, 1, 1, 2, 1, 0, 0, 0, 1, 0, 0, 0, 0, 0, 0.
Louis Reboul               1, 1, 1, 1, 0, 1, 1, 0, 0, 1, 0, 0, 7,
                 0, 0, 2, 0, 3, 0, 1, 1, 0, 0, 0, 0, 0, 0, 0, 0, 0, 0.
Pierre Dominique           1, 0, 0, 0, 1, 0, 0, 1, 0, 1, 0, 0, 2,
                 0, 0, 0, 0, 0, 1, 0, 0, 0, 0, 0, 0, 0, 0, 0, 0, 0, 0.
Domingo Suares             2, 1, 0, 0, 0, 1, 2, 1, 0, 1, 0, 0, 1,
                 0, 0, 0, 0, 0, 0, 0, 0, 0, 0, 0, 0, 0, 0, 0, 0, 0, 0.
Francois Deverbois         2, 0, 0, 0, 1, 1, 2, 3, 1, 1, 0, 0,12,
                 0, 0, 4, 3, 7, 0, 4, 1, 3, 0, 0, 1, 0, 0, 0, 0, 0, 0.
Vve. Livois de Verbois     0, 0, 0, 0, 0, 0, 0, 0, 0, 0, 0, 1, 0,
                 0, 0, 0, 3, 0, 0, 1, 4, 0, 0, 0, 0, 0, 0, 0, 0, 0, 0.

[subtotal]   232  96  30  141  241  69  242  86  130  112  54  40  1,239

    14  18  302  261  293  79  290  259  158  41  20  11  13  9  21  9  9  6
```

```
                                    1, 2, 3, 4, 5, 6, 7, 8, 9,10,11,12,13,
              14,15,16,17,18,19,20,21,22,23,24,25,26,27,28,29,30,31.

Luc Blount                 1, 1, 0, 0, 1, 1, 0, 4, 0, 1, 0, 0, 3,
              0, 0, 0, 1, 2, 0, 1, 2, 0, 0, 0, 0, 0, 0, 0, 0, 0, 0.
Jean Blount                1, 0, 0, 1, 0, 0, 0, 0, 1, 0, 0, 0, 1,
              0, 0, 0, 0, 1, 0, 0, 0, 0, 0, 0, 0, 0, 0, 0, 0, 0, 0.
Rebecca Blount             0, 0, 0, 0, 1, 0, 0, 0, 0, 0, 0, 0, 1,
              0, 0, 0, 0, 0, 0, 0, 0, 0, 0, 0, 0, 0, 0, 0, 0, 0, 0.
Phemea Blount              1, 1, 0, 0, 1, 1, 1, 1, 0, 1, 0, 0, 3,
              0, 0, 2, 1, 0, 0, 1, 1, 0, 0, 0, 0, 0, 0, 0, 0, 0, 0.
Manuel Toutant Beauregard  0, 0, 0, 0, 2, 0, 5, 0, 1, 0, 1, 1, 6,
              0, 0, 1, 2, 2, 0, 3, 2, 1, 0, 0, 0, 0, 0, 0, 0, 0, 0.
Dominique Verbois          4, 0, 0, 0, 0, 1, 1, 0, 0, 1, 0, 0,12,
              0, 0, 2, 0, 6, 0, 1, 1, 6, 1, 0, 0, 0, 0, 0, 0, 0, 0.
Samuel Harris              0, 0, 0, 0, 1, 0, 0, 0, 1, 0, 0, 0, 8,
              0, 0, 2, 5, 0, 1, 4, 3, 0, 0, 0, 0, 0, 0, 0, 0, 0, 0.
Vve. Jn. Bte. Leblanc      1, 0, 0, 1, 2, 0, 1, 0, 4, 1, 1, 0, 7,
              0, 0, 2, 0, 3, 1, 2, 1, 0, 2, 0, 0, 0, 0, 0, 0, 0, 0.
William Brichet            0, 0, 0, 1, 2, 1, 0, 0, 0, 0, 0, 0, 4,
              0, 0, 1, 1, 2, 1, 1, 0, 0, 0, 0, 0, 0, 0, 0, 0, 0, 0.
Milord (negre)             0, 0, 0, 2, 0, 0, 0, 0, 0, 0, 0, 0, 3,
              0, 0, 0, 0, 0, 1, 0, 0, 0, 0, 0, 0, 0, 0, 0, 0, 0, 0.
Thomas Brown               4, 0, 0, 1, 1, 0, 1, 0, 0, 1, 0, 0, 2,
              0, 0, 1, 0, 0, 1, 0, 1, 0, 0, 0, 0, 0, 0, 0, 0, 0, 0.
Michel Lambremon           0, 0, 0, 1, 0, 1, 0, 2, 0, 0, 1, 0, 1,
              0, 0, 0, 0, 0, 0, 0, 0, 0, 0, 0, 0, 0, 0, 0, 0, 0, 0.
Jean Bte. Dupuis           2, 0, 0, 0, 1, 0, 2, 0, 0, 1, 0, 0, 1,
              0, 0, 0, 0, 0, 0, 0, 0, 0, 0, 0, 0, 0, 0, 0, 0, 0, 0.
Jean Bujol                 1, 0, 0, 0, 0, 1, 0, 0, 0, 2, 0, 0, 5,
              0, 0, 3, 0, 3, 0, 2, 2, 2, 0, 0, 0, 0, 0, 0, 0, 0, 0.
Narcisse Hebert            1, 2, 0, 0, 0, 2, 0, 0, 0, 1, 0, 0, 3,
              0, 0, 2, 0, 0, 0, 0, 0, 0, 0, 0, 0, 0, 0, 0, 0, 0, 0.
Matheas Blount             0, 0, 0, 1, 1, 0, 0, 0, 1, 0, 0, 1, 2,
              0, 0, 0, 0, 0, 0, 0, 0, 0, 0, 0, 0, 0, 0, 0, 0, 0, 0.
Jn. Bte. Henry             3, 0, 0, 1, 1, 0, 0, 0, 1, 0, 0, 0, 2,
              0, 0, 0, 0, 0, 0, 0, 0, 0, 0, 0, 0, 0, 0, 0, 0, 0, 0.
Isaac Doiron               1, 0, 0, 0, 0, 1, 3, 0, 0, 1, 0, 0, 1,
              0, 0, 0, 0, 0, 0, 0, 0, 0, 0, 0, 0, 0, 0, 0, 0, 0, 0.
Thaniel Hondon             1, 1, 0, 0, 1, 0, 2, 1, 0, 1, 0, 0, 9,
              0, 0, 1, 4, 2, 0, 4, 4, 1, 1, 0, 0, 0, 0, 0, 0, 0, 0.
Francois Gomas             3, 0, 1, 1, 1, 1, 0, 0, 0, 1, 0, 0, 1,
              0, 0, 0, 0, 0, 0, 0, 0, 1, 0, 0, 0, 0, 0, 0, 0, 0, 0.
Francois au Coing          0, 1, 0, 0, 1, 0, 2, 0, 0, 1, 1, 0, 1,
              0, 0, 0, 0, 0, 0, 1, 0, 0, 0, 0, 0, 0, 0, 0, 0, 0, 0.
Pierre Babin               2, 0, 0, 0, 1, 0, 0, 1, 0, 1, 0, 0, 1,
              0, 0, 0, 0, 0, 0, 0, 0, 0, 0, 0, 0, 0, 0, 0, 0, 0, 0.
Stephano Fuyano            0, 0, 0, 0, 2, 0, 0, 0, 0, 0, 0, 0, 0,
              1, 0, 0, 0, 0, 0, 0, 0, 0, 0, 0, 0, 0, 0, 0, 0, 0, 0.
Milien Leblanc             2, 2, 0, 0, 1, 0, 0, 1, 0, 1, 0, 0, 3,
              0, 0, 0, 1, 0, 0, 1, 0, 0, 0, 0, 0, 0, 0, 0, 0, 0, 0.
Auguste Leblanc            0, 0, 1, 2, 1, 0, 2, 0, 0, 1, 0, 1, 4,
              0, 0, 0, 1, 1, 0, 0, 1, 1, 1, 0, 0, 0, 1, 0, 0, 0, 1.
```

```
                           1, 2, 3, 4, 5, 6, 7, 8, 9,10,11,12,13,
          14,15,16,17,18,19,20,21,22,23,24,25,26,27,28,29,30,31.

Pierre Richard         0, 0, 0, 0, 1, 0, 2, 0, 0, 1, 0, 0, 2,
         0, 0, 3, 1, 0, 0, 0, 1, 0, 0, 0, 0, 0, 0, 0, 1, 1.
Michel Garreuil        0, 0, 0, 0, 0, 1, 3, 0, 0, 1, 0, 0, 3,
         0, 0, 0, 1, 1, 0, 0, 1, 1, 0, 0, 0, 0, 0, 0, 0, 0.
Paul Leblanc           2, 0, 0, 0, 1, 0, 2, 0, 0, 1, 0, 0, 1,
         0, 0, 0, 0, 0, 0, 0, 0, 0, 0, 0, 0, 0, 0, 0, 0, 0.
Auguste Leblanc        0, 1, 0, 0, 1, 0, 0, 0, 0, 1, 0, 0, 3,
         0, 0, 1, 0, 2, 0, 2, 0, 1, 0, 0, 0, 0, 0, 0, 0, 0.
Etienne Hebert         0, 0, 0, 0, 1, 1, 0, 0, 0, 0, 0, 0, 2,
         0, 0, 0, 0, 2, 0, 1, 0, 0, 0, 1, 1, 1, 0, 0, 0, 0.
Abraham Hebert         1, 0, 0, 0, 2, 0, 4, 0, 0, 1, 0, 0, 2,
         0, 0, 3, 1, 1, 0, 1, 0, 1, 0, 0, 0, 0, 0, 0, 0, 0.
Francois Poujot        2, 1, 1, 2, 0, 1, 2, 1, 0, 0, 1, 1, 3,
         0, 0, 0, 0, 0, 0, 0, 0, 0, 0, 0, 0, 0, 0, 0, 0, 0.
Jean Bte. Babin        0, 0, 0, 0, 1, 1, 0, 0, 0, 0, 0, 0, 1,
         0, 0, 0, 2, 0, 0, 2, 2, 0, 1, 0, 0, 0, 0, 0, 0, 0.
Narcisse Leblanc       1, 0, 0, 0, 1, 0, 1, 1, 0, 1, 0, 0, 4,
         0, 0, 0, 2, 0, 1, 1, 0, 1, 1, 0, 0, 0, 0, 0, 0, 0.
Simon Babin            3, 1, 0, 1, 1, 0, 3, 1, 0, 1, 0, 0, 2,
         0, 0, 2, 0, 1, 0, 2, 0, 1, 0, 0, 0, 0, 0, 0, 0, 0.
Vve. Paul Babin        1, 0, 0, 0, 1, 0, 1, 1, 0, 0, 1, 0, 0,
         0, 0, 1, 0, 1, 0, 0, 0, 1, 0, 0, 0, 0, 0, 0, 0, 0.
Charle de Armas        3, 0, 0, 0, 1, 0, 1, 0, 1, 0, 0, 0,11,
         0, 0, 4, 6, 0, 0, 1, 6, 0, 0, 0, 0, 0, 0, 0, 0, 0.
Jeanvier Allain        1, 0, 0, 0, 1, 0, 1, 0, 1, 0, 0, 0, 5,
         0, 0, 3, 1, 0, 0, 2, 1, 1, 0, 0, 0, 0, 0, 0, 0, 0.
Auguste Delande        1, 0, 0, 0, 1, 0, 3, 0, 0, 1, 0, 0, 5,
         0, 0, 4, 0, 2, 0, 2, 1, 0, 0, 0, 0, 0, 0, 0, 0, 0.
Isaac Leblanc          0, 0, 0, 0, 1, 0, 1, 0, 1, 0, 0, 0, 2,
         0, 0, 0, 0, 2, 0, 0, 1, 0, 0, 0, 0, 0, 0, 0, 0, 0.
Jean Bte. Allain       0, 1, 0, 0, 1, 0, 1, 0, 0, 1, 0, 0, 3,
         0, 0, 2, 1, 2, 0, 1, 1, 0, 0, 0, 0, 0, 0, 0, 0, 0.
Jean Alexis Leblanc    1, 0, 0, 0, 1, 0, 1, 2, 0, 1, 0, 0, 3,
         0, 0, 2, 0, 2, 1, 2, 2, 0, 0, 0, 0, 0, 0, 0, 0, 0.
Mathieu Boissac        3, 0, 0, 2, 1, 0, 1, 0, 0, 1, 0, 0, 8,
         0, 0, 1, 1, 4, 0, 2, 3, 1, 0, 0, 0, 0, 0, 0, 0, 0.
Senateur Babin         1, 0, 0, 1, 1, 0, 1, 2, 0, 1, 0, 0, 6,
         0, 0, 1, 1, 2, 1, 0, 1, 3, 0, 0, 0, 0, 0, 0, 0, 0.
Francois Toulousse     1, 0, 0, 0, 1, 0, 0, 0, 0, 1, 0, 0,
         1, 0, 3, 1, 0, 0, 1, 2, 0, 0, 0, 1, 0, 0, 0, 0, 0.
Joseph Grangeron       0, 0, 1, 1, 0, 0, 0, 0, 0, 0, 0, 0, 0,
         0, 2, 0, 0, 0, 0, 0, 0, 0, 0, 0, 0, 0, 0, 0, 0, 0.
John Brakin            1, 1, 1, 1, 1, 0, 2, 0, 1, 0, 0, 2,
         0, 0, 0, 0, 1, 0, 2, 1, 0, 0, 0, 0, 0, 0, 0, 0, 0.
Isaac Babin            0, 0, 0, 0, 1, 0, 0, 0, 0, 0, 0, 0, 1,
         0, 0, 0, 0, 0, 0, 0, 0, 0, 0, 0, 0, 0, 0, 0, 0, 0.
Mathurin Bourigault    0, 0, 0, 0, 3, 1, 0, 0, 0, 0, 0, 0, 0,
         2, 0, 0, 0, 0, 0, 0, 0, 0, 1, 0, 0, 0, 0, 0, 0, 0.
Pierre Dupuis          1, 0, 0, 0, 2, 0, 0, 0, 1, 0, 0, 0, 5,
         0, 0, 0, 2, 1, 0, 0, 1, 1, 1, 0, 0, 0, 0, 0, 0, 0.
```

```
                              1, 2, 3, 4, 5, 6, 7, 8, 9,10,11,12,13,
             14,15,16,17,18,19,20,21,22,23,24,25,26,27,28,29,30,31.

Simon Leblanc           3, 1, 0, 0, 1, 0, 0, 1, 1, 1, 0, 0,12,
          0, 0, 3, 4, 2, 0, 5, 2, 1, 1, 0, 0, 0, 0, 0, 0, 0, 0.
Rene Arnous             0, 0, 0, 1, 1, 1, 0, 0, 0, 0, 0, 0, 0,
          2, 0, 0, 0, 0, 0, 0, 0, 0, 0, 0, 0, 0, 0, 0, 0, 0, 0.
Joseph Gedeon Dupuis    1, 0, 0, 0, 1, 0, 0, 0, 1, 0, 1, 0, 6,
          0, 0, 3, 2, 0, 1, 3, 2, 1, 1, 0, 0, 0, 0, 0, 0, 0, 0.
Paul de St. Pierre      0, 0, 0, 0, 0, 1, 0, 0, 0, 0, 0, 0, 0,
          0, 0, 0, 1, 0, 1, 0, 0, 0, 0, 0, 0, 0, 0, 0, 0, 0, 1.
Joseph Simois           0, 0, 0, 0, 0, 1, 0, 0, 1, 0, 0, 0, 0,
          0, 0, 0, 0, 0, 0, 0, 0, 0, 0, 0, 0, 0, 0, 0, 0, 0, 0.
Pierre Goyare           0, 0, 0, 0, 1, 0, 0, 0, 0, 0, 0, 0, 6,
          0, 0, 1, 1, 1, 0, 0, 1, 1, 1, 0, 0, 0, 0, 0, 0, 0, 0.
Eloi Blanchard          0, 0, 0, 2, 0, 0, 1, 0, 0, 1, 0, 0, 1,
          0, 0, 0, 1, 0, 0, 1, 1, 0, 1, 0, 0, 0, 0, 0, 0, 0, 0.
Marcel Dupuis           0, 0, 0, 1, 1, 0, 1, 1, 0, 1, 0, 0, 8,
          0, 0, 1, 0, 3, 0, 0, 3, 2, 1, 0, 0, 0, 0, 0, 0, 0, 0.
Gilbert Como            0, 0, 0, 1, 2, 0, 0, 0, 1, 0, 0, 0, 2,
          0, 0, 0, 0, 1, 0, 1, 0, 0, 0, 0, 1, 0, 0, 0, 0, 0, 0.
Etienne Chiasson        0, 1, 0, 0, 1, 1, 4, 0, 0, 1, 0, 0, 2,
          0, 0, 3, 2, 0, 1, 1, 2, 2, 0, 0, 0, 0, 0, 0, 0, 0, 0.
Allen Ellis             1, 0, 0, 0, 1, 0, 2, 0, 1, 0, 0, 0, 4,
          0, 0, 2, 2, 1, 0, 2, 2, 1, 0, 0, 0, 0, 0, 0, 0, 0, 0.
Victor Chiasson         1, 0, 0, 0, 1, 0, 0, 1, 1, 0, 1, 0, 4,
          0, 0, 0, 2, 0, 0, 1, 2, 0, 0, 0, 0, 0, 0, 0, 0, 0, 0.
Joseph Leblanc          1, 0, 0, 1, 0, 1, 0, 0, 1, 0, 0, 0, 4,
          0, 0, 3, 2, 0, 0, 0, 1, 0, 0, 0, 0, 0, 0, 0, 0, 0, 0.

[subtotal]            292 111  35 167 299  90 300 108 150 144  63  43 1446
             20  13 365 317 344  90 348 318 188  52  21  14  15  10  21   9  10  10

Victor Blanchard        2, 1, 1, 2, 0, 1, 0, 2, 0, 1, 0, 0, 6,
          0, 0,11, 1, 1, 1, 7, 1, 3, 0, 0, 0, 0, 0, 0, 0, 0, 0.
Dominique Tournier      0, 0, 0, 0, 1, 0, 0, 0, 0, 0, 0, 0, 1,
          4, 0, 0, 0, 0, 0, 0, 0, 0, 0, 0, 0, 0, 1, 1, 1, 0.
Hippolyte Landry        1, 2, 0, 2, 1, 0, 1, 2, 1, 1, 0, 0,10,
          0, 0, 4, 3, 3, 0, 5, 3, 1, 0, 0, 0, 0, 0, 0, 0, 0, 0.
Henry Babin             1, 0, 0, 1, 1, 0, 1, 0, 0, 1, 0, 0, 1,
          0, 0, 0, 0, 1, 0, 0, 0, 0, 0, 0, 0, 0, 0, 0, 0, 0, 0.
Francois Siguinau       2, 2, 0, 0, 1, 0, 1, 0, 0, 1, 0, 0, 1,
          0, 0, 0, 0, 0, 0, 0, 0, 0, 0, 0, 0, 0, 0, 0, 0, 0, 0.
Vve. Guillaume          0, 0, 0, 1, 2, 0, 0, 0, 2, 0, 1, 0, 2,
          0, 0, 1, 0, 0, 0, 1, 0, 0, 0, 0, 0, 0, 0, 0, 0, 0, 0.
Joseph Castagnol        0, 0, 0, 0, 0, 1, 0, 0, 0, 0, 0, 0, 1,
          0, 0, 0, 0, 0, 0, 0, 0, 0, 0, 0, 0, 1, 1, 1, 0.
Adrien Deve             0, 0, 0, 0, 1, 0, 1, 0, 1, 0, 0, 0, 1,
          0, 0, 0, 0, 0, 0, 0, 0, 0, 0, 0, 0, 0, 0, 0, 0, 0, 0.
Antoine Charpentier     0, 1, 1, 1, 1, 0, 1, 0, 0, 1, 0, 0, 2,
          0, 0, 0, 0, 0, 0, 0, 1, 0, 0, 0, 0, 0, 0, 0, 0, 0, 0.
```

```
                              1, 2, 3, 4, 5, 6, 7, 8, 9,10,11,12,13,
            14,15,16,17,18,19,20,21,22,23,24,25,26,27,28,29,30,31.

Vve. Lacave               0, 1, 0, 0, 0, 0, 0, 0, 1, 1, 0, 0, 1,
        0, 0, 0, 0, 0, 0, 0, 0, 0, 0, 0, 0, 0, 0, 0, 0, 0, 0.
John Hull                 3, 0, 0, 0, 1, 0, 2, 0, 0, 1, 0, 0, 2,
        0, 0, 0, 0, 2, 0, 0, 0, 1, 0, 0, 0, 0, 0, 0, 0, 0, 0.
Thomas Stevane            0, 1, 0, 0, 0, 1, 0, 0, 0, 0, 1, 0,12,
        0, 0, 2, 5, 4, 3, 2, 2, 2, 0, 0, 0, 0, 0, 0, 0, 0, 0.
Timolion Lessassier       1, 0, 1, 2, 1, 0, 0, 1, 0, 1, 0, 0,17,
        0, 0, 8, 1, 8, 0, 5, 4, 0, 1, 0, 0, 0, 0, 0, 0, 0, 0.
Benjamin Maurice          3, 0, 0, 1, 2, 0, 2, 0, 0, 2, 0, 0, 9,
        0, 0, 3, 2, 3, 0, 1, 2, 1, 0, 0, 0, 0, 0, 0, 0, 0, 0.
Jean Bte. Leblanc         0, 0, 0, 0, 1, 0, 1, 0, 0, 1, 0, 0, 2,
        0, 0, 0, 0, 0, 0, 3, 0, 1, 0, 0, 0, 0, 0, 0, 0, 0, 0.
Elie Hebert               1, 1, 0, 0, 1, 0, 3, 2, 0, 1, 0, 0, 3,
        0, 0, 3, 2, 0, 0, 5, 1, 2, 0, 0, 0, 0, 0, 0, 0, 0, 0.
Raphael Landry            1, 1, 0, 0, 1, 0, 0, 0, 0, 1, 0, 0, 1,
        0, 0, 0, 0, 0, 0, 0, 0, 0, 0, 0, 0, 0, 0, 0, 0, 0, 0.
Bernard Allen             0, 0, 0, 0, 1, 0, 2, 0, 0, 1, 0, 0, 1,
        0, 0, 0, 0, 0, 0, 0, 0, 1, 0, 0, 0, 0, 0, 0, 0, 0, 0.
Joseph Doiste Babin       1, 0, 0, 1, 1, 0, 1, 0, 0, 1, 0, 0, 3,
        0, 0, 1, 2, 0, 1, 4, 1, 1, 0, 0, 0, 0, 0, 0, 0, 0, 0.
Davis Hath                2, 1, 0, 2, 1, 0, 3, 0, 0, 1, 0, 1, 5,
        0, 0, 1, 1, 1, 1, 1, 1, 1, 1, 0, 0, 0, 0, 0, 0, 0, 0.
Firmin Broussard          2, 0, 0, 0, 1, 0, 1, 0, 0, 1, 1, 0, 1,
        0, 0, 0, 0, 0, 0, 0, 0, 0, 0, 0, 0, 0, 0, 0, 0, 0, 0.
Marie (negresse)          0, 0, 0, 0, 0, 0, 0, 0, 0, 0, 0, 0, 2,
        0, 0, 0, 0, 0, 0, 0, 0, 1, 1, 0, 0, 0, 0, 0, 0, 0, 0.
Etienne Tusson            1, 0, 0, 0, 1, 0, 0, 1, 0, 1, 0, 0, 5,
        0, 0, 1, 0, 1, 1, 0, 0, 1, 0, 0, 0, 0, 0, 0, 0, 0, 0.
Pierre Hebert             0, 1, 1, 2, 0, 1, 0, 1, 0, 1, 0, 1, 3,
        0, 0, 0, 0, 0, 0, 0, 0, 0, 0, 0, 0, 0, 0, 0, 0, 0, 0.
Pierrot Serile Hebert     0, 0, 0, 2, 0, 0, 1, 0, 0, 1, 0, 0, 2,
        0, 0, 0, 0, 0, 0, 0, 0, 0, 0, 0, 0, 0, 0, 0, 0, 0, 0.
Vve. Barthelemy Leblanc   2, 0, 0, 0, 0, 0, 0, 0, 0, 1, 0, 0, 0,
        0, 0, 0, 0, 0, 0, 0, 0, 0, 0, 0, 0, 0, 0, 0, 0, 0, 0.
Simonnet Richard          2, 3, 0, 0, 1, 0, 2, 1, 0, 2, 0, 0, 4,
        0, 0, 0, 0, 1, 1, 3, 0, 2, 0, 0, 0, 0, 0, 0, 0, 0, 0.
Joseph Braud              0, 0, 0, 1, 1, 0, 1, 0, 1, 0, 0, 0, 1,
        0, 0, 0, 0, 0, 0, 0, 0, 0, 0, 0, 0, 0, 0, 0, 0, 0, 0.
Auguste Richard           0, 0, 0, 1, 1, 0, 0, 0, 0, 1, 0, 0, 2,
        0, 0, 0, 0, 0, 0, 0, 1, 0, 0, 0, 0, 0, 0, 0, 0, 0, 0.
John Mickel               0, 0, 0, 0, 1, 0, 1, 0, 1, 0, 0, 0, 0,
        0, 1, 0, 0, 0, 0, 0, 0, 0, 0, 0, 0, 0, 0, 0, 0, 0, 0.
Paul Richard              3, 2, 0, 1, 1, 0, 0, 0, 0, 1, 0, 0, 2,
        0, 0, 0, 0, 1, 0, 1, 0, 1, 0, 0, 0, 0, 0, 0, 0, 0, 0.
Joseph Blanchard          0, 0, 1, 1, 1, 0, 1, 1, 0, 0, 0, 0, 6,
        0, 0, 1, 2, 4, 0, 2, 1, 0, 0, 0, 0, 0, 0, 0, 0, 0, 0.
Edouard Dupuis            2, 0, 1, 2, 0, 0, 0, 1, 1, 0, 0, 0, 2,
        0, 0, 1, 0, 0, 0, 1, 2, 0, 0, 0, 0, 0, 0, 0, 0, 0, 0.
Laurent Braud             1, 0, 0, 0, 1, 0, 1, 0, 0, 1, 0, 0, 1,
        0, 0, 2, 0, 0, 0, 0, 0, 0, 0, 0, 0, 0, 0, 0, 0, 0, 0.
```

```
                              1, 2, 3, 4, 5, 6, 7, 8, 9,10,11,12,13,
            14,15,16,17,18,19,20,21,22,23,24,25,26,27,28,29,30,31.
```

Name	1	2	3	4	5	6	7	8	9	10	11	12	13	14	15	16	17	18	19	20	21	22	23	24	25	26	27	28	29	30	31
Urbain Braud	1	1	0	0	1	0	2	0	0	1	0	0	1	0	0	0	0	0	0	0	0	0	0	0	0	0	0	0	0	0	0
Francois Babin	1	0	0	0	1	0	0	0	0	1	0	0	1	0	0	0	0	0	0	0	0	0	0	0	0	0	0	0	0	0	0
Vve. Charles Braud	0	0	0	1	1	0	0	2	1	0	1	0	2	0	0	0	0	0	0	0	0	0	0	0	0	0	0	0	0	0	0
Joseph Braud	1	0	0	0	1	1	1	0	1	0	0	0	1	0	0	0	0	0	0	1	0	0	0	0	0	0	0	0	0	0	0
Valere Braud	0	0	0	0	1	0	1	0	1	0	0	0	1	0	0	0	0	0	0	0	0	0	0	0	0	0	0	0	0	0	0
Jean Nerol	0	0	0	0	1	1	0	0	0	1	0	0	1	1	0	0	0	0	0	0	0	0	0	0	0	0	0	0	0	0	0
Sebastien Guedry	1	0	0	1	1	1	3	0	0	1	0	0	3	0	0	1	0	1	0	0	0	0	0	0	0	0	0	0	0	0	0
Philip Winfree	1	0	0	0	2	0	2	2	0	1	0	0	22	0	0	8	2	8	1	7	1	7	2	0	0	0	0	0	0	0	0
Raphael Gotraud	1	2	1	1	2	0	3	2	0	1	0	0	4	0	0	1	0	2	0	0	1	0	0	0	0	0	0	0	0	0	0
Steven Kimber	1	0	0	0	0	1	1	0	0	1	0	0	1	0	0	0	0	0	0	0	0	0	0	0	0	0	0	0	0	0	0
Joseph Andreson	2	1	1	3	1	1	0	2	0	0	0	0	4	0	0	0	0	0	0	0	0	0	0	0	0	0	0	0	0	0	0
Michel Hebert	0	0	0	0	1	0	1	3	0	0	0	0	1	0	0	0	0	0	0	0	0	0	0	0	0	0	0	0	0	0	0
Olivier Braud	0	1	0	1	0	0	3	1	1	0	0	0	2	0	0	0	0	1	0	0	0	1	0	0	0	0	0	0	0	0	0
Pierre Parent	0	0	0	0	1	0	1	0	0	1	0	0	1	0	0	0	0	0	0	0	0	0	0	0	0	0	0	0	0	0	0
Louis Parent	0	0	0	1	0	1	0	0	1	0	1	0	2	0	0	0	0	0	0	0	0	0	0	0	0	0	0	0	0	0	0
Jean Parent	1	0	0	0	1	0	2	0	1	0	0	0	1	0	0	0	0	0	0	0	0	0	0	0	0	0	0	0	0	0	0
Valery Hebert	2	0	0	2	0	0	0	0	1	0	0	0	2	0	0	3	1	0	0	1	0	0	0	0	0	0	0	0	0	0	0
Norbert Marianaud	0	0	0	1	1	0	1	0	1	0	0	0	3	0	0	1	0	0	0	1	0	1	0	0	0	0	0	0	0	0	0
Andre l'Anglois	0	0	0	0	3	1	0	0	1	0	0	0	9	0	0	2	2	5	0	4	3	0	0	0	0	0	0	0	0	0	0
Simon Landry	1	1	0	0	1	1	3	1	0	1	0	0	4	0	0	3	1	0	1	2	0	1	1	0	0	0	0	0	0	0	0
Paul Hebert	1	0	0	0	1	0	0	1	0	0	0	0	1	0	0	0	0	0	0	0	0	0	0	0	0	0	0	0	0	0	0

[total]

338 133 43 199 348 102 351 133 167 178 70 44 1,624

471 1,548

1, 2, 3, 4, 5, 6, 7, 8, 9,10,11,12,13,
14,15,16,17,18,19,20,21,22,23,24,25,26,27,28,29,30,31.

22	14	423	342	391	100	403	345	215	60	21	14	15	10	23	11	12	10

	1,548			
	2,395	Cotton mill	38	
	471	sugar-mill	1	42
Aggregate amount --	4,454	Tobaca mill	3	

    I certify that the present Schedule is true and conform to
the declarations made to me by the inhabitants Parish of Iberville,
August 7th 1820.

[signed] A. Cauvarel

1810 Census
Natchitoches Parish, Louisiana [1] [2]

Schedule of the whole number of Persons
within the Parish of Natchitoches.

	1	2	3	4	5	6	7	8	9	10	11	12
Thomas L. Judge	1,	1,	3,	7,	1,	0,	0,	0,	1,	0,	1,	11.
Ebenez Fulsom	2,	0,	1,	1,	1,	2,	1,	0,	2,	0,	0,	3.
Wm. Dickson	1,	0,	0,	1,	0,	0,	0,	0,	1,	0,	0,	0.
R. Black	0,	0,	0,	1,	0,	0,	0,	0,	1,	0,	1,	0.
Dominique Sorel	2,	1,	0,	1,	0,	1,	1,	0,	1,	0,	0,	1.
P. Watts	0,	0,	2,	0,	0,	0,	0,	0,	0,	0,	0,	0.
Stephen Jones	0,	0,	0,	1,	0,	0,	0,	0,	0,	0,	0,	0.
Michel Chagneaux	0,	0,	0,	1,	0,	0,	0,	0,	0,	0,	0,	0.
Jean Rice	0,	0,	0,	0,	2,	2,	0,	2,	0,	1,	0,	0.
Louis Vascocu	2,	1,	2,	2,	1,	2,	0,	0,	0,	1,	0,	0.
Veuve Bte. Grappe	0,	1,	0,	1,	0,	0,	2,	0,	1,	0,	0,	7.
Hyppolithe Bourdelon	3,	2,	0,	1,	1,	1,	1,	2,	2,	0,	0,	9.
Pierre Elie Bernard	2,	0,	0,	1,	0,	0,	0,	1,	0,	0,	0,	0.
Ve. Julien Besson	0,	1,	0,	0,	0,	0,	0,	0,	0,	1,	0,	4.
Jean Bte. Besson	0,	0,	0,	1,	0,	2,	0,	0,	1,	0,	0,	2.
John Arman	2,	0,	0,	0,	1,	1,	0,	0,	1,	0,	0,	0.
Antoine Guillette	1,	0,	0,	1,	1,	1,	0,	1,	0,	0,	0,	4.
Chrisostome Perault	2,	1,	2,	0,	1,	1,	1,	1,	0,	0,	0,	1.
Pierre Gagnier	2,	0,	0,	1,	0,	1,	0,	0,	1,	0,	0,	1.
Remy Perault	0,	1,	0,	0,	1,	0,	0,	0,	0,	1,	0,	7.
Jean Lalande	1,	0,	1,	2,	0,	0,	0,	1,	2,	0,	0,	2.
Veuve Fonteneau	1,	0,	2,	1,	0,	2,	0,	1,	0,	1,	0,	37.
John Vancarrous	0,	0,	0,	4,	0,	0,	0,	0,	1,	0,	0,	7.
Louis Lamalathie	0,	0,	0,	0,	1,	1,	0,	1,	0,	0,	0,	9.
Henry Trichel	0,	0,	0,	5,	0,	0,	1,	0,	1,	0,	0,	18.
Francois Grappe	0,	0,	0,	1,	0,	1,	0,	0,	0,	0,	36,	6.
Veuve Benoit Montamary	0,	0,	0,	1,	0,	0,	0,	1,	0,	1,	0,	5.
Emanuel Trichel	1,	0,	0,	1,	0,	0,	0,	0,	2,	0,	0,	7.
Gilbert Clozeaux	0,	0,	0,	0,	3,	0,	0,	0,	0,	0,	0,	16.
Louis Auyessie ?	0,	0,	0,	0,	1,	0,	0,	0,	0,	0,	0,	0.
Josoah Martin ?	0,	1,	2,	0,	2,	0,	1,	0,	1,	0,	0,	0.
Francois Dubois	2,	0,	1,	1,	0,	3,	2,	1,	0,	0,	0,	1.
Pierre Ternier	1,	0,	0,	1,	0,	1,	0,	0,	1,	0,	0,	4.
Pierre Mayou	0,	0,	0,	1,	0,	0,	0,	0,	0,	0,	0,	0.
Jean Bte. Davion aine	2,	0,	1,	0,	2,	1,	2,	0,	1,	0,	0,	5.
Jean Bte. Davion cadet	0,	0,	0,	0,	1,	0,	1,	0,	1,	0,	0,	2.
Francois Perault	1,	2,	2,	0,	1,	1,	2,	3,	0,	1,	0,	12.
Barberousse pere	1,	0,	0,	1,	1,	1,	0,	0,	1,	1,	0,	1.
Athanas Poissot	2,	0,	0,	0,	1,	1,	1,	0,	1,	0,	0,	7.
andre Vascocu	2,	1,	1,	0,	1,	0,	0,	1,	0,	0,	0,	3.
Dme. Veuve Mayou	2,	0,	1,	0,	0,	0,	0,	1,	0,	1,	0,	0.
Laurent Mayou	1,	0,	0,	2,	0,	1,	0,	1,	0,	0,	0,	0.
George Mctire	3,	0,	0,	2,	0,	1,	1,	0,	1,	0,	0,	1.
Remi Totin	2,	0,	1,	0,	0,	1,	0,	1,	0,	0,	0,	1.
David Brown	0,	0,	4,	0,	1,	0,	0,	0,	0,	0,	1,	3.
Ambroise Duval	0,	0,	1,	0,	1,	2,	2,	0,	1,	0,	1,	2.
Jean Malte	0,	0,	1,	0,	1,	0,	0,	0,	0,	0,	0,	0.
Joseph Tauzin	5,	1,	0,	0,	1,	0,	2,	0,	1,	0,	0,	11.
Charles Pavie	0,	0,	0,	4,	0,	0,	1,	1,	0,	1,	0,	13.
Jean marie armand	0,	0,	0,	0,	1,	0,	0,	0,	0,	1,	0,	2.
andre Rambin pere	0,	0,	1,	2,	1,	0,	0,	1,	0,	0,	0,	3.
Jean Pierre Marie Dubois	0,	0,	0,	1,	0,	0,	0,	0,	0,	0,	0,	2.

	1,	2,	3,	4,	5,	6,	7,	8,	9,	10,	11,	12.
David Case	1,	0,	0,	1,	0,	1,	1,	0,	0,	0,	0,	7.
Saml. Davis	0,	0,	1,	0,	0,	0,	0,	0,	0,	0,	0,	0.
Auguste Lefevre	2,	0,	0,	9,	0,	4,	0,	0,	2,	0,	0,	0.
Jean Cortes	0,	0,	0,	2,	1,	1,	0,	1,	0,	0,	0,	5.
Wm. Owens	0,	0,	2,	1,	0,	0,	0,	1,	1,	0,	0,	0.
John Conard	0,	0,	0,	1,	1,	0,	0,	0,	0,	0,	0,	0.
Henry Burghard	0,	0,	0,	2,	0,	0,	0,	0,	0,	0,	0,	3.
John Laplace	0,	0,	0,	1,	0,	2,	0,	1,	0,	0,	0,	0.
A. Sompestrack ?	2,	0,	1,	1,	0,	0,	0,	0,	1,	0,	0,	5.
John Sibley	0,	0,	3,	28,	2,	0,	0,	2,	1,	1,	0,	30.
Wm. Slocum	0,	0,	1,	2,	0,	0,	0,	0,	0,	0,	0,	2.
John McFarland	0,	0,	1,	3,	1,	0,	0,	0,	1,	0,	0,	0.
Wm. Murray	0,	0,	2,	0,	0,	0,	0,	0,	0,	0,	0,	2.
Thoms. M. Lennard	0,	0,	1,	0,	0,	0,	1,	0,	0,	0,	0,	4.
Jacques Bastien Prud'homme	0,	0,	0,	0,	1,	0,	0,	0,	1,	1,	0,	1.
Felix Trudeaux	0,	0,	0,	1,	1,	0,	0,	0,	0,	0,	0,	12.
John c. carr	0,	0,	0,	2,	0,	1,	0,	1,	0,	1,	0,	7.
Michel Chamard	0,	0,	0,	2,	1,	3,	0,	0,	2,	0,	0,	0.
Barthmy. Shaunbaugh	3,	0,	0,	0,	1,	3,	1,	0,	1,	0,	0,	13.
Athanus Demeziere	0,	0,	0,	2,	1,	1,	0,	0,	1,	1,	0,	24.
Dme. Ve. Chamard	0,	0,	2,	0,	1,	1,	1,	0,	0,	1,	0,	1.
Gaspard Bodin	0,	0,	0,	0,	1,	0,	0,	0,	0,	1,	3,	0.
Barnard Guzarnat	0,	1,	0,	0,	1,	0,	0,	1,	0,	0,	0,	0.
Rentery Obal	1,	0,	1,	2,	1,	3,	2,	0,	1,	0,	0,	0.
James Denny	0,	0,	0,	3,	0,	0,	0,	0,	0,	0,	0,	0.
James Teal	3,	1,	1,	1,	1,	1,	0,	0,	1,	0,	0,	0.
Daniel Shortridge	0,	0,	0,	2,	0,	0,	0,	0,	0,	0,	0,	0.
Soulange Bossier	0,	1,	1,	1,	0,	1,	1,	0,	1,	0,	0,	0.
Francois Mercier	0,	0,	0,	2,	1,	1,	2,	1,	1,	0,	0,	0.
Louis Levasseur	0,	0,	0,	1,	0,	0,	0,	0,	0,	0,	0,	2.
Emanl. Levasseur	1,	0,	2,	1,	0,	2,	1,	0,	1,	0,	0,	2.
Jn. Francois Levasseur	2,	0,	0,	1,	0,	0,	0,	0,	1,	0,	0,	6.
Jean Bte. Trichel	2,	0,	0,	1,	0,	1,	0,	1,	0,	0,	0,	7.
Bertrand Plaisance	2,	1,	0,	1,	0,	2,	2,	0,	1,	0,	0,	7.
Dme. Ve. Pantaillion	2,	0,	1,	1,	0,	0,	1,	0,	1,	0,	0,	7.
Dme. Ve. Murphy	0,	0,	1,	1,	0,	1,	0,	0,	0,	1,	0,	15.
Joseph Malig	0,	1,	1,	1,	1,	0,	0,	2,	0,	1,	0,	1.
Francois Chatian ?	2,	0,	0,	1,	2,	2,	0,	0,	1,	0,	0,	11.
Wm. Sutherland	3,	2,	0,	1,	2,	1,	0,	1,	1,	0,	0,	2.
Louis Fostin ?	0,	0,	0,	0,	1,	0,	0,	0,	0,	0,	0,	0.
Michel Cazencave	1,	1,	1,	1,	1,	2,	0,	1,	0,	0,	0,	0.
Theodore Grillette	1,	0,	0,	1,	0,	0,	0,	1,	0,	1,	0,	7.
Dm. Ve. Mongenot	0,	0,	1,	0,	0,	0,	0,	0,	0,	1,	2,	11.
James Bladworth	0,	1,	0,	2,	0,	1,	0,	1,	0,	0,	1,	18.
Valentin adley	1,	0,	0,	2,	0,	0,	0,	1,	1,	0,	0,	0.
Jean adley	0,	1,	5,	0,	1,	1,	0,	0,	1,	1,	0,	4.
Arnaud Lauve	0,	0,	0,	2,	0,	0,	1,	2,	0,	0,	0,	19.
Francois Rouquier	0,	0,	0,	1,	1,	0,	0,	0,	0,	1,	2,	29.
Noel Berty. Rachal	1,	0,	0,	1,	0,	0,	0,	0,	0,	0,	0,	3.
Ve. Berthy. Rachal	0,	0,	0,	0,	0,	0,	0,	0,	0,	1,	0,	12.

	1	2	3	4	5	6	7	8	9	10	11	12
Ve. Jean Be. Buard	0	0	0	0	0	1	1	0	0	1	2	14
Francois Bossier	2	2	1	2	1	1	0	0	0	1	0	13
Placide Bossier	0	1	1	1	2	0	0	2	0	0	1	8
Jean Louis Buard	2	0	0	2	0	1	0	1	1	0	0	24
Louis Buard pere	1	0	3	2	1	2	0	1	0	0	1	33
Dme. Ve. Lestage	0	0	1	1	0	0	1	1	1	1	0	9
Francois Gonin	1	0	0	1	0	4	0	1	0	0	0	0
Dme. Ve. Grenau	1	0	0	0	0	1	2	0	1	0	0	5
M. Flalphen	1	0	0	4	1	1	0	2	0	0	0	2
Berthelemy Lestage	1	0	1	0	0	1	0	1	0	0	0	0
J. J. Pailette	2	1	0	5	1	3	2	0	2	0	1	19
Jean Bt. armand	1	0	0	2	0	2	0	1	0	0	0	2
Pierre Cheletre	0	0	2	0	1	0	1	1	1	0	0	4
Dme. Mailloche	0	2	1	0	0	1	0	0	0	1	0	7
Louis Pilette	0	0	0	1	0	0	0	0	0	0	0	0
Antoine Himel	0	0	0	1	0	1	0	0	1	1	0	3
Pierre Metoyer	0	0	1	0	1	0	0	0	0	1	2	103
arthaud ? St. anne	2	0	1	1	2	0	0	1	0	1	0	48
Berthy. fils de By. Rachal	1	0	1	1	0	3	0	0	1	0	0	3
Dominique Rachal	3	1	0	0	1	0	2	0	1	0	0	6
Dme. Ve. Verchere	1	0	1	0	0	0	1	0	1	0	0	4
Jean Pre. Verchere	1	0	0	1	0	0	0	1	0	0	0	3
Louis Berthy. Rachal	1	1	2	0	1	0	1	2	0	1	0	14
Joseph Foret	0	0	0	0	1	0	0	0	0	0	1	1
Joseph Verchere	0	0	0	1	1	0	1	0	0	0	0	1
antne. Prud'homme	1	1	0	1	1	2	1	0	1	1	1	52
Emanl. Prud'homme	1	0	0	0	1	2	0	0	0	1	0	58
Remy Lambre	1	1	0	1	1	5	2	0	1	0	2	60
Jean Bte. Berthy. Rachal	2	2	1	1	0	2	0	0	1	0	0	5
Mr. Sauve	0	0	0	0	1	0	0	0	0	0	5	0
Baltazard Brevelle	1	1	0	1	0	2	0	0	1	1	0	2
Compere	0	0	2	5	0	0	0	1	0	0	0	3
Adley fils	1	0	1	1	0	1	0	1	0	0	0	1
Julien Rachal fils	1	0	1	0	0	2	0	1	0	0	0	5
Francois Frederick	2	0	0	2	0	1	0	1	0	0	0	1
Auguste Robieux	0	0	1	1	0	1	1	0	0	0	0	3
Dno. Vo. Julien Rachal	1	1	0	0	0	1	1	2	0	1	0	4
Jacques Levasseur	0	3	1	0	1	0	1	0	1	0	0	1
Jean Massippe	0	2	0	1	1	2	1	1	0	1	0	1
Jean Bte. Lemoine	3	1	0	3	0	2	1	0	2	0	0	2
James Miller	1	0	0	1	0	0	0	1	0	0	0	2
Dne. Ve. Jean Pommier	0	2	0	0	1	0	1	0	0	1	0	4
Valeri anty	1	0	1	1	0	0	0	1	0	0	0	1
Jacques Lacasse	1	1	1	0	2	1	0	1	0	1	0	10
Pierre Derbanne	1	1	0	0	1	0	0	0	0	1	0	9
Anty fils	2	0	0	1	1	0	0	1	0	0	0	2
Ve. Etienne Verger	0	0	0	0	0	0	0	0	0	1	0	5
Auguste Langlois	2	0	0	3	0	1	2	0	1	0	0	9
Jean Bte. Derbanne	2	2	0	0	1	2	0	0	1	0	0	2
Jean Bte. Lavigne	0	0	0	0	1	0	0	0	0	1	0	3

	1	2	3	4	5	6	7	8	9	10	11	12
Charles Durette	0	0	0	0	1	0	0	0	0	1	0	0
Francois Robieux	0	1	0	1	0	0	0	0	0	1	0	7
Francois Lavespere	1	2	0	0	1	1	0	1	0	1	0	4
Jean Bte. Latier	0	1	2	1	0	0	1	0	1	1	0	8
Francois Latier	1	0	0	1	0	2	0	2	0	0	0	3
Pierre Chariau	1	0	2	0	0	0	0	0	1	0	0	0
Joseph Derbanne	1	0	0	0	1	0	0	0	1	0	0	13
Madame Brosset	1	2	0	0	1	0	0	0	0	1	0	2
Charles Lemoine	0	0	0	1	2	1	2	0	1	0	1	1
Louis Derbanne	0	0	0	2	1	0	0	2	1	0	0	10
Pierre Beaudouin	1	0	0	1	1	4	3	2	1	0	0	1
Nicolas Beaudouin	4	1	0	1	0	0	2	1	1	0	0	0
Jean Bte. Brosset	0	0	0	1	0	0	0	0	0	0	0	0
Ve. Larenaudiere	1	1	2	0	0	0	2	0	0	1	0	1
Ve. Lacour	0	0	0	2	0	0	0	0	1	0	0	1
Gasparite Lacour	3	0	0	1	1	1	1	0	1	0	0	5
Taran Fcois. Hagues	0	0	0	0	0	0	0	0	0	0	0	0
Veuve Anty	1	1	1	0	0	1	1	0	1	0	0	0
Nicolas Gallien	0	1	2	0	1	3	2	1	0	0	0	10
Rinin Verchere	4	0	1	2	0	1	1	1	0	0	0	2
Berthelemy Lecour	2	2	2	1	1	1	1	1	0	1	0	2
Ambroise Lecompte	2	0	1	0	1	1	0	1	1	1	0	54
Alexis Cloutier	1	0	1	1	0	0	0	1	0	0	0	23
Francois Davion	0	0	0	1	0	1	1	0	1	0	0	3
Athanas Lecour	1	0	0	0	1	0	0	0	1	0	1	4
Antoine Coindet	1	0	0	0	3	0	0	0	0	0	2	5
Simon Goy	1	0	0	0	1	1	0	1	0	0	0	0
Pre. Labombarde	3	0	1	2	0	1	1	0	1	0	0	0
Jean Bte. Rachal	0	0	0	1	1	0	0	0	0	0	7	0
Pierre Reni (Revi ?)	2	0	0	1	0	1	1	0	1	0	0	0
Louis Tomassine	0	3	0	0	1	1	0	0	1	0	0	2
Francs. Poirier dit Vincent	2	0	1	1	0	0	0	2	0	0	0	0
Joseph Raballe	3	0	0	0	1	2	0	0	1	0	0	0
Jean Bte. Bonnette	2	0	1	0	0	0	0	1	0	0	0	0
Emanl. Derbanne	2	0	1	1	1	1	0	1	0	0	0	1
Joseph Taure	0	1	0	0	1	0	0	0	1	0	0	0
Jean Bte. Morin	0	0	0	1	0	1	1	1	0	0	0	0
Paul Couty (Couly?)	2	1	0	1	0	1	0	0	1	0	0	2
Pierre Michel	2	1	1	0	2	3	1	0	1	0	0	17
Berthelemy Rachal	1	2	1	0	1	0	2	0	1	0	0	0
Pre. Nolasqu Deporciana	1	1	0	0	2	1	0	0	1	0	0	12
Nicolas Beaudin	0	1	0	1	0	0	0	1	1	0	0	0
Madame Poiter	0	2	1	0	0	0	0	1	0	1	0	50
James Fr. Poiter	0	0	0	1	1	0	0	0	0	0	1	1
Antne. Rachal	1	2	2	0	1	0	0	0	1	0	0	10
Jacob St. andre	0	0	0	0	1	0	0	0	1	0	0	3
Narcisse Prud'homme	1	0	1	0	1	1	0	1	0	0	0	16
Andre St. Andre	2	0	1	0	1	2	2	1	1	0	0	8
Dne. Ve. Gagnier	0	0	1	2	1	0	0	1	2	1	0	7
Anty pere	0	0	0	0	0	0	0	0	0	0	0	0

	1	2	3	4	5	6	7	8	9	10	11	12
John Biggs	0	0	0	3	0	0	0	0	0	0	0	0
Jacquet Lecompte	1	0	0	1	0	0	0	1	0	0	0	9
Robert Morrou	1	0	0	1	0	1	0	2	0	0	0	1
Jean Moruntin ? (Morcentier?)	0	0	1	0	0	0	0	1	0	0	0	0
Jean Bte. Brevelle	1	0	0	1	0	2	0	0	1	0	0	0
Charles Lavignie	1	0	0	1	0	0	0	0	1	0	0	0
Pierre Findlevent	0	0	0	0	1	0	1	0	0	1	0	0
M. Gertrude	1	0	0	0	0	2	0	0	0	1	0	0
F. Ve. Germain	0	0	0	1	0	0	0	1	0	0	0	0
Madme. Dupre	0	1	0	0	0	1	2	0	1	0	0	1
Pierre Derbanne	1	0	1	0	0	0	0	1	0	0	0	5
Jean Louis O'Pock ?	0	0	1	0	0	0	0	0	0	0	5	14
Mr. Ledet	0	0	0	5	1	0	0	0	0	0	0	9
Etienne Lacasse	2	1	0	1	0	2	1	0	1	0	0	0
Renaud agues	0	0	0	1	0	1	0	1	0	0	0	0
Mr. Gant	0	0	2	0	1	1	0	1	0	0	1	0
Etienne Rachal	2	0	0	1	0	4	0	0	1	0	1	3
Antoine Lemoine	3	1	0	1	0	2	0	0	1	0	0	0
Jean Varangue	0	0	0	0	1	0	0	0	0	0	0	1
Madm. Michel	0	0	1	0	0	0	1	0	0	1	0	0
El. Francklin	0	0	1	0	0	1	0	2	0	0	0	0
Jordan Dungeon	0	0	1	1	0	0	0	0	1	0	0	0
Francis L. Lorens	0	0	0	0	1	0	0	0	0	0	4	1
J. Boucher	0	0	0	1	1	0	0	0	1	0	0	0
Jean Bte. Lefevre	2	0	0	1	0	1	0	0	1	1	0	0
Helene Rubleau	1	0	0	1	0	1	0	2	1	0	0	0
Louis Bonin	0	0	1	12	0	0	0	0	0	0	0	0
Joseph Calderon	0	0	0	1	0	0	0	0	0	0	0	0
Peggy Reyland	2	0	0	0	0	0	0	0	1	0	0	0
Jeremiah Morell	0	0	0	1	0	1	0	1	0	0	0	0
Benjn. Collier	0	0	0	1	0	1	0	0	1	0	0	0
James Long	0	0	1	2	0	0	0	0	0	0	0	0
John O'Conner	0	0	0	1	1	0	0	0	0	0	0	0
J. Mckim	0	1	2	0	1	0	2	0	0	0	0	0
Lucas Hawkins	0	0	0	5	0	0	0	0	0	0	0	0
Madm. Spade	0	0	0	0	0	3	0	0	2	0	0	0
Jacob Ryer	0	0	0	2	0	0	0	0	0	0	0	0
R. Richardson	0	0	1	9	0	0	0	0	0	0	0	0
J. Breton	0	0	0	1	0	0	0	0	0	0	0	0
Athanas Neigre libre	0	0	0	0	0	0	0	0	0	0	4	1
Francois Metoyer	0	0	0	0	0	0	0	0	0	0	7	3
Joseph Metoyer	0	0	0	0	0	0	0	0	0	0	5	2
James Graves	0	0	0	0	0	0	0	0	0	0	3	0
Louis M.	0	0	0	0	0	0	0	0	0	0	2	0
Augustin N. L.	0	0	0	0	0	0	0	0	0	0	3	0
Jean Louis N. L.	0	0	0	0	0	0	0	0	0	0	2	0
Petit guilleaum	0	0	0	0	0	0	0	0	0	0	3	0
Prince N.	0	0	0	0	0	0	0	0	0	0	2	0
Catherine Badin	0	0	0	0	0	0	0	0	0	0	14	0
Pierre Metoyer M.	0	0	0	0	0	0	0	0	0	0	6	12

	1,	2,	3,	4,	5,	6,	7,	8,	9,	10,	11,	12.
Mariatte ? N. L.	0,	0,	0,	0,	0,	0,	0,	0,	0,	0,	3,	0.
Dollas N.L.	0,	0,	0,	0,	0,	0,	0,	0,	0,	0,	2,	5.
Augustin Metoyer	0,	0,	0,	0,	0,	0,	0,	0,	0,	0,	7,	17.
Pacale N.L.	0,	0,	0,	0,	0,	0,	0,	0,	0,	0,	2,	1.
Louis Metoyer M.	0,	0,	0,	0,	0,	0,	0,	0,	0,	0,	3,	15.
Dominique Metoyer	0,	0,	0,	0,	0,	0,	0,	0,	0,	0,	15,	8.
Pierre Bayonne	0,	0,	0,	0,	0,	0,	0,	0,	0,	0,	5,	0.
Baltazard Manet (Monel?)	0,	0,	0,	0,	0,	0,	0,	0,	0,	0,	3,	1.
Toussaint Metoyer	0,	0,	0,	0,	0,	0,	0,	0,	0,	0,	3,	1.
(total)	191	80	22	264	124	172	91	103	108	58	181	1,476

(signed) John C. Carr, assistant to the Secy.
of the Terry. of Orleans.

The number of persons within my division consisting of 781
free white males of all ages, 532 free white females do., 181
persons of color, free, and 1,476 slaves, forming a total of
2,970 Souls appears in a schedule hereto annexed, subscribed by
me this 15th day of December 1810.

(signed) John C. Carr, assistant to the Secretary of the
Territory of Orleans.

Schedule of the whole number of Persons
within the Parish of Natchitoches.

No. 3

Oath of Affirmation of an Assistant to the Marshal of the United
States for the district of _____[left blank]_____ in taking the
Fourth Census.

I, Luke Stapleton Hazelton do solemnly swear that I will make
a just and perfect enumeration and description of all persons
resident within the division assigned to me for that purpose, by
the marshal of U.S. Louisiana District and also an account of the
manufactures, except household manufactures, and make due return
thereof to the said marshal, agreeably to the direction of an act
of Congress, entitled "An act to provide for taking the fourth
census of enumeration of the inhabitants of the United States, and
for other purposes," according to the best of my ability.

                                   [signed] L.S. Hazelton

                          - - -
              Probat of the foregoing Oath or Affirmation

     Be it remembered, That on this thirty first day of July A.D.,
1820, came before me, Charles Hum ? Parish Judge of the Parish of
Natchitoches resident in the town of Natchitoches, State of Louisi-
ana, Luke S. Hazelton Esq., an assistant to the marshal of the _?_
State of Louisiana District for performing the duties prescribed by
the act of Congress to provide for taking the fourth census or enu-
meration of the inhabitants of the United States and for other
purposes, and took, and in my presence subscribed, the above oath.

     [signed] Charles Slocum, Judge of the Parish of Natchitoches,
               State of Louisiana

                          - - -
                          No. 4
Oath or Affirmation of An Assistant to the Marshal of the United
States for the district of Louisiana, that the number of persons set
forth in his return, has been ascertained by an actual inquiry at
every dwelling house, or of the head of every family.

     I, L.S. Hazelton, do solemnly swear that the number of persons
set forth in the return made by me, agreeably to the provisions of
the act entitled, "As an act to provide for taking the fourth census
or enumeration of the inhabitants of the United States, and for other
purposes, have been ascertained by an actual inquiry at every dwell-
ing house, or the head of every family, in exact conformity with the
provisions of said act, and that I have, in every respect, fulfilled
the duties required of me by said act, to the best of my abilities,
and the return aforesaid is correct and true according to the best
of my knowledge and belief.

                                   [signed] L.S. Hazelton

Probat of the foregoing Oath or Affirmation

      Be it remembered, That on this Seventeenth day of December 1820, came before me, David Case, a Justice of the Peace, resident in the town of Natchitoches of State of Louisiana, L.S. Hazelton, an assistant to the marshal of the Louisiana District for performing the duties prescribed by the of act Congress to provide for taking the fourth census or enumeration of the inhabitants of the United States, and for other purposes, and took, and in my presence subscribed, the above Oath.

                      (signed) David Case
                              Justice of the Peace

                  - - -

CERTIFICATE, to be signed by two respectable Inhabitants of the Division, and returned, annexed to the Schedule (No. 1) by the Assistant to the Marshal of Louisiana District.

We hereby certify, that a correct copy of the above Schedule, signed by the said L.S. Hazelton, assistant to the said Marshal has been set up and remained at two of the most public places within the division open to the inspection of all concerned.

Natchitoches 20th December 1820

                      (signed) B. Gronard ?
                      (signed) D. Case

                  - - -

      The number of Persons within my Division, consisting of the county of Natchitoches of _____(left blank)_____ in the year one thousand eight hundred and twenty, appears in a Schedule hereto annexed, subscribed by me, this 24th November day L.S. Hazelton assistant to the Marshal of Louisiana District.

                    1, 2, 3, 4, 5, 6, 7, 8, 9,10,11,12,13,
      14,15,16,17,18,19,20,21,22,23,24,25,26,27,28,29,30,31.

(totals)

636, 401, 222, 622, 486, 488, 754, 409, 334, 332, 283, 945, 2,701

37, 153, 368, 283, 312, 191, 349, 351, 288, 184, 52, 38, 80, 99, 56, 36, 33, 27

        (signed) L.S. Hazelton
                  Assistant to the Marshal of the Louisiana Distr:

Census of the County of Natchitoches (Lou.) as taken in con-
formity with act of Congress appeares 14th March 1820, Begun 1st
day of august 1820 and finished 24th november following. 1st
District West of Rio hondo to wit:

```
                                 1, 2, 3, 4, 5, 6, 7, 8, 9,10,11,12,13,
              14,15,16,17,18,19,20,21,22,23,24,25,26,27,28,29,30,31.
```

```
Pierre Lafitte            2, 2, 1, 1, 0, 1, 1, 0, 0, 0, 1, 1, 5,
           0, 0, 1, 0, 1, 0, 0, 0, 0, 1, 0, 0, 0, 0, 0, 0, 0, 0.
Micheel Rombin            0, 2, 1, 2, 0, 1, 2, 0, 0, 0, 0, 1, 2,
           0, 1, 0, 0, 0, 0, 0, 0, 0, 0, 0, 0, 0, 0, 0, 0, 0, 0.
John Lathame ?            0, 0, 0, 1, 0, 1, 2, 0, 0, 1, 0, 1, 2,
           0, 0, 0, 0, 0, 0, 0, 0, 0, 0, 0, 0, 0, 0, 0, 0, 0, 0.
John N. Mallige           1, 0, 0, 0, 0, 1, 0, 0, 0, 1, 0, 0, 0,
           1, 0, 0, 0, 0, 0, 0, 0, 0, 0, 0, 0, 0, 0, 0, 0, 0, 0.
Jn. Bte. Trizzini         0, 0, 0, 1, 1, 0, 1, 0, 1, 0, 0, 2, 0,
           2, 0, 0, 0, 0, 0, 0, 0, 1, 0, 0, 4, 2, 1, 0, 0, 0, 0.
A. M. Rombin              1, 0, 0, 0, 1, 1, 0, 0, 0, 1, 0, 1, 2,
           0, 0, 0, 0, 0, 0, 0, 0, 0, 0, 0, 0, 0, 0, 0, 0, 0, 0.
Zeno Rombin               0, 0, 0, 0, 1, 0, 1, 0, 1, 0, 0, 0, 1,
           0, 0, 0, 0, 0, 0, 0, 0, 0, 0, 0, 0, 0, 0, 0, 0, 0, 0.
Pierre Bolieu             1, 1, 0, 1, 0, 1, 1, 2, 1, 1, 0, 1, 5,
           0, 0, 0, 0, 0, 0, 0, 0, 0, 0, 0, 0, 0, 0, 0, 0, 0, 0.
Marcel DeSoto             2, 1, 0, 1, 0, 1, 0, 0, 0, 0, 0, 1, 8,
           0, 0, 4, 1, 0, 2, 1, 2, 1, 1, 0, 0, 0, 0, 0, 0, 1, 0.
Jean Palvado              0, 0, 1, 1, 0, 1, 1, 0, 0, 0, 0, 1, 2, 3,
           0, 0, 0, 0, 0, 0, 0, 0, 0, 0, 0, 0, 0, 0, 0, 0, 0, 0.
Jose Sante                0, 1, 1, 2, 0, 1, 0, 0, 0, 0, 1, 5, 4,
           0, 0, 0, 0, 0, 0, 0, 0, 0, 0, 0, 0, 0, 0, 0, 0, 0, 0.
Juan Laroche              1, 0, 0, 0, 1, 0, 0, 0, 1, 0, 0, 2, 1,
           0, 0, 0, 0, 0, 0, 0, 0, 0, 0, 0, 0, 0, 0, 0, 0, 0, 0.
Julien Fontaineau         0, 0, 1, 0, 1, 0, 0, 0, 0, 1, 0, 0, 2,
           0, 0, 0, 0, 0, 0, 0, 0, 0, 0, 0, 0, 0, 0, 0, 0, 0, 0.
Rosemo Gagnier            1, 0, 0, 1, 0, 1, 0, 0, 0, 1, 0, 0, 1,
           0, 1, 0, 0, 0, 0, 0, 0, 0, 0, 0, 0, 0, 0, 0, 0, 0, 0.
Jno. Bt. Gagnier          0, 2, 0, 1, 1, 0, 2, 0, 0, 1, 0, 0, 4,
           0, 0, 0, 0, 0, 0, 0, 0, 0, 0, 0, 0, 0, 0, 0, 0, 0, 0.
Baptiste Collette         1, 2, 2, 0, 0, 1, 3, 1, 0, 0, 1, 0, 4,
           0, 0, 0, 0, 0, 0, 0, 0, 0, 0, 0, 0, 0, 0, 0, 0, 0, 0.
Mad. Mallige              0, 0, 0, 0, 0, 0, 0, 0, 0, 0, 1, 0, 1,
           0, 0, 0, 0, 0, 1, 0, 0, 0, 0, 0, 0, 0, 0, 0, 0, 0, 0.
Mad. Prudhomme            1, 1, 1, 1, 1, 0, 1, 0, 0, 1, 0, 0, 2,
           0, 1, 0, 0, 0, 1, 0, 0, 0, 0, 0, 0, 0, 0, 0, 0, 0, 0.
Jno. Robertson            1, 0, 0, 0, 1, 0, 2, 1, 0, 1, 0, 0, 2,
           0, 0, 0, 0, 0, 0, 0, 0, 0, 0, 0, 0, 0, 0, 0, 0, 0, 0.
Moses Robertson           1, 1, 0, 0, 1, 1, 2, 2, 0, 1, 0, 0, 3,
           0, 0, 0, 0, 0, 0, 0, 0, 0, 0, 0, 0, 0, 0, 0, 0, 0, 0.
Mad. Lafitte              0, 1, 0, 1, 0, 1, 0, 2, 1, 1, 1, 2, 3,
           0, 0, 0, 0, 0, 0, 0, 1, 0, 0, 0, 0, 0, 0, 0, 0, 0, 0.
Louis Lafitte             0, 0, 1, 1, 1, 0, 2, 0, 0, 1, 0, 0, 1,
           0, 1, 0, 0, 0, 0, 0, 0, 0, 0, 0, 0, 0, 0, 0, 0, 0, 0.
Cezar Lafitte             2, 1, 0, 0, 1, 0, 4, 1, 0, 1, 0, 0, 4,
           0, 0, 2, 0, 0, 1, 0, 0, 1, 0, 0, 0, 0, 0, 0, 0, 0, 0.
```

```
                              1, 2, 3, 4, 5, 6, 7, 8, 9,10,11,12,13,
          14,15,16,17,18,19,20,21,22,23,24,25,26,27,28,29,30,31.

Joseph Vallentine          1, 0, 0, 0, 1, 0, 2, 0, 0, 1, 0, 0, 5,
              0, 0, 1, 0, 2, 0, 2, 1, 1, 0, 0, 0, 0, 0, 0, 0, 0.
Andre Valentine            0, 0, 0, 0, 0, 1, 0, 0, 0, 1, 0, 0, 2,
              0, 1, 0, 0, 1, 0, 0, 0, 1, 0, 0, 0, 0, 0, 0, 0, 0.
Pierre Daulet Sen.         1, 1, 0, 0, 0, 1, 1, 0, 0, 0, 1, 0,14,
              0, 0, 6, 1, 2, 4, 4, 2, 2, 4, 0, 0, 0, 0, 0, 0, 1.
Pierre Dulet Jun.          0, 0, 0, 0, 1, 0, 1, 1, 0, 1, 0, 0, 2,
              0, 0, 1, 0, 0, 0, 0, 1, 0, 0, 0, 0, 0, 0, 0, 0, 0.
Frans. Prudhomme           2, 1, 0, 1, 1, 0, 1, 0, 1, 0, 1, 1, 4,
              0, 0, 0, 0, 0, 0, 0, 1, 1, 0, 0, 0, 0, 0, 0, 0, 0.
Jno. Bt. Adly              1, 1, 0, 0, 1, 1, 1, 0, 1, 0, 0, 1, 3,
              0, 0, 0, 0, 0, 1, 0, 0, 1, 0, 0, 0, 0, 0, 0, 0, 0.
Pedro Chin                 1, 0, 1, 0, 0, 1, 1, 1, 0, 0, 1, 2, 2,
              0, 0, 0, 0, 0, 0, 0, 0, 0, 0, 0, 0, 0, 0, 0, 0, 0.
Baltazard Lagas            0, 0, 0, 1, 0, 1, 0, 2, 0, 0, 1, 2, 2,
              0, 0, 0, 0, 0, 0, 0, 0, 0, 0, 0, 0, 0, 0, 0, 0, 0.
Alexandre Lagaz            0, 1, 1, 2, 0, 1, 1, 1, 0, 0, 1, 0, 2,
              0, 1, 0, 0, 0, 0, 0, 0, 0, 0, 0, 0, 0, 0, 0, 0, 0.
Frans. Rombin              4, 0, 0, 0, 1, 1, 2, 4, 0, 0, 1, 0, 6,
              0, 0, 1, 1, 1, 0, 1, 0, 1, 1, 0, 0, 0, 0, 0, 0, 0.
Andres Rombin              0, 0, 0, 1, 0, 1, 0, 0, 0, 0, 0, 0, 2,
              0, 0, 0, 0, 0, 1, 0, 1, 0, 0, 0, 0, 0, 0, 0, 0, 0.
Christian Hesser           3, 1, 1, 2, 0, 1, 1, 1, 0, 0, 1, 0, 4,
              0, 0, 0, 0, 1, 0, 0, 0, 0, 0, 0, 1, 0, 0, 0, 0, 0.
Manuel Trichel             3, 1, 0, 0, 1, 1, 2, 2, 0, 0, 1, 1, 4,
              0, 0, 0, 0, 1, 0, 0, 0, 0, 0, 0, 0, 0, 0, 0, 0, 0.
Timothy Adlie              2, 0, 0, 0, 1, 1, 1, 2, 0, 0, 1, 0, 1,
              0, 1, 0, 0, 0, 0, 0, 0, 0, 0, 0, 0, 0, 0, 0, 0, 0.
Bat. Frans. Prudhomme      3, 0, 0, 0, 1, 1, 1, 0, 0, 0, 1, 1, 2,
              0, 0, 0, 0, 0, 0, 0, 0, 0, 0, 0, 0, 0, 0, 0, 0, 0.
Elisha Nelson              1, 0, 0, 0, 0, 1, 2, 1, 1, 0, 1, 0, 1,
              0, 0, 0, 0, 0, 0, 0, 0, 0, 0, 0, 0, 0, 0, 0, 0, 0.
Jose Gordite               2, 0, 0, 0, 1, 1, 3, 1, 0, 0, 1, 4, 2,
              0, 0, 0, 0, 0, 0, 0, 0, 0, 0, 0, 0, 0, 0, 0, 0, 0.
Mad. Gohristy ?            4, 1, 1, 1, 0, 0, 3, 2, 0, 1, 1, 7, 3,
              0, 0, 0, 0, 0, 0, 0, 0, 0, 0, 0, 0, 0, 0, 0, 0, 0.
Juan DeDeos                0, 1, 1, 2, 0, 1, 1, 1, 0, 0, 1, 8, 4,
              0, 0, 0, 0, 0, 0, 0, 0, 0, 0, 0, 0, 0, 0, 0, 0, 0.
Pedro Cherrino             0, 2, 1, 1, 0, 1, 0, 1, 0, 1, 1, 7, 3,
              0, 0, 0, 0, 0, 0, 0, 0, 0, 0, 0, 0, 0, 0, 0, 0, 0.
Joseph Davis               0, 0, 0, 0, 1, 1, 1, 0, 0, 1, 0, 1, 2,
              0, 0, 0, 0, 0, 0, 0, 0, 0, 0, 0, 0, 0, 0, 0, 0, 0.
Douglas Forsythe           2, 0, 1, 2, 1, 1, 1, 1, 0, 0, 1, 0, 6,
              0, 0, 0, 0, 0, 1, 0, 0, 0, 0, 0, 0, 0, 0, 0, 0, 0.
Sylvester Poisat           0, 1, 0, 1, 0, 1, 0, 0, 0, 0, 1, 1, 5,
              0, 1, 0, 0, 0, 3, 0, 2, 0, 1, 0, 0, 0, 0, 0, 0, 0.
Wid. Poisat                1, 0, 0, 0, 0, 0, 1, 0, 0, 0, 1, 0, 1,
              0, 0, 0, 0, 1, 0, 0, 0, 0, 0, 0, 0, 0, 0, 0, 0, 0.
Keitan Franks              1, 0, 0, 1, 1, 1, 3, 1, 0, 1, 0, 5, 3,
              0, 0, 0, 0, 0, 0, 0, 0, 0, 0, 0, 0, 0, 0, 0, 0, 0.
```

```
                           1, 2, 3, 4, 5, 6, 7, 8, 9,10,11,12,13,
              14,15,16,17,18,19,20,21,22,23,24,25,26,27,28,29,30,31.

Joseph Saulinor          1, 0, 1, 2, 2, 1, 2, 0, 0, 0, 1, 7, 3,
              0, 1, 0, 0, 0, 0, 0, 0, 0, 0, 0, 0, 0, 0, 0, 0, 0, 0.
Thos. Wallace            4, 1, 1, 1, 1, 2, 1, 0, 0, 0, 1, 0, 9,
              0, 1, 1, 3, 0, 1, 2, 1, 0, 1, 0, 0, 0, 0, 0, 0, 0, 0.
Jacob Wallace            0, 0, 0, 0, 0, 1, 0, 0, 0, 0, 0, 0, 2,
              0, 0, 0, 0, 1, 0, 0, 0, 0, 1, 0, 0, 0, 0, 0, 0, 0, 0.
James Cotes              1, 1, 1, 2, 1, 1, 2, 0, 0, 0, 1, 0, 4,
              0, 0, 0, 0, 0, 0, 0, 0, 0, 0, 0, 0, 0, 0, 0, 0, 0, 0.
Edward McGlaughlord ?     3, 1, 0, 2, 1, 1, 2, 0, 0, 0, 1, 0, 4,
              0, 0, 0, 0, 0, 0, 0, 0, 0, 0, 0, 0, 0, 0, 0, 0, 0, 0.
Saml. Norris             1, 2, 0, 1, 1, 1, 2, 1, 0, 0, 1, 1, 3,
              0, 0, 0, 0, 0, 0, 0, 0, 0, 0, 0, 0, 0, 0, 0, 0, 0, 0.
Jno. Bat. Pourriere      0, 1, 0, 1, 1, 1, 0, 1, 0, 0, 1, 0, 4,
              0, 0, 0, 0, 0, 0, 0, 0, 0, 0, 0, 0, 0, 0, 0, 0, 0, 0.
Jos. Lavine              0, 0, 0, 0, 1, 1, 0, 0, 1, 0, 1, 4, 2,
              0, 0, 0, 0, 0, 0, 0, 0, 0, 0, 0, 0, 0, 0, 0, 0, 0, 0.
John Armstrong           1, 0, 0, 1, 1, 1, 0, 0, 0, 0, 0, 0, 3,
              0, 0, 0, 0, 0, 0, 0, 0, 0, 0, 0, 0, 0, 0, 0, 0, 0, 0.
William Glass            2, 1, 2, 2, 1, 1, 0, 1, 0, 0, 1, 0, 4,
              0, 0, 0, 0, 0, 0, 0, 0, 0, 0, 0, 0, 0, 0, 0, 0, 0, 0.
Andre Adlie              2, 2, 0, 1, 1, 0, 0, 0, 0, 0, 1, 0, 2,
              0, 0, 0, 0, 0, 0, 0, 0, 0, 0, 0, 0, 0, 0, 0, 0, 0, 0.
Mad. Jose Santos         1, 1, 0, 1, 1, 0, 4, 1, 0, 0, 1, 9, 2,
              0, 0, 0, 0, 0, 0, 0, 0, 0, 0, 0, 0, 0, 0, 0, 0, 0, 0.
Henry Webb               1, 0, 0, 0, 1, 1, 2, 1, 0, 1, 0, 3, 2,
              0, 0, 0, 0, 0, 0, 0, 0, 0, 0, 0, 0, 0, 0, 0, 0, 0, 0.
Mary Anna Sanche         2, 2, 1, 2, 0, 1, 1, 2, 0, 0, 1, 8, 4,
              0, 0, 0, 0, 0, 0, 0, 0, 0, 0, 0, 0, 0, 0, 0, 0, 0, 0.
Francisco Sanche         0, 0, 0, 0, 1, 0, 2, 0, 1, 0, 0, 2, 1,
              0, 0, 0, 0, 0, 0, 0, 0, 0, 0, 0, 0, 0, 0, 0, 0, 0, 0.
Julio Sanche             0, 0, 0, 1, 0, 0, 1, 0, 1, 0, 0, 3, 1,
              0, 0, 0, 0, 0, 0, 0, 0, 0, 0, 0, 0, 0, 0, 0, 0, 0, 0.
Jose M. Sanche           3, 0, 0, 1, 1, 0, 2, 1, 0, 1, 1, 5, 2,
              0, 0, 0, 0, 0, 0, 0, 0, 0, 0, 0, 0, 0, 0, 0, 0, 0, 0.
Manuel Joscano           1, 0, 0, 1, 0, 0, 2, 0, 1, 1, 0, 3, 1,
              0, 0, 0, 0, 0, 0, 0, 0, 0, 0, 0, 0, 0, 0, 0, 0, 0, 0.
John Berry               0, 1, 0, 1, 0, 1, 0, 0, 0, 0, 0, 0, 3,
              0, 0, 0, 0, 1, 0, 1, 0, 2, 0, 0, 0, 0, 0, 0, 0, 0, 0.
John Brown               0, 0, 0, 0, 0, 2, 0, 0, 0, 0, 0, 0, 2,
              0, 0, 1, 0, 0, 0, 0, 1, 0, 1, 0, 0, 0, 0, 0, 0, 0, 0.
Isaac Soy                2, 2, 1, 1, 1, 1, 1, 1, 1, 0, 1, 0, 4,
              0, 0, 0, 0, 0, 0, 0, 0, 0, 0, 0, 0, 0, 0, 0, 0, 0, 0.
Nicholas De Roche        1, 1, 0, 0, 1, 1, 0, 2, 0, 0, 1, 5, 3,
              0, 0, 0, 0, 0, 0, 0, 0, 0, 0, 0, 0, 0, 0, 0, 0, 0, 0.
Pierre Manvian           1, 0, 0, 0, 0, 1, 3, 0, 0, 0, 1, 2, 1,
              0, 1, 0, 0, 0, 0, 0, 0, 0, 0, 0, 0, 0, 0, 0, 0, 0, 0.
Joseph Morvin            0, 1, 0, 0, 0, 1, 0, 0, 0, 0, 1, 0, 1,
              0, 0, 0, 0, 0, 0, 0, 0, 0, 0, 0, 0, 0, 0, 0, 0, 0, 0.
Francisco Norris         0, 0, 0, 2, 0, 1, 0, 0, 0, 0, 1, 1, 3,
              0, 0, 0, 0, 0, 0, 0, 0, 0, 0, 0, 0, 0, 0, 0, 0, 0, 0.
```

```
                              1, 2, 3, 4, 5, 6, 7, 8, 9,10,11,12,13,
              14,15,16,17,18,19,20,21,22,23,24,25,26,27,28,29,30,31.

Nathaniel Norris            1, 0, 0, 0, 1, 0, 1, 1, 0, 1, 0, 0, 1,
              0, 0, 0, 0, 0, 0, 0, 0, 0, 0, 0, 0, 0, 0, 0, 0, 0, 0.

                            75 40 23 52 n41 54 83 43 13 24 42 112 225
(amt. carrd. and
 amt. brot. over)
                        2 12 18 6 11 17 11 11 12 12 0 4 2 2 0 0 1 1

Jose Santozcoy              1, 1, 0, 1, 1, 2, 1, 2, 1, 0, 1, 8, 3,
              0, 0, 0, 0, 0, 0, 0, 0, 0, 0, 0, 0, 0, 0, 0, 0, 0, 0.
Jose Sevem ? Mara           0, 0, 0, 0, 0, 0, 1, 0, 0, 0, 0, 1, 2, 1,
              0, 0, 0, 0, 0, 0, 0, 0, 0, 0, 0, 0, 0, 0, 0, 0, 0, 0.
Manuel Cardada              0, 1, 0, 1, 0, 1, 2, 1, 0, 1, 0, 5, 2,
              0, 0, 0, 0, 0, 0, 0, 0, 0, 0, 0, 0, 0, 0, 0, 0, 0, 0.
Chustota Granger            0, 2, 0, 1, 2, 1, 4, 1, 0, 0, 1, 6, 4,
              0, 0, 0, 0, 0, 0, 0, 0, 0, 0, 0, 0, 0, 0, 0, 0, 0, 0.
Francisco Guerriere         0, 1, 0, 0, 1, 1, 1, 1, 0, 0, 1, 4, 2,
              0, 1, 1, 0, 0, 0, 0, 0, 1, 0, 0, 0, 0, 0, 0, 0, 0, 0.
Jose Cordecero              1, 1, 0, 0, 1, 1, 1, 0, 1, 0, 1, 5, 2,
              0, 0, 0, 0, 0, 0, 0, 0, 0, 0, 0, 0, 0, 0, 0, 0, 0, 0.
Jose Cadespine ?            0, 0, 0, 0, 0, 1, 0, 0, 0, 0, 1, 2, 1,
              0, 0, 0, 0, 0, 0, 0, 0, 0, 0, 0, 0, 0, 0, 0, 0, 0, 0.
Josaphine ? Los Deos        2, 1, 1, 2, 0, 1, 2, 1, 0, 1, 0, 6, 3,
              0, 0, 0, 0, 0, 0, 0, 0, 0, 0, 0, 0, 0, 0, 0, 0, 0, 0.
Pedro Eborb                 2, 0, 1, 1, 1, 1, 1, 3, 2, 1, 0,13, 4,
              0, 0, 0, 0, 0, 0, 0, 0, 0, 0, 0, 0, 0, 0, 0, 0, 0, 0.
Antonio Carro               1, 0, 0, 0, 0, 1, 0, 1, 0, 0, 1, 3, 1,
              0, 0, 0, 0, 0, 0, 0, 0, 0, 0, 0, 0, 0, 0, 0, 0, 0, 0.
Juan Carro                  0, 0, 0, 0, 0, 1, 3, 1, 0, 0, 1, 2, 1,
              0, 0, 0, 0, 0, 0, 0, 0, 0, 0, 0, 0, 0, 0, 0, 0, 0, 0.
Iasedo ? Porro              2, 2, 1, 2, 1, 0, 1, 1, 0, 0, 1, 5, 6,
              0, 0, 0, 0, 0, 0, 0, 0, 0, 0, 0, 0, 0, 0, 0, 0, 0, 0.
Antonio Eralis              0, 0, 1, 2, 0, 1, 0, 0, 0, 0, 1, 4, 3,
              0, 0, 0, 0, 0, 0, 0, 0, 0, 0, 0, 0, 0, 0, 0, 0, 0, 0.
Jose Carro                  3, 2, 2, 3, 0, 1, 4, 2, 1, 0, 1,10, 0,
              0, 1, 0, 0, 0, 0, 0, 0, 0, 0, 0, 0, 0, 0, 0, 0, 0, 0.
Juan Collette               2, 1, 1, 2, 0, 1, 3, 2, 0, 0, 1, 7, 4,
              0, 0, 0, 0, 0, 0, 0, 0, 0, 0, 0, 0, 0, 0, 0, 0, 0, 0.
Jimes Wallace               2, 1, 0, 1, 0, 0, 3, 0, 1, 0, 0, 2,
              0, 0, 0, 0, 0, 0, 0, 0, 0, 0, 0, 0, 0, 0, 0, 0, 0, 0.
Joseph Eborbo               1, 3, 0, 0, 1, 0, 2, 0, 0, 1, 0, 4, 2,
              0, 0, 0, 0, 0, 0, 0, 0, 0, 0, 0, 0, 0, 0, 0, 0, 0, 0.
Jean Laferrett              0, 4, 0, 0, 1, 0, 0, 0, 0, 1, 0, 0, 1,
              0, 0, 0, 0, 0, 0, 0, 0, 0, 0, 0, 0, 0, 0, 0, 0, 0, 0.
Vital Flores                1, 1, 0, 0, 1, 0, 2, 1, 0, 1, 0, 0, 2,
              0, 0, 0, 0, 0, 0, 0, 0, 0, 0, 0, 0, 0, 0, 0, 0, 0, 0.
Joseph Flores               3, 2, 1, 1, 1, 0, 1, 0, 0, 2, 0, 1, 6,
              0, 0, 0, 0, 0, 0, 0, 0, 0, 0, 0, 0, 0, 0, 0, 0, 0, 0.
Pedro Flores                1, 1, 0, 0, 0, 1, 0, 0, 0, 0, 1, 2, 2,
              0, 0, 0, 0, 0, 0, 0, 0, 0, 0, 0, 0, 0, 0, 0, 0, 0, 0.
```

```
                        1, 2, 3, 4, 5, 6, 7, 8, 9,10,11,12,13,
       14,15,16,17,18,19,20,21,22,23,24,25,26,27,28,29,30,31.

Richard Lemelle          4, 0, 0, 0, 2, 0, 0, 2, 0, 1, 0, 0, 1,
          0, 0, 0, 0, 0, 0, 0, 0, 0, 0, 0, 0, 0, 0, 0, 0, 0, 0.
Manuel Procello ?        0, 0, 0, 1, 0, 1, 0, 0, 0, 0, 1, 3, 2,
          0, 0, 0, 0, 0, 0, 0, 0, 0, 0, 0, 0, 0, 0, 0, 0, 0, 0.
Jose La Sallos           2, 1, 1, 0, 2, 0, 3, 0, 0, 1, 0, 5, 2,
          0, 0, 0, 0, 0, 0, 0, 0, 0, 0, 0, 0, 0, 0, 0, 0, 0, 0.
Narcisse Collette        0, 1, 2, 3, 0, 2, 0, 1, 2, 0, 1, 0, 8,
          0, 0, 0, 0, 0, 0, 0, 0, 0, 0, 0, 0, 0, 0, 0, 0, 0, 0.
Juan Jose Merino         1, 3, 0, 2, 1, 2, 4, 1, 0, 0, 2, 4, 5,
          0, 0, 0, 0, 0, 0, 0, 0, 0, 0, 0, 0, 0, 0, 0, 0, 0, 0.
Mad. Chaveda             1, 0, 1, 1, 0, 0, 3, 4, 1, 0, 1, 0, 2,
          0, 0, 0, 0, 0, 0, 0, 0, 0, 0, 0, 0, 0, 0, 0, 0, 0, 0.
Arthanace Earley         1, 0, 1, 0, 2, 0, 3, 1, 0, 0, 1, 0, 3,
          0, 0, 0, 0, 0, 0, 0, 0, 0, 0, 0, 0, 0, 0, 0, 0, 0, 0.
Thomas Lackie            0, 0, 1, 2, 0, 1, 2, 1, 0, 0, 1, 0, 4,
          0, 0, 0, 0, 0, 0, 0, 0, 0, 0, 0, 0, 0, 0, 0, 0, 0, 0.
Jose Chatigne            1, 1, 0, 0, 1, 0, 1, 3, 0, 1, 0, 8, 2,
          0, 0, 0, 0, 0, 0, 0, 0, 0, 0, 0, 0, 0, 0, 0, 0, 0, 0.
Duerote ? Genutte ?      4, 0, 0, 0, 0, 1, 0, 0, 0, 1, 0, 2, 1,
          0, 0, 0, 0, 0, 0, 0, 0, 0, 0, 0, 0, 0, 0, 0, 0, 0, 0.
Enacis Gactarez          2, 1, 1, 3, 1, 0, 0, 2, 0, 1, 0,10, 5,
          0, 0, 0, 0, 0, 0, 0, 0, 0, 0, 0, 0, 0, 0, 0, 0, 0, 0.
Manuel Manchaz           0, 0, 0, 1, 0, 1, 2, 2, 0, 0, 1, 5, 1,
          0, 1, 0, 0, 0, 0, 0, 0, 0, 0, 0, 0, 0, 0, 0, 0, 0, 0.
Pierre Bodin             1, 0, 0, 0, 1, 1, 1, 0, 0, 1, 0, 0, 2,
          0, 0, 0, 0, 0, 0, 0, 0, 0, 0, 0, 0, 0, 0, 0, 0, 0, 0.
Bat. Bodouin             1, 0, 2, 4, 0, 1, 3, 1, 1, 0, 0, 0, 7,
          0, 0, 0, 0, 0, 0, 0, 0, 0, 0, 0, 0, 0, 0, 0, 0, 0, 0.
Jno. L. Bodin            2, 2, 0, 0, 1, 1, 5, 0, 0, 1, 0, 0, 2,
          0, 0, 0, 0, 0, 0, 0, 0, 0, 0, 0, 0, 0, 0, 0, 0, 0, 0.
Gaudeloupe Mansda        1, 0, 2, 3, 1, 0, 0, 2, 0, 1, 0, 7, 4,
          0, 1, 0, 0, 0, 0, 0, 0, 0, 0, 0, 0, 0, 0, 0, 0, 0, 0.
Pedro Spen               0, 0, 0, 1, 0, 1, 0, 0, 0, 0, 1, 3, 1,
          0, 0, 0, 0, 0, 0, 0, 0, 0, 0, 0, 0, 0, 0, 0, 0, 0, 0.
John Carman              0, 0, 0, 0, 1, 0, 4, 1, 0, 1, 0, 0, 1,
          0, 0, 0, 0, 0, 0, 0, 0, 0, 0, 0, 0, 0, 0, 0, 0, 0, 0.
Francis Carman           2, 1, 0, 2, 1, 0, 1, 2, 0, 0, 1, 0, 3,
          0, 0, 0, 0, 0, 0, 0, 0, 0, 0, 0, 0, 0, 0, 0, 0, 0, 0.
Widow Lac Pue            0, 1, 0, 1, 0, 0, 3, 1, 0, 0, 1, 3, 1,
          0, 0, 0, 0, 0, 0, 1, 0, 0, 0, 0, 0, 0, 0, 0, 0, 0, 0.
Andrew Gallien           0, 0, 0, 0, 0, 1, 0, 0, 0, 0, 1, 0, 1,
          0, 0, 0, 0, 0, 0, 0, 0, 0, 0, 0, 0, 0, 0, 0, 0, 0, 0.
Bertrand Alos            0, 3, 1, 2, 0, 1, 0, 3, 2, 0, 1, 9, 4,
          0, 0, 0, 0, 0, 0, 0, 0, 0, 0, 0, 0, 0, 0, 0, 0, 0, 0.
Jose Marene ? Mareue ?   1, 0, 0, 0, 1, 0, 2, 1, 0, 1, 0, 0, 1,
          0, 0, 0, 0, 0, 0, 0, 0, 0, 0, 0, 0, 0, 0, 0, 0, 0, 0.
Jose Rosallos            0, 2, 1, 2, 1, 1, 1, 2, 1, 1, 0, 0, 5,
          0, 0, 0, 0, 0, 0, 0, 0, 0, 0, 0, 0, 0, 0, 0, 0, 0, 0.
Ponchiano De Laselle     0, 1, 2, 2, 0, 1, 0, 0, 1, 0, 0, 0, 3,
          0, 0, 0, 0, 0, 0, 0, 0, 0, 0, 0, 0, 0, 0, 0, 0, 0, 0.
```

Name	1	2	3	4	5	6	7	8	9	10	11	12	13	14	15	16	17	18	19	20	21	22	23	24	25	26	27	28	29	30	31
Jno. Litton	3	1	0	1	2	0	2	0	1	0	0	0	3	0	0	0	0	0	0	0	0	0	0	0	0	0	0	0	0	0	0
Stephen Becomb	0	1	0	0	1	0	1	2	0	1	0	0	1	0	0	0	0	0	0	0	0	0	0	0	0	0	0	0	0	0	0
John Earley	0	2	0	1	1	0	3	1	1	0	0	0	2	0	0	0	0	0	0	0	0	0	0	0	0	0	0	0	0	0	0
Guillaume Baba	2	1	0	1	2	1	0	2	0	1	0	0	4	2	0	0	0	0	0	0	0	0	0	0	0	0	0	0	0	0	0
Remy Christy	0	0	0	0	1	0	3	0	1	0	0	0	1	0	0	0	0	0	0	0	0	0	0	0	0	0	0	0	0	0	0
Jacques Lepin	0	0	1	2	1	0	0	2	0	1	0	0	3	0	0	0	0	0	0	0	0	0	0	0	0	0	0	0	0	0	0
David Wirtman	0	0	0	0	2	1	0	1	1	1	0	1	2	0	1	0	0	0	0	0	0	0	0	0	0	0	0	0	0	0	0
Baptiste Lavine	0	1	1	2	0	1	0	2	0	1	0	0	4	0	0	0	0	0	0	0	0	0	0	0	0	0	0	0	0	0	0
Solace Constana	1	0	0	2	1	0	1	0	0	1	0	4	3	0	0	0	0	0	0	0	0	0	0	0	0	0	0	0	0	0	0
Jacques Lecon	0	1	2	3	0	0	0	0	1	0	2	7	2	0	1	0	0	0	0	0	0	0	0	0	0	0	0	0	0	0	0
Felicianne	0	0	0	1	1	0	2	1	0	0	1	5	2	0	0	0	0	0	0	0	0	0	0	0	0	0	0	0	0	0	0
Jean Vartigon	1	1	1	2	1	0	0	0	2	1	0	0	4	0	0	0	0	0	0	0	0	0	0	0	0	0	0	0	0	0	0
Stephen More	0	0	0	2	0	1	3	0	0	1	0	0	3	0	0	0	0	0	0	0	0	0	0	0	0	0	0	0	0	0	0
Zenge Leona	2	1	0	0	0	1	0	0	0	1	0	0	1	0	0	0	0	0	0	0	0	0	0	0	0	0	0	0	0	0	0
Edmond Quirk	0	0	0	2	2	2	3	1	0	0	2	0	5	1	0	0	1	0	0	0	0	0	0	0	0	0	0	0	0	0	0
Me. Quirk	2	1	0	0	1	1	2	2	1	0	0	0	3	0	0	0	0	1	0	1	1	0	0	0	0	0	0	0	0	0	0
Robin Brown	3	2	1	2	1	2	3	4	0	1	1	2	8	0	4	1	1	2	0	0	1	0	1	0	0	0	0	0	0	0	0
John Funck	1	2	2	2	2	0	1	0	0	1	1	3	8	0	0	0	0	0	0	0	0	0	0	0	0	0	0	0	0	0	0
Benj. Biles	2	1	0	0	2	1	1	2	0	1	0	0	0	0	2	1	0	0	2	0	1	0	0	0	0	0	0	0	0	0	0
Jos. P. Harrison	2	0	0	0	1	0	0	0	1	0	0	0	2	1	0	0	0	0	0	0	0	0	0	0	0	0	0	0	0	0	0
Stephen Grant ?	1	0	0	0	1	0	0	0	0	0	0	0	2	0	0	1	0	1	0	0	0	2	0	0	0	0	0	0	0	0	0
Betsy Teale	0	1	2	3	0	1	2	1	0	1	0	0	3	0	0	0	0	0	0	0	0	0	0	0	0	0	0	0	0	0	0
Mad. Booker	0	0	0	1	0	0	0	0	0	0	1	0	1	0	0	0	0	0	0	0	0	0	0	0	0	0	0	0	0	0	0
Hardin Jones	3	0	0	0	1	1	0	0	1	0	0	1	2	0	0	0	0	0	0	0	0	0	0	0	0	0	0	0	0	0	0
Jonathan Dredin	1	0	0	0	1	0	2	0	1	0	1	0	1	0	0	0	0	0	0	0	0	0	0	0	0	0	0	0	0	0	0

```
                      1, 2, 3, 4, 5, 6, 7, 8, 9,10,11,12,13,
          14,15,16,17,18,19,20,21,22,23,24,25,26,27,28,29,30,31.

John Freeman          4, 2, 0, 1, 0, 1, 0, 0, 0, 1, 0, 0, 4,
          0, 0, 0, 0, 0, 0, 0, 0, 0, 0, 0, 0, 0, 0, 0, 0, 0, 0.
Isaac ? Dollihide     0, 1, 1, 2, 1, 0, 3, 0, 1, 1, 0, 0, 3,
          0, 1, 0, 0, 0, 0, 0, 0, 0, 0, 0, 0, 0, 0, 0, 0, 0, 0.
Wertley Sibley        2, 1, 1, 2, 1, 0, 0, 0, 1, 0, 0, 0, 2,
          0, 0, 0, 0, 0, 0, 0, 0, 0, 0, 0, 0, 0, 0, 0, 0, 0, 0.
Benois Fautin         0, 2, 0, 1, 1, 0, 2, 0, 1, 0, 1, 0, 4,
          0, 0, 0, 0, 0, 0, 0, 0, 0, 0, 0, 0, 0, 0, 0, 0, 0, 0.
Bretance ? Sebal      5, 0, 0, 1, 1, 1, 0, 0, 0, 2, 0, 0, 3,
          0, 1, 0, 0, 0, 0, 0, 0, 0, 0, 0, 0, 0, 0, 0, 0, 0, 0.
Francisco Boreo       0, 0, 0, 0, 2, 0, 0, 0, 1, 0, 1, 0, 2,
          0, 0, 0, 0, 0, 0, 0, 0, 0, 0, 0, 0, 0, 0, 0, 0, 0, 0.
Thomas Ash            0, 1, 0, 2, 1, 1, 1, 0, 1, 0, 1, 0, 2,
          0, 0, 0, 0, 0, 0, 0, 0, 0, 0, 0, 0, 0, 0, 0, 0, 0, 0.
Andrew Burgess        0, 0, 0, 0, 1, 1, 5, 1, 0, 1, 0, 0, 1,
          0, 0, 0, 0, 0, 0, 0, 0, 0, 0, 0, 0, 0, 0, 0, 0, 0, 0.
Gibson Johnson        0, 1, 1, 2, 1, 0, 1, 0, 1, 0, 0, 0, 5,
          0, 0, 0, 0, 0, 0, 0, 0, 0, 0, 0, 0, 0, 0, 0, 0, 0, 0.
John Gordner          1, 2, 0, 0, 1, 0, 1, 0, 1, 0, 0, 0, 1,
          0, 0, 0, 0, 0, 0, 0, 0, 0, 0, 0, 0, 0, 0, 0, 0, 0, 0.
Mme. Downer           0, 0, 1, 2, 2, 0, 2, 0, 1, 0, 0, 0, 4,
          0, 0, 0, 0, 0, 0, 0, 0, 0, 0, 0, 0, 0, 0, 0, 0, 0, 0.
James McKim           0, 0, 0, 0, 1, 1, 1, 1, 0, 0, 1, 0, 2,
          0, 0, 0, 0, 0, 0, 0, 0, 0, 0, 0, 0, 0, 0, 0, 0, 0, 0.
Betsy Talbat          2, 1, 0, 0, 0, 1, 0, 1, 0, 0, 0, 0,
          0, 0, 0, 0, 0, 0, 0, 0, 0, 0, 0, 0, 0, 0, 0, 0, 0, 0.
George Charrington    1, 0, 0, 0, 1, 1, 1, 0, 1, 0, 0, 0, 0,
          0, 0, 0, 0, 0, 0, 0, 0, 0, 0, 0, 0, 0, 0, 0, 0, 0, 0.
Baptiste Lecomte      1, 1, 0, 1, 1, 0, 0, 0, 1, 0, 0, 0, 0,
          0, 0, 0, 0, 0, 0, 0, 0, 0, 0, 0, 0, 0, 0, 0, 0, 0, 0.

(amt. carrd. and    159,112, 60,140,108,105,199,114, 48, 60, 82,200,457
 amt. brot. over)     3, 16, 21,  8, 15, 19, 14, 13, 15, 15,  0,  4,  2,  2,  0,  0,  1,  1

James Hickman         3, 0, 0, 0, 1, 0, 1, 1, 1, 0, 0, 0, 1,
          0, 0, 0, 0, 0, 0, 0, 0, 0, 0, 0, 0, 0, 0, 0, 0, 0, 0.
William Hickman       0, 2, 1, 2, 0, 1, 2, 0, 0, 0, 1, 0, 4,
          0, 0, 0, 0, 0, 0, 0, 0, 0, 0, 0, 0, 0, 0, 0, 0, 0, 0.
Jno. Cummings         1, 0, 0, 1, 1, 0, 1, 0, 1, 0, 0, 0, 2,
          0, 0, 0, 0, 0, 0, 0, 0, 0, 0, 0, 0, 0, 0, 0, 0, 0, 0.
Geo. Hubbard          2, 2, 0, 0, 1, 1, 0, 0, 0, 1, 0, 0, 2,
          0, 0, 0, 0, 0, 0, 0, 0, 0, 0, 0, 0, 0, 0, 0, 0, 0, 0.
Wm. Skinner           0, 0, 1, 2, 1, 0, 1, 2, 0, 1, 0, 0, 4,
          0, 0, 0, 0, 0, 0, 0, 0, 0, 0, 0, 0, 0, 0, 0, 0, 0, 0.
Isaac Alden           0, 0, 0, 0, 1, 1, 0, 0, 0, 0, 1, 0, 3,
          0, 0, 0, 0, 1, 0, 0, 0, 0, 0, 0, 0, 0, 0, 0, 0, 0, 0.
Richard Fields        1, 1, 0, 0, 0, 2, 1, 0, 0, 1, 0, 0, 2,
          0, 0, 0, 0, 0, 0, 0, 0, 0, 0, 0, 0, 0, 0, 0, 0, 0, 0.
```

Thomas Gray   0, 0, 0, 0, 1, 0, 2, 0, 1, 0, 0, 0, 1,
            0, 0, 0, 0, 0, 0, 0, 0, 0, 0, 0, 0, 0, 0, 0, 0, 0, 0.
John Murrill   2, 2, 2, 3, 1, 0, 2, 0, 0, 1, 0, 0, 6,
            0, 0, 0, 0, 0, 0, 0, 0, 0, 0, 0, 0, 0, 0, 0, 0, 0, 0.
Abraham Crownover   1, 0, 1, 1, 2, 0, 3, 2, 0, 1, 0, 0, 1,
            0, 1, 0, 0, 0, 0, 0, 0, 0, 0, 0, 0, 0, 0, 0, 0, 0, 0.
Jesse Million   1, 0, 0, 0, 1, 0, 0, 0, 0, 1, 0, 0, 1,
            0, 0, 0, 0, 0, 0, 0, 0, 0, 0, 0, 0, 0, 0, 0, 0, 0, 0.
Hugh Walker   0, 3, 1, 2, 0, 1, 1, 2, 0, 0, 1, 0, 6,
            0, 0, 0, 0, 0, 0, 0, 0, 0, 0, 0, 0, 0, 0, 0, 0, 0, 0.
Wm. M. Grider   2, 1, 0, 2, 1, 0, 3, 1, 1, 1, 0, 0, 4,
            0, 1, 0, 0, 0, 0, 0, 0, 0, 0, 0, 0, 0, 0, 0, 0, 0, 0.
Martin Allen   2, 1, 0, 0, 1, 0, 2, 2, 0, 1, 0, 0, 2,
            0, 0, 0, 0, 0, 0, 0, 0, 0, 0, 0, 0, 0, 0, 0, 0, 0, 0.
Mad. Long   0, 3, 0, 2, 0, 0, 0, 0, 2, 1, 0, 0, 3,
            0, 1, 0, 1, 0, 0, 1, 0, 0, 0, 0, 0, 0, 0, 0, 0, 0, 0.
Mae Holeman   0, 1, 1, 1, 0, 0, 2, 1, 0, 0, 1, 0, 2,
            0, 0, 0, 0, 0, 0, 0, 0, 0, 0, 0, 0, 0, 0, 0, 0, 0, 0.
John Allen   0, 0, 0, 1, 0, 0, 0, 0, 1, 0, 0, 0, 1,
            0, 0, 0, 0, 0, 0, 0, 0, 0, 0, 0, 0, 0, 0, 0, 0, 0, 0.
Abed Driskille   1, 2, 1, 2, 1, 0, 1, 3, 0, 1, 0, 0, 1,
            0, 0, 0, 0, 0, 0, 0, 0, 0, 0, 0, 0, 0, 0, 0, 0, 0, 0.
Joseph Edwards   2, 0, 0, 0, 1, 0, 0, 0, 1, 0, 0, 0, 1,
            0, 0, 0, 0, 0, 0, 0, 0, 0, 0, 0, 0, 0, 0, 0, 0, 0, 0.
John McCarty   0, 3, 0, 0, 1, 0, 2, 0, 0, 1, 0, 0, 1,
            0, 0, 0, 0, 0, 0, 1, 0, 0, 0, 0, 0, 0, 0, 0, 0, 0, 0.
James McCarty   0, 0, 0, 1, 1, 0, 3, 0, 0, 1, 0, 0, 2,
            0, 0, 0, 0, 0, 1, 0, 0, 0, 0, 0, 0, 0, 0, 0, 0, 0, 0.
Nedham Runnels ?   1, 0, 0, 0, 1, 0, 2, 0, 1, 0, 0, 0, 1,
            0, 0, 0, 0, 0, 0, 0, 0, 0, 0, 0, 0, 0, 0, 0, 0, 0, 0.
Phillipe Denois   0, 0, 2, 3, 0, 1, 0, 0, 1, 0, 0, 0, 4,
            0, 0, 0, 0, 0, 0, 0, 0, 0, 0, 0, 0, 0, 0, 0, 0, 0, 0.
Wm. Munson   3, 0, 0, 1, 2, 0, 2, 2, 0, 1, 0, 0, 3,
            0, 0, 0, 0, 0, 0, 0, 0, 0, 0, 0, 0, 0, 0, 0, 0, 0, 0.
Rollen Badger   0, 0, 0, 0, 0, 1, 0, 1, 0, 0, 0, 2, 1,
            0, 0, 0, 0, 0, 0, 0, 0, 0, 0, 0, 0, 0, 0, 0, 0, 0, 0.
A. Miller   0, 2, 1, 1, 0, 1, 3, 1, 0, 0, 1, 9, 4,
            0, 1, 0, 0, 0, 0, 0, 0, 0, 0, 0, 0, 0, 0, 0, 0, 0, 0.
Christian Ruff   0, 0, 1, 2, 1, 0, 3, 0, 0, 1, 0, 7, 3,
            0, 0, 0, 0, 0, 0, 0, 0, 0, 0, 0, 0, 0, 0, 0, 0, 0, 0.
Cortoneures   4, 0, 1, 1, 1, 0, 0, 0, 1, 1, 0, 8, 4,
            0, 1, 0, 0, 0, 0, 0, 0, 0, 0, 0, 0, 0, 0, 0, 0, 0, 0.
Ww. Carson   0, 0, 1, 1, 1, 0, 4, 2, 0, 1, 0, 8, 3,
            0, 0, 0, 0, 0, 0, 0, 0, 0, 0, 0, 0, 0, 0, 0, 0, 0, 0.
O. Hensleman   1, 0, 0, 0, 2, 1, 0, 1, 0, 1, 0, 5, 2,
            0, 1, 0, 0, 0, 0, 0, 0, 0, 0, 0, 0, 0, 0, 0, 0, 0, 0.
Geruse Cits   0, 1, 0, 0, 1, 0, 2, 1, 1, 1, 0, 7, 1,
            0, 0, 0, 0, 0, 0, 0, 0, 0, 0, 0, 0, 0, 0, 0, 0, 0, 0.
Mathew Richard   3, 1, 2, 3, 1, 0, 2, 1, 0, 1, 0, 2, 6,
            0, 0, 0, 0, 0, 0, 0, 0, 0, 0, 0, 0, 0, 0, 0, 0, 0, 0.

Page 50

```
                         1,  2,  3,  4,  5,  6,  7,  8,  9, 10, 11, 12, 13,
           14, 15, 16, 17, 18, 19, 20, 21, 22, 23, 24, 25, 26, 27, 28, 29, 30, 31.

Stephen Richard          1,  0,  0,  0,  1,  0,  0,  0,  1,  0,  0,  0,  1,
            0,  0,  0,  0,  0,  0,  0,  0,  0,  0,  0,  0,  0,  0,  0,  0,  0,  0.
John Self                1,  0,  0,  0,  1,  0,  0,  2,  0,  1,  0,  0,  1,
            0,  0,  0,  0,  0,  0,  0,  0,  0,  0,  0,  0,  0,  0,  0,  0,  0,  0.
Mad. Starkman            0,  0,  1,  2,  0,  0,  1,  0,  0,  0,  1,  0,  2,
            0,  0,  0,  0,  0,  0,  0,  0,  0,  0,  0,  0,  0,  0,  0,  0,  0,  0.
Henry Starkman           0,  0,  0,  1,  0,  0,  0,  0,  1,  0,  0,  0,  1,
            0,  0,  0,  0,  0,  0,  0,  0,  0,  0,  0,  0,  0,  0,  0,  0,  0,  0.
Benj. Bradly             1,  1,  0,  0,  1,  0,  1,  0,  1,  0,  0,  0,  1,
            0,  0,  0,  0,  0,  0,  0,  0,  0,  0,  0,  0,  0,  0,  0,  0,  0,  0.
Wm. Etheridge            3,  2,  0,  0,  1,  0,  0,  1,  1,  1,  0,  0,  3,
            0,  0,  3,  0,  0,  1,  0,  0,  0,  0,  0,  0,  0,  0,  0,  0,  0,  0.
Maria Saden              0,  0,  0,  1,  0,  0,  2,  0,  0,  0,  1,  2,  1,
            0,  0,  0,  0,  0,  0,  0,  0,  0,  0,  0,  0,  0,  0,  0,  0,  0,  0.
Michel Delgado           0,  1,  0,  1,  1,  0,  2,  1,  0,  1,  0,  5,  2,
            0,  0,  0,  0,  0,  0,  0,  0,  0,  0,  0,  0,  0,  0,  0,  0,  0,  0.
Mariano Roderigues       0,  0,  0,  1,  1,  0,  1,  0,  0,  1,  0,  3,  1,
            0,  0,  0,  0,  0,  0,  0,  0,  0,  0,  0,  0,  0,  0,  0,  0,  0,  0.
Juan Sagne ?(Sagim ?)    2,  0,  0,  0,  1,  1,  3,  1,  0,  1,  0,  6,  2,
            0,  0,  0,  0,  0,  0,  0,  0,  0,  0,  0,  0,  0,  0,  0,  0,  0,  0.
Manuel Delgado           0,  1,  0,  2,  2,  0,  1,  1,  2,  0,  1,  ?,  4,
            0,  0,  0,  0,  0,  0,  0,  0,  0,  0,  0,  0,  0,  0,  0,  0,  0,  0.
Simon Montallo           0,  2,  0,  1,  0,  0,  3,  1,  1,  0,  0,  4,  1,
            0,  0,  0,  0,  0,  0,  0,  0,  0,  0,  0,  0,  0,  0,  0,  0,  0,  0.
Lenos ? Eclops           1,  0,  0,  0,  2,  0,  2,  0,  1,  0,  0,  3,  2,
            0,  0,  0,  0,  0,  0,  0,  0,  0,  0,  0,  0,  0,  0,  0,  0,  0,  0.
Andre Lecoste            0,  0,  2,  4,  1,  1,  0,  1,  0,  1,  0, 10,  6,
            0,  0,  0,  0,  0,  0,  0,  0,  0,  0,  0,  0,  0,  0,  0,  0,  0,  0.
Encarnation Sots         0,  1,  0,  2,  1,  0,  0,  0,  0,  1,  0,  5,  3,
            0,  0,  0,  0,  0,  0,  0,  0,  0,  0,  0,  0,  0,  0,  0,  0,  0,  0.
Jose Lecoste             0,  2,  0,  0,  1,  1,  3,  0,  1,  0,  0,  0,  1,
            0,  1,  0,  0,  0,  0,  0,  0,  0,  0,  0,  0,  0,  0,  0,  0,  0,  0.
Henry Cheridan           0,  1,  0,  0,  2,  1,  0,  0,  0,  0,  1,  0,  4,
            0,  0,  0,  0,  2,  0,  1,  0,  1,  1,  0,  0,  0,  0,  0,  0,  0,  0.
John Cheridan            1,  0,  0,  0,  1,  1,  0,  0,  1,  0,  0,  0,  1,
            0,  0,  0,  0,  0,  0,  0,  0,  0,  0,  0,  0,  0,  0,  0,  0,  0,  0.
Alexander Jumino         0,  2,  2,  3,  1,  1,  3,  2,  1,  0,  1, 14,  7,
            0,  0,  0,  0,  0,  0,  0,  0,  0,  0,  0,  0,  0,  0,  0,  0,  0,  0.
William Carroll          2,  0,  0,  0,  1,  0,  2,  0,  0,  1,  0,  0,  4,
            0,  0,  2,  0,  0,  1,  0,  0,  1,  0,  0,  0,  0,  0,  0,  0,  0,  0.
Daniel McClane           0,  0,  0,  0,  1,  0,  4,  1,  1,  0,  0,  0,  1,
            0,  0,  0,  0,  1,  0,  0,  0,  0,  0,  0,  0,  0,  0,  0,  0,  0,  0.
Pedro Tremino            1,  3,  6,  7,  1,  2,  ?,  0,  0,  1,  1, 12,  9,
            0,  1,  0,  0,  0,  0,  0,  0,  0,  0,  0,  0,  0,  0,  0,  0,  0,  0.
Faustin St. Miguell      0,  0,  2,  3,  1,  1,  4,  1,  0,  1,  0, 10,  5,
            0,  0,  0,  0,  0,  0,  0,  0,  0,  0,  0,  0,  0,  0,  0,  0,  0,  0.
Mariano Coste            0,  0,  1,  2,  0,  1,  2,  0,  0,  1,  0,  6,  3,
            0,  0,  0,  0,  0,  0,  0,  0,  0,  0,  0,  0,  0,  0,  0,  0,  0,  0.
Maxele Xasszon           1,  0,  0,  0,  1,  0,  0,  0,  0,  2,  0,  3,  1,
            0,  0,  0,  0,  0,  0,  0,  0,  0,  0,  0,  0,  0,  0,  0,  0,  0,  0.
```

```
                          1, 2, 3, 4, 5, 6, 7, 8, 9,10,11,12,13,
          14,15,16,17,18,19,20,21,22,23,24,25,26,27,28,29,30,31.

Ryne ? Eborb               0, 2, 0, 0, 1, 0, 0, 4, 0, 0, 1, 8, 1,
          0, 0, 0, 0, 0, 0, 0, 0, 0, 0, 0, 0, 0, 0, 0, 0, 0, 0.
Augustine Lefivan ?        4, 0, 0, 0, 0, 1, 3, 1, 0, 0, 1, 5, 2,
          0, 0, 0, 0, 0, 0, 0, 0, 0, 0, 0, 0, 0, 0, 0, 0, 0, 0.
H. Puevedus ?              1, 0, 0, 0, 1, 0, 2, 1, 0, 1, 0, 3, 1,
          0, 0, 0, 0, 0, 0, 0, 0, 0, 0, 0, 0, 0, 0, 0, 0, 0, 0.
Ramo Chobano               2, 1, 2, 4, 0, 0, 0, 1, 0, 1, 0, 8, 7,
          0, 0, 0, 0, 0, 0, 0, 0, 0, 0, 0, 0, 0, 0, 0, 0, 0, 0.
Jose Sepano                0, 0, 1, 1, 1, 0, 0, 0, 1, 1, 0, 0, 2,
          0, 0, 0, 0, 0, 0, 0, 0, 0, 0, 0, 0, 0, 0, 0, 0, 0, 0.
Jose Tremino               0, 0, 0, 0, 0, 1, 2, 0, 0, 0, 1, 2, 1,
          0, 1, 0, 0, 0, 0, 0, 0, 0, 0, 0, 0, 0, 0, 0, 0, 0, 0.
Pancheau Eborb             0, 0, 0, 2, 1, 0, 4, 1, 0, 1, 0, 8, 3,
          0, 0, 0, 0, 0, 0, 0, 0, 0, 0, 0, 0, 0, 0, 0, 0, 0, 0.
Michel Pann                1, 0, 0, 1, 1, 0, 1, 2, 0, 0, 1, 4, 2,
          0, 0, 0, 0, 0, 0, 0, 0, 0, 0, 0, 0, 0, 0, 0, 0, 0, 0.
Jose Antonio Cruz          0, 0, 0, 0, 0, 1, 0, 1, 0, 0, 1, 3, 1,
          0, 0, 0, 0, 0, 0, 0, 0, 0, 0, 0, 0, 0, 0, 0, 0, 0, 0.
Jose Sanchos               1, 2, 0, 0, 1, 1, 3, 1, 0, 1, 0, 5, 1,
          0, 2, 0, 0, 0, 0, 0, 0, 0, 0, 0, 0, 0, 0, 0, 0, 0, 0.
More Sanchos               0, 0, 1, 2, 1, 0, 2, 0, 1, 1, 1, 7, 4,
          0, 0, 0, 0, 0, 0, 0, 0, 0, 0, 0, 0, 0, 0, 0, 0, 0, 0.
Michel Soto                2, 0, 0, 4, 0, 1, 0, 0, 1, 0, 1, 7, 5,
          0, 0, 0, 0, 0, 0, 0, 0, 0, 0, 0, 0, 0, 0, 0, 0, 0, 0.
Juan Mora                  0, 0, 1, 1, 1, 1, 1, 4, 0, 1, 0, 9, 3,
          0, 0, 0, 0, 0, 0, 0, 0, 0, 0, 0, 0, 0, 0, 0, 0, 0, 0.
Francois Gorditt           0, 0, 0, 2, 0, 1, 3, 0, 1, 0, 1, 8, 3,
          0, 0, 0, 0, 0, 0, 0, 0, 0, 0, 0, 0, 0, 0, 0, 0, 0, 0.
Juan Franceio ?            0, 0, 0, 1, 0, 1, 2, 2, 0, 1, 0, 6, 1,
          0, 0, 0, 0, 0, 0, 0, 0, 0, 0, 0, 0, 0, 0, 0, 0, 0, 0.
Martin Eborb               1, 2, 3, 4, 1, 1, 0, 0, 0, 1, 1,11, 6,
          0, 1, 0, 0, 0, 0, 0, 0, 0, 0, 0, 0, 0, 0, 0, 0, 0, 0.
Enos Sanchos               0, 0, 0, 0, 1, 1, 4, 1, 1, 1, 1, 9, 2,
          0, 0, 0, 0, 0, 0, 0, 0, 0, 0, 0, 0, 0, 0, 0, 0, 0, 0.
Juan Sanchos               0, 0, 0, 1, 0, 1, 0, 0, 0, 1, 1, 4, 1,
          0, 0, 0, 0, 0, 0, 0, 0, 0, 0, 0, 0, 0, 0, 0, 0, 0, 0.
Mario Whosette ? Whofette ? 2, 0, 0, 1, 1, 0, 0, 1, 1, 0, 0, 4, 2,
          0, 0, 0, 0, 0, 0, 0, 0, 0, 0, 0, 0, 0, 0, 0, 0, 0, 0.
Hose Pas ? Lecost          1, 1, 0, 3, 1, 1, 3, 1, 0, 1, 0,12, 5,
          0, 0, 0, 0, 0, 0, 0, 0, 0, 0, 0, 0, 0, 0, 0, 0, 0, 0.
Pedro Gonsallos            0, 1, 2, 4, 1, 0, 2, 2, 0, 1, 1,13, 5,
          0, 1, 0, 0, 0, 0, 0, 0, 0, 0, 0, 0, 0, 0, 0, 0, 0, 0.
Juan St. Eago              0, 0, 0, 1, 1, 0, 1, 1, 0, 2, 6, 1,
          0, 0, 0, 0, 0, 0, 0, 0, 0, 0, 0, 0, 0, 0, 0, 0, 0, 0.
Martin Cruz                0, 0, 4, 5, 1, 0, 0, 1, 0, 1, 0, 8, 6,
          0, 0, 0, 0, 0, 0, 0, 0, 0, 0, 0, 0, 0, 0, 0, 0, 0, 0.
Marianno Padillo           1, 0, 2, 3, 0, 1, 0, 1, 1, 1, 0, 9, 4,
          0, 0, 0, 0, 0, 0, 0, 0, 0, 0, 0, 0, 0, 0, 0, 0, 0, 0.
Michel Eborbo              1, 0, 0, 0, 1, 0, 0, 0, 0, 1, 0, 3, 1,
          0, 0, 0, 0, 0, 0, 0, 0, 0, 0, 0, 0, 0, 0, 0, 0, 0, 0.
```

```
                        1, 2, 3, 4, 5, 6, 7, 8, 9,10,11,12,13,
            14,15,16,17,18,19,20,21,22,23,24,25,26,27,28,29,30,31.

Hose Ebarbo             1, 1, 2, 2, 0, 1, 4, 0, 0, 1, 0,10, 5,
            0, 0, 0, 0, 0, 0, 0, 0, 0, 0, 0, 0, 0, 0, 0, 0, 0, 0.
Jose Maryanno           0, 1, 0, 1, 1, 0, 0, 3, 1, 1, 0, 8, 2,
            0, 0, 0, 0, 0, 0, 0, 0, 0, 0, 0, 0, 0, 0, 0, 0, 0, 0.
Ed. Humpheys            0, 0, 0, 0, 0, 1, 0, 0, 0, 1, 0, 0, 0,
            0, 0, 0, 0, 0, 0, 0, 0, 0, 0, 0, 0, 0, 0, 0, 0, 0, 1.
Louis Sothan ?          2, 0, 0, 0, 1, 1, 1, 3, 1, 0, 1, 0, 2,
            0, 0, 0, 0, 0, 0, 0, 0, 0, 0, 0, 0, 0, 0, 0, 0, 0, 0.
Jose Prucillo ?         1, 2, 0, 1, 1, 0, 2, 0, 0, 1, 0, 6, 2,
            0, 1, 0, 0, 0, 0, 0, 0, 0, 0, 0, 0, 0, 0, 0, 0, 0, 0.
Thos. Willson           1, 0, 0, 1, 0, 0, 0, 0, 1, 0, 0, 0, 1,
            0, 0, 0, 0, 0, 0, 0, 0, 0, 0, 0, 0, 0, 0, 0, 0, 0, 0.

                       262 166 108 246 177 143 317 180 184 112 108 513 699
(subtotals)
                       3  30  26  9  20  22  15  13  19  16  0  4  2  2  0  1  2  1

Henry Quirk             2, 0, 1, 1, 7, 1, 1, 0, 0, 1, 0, 0, 2,
            0, 0, 0, 0, 0, 0, 0, 0, 0, 0, 0, 0, 0, 0, 0, 0, 0, 0.
Martin Deos             1, 1, 0, 1, 0, 1, 1, 0, 1, 0, 0, 3, 1,
            0, 0, 0, 0, 0, 0, 0, 0, 0, 0, 0, 0, 0, 0, 0, 0, 0, 0.
Jno. Bat. Piedefirme    0, 0, 1, 2, 0, 1, 2, 0, 0, 0, 0, 0, 3,
            0, 0, 0, 0, 0, 2, 0, 0, 0, 0, 0, 0, 0, 0, 0, 0, 0, 0.
Benj. Winfree           0, 0, 1, 2, 1, 1, 0, 0, 0, 0, 1, 0, 4,
            0, 0, 0, 0, 0, 1, 2, 0, 1, 1, 0, 0, 0, 0, 0, 0, 0, 0.
Phillip Winfree         2, 0, 1, 2, 0, 1, 0, 2, 1, 0, 1, 0, 4,
            0, 1, 0, 1, 0, 0, 1, 1, 0, 0, 0, 0, 0, 0, 0, 0, 0, 0.
Louis Halloweay         0, 0, 0, 1, 1, 1, 4, 3, 0, 1, 0, 0, 2,
            0, 0, 0, 0, 0, 0, 0, 0, 0, 0, 0, 0, 0, 0, 0, 0, 0, 0.
John Wallat             0, 0, 0, 1, 0, 1, 0, 0, 0, 0, 1, 0, 1,
            0, 0, 0, 0, 0, 1, 0, 0, 0, 0, 0, 0, 0, 0, 0, 0, 0, 0.
Andre Denton            0, 0, 0, 2, 1, 0, 2, 1, 0, 1, 0, 0, 4,
            0, 0, 0, 0, 0, 0, 0, 0, 0, 0, 0, 0, 0, 0, 0, 0, 0, 0.
Jesse Yocum             2, 1, 2, 5, 1, 1, 0, 2, 2, 0, 1, 0,11,
            0, 0, 3, 1, 2, 1, 1, 2, 0, 0, 0, 0, 0, 0, 0, 0, 0, 0.
James Willson           1, 0, 0, 0, 1, 0, 2, 0, 0, 1, 0, 0, 1,
            0, 0, 0, 0, 0, 0, 0, 0, 0, 0, 0, 0, 0, 0, 0, 0, 0, 0.
Thos. Yocum             1, 0, 0, 1, 0, 0, 2, 0, 0, 1, 0, 0, 1,
            0, 0, 0, 0, 0, 0, 0, 0, 0, 0, 0, 0, 0, 0, 0, 0, 0, 0.
John Becell ?           2, 1, 0, 0, 1, 0, 1, 0, 0, 1, 0, 0, 1,
            0, 0, 0, 0, 0, 0, 0, 0, 0, 0, 0, 0, 0, 0, 0, 0, 0, 0.
Hugh Flonajon           2, 1, 1, 5, 1, 0, 2, 0, 0, 2, 0, 0, 3,
            0, 0, 0, 0, 0, 0, 0, 0, 0, 0, 0, 0, 0, 0, 0, 0, 0, 0.
John McKee              0, 0, 0, 0, 1, 0, 0, 0, 0, 1, 2, 0, 2,
            0, 0, 0, 0, 0, 0, 0, 0, 0, 0, 0, 0, 0, 0, 0, 0, 0, 0.
Jose Luke ?             0, 0, 1, 2, 1, 0, 2, 2, 2, 1, 0, 0, 4,
            0, 0, 0, 0, 0, 0, 0, 0, 0, 0, 0, 0, 0, 0, 0, 0, 0, 0.
James Bridges           2, 1, 0, 0, 1, 0, 3, 2, 0, 1, 0, 0, 1,
            0, 0, 0, 0, 0, 0, 0, 0, 0, 0, 0, 0, 0, 0, 0, 0, 0, 0.
```

```
                              1, 2, 3, 4, 5, 6, 7, 8, 9,10,11,12,13,
              14,15,16,17,18,19,20,21,22,23,24,25,26,27,28,29,30,31.

Nicholas Tuks ?              5, 2, 0, 4, 0, 0, 0, 0, 1, 0, 0, 0, 2,
          0, 0, 0, 0, 1, 0, 0, 0, 0, 0, 0, 0, 0, 0, 0, 0, 0, 0.
Hugh McNelly                0, 0, 1, 2, 1, 0, 2, 1, 0, 1, 0, 0, 4,
          0, 0, 0, 0, 0, 0, 0, 0, 0, 0, 0, 0, 0, 0, 0, 0, 0, 0.
James Davidson             0, 2, 0, 3, 0, 1, 3, 1, 0, 0, 1, 0, 4,
          0, 0, 0, 0, 0, 0, 0, 0, 0, 0, 0, 0, 0, 0, 0, 0, 0, 0.
Raimond Dailey             1, 0, 0, 2, 1, 2, 1, 1, 0, 1, 0, 0, 3,
          0, 0, 0, 0, 0, 0, 0, 0, 0, 0, 0, 0, 0, 0, 0, 0, 0, 0.
Francisco Paidomes         4, 0, 0, 0, 1, 1, 0, 0, 0, 1, 0, 0, 1,
          0, 1, 0, 0, 0, 0, 0, 0, 0, 0, 0, 0, 0, 0, 0, 0, 0, 0.
Mad. Lemonds               1, 2, 0, 0, 0, 0, 2, 1, 1, 1, 0, 0, 1,
          0, 0, 0, 0, 0, 1, 0, 0, 0, 0, 0, 0, 0, 0, 0, 0, 0, 0.
James Shields              0, 0, 0, 1, 1, 4, 1, 0, 0, 4, 0, 0, 3,
          0, 0, 0, 0, 0, 0, 0, 0, 0, 0, 0, 0, 0, 0, 0, 0, 0, 0.
John Carland               2, 1, 1, 2, 1, 1, 0, 2, 0, 1, 0, 0, 3,
          0, 1, 0, 0, 0, 0, 0, 0, 0, 0, 0, 0, 0, 0, 0, 0, 0, 0.
Marino Santos              0, 0, 0, 1, 1, 0, 0, 0, 0, 1, 1, 5, 2,
          0, 0, 0, 0, 0, 0, 0, 0, 0, 0, 0, 0, 0, 0, 0, 0, 0, 0.
Henry Stacker              3, 0, 0, 1, 1, 0, 0, 0, 1, 0, 2, 0, 1,
          0, 0, 0, 0, 0, 0, 0, 0, 0, 0, 0, 0, 0, 0, 0, 0, 0, 0.
Jno. McGaffan              2, 0, 0, 1, 0, 1, 0, 0, 1, 0, 0, 0, 1,
          0, 0, 0, 0, 0, 0, 0, 0, 0, 0, 0, 0, 0, 0, 0, 0, 0, 0.
James Kickham              2, 1, 0, 0, 1, 0, 2, 1, 0, 2, 0, 0, 3,
          0, 0, 0, 2, 0, 0, 1, 0, 1, 1, 0, 0, 0, 0, 0, 0, 0, 0.
Jean St. Miguelle          0, 0, 0, 0, 0, 1, 0, 0, 0, 0, 1, 0, 1,
          0, 0, 0, 0, 0, 0, 0, 0, 0, 0, 0, 0, 0, 0, 0, 0, 0, 0.
Latting Parrot             0, 1, 0, 0, 0, 2, 2, 0, 0, 0, 1, 0, 2,
          0, 0, 0, 0, 1, 0, 0, 0, 0, 0, 0, 0, 0, 0, 0, 0, 0, 0.
William Sharp              0, 0, 0, 1, 1, 1, 0, 0, 1, 0, 1, 1, 2,
          0, 1, 0, 0, 0, 0, 0, 0, 0, 0, 0, 0, 0, 0, 0, 0, 0, 0.
John Sumub                 2, 1, 0, 1, 0, 0, 2, 0, 0, 1, 0, 0, 1,
          0, 0, 0, 0, 0, 0, 0, 0, 0, 0, 0, 0, 0, 0, 0, 0, 0, 0.
Daniel Metes               4, 0, 0, 0, 1, 0, 3, 1, 0, 1, 0, 0, 1,
          0, 0, 0, 0, 0, 0, 0, 0, 0, 0, 0, 0, 0, 0, 0, 0, 0, 0.
Danl. McLome               0, 2, 0, 4, 1, 0, 0, 0, 0, 1, 0, 0, 2,
          0, 0, 0, 0, 0, 0, 0, 0, 0, 0, 0, 0, 0, 0, 0, 0, 0, 0.
Geo. Simondz ? Simonds ?   0, 1, 0, 0, 1, 0, 1, 2, 1, 1, 0, 0, 2,
          0, 0, 0, 0, 0, 0, 0, 0, 0, 0, 0, 0, 0, 0, 0, 0, 0, 0.
Marimio Moro ?             2, 1, 0, 0, 0, 2, 0, 1, 0, 1, 1, 5, 2,
          0, 0, 0, 0, 0, 0, 0, 0, 0, 0, 0, 0, 0, 0, 0, 0, 0, 0.
Cetons St. Miguelle        0, 0, 0, 0, 0, 1, 0, 0, 0, 1, 2, 0, 1,
          0, 0, 0, 0, 0, 0, 0, 0, 0, 0, 0, 0, 0, 0, 0, 0, 0, 0.
Castor Severnez            0, 1, 1, 2, 1, 1, 1, 3, 0, 2, 0, 9, 4,
          0, 0, 0, 0, 0, 0, 0, 0, 0, 0, 0, 0, 0, 0, 0, 0, 0, 0.
Luceon Ponikiano           0, 0, 1, 2, 1, 2, 0, 1, 0, 2, 1,10, 2,
          0, 1, 0, 0, 0, 0, 0, 0, 0, 0, 0, 0, 0, 0, 0, 0, 0, 0.
John Wrinikely             0, 1, 0, 1, 0, 1, 2, 1, 0, 0, 1, 0, 4,
          0, 1, 2, 2, 0, 1, 0, 0, 1, 0, 0, 0, 0, 0, 0, 0, 0, 0.
Abraham Wrinkly            1, 1, 2, 2, 1, 1, 0, 2, 0, 0, 1, 0, 7,
          0, 0, 5, 2, 1, 0, 2, 1, 1, 2, 0, 0, 0, 0, 0, 0, 0, 0.
```

```
                         1, 2, 3, 4, 5, 6, 7, 8, 9,10,11,12,13,
       14,15,16,17,18,19,20,21,22,23,24,25,26,27,28,29,30,31.

Enos Wethers           0, 1, 0, 0, 1, 0, 0, 0, 1, 0, 0, 0, 1,
        0, 0, 0, 0, 0, 0, 0, 0, 0, 0, 0, 0, 0, 0, 0, 0, 0, 0.
Andrew McNelly         0, 0, 1, 0, 0, 1, 0, 0, 1, 0, 1, 0, 7,
        0, 0, 1, 1, 2, 0, 3, 1, 2, 0, 0, 0, 1, 0, 0, 0, 0, 0.
John Warrick           1, 0, 0, 1, 1, 0, 2, 0, 1, 0, 0, 0, 2,
        0, 0, 0, 0, 0, 0, 0, 0, 0, 0, 0, 0, 0, 0, 0, 0, 0, 0.
James Gibson           0, 0, 0, 0, 1, 0, 1, 2, 1, 0, 1, 0, 1,
        0, 0, 0, 0, 0, 0, 0, 0, 0, 0, 0, 0, 0, 0, 0, 0, 0, 0.
Thos. McNelly          3, 2, 0, 0, 1, 0, 1, 0, 0, 1, 1, 0, 2,
        0, 0, 0, 0, 1, 0, 0, 1, 0, 0, 0, 0, 0, 0, 0, 0, 0, 0.
Asa Mathews            0, 0, 0, 1, 1, 0, 0, 0, 0, 0, 1, 0, 0, 1,
        0, 0, 0, 0, 0, 0, 0, 0, 0, 0, 0, 0, 0, 0, 0, 0, 0, 0.
John Motgomery         3, 1, 0, 0, 1, 0, 0, 0, 1, 0, 0, 0, 1,
        0, 0, 0, 0, 0, 0, 0, 0, 0, 0, 0, 0, 0, 0, 0, 0, 0, 0.
Getham Baker           4, 1, 0, 2, 1, 1, 0, 2, 0, 1, 0, 0, 4,
        0, 0, 0, 0, 0, 0, 0, 0, 0, 0, 0, 0, 0, 0, 0, 0, 0, 0.
John Wylie             0, 0, 0, 0, 1, 1, 0, 0, 0, 0, 0, 0, 1,
        0, 0, 0, 0, 0, 0, 0, 0, 0, 0, 0, 0, 0, 0, 0, 0, 0, 0.
Henry Beugher          1, 0, 1, 2, 2, 1, 0, 0, 0, 0, 0, 0, 9,
        0, 1, 1, 3, 2, 0, 0, 1, 2, 1, 0, 0, 0, 0, 0, 0, 0, 1.
Soulange Rousin ? Roullin ? 1, 2, 0, 0, 0, 1, 2, 1, 0, 0, 1, 0, 4,
        0, 0, 0, 0, 1, 0, 1, 0, 1, 0, 0, 0, 0, 0, 0, 0, 0, 0.
Remy Sostarge          0, 0, 0, 0, 0, 1, 0, 0, 0, 0, 1, 0, 0,
        0, 0, 0, 0, 0, 0, 0, 0, 0, 0, 0, 0, 0, 0, 0, 0, 0, 0.
Andre fucenilk         0, 0, 0, 0, 1, 0, 4, 0, 1, 1, 0, 0, 1,
        0, 0, 0, 0, 0, 0, 0, 0, 0, 0, 0, 0, 0, 0, 0, 0, 0, 0.
Andre Fort             0, 1, 0, 0, 1, 0, 0, 0, 1, 0, 0, 0, 2,
        0, 0, 0, 0, 0, 1, 0, 0, 1, 0, 0, 0, 0, 0, 0, 0, 0, 0.
Antoine Hymell         0, 0, 0, 1, 0, 2, 0, 0, 0, 0, 0, 0, 2,
        0, 0, 0, 0, 0, 1, 0, 0, 1, 0, 0, 0, 0, 0, 0, 0, 0, 0.
Benj. Fautin           1, 1, 0, 2, 1, 0, 2, 0, 0, 1, 0, 0, 5,
        0, 0, 2, 0, 0, 1, 0, 0, 1, 0, 0, 0, 0, 0, 0, 0, 0, 0.
Pierre Bablat          2, 2, 0, 0, 2, 1, 3, 1, 0, 1, 1, 0, 4,
        0, 0, 0, 0, 0, 1, 1, 1, 1, 0, 0, 0, 0, 0, 0, 0, 0, 0.
Squice ? Brown         1, 1, 0, 1, 2, 1, 2, 0, 1, 0, 1, 0, 4,
        0, 1, 0, 0, 0, 0, 0, 0, 1, 0, 1, 0, 0, 0, 0, 0, 0, 0.
John Davis             0, 0, 0, 1, 1, 0, 1, 0, 1, 0, 0, 0, 1,
        0, 1, 0, 0, 0, 0, 0, 0, 0, 0, 0, 0, 0, 0, 0, 0, 0, 0.
Frans. Rouquier        1, 0, 0, 0, 1, 1, 0, 0, 0, 1, 0, 1,10,
        0, 0, 4, 2, 3, 3, 5, 1, 2, 1, 0, 0, 0, 0, 0, 0, 0, 0.

(subtotals)
   3  39 44 22 35 35 33 22 36 23  0  5  3  2  0  1  2  1
                                                 324  200  124  310  223  183  381  216  204  153  124  547  866
```

District East of Rio Hondo. The following is a continua-
tion of the census of the county of Natchitoches Proper.

```
Julius Pitman          0, 1, 1, 2, 0, 0, 2, 1, 0, 1, 0, 2, 2,
        0, 0, 0, 0, 0, 0, 0, 0, 0, 0, 0, 0, 0, 0, 0, 0, 0, 0.
```

```
                              1, 2, 3, 4, 5, 6, 7, 8, 9,10,11,12,13,
             14,15,16,17,18,19,20,21,22,23,24,25,26,27,28,29,30,31.

Nelson Blunt             0, 0, 1, 0, 1, 0, 0, 0, 1, 0, 0, 0, 1,
             0, 0, 0, 0, 0, 0, 0, 0, 0, 0, 0, 0, 0, 0, 0, 0, 0, 0.
John Crawford            0, 0, 0, 0, 0, 1, 1, 0, 0, 0, 1, 0, 1,
             0, 0, 0, 0, 0, 0, 0, 0, 0, 0, 0, 0, 0, 0, 0, 0, 0, 0.
Saml. McCally            2, 1, 0, 1, 1, 1, 2, 0, 0, 1, 0, 0, 3,
             0, 0, 0, 0, 0, 0, 0, 0, 0, 0, 0, 0, 0, 0, 0, 0, 0, 0.
Cezar Toutin             0, 0, 0, 0, 0, 0, 0, 2, 0, 0, 0, 0, 2,
             0, 0, 0, 0, 0, 0, 0, 0, 0, 1, 1, 1, 0, 0, 0, 1, 0.
James W. Armstrong       0, 0, 1, 2, 1, 0, 3, 0, 0, 1, 0, 0, 4,
             0, 0, 0, 0, 0, 0, 0, 0, 0, 0, 0, 0, 0, 0, 0, 0, 0, 0.
Danl. McCally            3, 0, 0, 1, 0, 1, 1, 1, 0, 1, 0, 0, 3,
             0, 1, 1, 0, 0, 0, 0, 1, 1, 0, 0, 0, 0, 0, 0, 0, 0, 0.
Hiram Pelly              0, 1, 0, 0, 1, 0, 0, 0, 1, 0, 0, 0, 1,
             0, 0, 0, 0, 0, 0, 0, 0, 0, 0, 0, 0, 0, 0, 0, 0, 0, 0.
Geo. Bush                0, 0, 0, 1, 0, 1, 2, 3, 0, 1, 0, 0, 2,
             0, 0, 0, 0, 0, 0, 0, 0, 0, 0, 0, 0, 0, 0, 0, 0, 0, 0.
Danl. Lowry ?            1, 1, 0, 0, 1, 0, 2, 0, 1, 0, 0, 0, 1,
             0, 0, 0, 0, 0, 0, 0, 0, 0, 0, 0, 0, 0, 0, 0, 0, 0, 0.
James Grisset            4, 0, 0, 1, 0, 1, 0, 0, 0, 1, 0, 0, 2,
             0, 0, 0, 0, 0, 0, 0, 0, 0, 0, 0, 0, 0, 0, 0, 0, 0, 0.
James Cumings            2, 1, 1, 2, 1, 0, 0, 1, 0, 1, 0, 0, 3,
             0, 0, 0, 0, 0, 0, 0, 0, 0, 0, 0, 0, 0, 0, 0, 0, 0, 0.
Peter Franks             3, 0, 0, 0, 1, 1, 1, 0, 0, 1, 1, 0, 2,
             0, 1, 0, 0, 0, 0, 0, 0, 0, 0, 0, 0, 0, 0, 0, 0, 0, 0.
James Murphy             2, 1, 0, 0, 1, 1, 2, 2, 0, 1, 0, 0, 2,
             0, 0, 0, 0, 0, 0, 0, 0, 0, 0, 0, 0, 0, 0, 0, 0, 0, 0.
Wm. Cloud                1, 2, 1, 2, 1, 0, 2, 0, 0, 1, 0, 0, 4,
             0, 0, 0, 0, 0, 0, 0, 0, 0, 0, 0, 0, 0, 0, 0, 0, 0, 0.
Lee Cloud                1, 0, 0, 2, 0, 2, 2, 1, 0, 0, 1, 0, 2,
             0, 1, 0, 0, 0, 0, 0, 0, 0, 0, 0, 0, 0, 0, 0, 0, 0, 0.
James Humble             0, 2, 0, 1, 1, 0, 1, 3, 0, 1, 0, 0, 8,
             0, 0, 0, 0, 0, 0, 0, 0, 0, 0, 0, 0, 0, 0, 0, 0, 0, 0.

                    19, 10, 5, 15, 10, 9, 21, 14, 3, 10, 4,    43

(subtotals)

             0, 3, 3, 1, 1, 0, 0, 2, 2, 1, 2, 1, 0, 0, 0, 1, 0, 0


Joseph McCorly           2, 0, 1, 2, 1, 0, 3, 0, 0, 1, 2, 0, 3,
             0, 0, 0, 0, 0, 0, 0, 0, 0, 0, 0, 0, 0, 0, 0, 0, 0, 0.
Westley McCurley         0, 0, 0, 0, 0, 1, 1, 0, 0, 0, 1, 0, 1,
             0, 0, 0, 0, 0, 0, 0, 0, 0, 0, 0, 0, 0, 0, 0, 0, 0, 0.
Jones Nettles            1, 0, 0, 0, 1, 0, 0, 0, 1, 0, 0, 0, 1,
             0, 0, 0, 0, 0, 0, 0, 0, 0, 0, 0, 0, 0, 0, 0, 0, 0, 0.
Beauard St. Armand       0, 0, 0, 1, 0, 1, 0, 0, 0, 1, 0, 0, 5,
             0, 0, 0, 1, 1, 0, 0, 1, 2, 0, 0, 0, 0, 0, 0, 0, 0, 0.
Michel Chainard          0, 0, 0, 0, 1, 1, 1, 0, 2, 0, 1, 0, 3,
             0, 0, 1, 0, 1, 0, 0, 2, 0, 0, 0, 0, 0, 0, 0, 0, 0, 0.
Michel Barbrouse         1, 0, 0, 0, 1, 0, 1, 0, 0, 1, 0, 0, 4,
             0, 0, 0, 0, 1, 1, 1, 0, 1, 0, 0, 0, 0, 0, 0, 0, 0, 0.
```

Page 56

                                1, 2, 3, 4, 5, 6, 7, 8, 9,10,11,12,13,
        14,15,16,17,18,19,20,21,22,23,24,25,26,27,28,29,30,31.

John Scapine   0, 0, 0, 0, 1, 1, 0, 0, 1, 0, 0, 1, 2,
           0, 0, 0, 0, 0, 0, 1, 0, 0, 0, 0, 0, 0, 0, 0, 0, 0.
Frans. Perot Senr.   0, 0, 0, 0, 0, 1, 0, 0, 1, 0, 0, 0, 3,
           0, 0, 0, 1, 1, 0, 0, 0, 0, 1, 0, 0, 0, 0, 0, 0, 0.
Juan Cotes   1, 0, 1, 2, 1, 0, 3, 0, 1, 1, 1,10, 3,
           0, 0, 0, 0, 0, 0, 0, 0, 0, 0, 0, 0, 0, 0, 0, 0, 0.
Felix Estrades   0, 2, 1, 4, 1, 2, 0, 0, 1, 1, 0, 0, 4,
           3, 0, 1, 0, 0, 0, 0, 0, 1, 0, 0, 0, 0, 0, 0, 0, 0.
B. Fleming   2, 1, 1, 2, 1, 0, 2, 0, 1, 0, 0, 0, 8,
           0, 0, 1, 1, 1, 0, 2, 2, 0, 0, 0, 0, 0, 0, 0, 0, 0.
Ant. ? Trichel   0, 0, 0, 0, 1, 0, 0, 0, 0, 0, 0, 0, 1,
           0, 0, 0, 0, 0, 0, 0, 1, 0, 0, 0, 0, 0, 0, 0, 0, 0.
Frs. Grappe   0, 0, 0, 0, 0, 1, 0, 0, 0, 0, 0, 0, 7,
           0, 0, 1, 2, 0, 1, 1, 0, 2, 1, 0, 2, 0, 0, 2, 1, 0, 1.
Placide Derbanne   1, 0, 0, 0, 1, 0, 2, 0, 1, 0, 0, 0, 2,
           0, 0, 0, 0, 0, 0, 1, 0, 0, 0, 0, 0, 0, 0, 0, 0, 0.
Fro. P. Grappe   2, 0, 0, 0, 1, 0, 0, 2, 0, 0, 1, 0, 1,
           0, 0, 0, 0, 0, 0, 0, 0, 0, 0, 0, 0, 0, 0, 0, 0, 0.
Cornelius Casqill   0, 2, 0, 2, 0, 1, 4, 0, 0, 1, 0, 0, 3,
           0, 1, 0, 0, 0, 0, 0, 0, 0, 0, 0, 0, 0, 0, 0, 0, 0.
Jno. Leathermon   1, 2, 0, 2, 0, 1, 2, 2, 0, 2, 0, 0, 4,
           0, 0, 0, 0, 0, 0, 0, 0, 0, 0, 0, 0, 0, 0, 0, 0, 0.
Jos. Jeanris   0, 0, 0, 0, 0, 1, 0, 2, 2, 0, 1, 0, 1,
           0, 0, 0, 0, 0, 0, 0, 0, 0, 0, 0, 0, 0, 0, 0, 0, 0.
Ls. Vascocue Senr.   0, 0, 0, 2, 0, 1, 0, 1, 1, 0, 0, 0, 2,
           0, 1, 0, 0, 0, 0, 0, 0, 0, 0, 0, 0, 0, 0, 0, 0, 0.
Ls. Vascocue Junr.   1, 0, 0, 1, 0, 0, 2, 0, 1, 0, 0, 0, 1,
           0, 0, 0, 0, 0, 0, 0, 0, 0, 0, 0, 0, 0, 0, 0, 0, 0.
Dque. Sorrell   0, 1, 0, 1, 0, 1, 1, 1, 0, 0, 1, 0, 3,
           0, 0, 0, 0, 1, 0, 0, 2, 0, 0, 0, 0, 0, 0, 0, 0, 0.
Mad. Besson   0, 0, 0, 1, 0, 0, 0, 0, 0, 0, 1, 0, 4,
           0, 0, 1, 0, 2, 0, 0, 0, 1, 1, 0, 0, 0, 0, 0, 0, 0.
Frs. Bte. Besson   3, 0, 0, 1, 1, 0, 2, 1, 0, 1, 0, 0, 4,
           0, 0, 1, 0, 1, 1, 1, 2, 0, 0, 0, 0, 0, 0, 0, 0, 0.
H. Bordelon   0, 2, 1, 1, 0, 0, 1, 0, 1, 0, 1, 0,13,
           0, 1, 2, 3, 1, 1, 3, 1, 2, 2, 0, 0, 0, 1, 0, 0, 0.
Faustin Perot   2, 0, 0, 0, 1, 0, 3, 0, 1, 0, 0, 0, 2,
           0, 0, 0, 1, 0, 0, 0, 0, 0, 0, 0, 0, 0, 0, 0, 0, 0.
Jno. V. Vascocoue   0, 0, 0, 1, 1, 0, 2, 0, 0, 1, 0, 1, 2,
           0, 1, 1, 0, 0, 0, 1, 0, 0, 0, 0, 0, 0, 0, 0, 0, 0.
Jos. C. Perot   3, 3, 0, 0, 1, 0, 0, 0, 0, 1, 0, 0, 6,
           0, 0, 2, 0, 1, 0, 2, 0, 0, 0, 0, 0, 0, 0, 0, 0, 0.
John H. Harper   0, 2, 0, 0, 1, 1, 3, 1, 0, 1, 0, 0, 2,
           0, 0, 0, 0, 0, 0, 0, 0, 0, 0, 0, 0, 0, 0, 0, 0, 0.
Louis Cuollette   2, 0, 0, 0, 2, 1, 2, 2, 0, 1, 0, 0, 1,
           0, 2, 0, 0, 0, 0, 0, 0, 0, 0, 0, 0, 0, 0, 0, 0, 0.
Ant. Grillette   3, 1, 0, 0, 0, 1, 1, 2, 0, 1, 0, 1, 5,
           0, 1, 2, 1, 0, 1, 1, 0, 1, 0, 0, 0, 0, 0, 0, 0, 0.
Joseph Sanchos   0, 0, 0, 0, 1, 1, 0, 0, 0, 0, 1, 3, 2,
           0, 0, 0, 0, 0, 0, 0, 1, 1, 0, 0, 0, 0, 0, 0, 0, 0.

```
                            1, 2, 3, 4, 5, 6, 7, 8, 9,10,11,12,13,
              14,15,16,17,18,19,20,21,22,23,24,25,26,27,28,29,30,31.

Pierre Gagnoier             2, 1, 0, 0, 0, 1, 1, 2, 0, 0, 1, 0, 4,
              0, 0, 2, 0, 0, 0, 0, 0, 1, 1, 0, 0, 0, 0, 0, 0, 0, 0.
Hose Inorea ?               0, 0, 0, 0, 0, 1, 0, 2, 0, 0, 1, 4, 1,
              0, 0, 0, 0, 0, 0, 0, 0, 0, 0, 0, 0, 0, 0, 0, 0, 0, 0.
Robert F. Hughs             0, 0, 0, 0, 0, 1, 2, 0, 1, 0, 0, 0, 1,
              0, 0, 0, 0, 0, 0, 0, 0, 0, 0, 0, 0, 0, 0, 0, 0, 0, 0.
Isaac Fredie ?              0, 0, 0, 1, 1, 0, 1, 0, 1, 0, 0, 0, 1,
              0, 1, 0, 0, 0, 0, 0, 0, 0, 0, 0, 0, 0, 0, 0, 0, 0, 0.
Mad. Fontaineau             0, 0, 0, 1, 0, 0, 1, 0, 1, 0, 1, 0,24,
              0, 0, 3, 2, 9, 5, 7, 9, 4, 3, 0, 0, 0, 0, 0, 0, 0, 0.
J. B. Fontaineau            2, 0, 0, 0, 1, 0, 1, 0, 0, 1, 0, 0, 3,
              0, 0, 0, 1, 1, 0, 0, 0, 0, 0, 0, 0, 0, 0, 0, 0, 0, 0.
Cezar Fontaineau            3, 0, 0, 1, 0, 0, 0, 0, 1, 0, 0, 0, 2,
              0, 0, 0, 1, 0, 0, 0, 0, 0, 0, 0, 0, 0, 0, 0, 0, 0, 0.
L. L. Lamallathy            0, 0, 0, 0, 0, 1, 0, 0, 0, 0, 0, 0, 3,
              0, 0, 0, 1, 2, 0, 0, 1, 1, 1, 0, 0, 0, 0, 1, 1, 1.
Davidson Brown              0, 0, 0, 0, 1, 0, 1, 0, 0, 1, 0, 0, 5,
              0, 1, 0, 2, 2, 1, 1, 1, 1, 0, 0, 0, 0, 0, 0, 0, 0, 1.
Chrisastorn Perot           1, 0, 0, 0, 1, 1, 0, 2, 0, 0, 0, 0, 2,
              0, 0, 0, 0, 0, 0, 1, 0, 2, 0, 1, 1, 0, 1.
Simon ? Toulin              0, 0, 0, 0, 0, 0, 0, 0, 0, 0, 0, 0, 6,
              0, 1, 0, 0, 0, 0, 0, 0, 0, 0, 1, 4, 1, 1, 1, 2, 1, 0.
Molly Toulin                0, 0, 0, 0, 0, 0, 0, 0, 0, 0, 0, 0, 2,
              0, 0, 0, 0, 0, 0, 0, 0, 0, 2, 0, 1, 3, 2, 1, 1, 0.
Dque. Toulin                0, 0, 0, 0, 0, 0, 0, 0, 0, 0, 0, 0, 4,
              0, 0, 0, 4, 1, 0, 2, 0, 0, 0, 0, 0, 0, 0, 0, 0.
Chevallier Dortalont        0, 0, 0, 0, 0, 1, 0, 0, 0, 0, 0, 0, 8,
              0, 0, 0, 4, 1, 0, 2, 1, 1, 1, 3, 2, 1, 0, 2, 1, 0, 1.
Wm. Garquill                0, 1, 0, 1, 2, 0, 2, 0, 1, 0, 0, 0, 3,
              0, 0, 0, 0, 0, 0, 0, 0, 0, 0, 0, 0, 0, 0, 0, 0, 0, 0.
Ing. Bt. David              0, 0, 1, 1, 1, 2, 3, 1, 0, 2, 1, 0, 4,
              0, 0, 0, 0, 0, 0, 0, 0, 0, 0, 0, 0, 0, 0, 0, 0, 0, 0.
Saml. Jones                 0, 0, 0, 0, 0, 0, 0, 0, 0, 0, 0, 0, 0,
              0, 1, 0, 0, 0, 0, 0, 0, 0, 1, 0, 1, 0, 0, 1, 0, 0, 0.
Hose Monsola                0, 0, 0, 2, 1, 1, 1, 2, 0, 0, 1, 7, 4,
              0, 0, 0, 0, 0, 0, 0, 0, 0, 0, 0, 0, 0, 0, 0, 0, 0, 0.
Faustin Rio                 1, 2, 0, 2, 0, 1, 2, 1, 0, 0, 1, 8, 3,
              0, 0, 0, 0, 0, 0, 0, 0, 0, 0, 0, 0, 0, 0, 0, 0, 0, 0.
Juan Salin                  1, 0, 1, 0, 0, 1, 0, 0, 0, 0, 1, 3, 2,
              0, 0, 0, 0, 0, 0, 0, 0, 0, 0, 0, 0, 0, 0, 0, 0, 0, 0.
Jack David                  0, 0, 0, 0, 0, 1, 0, 0, 0, 0, 0, 0, 2,
              0, 0, 0, 0, 0, 0, 2, 0, 1, 0, 4, 2, 1, 0.
Henry Trichel               0, 0, 0, 0, 2, 2, 0, 0, 0, 0, 1, 1, 0, 5,
              0, 1, 2, 1, 1, 0, 0, 2, 1, 1, 0, 0, 0, 0, 0, 0, 0, 0.
Dorseline Perot             2, 0, 0, 0, 1, 0, 1, 2, 0, 1, 0, 0, 5,
              0, 0, 2, 3, 0, 0, 0, 1, 1, 0, 0, 0, 0, 0, 0, 0, 0, 0.
Fanchinette Trichel         0, 0, 0, 0, 0, 0, 0, 0, 0, 0, 0, 1, 0, 4,
              0, 0, 3, 1, 0, 1, 0, 2, 1, 1, 0, 0, 0, 0, 0, 0, 0, 0.
Samuel Foget                0, 0, 0, 0, 2, 0, 0, 0, 0, 0, 0, 2, 1,
              0, 1, 0, 0, 0, 0, 0, 0, 0, 0, 0, 0, 0, 0, 0, 0, 0, 0.
```

Page 58

```
                          1, 2, 3, 4, 5, 6, 7, 8, 9,10,11,12,13,
          14,15,16,17,18,19,20,21,22,23,24,25,26,27,28,29,30,31.

Jno. Bat. Perot          2, 0, 0, 0, 1, 0, 0, 0, 1, 0, 0, 0, 2,
                   0, 0, 0, 0, 1, 0, 4, 0, 1, 0, 0, 0, 0, 0, 0, 0, 0, 0.
Pierre Liston ? Siston ? 1, 2, 0, 2, 1, 0, 0, 0, 0, 1, 0, 0, 3,
                   0, 0, 0, 0, 0, 0, 0, 0, 0, 0, 0, 0, 0, 0, 0, 0, 0, 0.
Enacio Berry             0, 0, 2, 3, 0, 1, 4, 0, 1, 0, 0,10, 4,
                   0, 0, 0, 0, 0, 0, 0, 0, 0, 0, 0, 0, 0, 0, 0, 0, 0, 0.
Jean Guitorez            2, 2, 0, 0, 1, 1, 1, 0, 1, 1, 0, 6, 2,
                   0, 0, 0, 0, 0, 0, 0, 0, 0, 0, 0, 0, 0, 0, 0, 0, 0, 0.
Ant. ? Fernandez         4, 0, 0, 0, 1, 0, 0, 1, 0, 1, 1, 8, 1,
                   0, 0, 0, 0, 0, 0, 0, 0, 0, 0, 0, 0, 0, 0, 0, 0, 0, 0.
Julian Gagnier           0, 0, 0, 1, 2, 0, 2, 0, 0, 0, 1, 0, 4,
                   0, 0, 0, 0, 1, 0, 1, 2, 0, 0, 0, 0, 0, 0, 0, 0, 0, 0.
Ant. Demizerre           0, 0, 0, 0, 0, 1, 0, 0, 0, 0, 1, 0,13,
                   0, 0, 4, 2, 4, 1, 3, 4, 1, 2, 0, 0, 0, 0, 0, 0, 0, 0.
Louis Lornatt            0, 0, 0, 0, 0, 0, 0, 0, 0, 0, 0, 0, 3,
                   0, 0, 0, 0, 0, 0, 0, 0, 0, 2, 0, 0, 1, 1, 1, 1, 0.
Cesar Coin ?             0, 0, 0, 0, 0, 0, 0, 0, 0, 0, 0, 0, 1,
                   0, 0, 0, 0, 0, 0, 0, 0, 0, 0, 0, 1, 0, 0, 1, 2.
Guilleaume               0, 0, 0, 0, 0, 0, 0, 0, 0, 0, 0, 0, 1,
                   0, 0, 0, 0, 0, 0, 0, 0, 0, 0, 0, 1, 1, 0, 0, 1.
Wid. Davion              2, 1, 1, 2, 0, 0, 3, 2, 0, 0, 1, 0, 8,
                   0, 0, 3, 1, 0, 1, 4, 3, 2, 2, 0, 0, 0, 0, 1, 0, 0.
C. E. Bernard            2, 1, 0, 1, 1, 0, 0, 0, 0, 0, 1, 0, 2,
                   0, 0, 0, 0, 1, 0, 0, 0, 1, 0, 0, 0, 0, 0, 0, 0, 0.
P. E. Bernard            1, 2, 0, 0, 0, 1, 0, 0, 1, 1, 0, 0, 1,
                   0, 0, 0, 0, 0, 0, 0, 0, 0, 0, 0, 0, 0, 0, 0, 0, 0.
Andre Bernard            0, 0, 0, 1, 0, 0, 1, 0, 1, 0, 0, 0, 1,
                   0, 0, 0, 0, 0, 0, 0, 0, 0, 0, 0, 0, 0, 0, 0, 0, 0.
Argnette                 0, 0, 0, 0, 1, 0, 1, 0, 1, 0, 0, 1, 0,
                   0, 1, 0, 0, 0, 0, 0, 0, 0, 0, 0, 0, 0, 0, 0, 0, 0.
Francs. Dubois           1, 1, 0, 0, 0, 1, 2, 2, 0, 0, 1, 0, 3,
                   0, 0, 1, 0, 1, 0, 1, 0, 1, 0, 0, 0, 0, 0, 0, 0, 0.
Pierre Ternier           2, 0, 0, 1, 1, 1, 3, 0, 1, 0, 1, 0, 6,
                   0, 1, 1, 1, 0, 1, 2, 1, 0, 0, 0, 0, 0, 0, 0, 0, 0.
Remy Perot               0, 0, 0, 0, 0, 1, 0, 0, 0, 0, 1, 0, 7,
                   0, 0, 3, 0, 2, 1, 2, 1, 1, 1, 0, 0, 0, 0, 0, 0, 0.
Mad. Pantallion          0, 0, 1, 1, 1, 1, 0, 0, 0, 0, 1, 0, 6,
                   0, 0, 0, 0, 1, 1, 0, 1, 0, 0, 0, 0, 0, 0, 0, 0, 0.
Julis Estrada            1, 0, 2, 4, 1, 1, 0, 0, 0, 1, 0, 0, 8,
                   0, 0, 0, 1, 0, 0, 0, 1, 0, 0, 0, 0, 0, 0, 0, 0, 0.
Geo. Taylor              0, 1, 0, 0, 1, 0, 2, 0, 0, 2, 0, 0, 1,
                   0, 0, 0, 0, 0, 0, 0, 0, 0, 0, 0, 0, 0, 0, 0, 0, 0.
Conoper Dezo             2, 0, 0, 0, 1, 0, 0, 2, 0, 1, 0, 0, 1,
                   0, 0, 0, 0, 0, 0, 0, 0, 0, 0, 0, 0, 0, 0, 0, 0, 0.
Geo. McTier              0, 0, 1, 1, 1, 1, 3, 4, 0, 0, 1, 0, 4,
                   0, 0, 0, 0, 0, 0, 1, 1, 0, 0, 0, 0, 0, 0, 0, 0, 0.
Casemer Perot            1, 0, 0, 2, 0, 1, 2, 0, 0, 1, 0, 0, 4,
                   0, 0, 2, 1, 0, 1, 1, 0, 1, 0, 0, 0, 0, 0, 0, 0, 0.
Juan Santo               2, 0, 1, 2, 0, 0, 1, 2, 0, 1, 1, 7, 3,
                   0, 0, 0, 0, 0, 0, 0, 0, 0, 0, 0, 0, 0, 0, 0, 0, 0.
```

```
                          1,  2,  3,  4,  5,  6,  7,  8,  9,10,11,12,13,
              14,15,16,17,18,19,20,21,22,23,24,25,26,27,28,29,30,31.

H. ? Herndes              1,  0,  0,  1,  1,  0,  0,  0,  0,  1,  0,  0,  6,
               0,  1,  3,  1,  1,  0,  2,  1,  2,  0,  0,  0,  0,  0,  0,  0,  0.
Taussant Passinos         0,  1,  0,  1,  1,  2,  0,  0,  0,  0,  0,  0,  3,
               0,  0,  0,  0,  0,  0,  0,  0,  0,  0,  0,  0,  0,  0,  0,  0,  0.
L. Davenport              0,  1,  0,  1,  0,  1,  0,  1,  0,  0,  0,  0,24,
               0,  1,  1,  5,  9,  1,  2,  7,  3,  2,  0,  0,  0,  0,  0,  0,  0.
Juan La Sazine            1,  0,  0,  1,  0,  1,  2,  1,  0,  1,  0,  4,  2,
               0,  0,  0,  0,  0,  0,  0,  0,  0,  0,  0,  0,  0,  0,  0,  0,  0.
Ant. Dubois               0,  2,  1,  2,  0,  1,  3,  1,  1,  1,  1,  0,  5,
               0,  0,  0,  0,  0,  0,  0,  0,  0,  0,  0,  0,  0,  0,  0,  0,  0.
Jos. Quindlete            2,  2,  1,  0,  0,  1,  1,  0,  0,  0,  1,  0,  2,
               0,  0,  0,  0,  0,  0,  0,  0,  0,  0,  0,  0,  0,  0,  0,  0,  0.
Geo. Collette             3,  2,  3,  3,  0,  1,  1,  0,  0,  1,  0,  0,  4,
               0,  0,  0,  0,  0,  0,  0,  0,  0,  0,  0,  0,  0,  0,  0,  0,  0.

                          84  56  25  77  58  58 105  56  31  44  37  76 370
(subtotals)
                          3   20  46  43  50  17  42  55  41  28  13  10   8   5  15  12   7   8

                    Town of Natchitoches

Portevent Bludworth       2,  0,  1,  1,  2,  1,  2,  0,  0,  1,  0,  0,  0,
               0,  4,  1,  2,  1,  0,  1,  1,  1,  0,  0,  0,  0,  0,  0,  0,  0.
James Bludworth           2,  0,  0,  2,  1,  1,  2,  1,  0,  0,  1,  0,  5,
               0,  0,  0,  1,  1,  2,  0,  1,  2,  0,  0,  0,  0,  0,  0,  0,  0.
Md. Bludworth             0,  0,  0,  0,  0,  0,  0,  0,  0,  0,  1,  0,  3,
               0,  0,  1,  0,  0,  1,  1,  1,  1,  0,  0,  0,  0,  0,  0,  0,  0.
Felicite                  0,  0,  0,  0,  0,  0,  0,  0,  0,  0,  0,  0,  0,
               0,  0,  0,  0,  0,  0,  0,  0,  0,  0,  0,  0,  0,  0,  1,  1,  1.
Ignacio Gongora           2,  0,  0,  0,  1,  1,  2,  0,  1,  0,  1,  0,  2,
               0,  0,  1,  0,  0,  0,  0,  0,  0,  0,  0,  0,  0,  0,  0,  0,  0.
Geo. Schamps              1,  1,  1,  2,  2,  1,  1,  2,  0,  1,  0,  2,  4,
               0,  2,  0,  0,  0,  0,  0,  0,  0,  0,  0,  0,  0,  0,  0,  0,  0.
Manuel Cadano             1,  0,  0,  0,  1,  1,  0,  0,  0,  1,  0,  4,  2,
               0,  0,  0,  0,  0,  0,  0,  0,  0,  0,  0,  0,  0,  0,  0,  0,  0.
Alveno Poso               0,  0,  0,  0,  0,  1,  1,  0,  0,  1,  0,  2,  1,
               0,  0,  0,  0,  0,  0,  0,  0,  0,  0,  0,  0,  0,  0,  0,  0,  0.
Maria F. Ximanes          2,  1,  0,  0,  1,  0,  1,  1,  0,  1,  0,  5,  1,
               0,  0,  0,  0,  0,  0,  0,  0,  0,  0,  0,  0,  0,  0,  0,  0,  0.
Antonio Pro               0,  1,  0,  0,  1,  0,  0,  0,  1,  0,  0,  2,  1,
               0,  0,  0,  0,  0,  0,  0,  0,  0,  0,  0,  0,  0,  0,  0,  0,  0.
Juan Tienos               1,  2,  0,  1,  1,  1,  0,  1,  0,  1,  0,  7,  3,
               0,  0,  0,  0,  0,  0,  0,  0,  0,  0,  0,  0,  0,  0,  0,  0,  0.
Marianno Mora             0,  0,  0,  0,  2,  0,  0,  1,  0,  1,  1,  5,  2,
               0,  0,  0,  0,  1,  0,  0,  1,  0,  0,  0,  0,  0,  0,  0,  0,  0.
Louis Procello            0,  0,  0,  1,  1,  0,  1,  0,  0,  1,  0,  3,  2,
               0,  1,  0,  1,  0,  0,  1,  0,  1,  0,  0,  0,  0,  0,  0,  0,  0.
Juan Castor               1,  0,  0,  1,  0,  1,  2,  0,  1,  1,  0,  5,  2,
               0,  0,  0,  0,  0,  0,  0,  0,  0,  0,  0,  0,  0,  0,  0,  0,  0.
```

Page 60

```
                           1,  2,  3,  4,  5,  6,  7,  8,  9,10,11,12,13,
            14,15,16,17,18,19,20,21,22,23,24,25,26,27,28,29,30,31.

John Platt               0,  1,  2,  2,  1,  1,  1,  0,  1,  1,  0,  2,  2,
          0,  2,  0,  0,  0,  0,  0,  0,  0,  0,  0,  0,  0,  0,  0,  0,  0.
Mad. Keiser              0,  1,  0,  0,  0,  0,  0,  1,  2,  0,  1,  0,  1,
          0,  0,  0,  0,  0,  0,  0,  1,  0,  0,  0,  0,  0,  0,  0,  0,  0.
Manuel DeDeos            0,  0,  0,  0,  1,  0,  1,  2,  0,  1,  0,  4,  1,
          0,  0,  0,  0,  0,  0,  0,  0,  0,  0,  0,  0,  0,  0,  0,  0,  0.
St. Eago                 1,  0,  1,  2,  0,  1,  0,  2,  0,  1,  0,  6,  3,
          0,  0,  0,  0,  0,  0,  0,  0,  0,  0,  0,  0,  0,  0,  0,  0,  0.
Joseph Brown             0,  1,  0,  0,  0,  1,  0,  0,  0,  0,  1,  0,  0,
          0,  1,  0,  0,  0,  0,  0,  0,  0,  0,  0,  0,  0,  0,  0,  0,  0.
Cabot Taures             0,  1,  0,  0,  1,  0,  0,  0,  2,  0,  0,  3,  1,
          0,  0,  0,  0,  0,  0,  0,  0,  0,  0,  0,  0,  0,  0,  0,  0,  0.
Dorlos Martines [Carlos]? 2, 0,  0,  0,  1,  0,  0,  1,  1,  0,  1,  4,  1,
          0,  0,  0,  0,  0,  0,  0,  0,  0,  0,  0,  0,  0,  0,  0,  0,  0.
Castor Lasalos           0,  1,  0,  0,  1,  0,  0,  3,  1,  1,  0,  6,  1,
          0,  0,  0,  0,  0,  0,  0,  0,  0,  0,  0,  0,  0,  0,  0,  0,  0.
Pedro Mosques            2,  0,  0,  1,  1,  0,  0,  1,  1,  1,  0,  5,  2,
          0,  0,  0,  0,  0,  0,  0,  0,  0,  0,  0,  0,  0,  0,  0,  0,  0.
Manuel Pruet ?           1,  0,  2,  3,  1,  1,  0,  0,  1,  2,  0,10,  5,
          0,  0,  0,  0,  0,  0,  0,  0,  0,  0,  0,  0,  0,  0,  0,  0,  0.
Emily Southerland        0,  0,  0,  0,  0,  0,  0,  0,  0,  0,  0,  0,  1,
          0,  0,  0,  0,  0,  0,  0,  0,  0,  1,  0,  0,  2,  1,  0,  0,  0.
William Harris           2,  0,  1,  4,  0,  1,  2,  1,  0,  0,  1,  0,  0,
          0,  5,  0,  0,  0,  0,  0,  0,  0,  0,  0,  0,  0,  0,  0,  0,  0.
Bat. Procello            1,  2,  0,  0,  1,  0,  0,  1,  1,  1,  0,  5,  1,
          0,  0,  0,  0,  0,  0,  0,  0,  0,  0,  0,  0,  0,  0,  0,  0,  0.
Joseph Lafleur           0,  0,  0,  1,  2,  0,  1,  0,  1,  1,  0,  5,  3,
          0,  0,  0,  0,  0,  0,  0,  0,  0,  0,  0,  0,  0,  0,  0,  0,  0.
Mad. Michell             1,  0,  0,  0,  1,  0,  0,  0,  1,  0,  1,  0,  2,
          0,  0,  1,  0,  0,  0,  1,  0,  1,  0,  0,  0,  0,  0,  0,  0,  0.
John Laplace             0,  0,  0,  1,  0,  1,  0,  0,  0,  0,  1,  0,  1,
          0,  0,  0,  0,  0,  0,  0,  0,  0,  0,  0,  0,  0,  0,  0,  0,  0.
Andrew Mcfarland         0,  0,  0,  1,  1,  0,  0,  0,  0,  0,  0,  0,  1,
          0,  1,  0,  0,  0,  0,  0,  0,  0,  0,  0,  0,  0,  0,  0,  0,  0.
Amos Dencan              0,  0,  1,  1,  0,  1,  0,  3,  2,  0,  1,  0,  2,
          0,  0,  0,  0,  0,  0,  1,  0,  1,  0,  0,  0,  0,  0,  0,  0,  0.
Joseph Tauzin            2,  3,  0,  0,  0,  1,  0,  1,  0,  0,  1,  0,12,
          1,  0,  6,  1,  2,  0,  6,  2,  4,  0,  0,  0,  0,  0,  0,  0,  0.
Louis Socier             3,  0,  0,  0,  1,  0,  3,  0,  0,  1,  0,  0,  0,
          0,  1,  0,  0,  0,  0,  0,  0,  0,  0,  0,  0,  0,  0,  0,  0,  0.
Louis Bernos             0,  1,  2,  3,  0,  1,  0,  0,  0,  0,  0,  5,  0,
          2,  0,  0,  0,  0,  0,  1,  0,  0,  0,  0,  0,  0,  0,  0,  0,  0.
Eugene Michamk           0,  1,  0,  1,  0,  1,  0,  0,  1,  0,  2,  0,
          1,  0,  0,  0,  0,  0,  0,  0,  0,  0,  0,  0,  0,  0,  0,  0,  0.
John P. Wells            0,  0,  0,  2,  1,  0,  0,  0,  1,  0,  0,  0,  1,
          0,  2,  0,  0,  0,  0,  0,  0,  0,  0,  0,  0,  0,  0,  0,  0,  0.
Frans. Serpentine        3,  0,  2,  3,  1,  1,  1,  0,  1,  0,  2,  0,
          1,  2,  1,  3,  0,  1,  2,  1,  1,  0,  0,  0,  0,  0,  0,  0,  0.
Bat. Eusta               2,  0,  2,  3,  2,  1,  0,  0,  0,  1,  0,  0,  8,
          1,  0,  0,  0,  0,  0,  0,  0,  0,  0,  0,  0,  0,  0,  0,  0,  0.
```

```
                         1, 2, 3, 4, 5, 6, 7, 8, 9,10,11,12,13,
        14,15,16,17,18,19,20,21,22,23,24,25,26,27,28,29,30,31.

Andrew Chomard        1, 0, 0, 0, 1, 0, 1, 0, 0, 1, 0, 0, 0,
        1, 0, 0, 0, 1, 0, 0, 0, 0, 0, 0, 0, 0, 0, 0, 0, 0, 0.
Felix Trudeau         1, 0, 0, 2, 0, 1, 2, 1, 0, 1, 0, 0, 3,
        0, 1, 1, 1, 1, 0, 1, 1, 0, 1, 0, 0, 0, 0, 0, 0, 0, 0.
James Lauard          0, 0, 0, 0, 1, 0, 0, 1, 0, 1, 0, 0, 0,
        1, 0, 1, 0, 0, 0, 1, 0, 0, 0, 0, 0, 0, 0, 0, 0, 0, 0.
Widow St. Armand      0, 0, 0, 0, 0, 0, 0, 1, 0, 0, 1, 0, 1,
        0, 0, 0, 0, 0, 0, 0, 2, 0, 0, 0, 0, 0, 0, 0, 0, 0, 0.
Widow Durand          0, 0, 0, 1, 0, 0, 0, 2, 1, 0, 1, 0, 2,
        0, 1, 0, 0, 1, 0, 0, 0, 0, 0, 0, 0, 0, 0, 0, 0, 0, 0.
Mad. Woolf            0, 0, 0, 1, 2, 0, 1, 0, 2, 0, 1, 0, 0,
        1, 0, 0, 2, 1, 1, 0, 0, 0, 0, 0, 0, 0, 0, 0, 0, 0, 0.
Wid. Jno. Ls. Buard   1, 0, 0, 0, 0, 0, 0, 1, 0, 0, 1, 0, 0,
        0, 0, 3, 0, 1, 0, 1, 1, 0, 0, 0, 0, 0, 0, 0, 0, 0, 0.
Charles Noyrit        0, 2, 1, 1, 1, 0, 1, 0, 1, 0, 0, 1, 0,
        1, 0, 3, 3, 4, 2, 3, 1, 0, 0, 0, 0, 0, 0, 0, 0, 0, 0.
John C. Carr          3, 0, 0, 1, 0, 1, 1, 1, 0, 1, 0, 0, 0,
        0, 1, 5, 1, 1, 0, 0, 0, 4, 0, 0, 0, 0, 0, 0, 0, 0, 0.
Marie Demizer         0, 0, 0, 0, 0, 0, 0, 0, 0, 0, 0, 0, 0,
        0, 0, 1, 0, 0, 0, 2, 0, 0, 2, 0, 1, 0, 0, 1, 0.
Andrew Leaper         0, 0, 0, 1, 1, 0, 0, 0, 0, 0, 0, 0, 0,
        0, 0, 0, 0, 0, 0, 0, 0, 0, 0, 0, 0, 0, 0, 0, 0, 0, 0.
Pierre Barron         0, 0, 0, 0, 0, 1, 0, 0, 0, 0, 0, 1, 0,
        0, 1, 0, 0, 1, 0, 0, 0, 0, 0, 0, 0, 0, 0, 0, 0, 0, 0.
Joshua Green          1, 0, 2, 2, 0, 1, 0, 1, 0, 1, 0, 0, 1,
        0, 1, 0, 0, 0, 0, 0, 0, 0, 0, 0, 0, 0, 0, 0, 0, 0, 0.
 "    Ponon Sonda      0, 1, 0, 1, 1, 0, 0, 2, 1, 0, 1, 6, 0,
        0, 0, 0, 0, 0, 0, 0, 0, 0, 0, 0, 0, 0, 0, 0, 0, 0, 0.
Cyprien Tabagon       1, 2, 1, 2, 2, 1, 0, 0, 0, 1, 1, 8, 5,
        0, 0, 0, 0, 0, 0, 0, 0, 0, 0, 0, 0, 0, 0, 0, 0, 0, 0.
 "    Homonds          0, 1, 1, 1, 0, 0, 2, 0, 2, 0, 2, 6, 2,
        0, 0, 0, 0, 0, 0, 0, 0, 0, 0, 0, 0, 0, 0, 0, 0, 0, 0.
Lenny Germail         0, 0, 0, 0, 0, 0, 2, 0, 0, 1, 0, 0, 1,
        0, 0, 0, 0, 0, 0, 0, 0, 0, 0, 0, 0, 0, 0, 0, 0, 0, 0.
Widow Chamard         1, 0, 0, 1, 1, 0, 0, 0, 0, 0, 1, 0, 1,
        0, 0, 0, 0, 0, 0, 0, 0, 0, 0, 0, 0, 0, 0, 0, 0, 0, 0.
Jos. Gaspard          1, 1, 0, 0, 0, 1, 2, 1, 0, 0, 1, 0, 1,
        0, 0, 0, 0, 0, 0, 0, 0, 0, 0, 0, 0, 0, 0, 0, 0, 0, 0.
Arsencio Estrader     0, 1, 0, 1, 1, 1, 2, 0, 1, 0, 0, 4, 2,
        0, 0, 0, 0, 0, 0, 0, 0, 0, 0, 0, 0, 0, 0, 0, 0, 0, 0.
Castor Borneo         0, 2, 1, 1, 1, 0, 0, 1, 0, 1, 0, 6, 2,
        0, 0, 0, 0, 0, 0, 0, 0, 0, 0, 0, 0, 0, 0, 0, 0, 0, 0.
Ignacio Mailleau      0, 2, 1, 1, 1, 0, 1, 0, 0, 1, 1, 1, 2,
        0, 1, 0, 0, 0, 0, 0, 0, 0, 0, 0, 0, 0, 0, 0, 0, 0, 0.
Jose Antonio          1, 0, 0, 0, 1, 1, 0, 2, 0, 1, 0, 4, 3,
        0, 0, 0, 0, 0, 0, 0, 0, 0, 0, 0, 0, 0, 0, 0, 0, 0, 0.
Ildeaut ? Bossier     0, 0, 0, 2, 1, 1, 0, 0, 0, 0, 0, 0, 0,
        0, 2, 1, 0, 0, 1, 0, 0, 0, 0, 0, 0, 0, 0, 0, 0, 0, 0.
Joseph D(e)rbonn      0, 0, 0, 0, 1, 0, 1, 1, 0, 0, 1, 0,14,
        0, 0, 2, 2, 3, 2, 3, 1, 2, 3, 0, 0, 0, 0, 0, 0, 0, 0.
```

```
                          1, 2, 3, 4, 5, 6, 7, 8, 9,10,11,12,13,
             14,15,16,17,18,19,20,21,22,23,24,25,26,27,28,29,30,31.

Sallomon Ealem           0, 0, 1, 3, 0, 0, 0, 0, 0, 0, 0, 0, 0, 0,
             1, 2, 0, 0, 0, 0, 0, 0, 0, 0, 0, 0, 0, 0, 0, 0, 0, 0.
Pierre Rouger            1, 0, 0, 0, 0, 1, 3, 1, 2, 0, 1, 0, 0,
             1, 0, 0, 0, 0, 1, 1, 1, 0, 0, 0, 0, 0, 0, 0, 0, 0, 0.
James Shirley            0, 0, 0, 0, 1, 1, 0, 0, 0, 0, 0, 0, 0,
             1, 0, 0, 0, 0, 0, 0, 0, 0, 0, 0, 0, 0, 0, 0, 0, 0, 0.
Lorent Mailleau          0, 2, 1, 1, 0, 1, 3, 1, 0, 1, 0, 0, 0,
             0, 5, 0, 0, 0, 0, 0, 0, 0, 0, 0, 0, 0, 0, 0, 0, 0, 0.

[subtotals]             45 31 24 58 49 31 43 39 28 33 25 130 118
             13 36 28 17 19 11 25 19 23  5  3  0  0  0  3  1  2  2

Aaron Hanscomte          0, 1, 1, 2, 1, 0, 0, 0, 0, 0, 0, 1, 0,
             0, 3, 0, 0, 0, 0, 0, 0, 0, 0, 0, 0, 0, 0, 0, 0, 0, 0.
A. C. Choppin            0, 1, 1, 3, 2, 1, 0, 0, 0, 0, 0, 6, 0,
             1, 5, 0, 0, 0, 0, 0, 1, 0, 0, 0, 1, 0, 0, 0, 0, 0, 0.
Armand Lauve             1, 2, 0, 0, 1, 1, 0, 0, 0, 0, 0, 0, 4,
             1, 1, 2, 0, 2, 0, 4, 0, 1, 1, 0, 0, 1, 0, 0, 0, 0, 0.
Mad. Earles              0, 1, 0, 0, 0, 0, 0, 1, 0, 1, 0, 0, 0,
             0, 0, 0, 0, 0, 0, 1, 0, 0, 0, 0, 0, 0, 0, 0, 0, 0, 0.
Jos. Bell                1, 1, 2, 4, 2, 1, 0, 0, 0, 1, 2, 2, 8,
             1, 0, 1, 2, 0, 1, 0, 1, 2, 0, 0, 0, 2, 0, 0, 0, 0, 0.
Francs. Faviot           0, 2, 2, 5, 1, 0, 0, 0, 0, 0, 0, 2, 0,
             0, 0, 0, 0, 0, 0, 0, 1, 0, 0, 0, 0, 0, 0, 0, 0, 0, 0.
Jos. Carrier  [Garrier ?]  1, 0, 0, 0, 1, 0, 0, 0, 0, 1, 0, 4, 0,
             1, 0, 0, 0, 0, 0, 0, 0, 0, 0, 0, 0, 0, 0, 0, 0, 0, 0.
H. Baker                 0, 0, 4, 6, 2, 0, 0, 0, 0, 0, 0, 0, 0,
             0, 0, 0, 0, 0, 0, 0, 0, 0, 0, 1, 1, 1, 1, 0, 1, 0.
David Case               3, 1, 0, 2, 2, 1, 0, 1, 0, 1, 0, 4, 5,
             0, 0, 0, 0, 1, 0, 2, 0, 0, 1, 0, 0, 0, 0, 0, 0, 0, 0.
Wid. Jomison             1, 0, 0, 0, 0, 0, 1, 1, 0, 0, 1, 0, 0,
             0, 0, 0, 0, 0, 0, 0, 0, 0, 0, 0, 0, 0, 0, 0, 0, 0, 0.
Jarred Cable  Calolo ?   0, 0, 0, 1, 1, 0, 1, 0, 1, 0, 0, 0, 0,
             1, 0, 0, 0, 1, 0, 1, 0, 0, 0, 0, 0, 0, 0, 0, 0, 0, 0.
B. Dronquit              0, 0, 1, 2, 2, 1, 2, 0, 0, 1, 0, 4, 0,
             1, 4, 0, 1, 0, 0, 0, 1, 0, 0, 0, 0, 0, 0, 0, 0, 0, 0.
Jno. Cortez              1, 1, 2, 4, 4, 0, 0, 2, 0, 1, 1, 8, 5,
             1, 1, 3, 1, 1, 0, 5, 2, 1, 4, 0, 0, 0, 0, 0, 0, 0, 0.
Ambroise Sompycan        3, 0, 0, 1, 3, 5, 2, 0, 0, 1, 0, 1, 0,
             1, 0, 1, 0, 0, 1, 1, 2, 2, 0, 0, 0, 0, 0, 0, 0, 0, 0.
B. B. Brazeale           0, 0, 0, 1, 0, 0, 0, 0, 0, 0, 0, 0, 3,
             0, 0, 0, 0, 2, 0, 0, 0, 0, 2, 0, 0, 0, 0, 0, 0, 0, 0.
S. Mills                 0, 0, 0, 0, 1, 0, 0, 0, 0, 0, 0, 0, 0,
             0, 0, 0, 0, 0, 0, 0, 0, 0, 0, 0, 0, 0, 0, 0, 0, 0, 0.
Theodore Detrivelle      1, 0, 0, 1, 1, 0, 2, 0, 0, 1, 1, 0, 0,
             1, 1, 1, 0, 0, 0, 1, 1, 1, 2, 0, 0, 0, 0, 0, 0, 0, 0.
Charles Lecomb           1, 0, 2, 3, 1, 0, 0, 0, 0, 0, 0, 2, 4,
             0, 1, 0, 0, 0, 0, 0, 0, 0, 0, 0, 0, 0, 0, 0, 0, 0, 0.
```

```
                          1, 2, 3, 4, 5, 6, 7, 8, 9,10,11,12,13,
              14,15,16,17,18,19,20,21,22,23,24,25,26,27,28,29,30,31.
Joseph Butler            0, 0, 0, 0, 1, 0, 0, 0, 0, 0, 0, 0, 1,
              0, 0, 0, 0, 0, 0, 0, 0, 0, 0, 0, 0, 0, 0, 0, 0, 0, 0.
Benj. Start              0, 0, 0, 1, 1, 0, 2, 0, 0, 1, 0, 0, 0,
              0, 1, 0, 0, 0, 0, 0, 0, 0, 0, 0, 0, 0, 0, 0, 0, 0, 0.
Jno. Sibley              0, 0, 1, 4, 2, 2, 2, 3, 2, 1, 0, 6,10,
              0, 1, 2, 1, 0, 1, 1, 0, 2, 1, 0, 0,Physician 0, 0, 2.
Mad. Barker              0, 1, 0, 0, 0, 0, 2, 2, 0, 0, 1, 0, 0,
              0, 0, 0, 0, 0, 0, 0, 2, 0, 0, 0, 0, 0, 0, 0, 0, 0, 0.
Ww. Neal                 3, 1, 1, 3, 5, 1, 0, 2, 3, 1, 0, 0, 0,
              0, 4, 0, 0, 0, 0, 0, 0, 0, 0, 0, 1, 0, 0, 1, 0, 0, 0.
Ellen Sevan              2, 0, 0, 0, 0, 0, 0, 0, 0, 1, 0, 0, 0,
              0, 0, 0, 0, 0, 0, 0, 0, 0, 0, 0, 0, 0, 0, 0, 0, 0, 0.
H. T. Jones              0, 0, 0, 0, 1, 0, 0, 0, 1, 1, 0, 0, 1,
              0, 0, 0, 0, 0, 0, 0, 0, 0, 0, 0, 1, 0, 0, 0, 0, 0, 0.
S. H. Sibley             2, 0, 2, 4, 1, 1, 2, 0, 0, 1, 1, 0, 0,
              0, 0, 1, 0, 0, 1, 1, 1, 1, 0, 0, 0, 0, 0, 0, 0, 0, 0.
Isaac Hatmes             1, 0, 1, 2, 1, 0, 0, 0, 1, 1, 0, 0, 0,
              0, 1, 0, 0, 0, 0, 0, 0, 0, 0, 0, 0, 0, 0, 0, 0, 0, 0.
M. Larenondire           1, 0, 0, 2, 1, 0, 1, 0, 1, 1, 0, 0, 1,
              0, 0, 0, 0, 0, 0, 0, 0, 0, 0, 0, 0, 0, 0, 0, 0, 0, 0.
Charles Slocum           0, 0, 0, 0, 0, 1, 0, 0, 0, 0, 1, 0, 0,
              0, 0, 0, 0, 1, 0, 0, 0, 1, 0, 0, 0, 0, 0, 0, 0, 0, 0.
James W. Allen           0, 1, 0, 0, 1, 0, 0, 0, 0, 0, 1, 0, 0,
              0, 0, 1, 1, 0, 0, 0, 0, 1, 0, 0, 0, 0, 2, 0, 0, 0, 0.
B. Leonard               0, 0, 0, 0, 0, 1, 0, 0, 0, 1, 0, 0, 0,
              0, 0, 1, 0, 0, 0, 3, 0, 1, 1, 0, 0, 0, 0, 0, 0, 0, 0.
Edward Lave              0, 1, 0, 1, 1, 0, 0, 0, 0, 0, 0, 0, 0,
              0, 0, 0, 0, 0, 0, 0, 1, 0, 0, 0, 0, 0, 0, 0, 0, 0, 0.
Jacob Irwin              0, 0, 0, 0, 1, 0, 0, 0, 0, 0, 0, 0, 0,
              0, 1, 0, 0, 0, 0, 0, 0, 0, 0, 0, 0, 1, 0, 0, 0, 0, 0.
A. L. Dibleux            3, 0, 1, 2, 1, 1, 0, 0, 0, 1, 0, 2, 0,
              1, 0, 1, 0, 0, 1, 0, 1, 2, 0, 0, 0, 0, 0, 0, 0, 0, 0.
Jacob Block              0, 3, 2, 4, 2, 2, 0, 0, 0, 0, 0, 2, 8,
              0, 0, 0, 0, 0, 0, 0, 0, 0, 0, 0, 0, 1, 0, 1, 0, 0, 0.
Padre Meyner             0, 1, 0, 0, 2, 2, 0, 0, 0, 1, 0, 6, 0,
              0, 0, 0, 0, 0, 0, 0, 0, 0, 0, 0, 0, 0, 0, 0, 0, 0, 0.

[subtotals]             70 39 43 128 90 48 60 51 38 51 34 180 168
                        22 50 42 23 28 15 46 30 38 18 3 1 3 8 5 2 4 2
```

Census of Natchitoches Proper continued

```
Juan LaLonz              2, 2, 1, 3, 1, 1, 0, 2, 1, 0, 1,11, 7,
              0, 1, 0, 0, 0, 0, 0, 0, 0, 0, 0, 0, 0, 0, 0, 0, 0, 0.
Joseph Perault           0, 0, 0, 0, 1, 0, 3, 1, 1, 0, 0, 0, 2,
              0, 0, 0, 0, 0, 1, 0, 0, 0, 0, 0, 0, 0, 0, 0, 0, 0, 0.
Toussant Metoyer         0, 0, 0, 0, 0, 0, 0, 0, 0, 0, 0, 0, 3,
              0, 0, 0, 0, 1, 0, 1, 1, 0, 0, 1, 0, 0, 1, 2, 0, 1, 0.
```

```
                                1, 2, 3, 4, 5, 6, 7, 8, 9,10,11,12,13,
            14,15,16,17,18,19,20,21,22,23,24,25,26,27,28,29,30,31.

Joseph Verecher             0, 2, 0, 0, 1, 0, 2, 0, 1, 0, 0, 0, 1,
            0, 1, 0, 0, 0, 0, 0, 1, 0, 0, 0, 0, 0, 0, 0, 0, 0, 0.
Louis Rachall Senr.         0, 0, 1, 2, 0, 1, 4, 2, 0, 1, 1, 0,20,
            0, 0, 4, 3, 4, 4, 5, 2, 3, 2, 0, 0, 0, 1, 0, 0, 0, 0.
John Hentleman ?            0, 0, 0, 0, 0, 1, 2, 0, 0, 0, 1, 4, 1,
            0, 0, 0, 0, 0, 0, 0, 0, 0, 0, 0, 0, 0, 0, 0, 0, 0, 0.
Joseph Foret                0, 0, 0, 0, 0, 1, 0, 0, 0, 0, 0, 0, 0,
            0, 0, 0, 0, 0, 0, 0, 0, 0, 0, 0, 0, 0, 1, 0, 1, 0.
Ant. Prudhomme              2, 0, 1, 2, 0, 1, 2, 0, 0, 0, 1, 0,55,
            0, 1, 8,16, 6, 4, 9,10, 6, 4, 0, 0, 0, 0, 0, 0, 0, 1.
Paul Prudhomme              0, 0, 0, 0, 1, 0, 0, 0, 0, 0, 1, 0, 0,
            0, 0, 0, 0, 0, 0, 0, 0, 0, 0, 1, 0, 0, 1, 0.
Merond Slate                0, 0, 0, 2, 1, 0, 4, 0, 1, 2, 0, 9, 3,
            0, 0, 0, 0, 0, 0, 0, 0, 0, 0, 0, 0, 0, 0, 0, 0.
Bat. Brevelle               2, 1, 0, 0, 0, 1, 2, 1, 0, 0, 1, 0, 1,
            0, 0, 0, 0, 0, 0, 0, 0, 0, 0, 0, 0, 0, 0, 0, 0.
Ant. ? Bmy. Rachall         2, 0, 0, 0, 1, 0, 1, 0, 0, 1, 0, 0, 3,
            0, 0, 0, 0, 1, 0, 0, 0, 1, 0, 0, 0, 0, 0, 0, 0, 0.
Hillaire Rachall            2, 0, 0, 1, 0, 0, 0, 0, 1, 0, 0, 0, 1,
            0, 0, 0, 0, 0, 0, 0, 0, 0, 0, 0, 0, 0, 0, 0, 0.
L. S. Hazelton              1, 0, 0, 1, 0, 1, 0, 0, 1, 0, 0, 0, 8,
            0, 0, 3, 2, 2, 1, 1, 2, 1, 0, 0, 0, 0, 0, 0, 0, 0.
Bertrand Plaisance          1, 2, 0, 1, 0, 1, 0, 2, 1, 0, 1, 0, 4,
            0, 0, 0, 2, 1, 0, 2, 2, 0, 0, 0, 0, 0, 0, 0, 0, 0.
Bat. Plaisance              1, 0, 0, 0, 0, 1, 3, 0, 0, 1, 0, 0, 3,
            0, 0, 1, 2, 0, 0, 0, 0, 0, 0, 0, 0, 0, 0, 0, 0, 0.
Honorai Fredien             0, 0, 0, 1, 0, 0, 0, 0, 1, 0, 0, 0, 1,
            0, 0, 0, 0, 0, 2, 0, 1, 0, 0, 0, 0, 0, 0, 0, 0, 0.
E. G. Murphy                2, 0, 0, 1, 2, 1, 1, 0, 0, 1, 0, 0, 9,
            0, 0, 2, 2, 1, 0, 4, 2, 1, 1, 0, 0, 0, 0, 0, 0, 0.
Louis Tauzin                0, 0, 0, 0, 1, 0, 2, 0, 1, 0, 0, 0,11,
            0, 0, 2, 4, 1, 0, 3, 2, 2, 1, 0, 0, 0, 0, 0, 0, 0.
Bat. Trichel                2, 1, 0, 1, 0, 1, 1, 1, 0, 1, 0, 1, 5,
            0, 0, 1, 1, 1, 0, 1, 1, 2, 0, 0, 0, 0, 0, 0, 0, 0.
Frans. Vierme               2, 0, 0, 0, 1, 0, 0, 0, 1, 0, 1, 0,14,
            0, 1, 2, 3, 3, 2, 4, 5, 6, 4, 0, 0, 0, 0, 0, 0, 0.
Wid. Murphy                 0, 0, 0, 0, 0, 0, 0, 0, 0, 0, 0, 1, 0,16,
            0, 0, 2, 4, 1, 2, 4, 5, 2, 4, 0, 0, 0, 0, 0, 0, 0.
Theodore Grillette          1, 1, 0, 0, 0, 1, 0, 0, 0, 0, 1, 0, 5,
            0, 0, 3, 2, 1, 0, 1, 1, 1, 0, 0, 0, 0, 0, 0, 0, 0.
Manuel Levasseur            1, 1, 0, 0, 1, 0, 2, 1, 0, 1, 0, 0, 5,
            0, 0, 1, 2, 1, 0, 3, 1, 1, 0, 0, 0, 0, 0, 0, 0, 0.
Wid. Lavasseur              1, 1, 0, 0, 0, 0, 2, 0, 0, 1, 0, 0,10,
            0, 1, 4, 3, 2, 1, 1, 4, 1, 2, 0, 0, 0, 0, 0, 0, 0.
Benj. Sheult                0, 0, 0, 1, 0, 1, 1, 1, 0, 0, 1, 0, 1,
            0, 0, 0, 0, 0, 1, 0, 0, 2, 0, 0, 0, 0, 0, 0, 0, 0.
Ant. Adlie                  1, 0, 0, 1, 0, 0, 1, 0, 0, 1, 0, 0, 1,
            0, 1, 0, 0, 1, 0, 0, 0, 0, 0, 0, 0, 0, 0, 0, 0, 0.
Dque. Rachall               2, 2, 0, 0, 0, 1, 0, 0, 0, 1, 1, 1, 6,
            0, 0, 2, 1, 4, 1, 4, 2, 1, 3, 0, 0, 0, 0, 0, 0, 0.
```

```
                              1, 2, 3, 4, 5, 6, 7, 8, 9,10,11,12,13,
                    14,15,16,17,18,19,20,21,22,23,24,25,26,27,28,29,30,31.

Noel Rachall              ?, 0, 0, 0, 0, 1, 0, 0, 0, 0, 0, 0, 4,
                0, 1, 1, 1, 1, 1, 2, 0, 1, 0, 0, 0, 0, 0, 0, 0, 0, 0.

                          179 110 71 214 159 211 198 118 79 107 82 282 743

[subtotal]    25 77 125 115 110 52 133 126 113 65 17 11 11 16 23 16 14 11

Geronie Rachall           0, 0, 0, 1, 0, 0, 0, 1, 0, 0, 0, 0, 1,
                0, 0, 0, 0, 0, 0, 0, 0, 0, 0, 0, 0, 0, 0, 0, 0, 0, 0.
Wid. Rachall              0, 0, 0, 0, 1, 0, 1, 0, 0, 0, 1, 0, 6,
                0, 2, 1, 2, 0, 3, 1, 2, 1, 0, 0, 0, 0, 0, 0, 0, 1, 0.
Catherine Badin           0, 0, 0, 0, 0, 0, 0, 0, 0, 0, 0, 0, 7,
                0, 0, 0, 0, 0, 0, 0, 0, 0, 2, 1, 1, 3, 4, 3, 1, 0, 0.
Widow Adlie               0, 0, 0, 1, 0, 1, 0, 0, 0, 0, 0, 1, 0, 1,
                0, 0, 0, 0, 0, 1, 1, 0, 0, 0, 0, 0, 0, 0, 0, 0, 0.
Benj. Bullitt             0, 0, 0, 0, 0, 1, 4, 0, 0, 0, 1, 0, 5,
                0, 0, 2, 1, 0, 1, 4, 1, 1, 0, 0, 0, 0, 0, 0, 0, 0, 0.
Michel Carmove ? Carman ? 0, 0, 0, 1, 0, 1, 1, 2, 0, 0, 1, 0, 2,
                0, 0, 0, 0, 0, 0, 0, 0, 0, 0, 0, 0, 0, 0, 0, 0, 0, 0.
Paul Caissane             0, 0, 0, 1, 1, 0, 0, 0, 0, 0, 1, 0, 1, 2,
                0, 0, 0, 0, 0, 0, 0, 0, 0, 0, 0, 0, 0, 0, 0, 0, 0, 0.
Fran. Landreau            3, 0, 0, 0, 1, 0, 0, 0, 1, 0, 0, 0, 4,
                0, 0, 2, 0, 1, 0, 2, 1, 1, 0, 0, 0, 0, 0, 0, 0, 0, 0.
Ant. Poisot               1, 3, 1, 1, 0, 1, 0, 0, 1, 0, 1, 0,42,
                0, 1, 9,10, 7, 4,12, 7, 4, 6, 0, 0, 0, 0, 0, 0, 0, 0.
Frans. Bossier            0, 1, 2, 4, 1, 1, 0, 0, 2, 0, 1, 1,17,
                0, 1, 3, 2, 2, 2, 2, 3, 1, 2, 0, 0, 0, 0, 0, 0, 0, 0.
Wid. Bullitt              0, 1, 0, 1, 0, 1, 3, 0, 0, 1, 0, 0, 4,
                0, 1, 2, 0, 1, 0, 1, 0, 3, 0, 0, 0, 0, 0, 0, 0, 0, 0.
Wid. Paunill              0, 0, 0, 1, 0, 0, 0, 0, 0, 0, 1, 0, 9,
                0, 0, 4, 1, 2, 0, 2, 3, 1, 2, 0, 0, 0, 0, 0, 0, 0, 0.
Placide Bossier           0, 1, 0, 1, 2, 1, 0 1, 0, 1, 1,21,
                0, 1, 4, 2, 3, 1, 2, 3, 4, 2, 0, 0, 0, 0, 0, 0, 0, 0.
Jose R. Chabon            1, 0, 2, 2, 2, 1, 5, 0, 1, 1, 0,10, 7,
                0, 0, 0, 0, 0, 0, 0, 0, 0, 0, 0, 0, 0, 0, 0, 0, 0, 0.
C. Honsleman              0, 2, 0, 1, 0, 1, 0, 2, 0, 1, 7, 2,
                0, 0, 0, 0, 0, 0, 0, 0, 0, 0, 0, 0, 0, 0, 0, 0, 0, 0.
Joseph Santos             1, 0, 0, 1, 0, 0, 1, 0, 1, 0, 3, 1,
                0, 0, 0, 0, 0, 0, 0, 0, 0, 0, 0, 0, 0, 0, 0, 0, 0, 0.
Jno. Bat. Buard           2, 0, 1, 2, 0, 1, 1, 0, 0, 1, 1,30,
                0, 1, 7, 4, 6, 2, 8, 3, 4, 3, 0, 0, 0, 0, 0, 0, 0, 0.
Wm. Murray                1, 0, 0, 0, 1, 0, 0, 0, 1, 1, 0, 0,17,
                0, 0, 2, 5, 6, 0, 1, 6, 4, Judge District Court 0, 0.
Thos. Thompson            0, 1, 0, 0, 0, 1, 3, 1, 0, 1, 0, 0, 1,
                0, 0, 0, 0, 0, 0, 0, 0, 0, 0, 0, 0, 0, 0, 0, 0, 0, 0.
Louis Fort                0, 0, 0, 0, 0, 0, 0, 0, 0, 0, 0, 0, 6,
                0, 0, 1, 2, 1, 0, 2, 2, 0, 1, 0, 0, 0, 0, 0, 0, 0, 0.
Wid. Grienand             0, 0, 0, 0, 0, 0, 1, 1, 0, 1, 1, 0, 2,
                0, 1, 1, 1, 0, 0, 0, 0, 1, 0, 0, 0, 0, 0, 0, 0, 0.
```

```
Wid. O. Buard           0, 1, 0, 0, 0, 0, 1, 0, 1, 0, 0, 0, 5,
          0, 0, 2, 5, 1, 1, 2, 2, 0, 1, 0, 0, 0, 0, 0, 0, 0, 0.
Louis Preocann ?        0, 0, 0, 0, 1, 0, 0, 0, 0, 1, 0, 0, 1,
          1, 0, 0, 0, 0, 0, 1, 0, 0, 0, 0, 0, 0, 0, 0, 0, 0.
J. J. Lambert           0, 0, 0, 1, 0, 0, 1, 0, 1, 0, 0, 0, 8,
          0, 0, 5, 1, 3, 2, 0, 1, 0, 0, 0, 0, 0, 0, 0, 0, 0.
Narcisse Prudhomme      0, 0, 0, 0, 2, 0, 6, 0, 1, 1, 0, 0,28,
          0, 0, 5, 4, 3, 2,13,10, 6, 2, 0, 0, 0, 0, 0, 0, 0, 0.
Jno. Larenondiere       2, 1, 1, 0, 1, 0, 2, 4, 0, 1, 0, 0, 2,
          0, 0, 0, 0, 0, 0, 0, 0, 0, 0, 0, 0, 0, 0, 0, 0, 0.
Jno. Bat. Arman         1, 1, 0, 0, 0, 1, 4, 1, 0, 1, 0, 0, 4,
          0, 0, 2, 1, 1, 1, 3, 1, 2, 0, 0, 0, 1, 0, 0, 0, 0.
Don Andrews             1, 0, 0, 0, 1, 0, 0, 0, 0, 0, 0, 0, 1,
          0, 0, 0, 0, 0, 0, 0, 0, 0, 0, 0, 0, 0, 0, 0, 0, 0.
Wid. Armand ? Aismand ? 0, 0, 0, 0, 0, 0, 0, 0, 0, 0, 0, 1, 0, 1,
          0, 0, 0, 0, 1, 0, 0, 1, 1, 0, 0, 0, 0, 0, 0, 0, 0, 0.
Jno. Bt. Prudhomme      1, 0, 2, 4, 0, 1, 2, 0, 0, 0, 0, 0,34,
          0, 2, 7,10, 8, 3, 5, 1, 5, 5, 0, 0, 0, 0, 0, 0, 0, 0.
Antoine Cornue Cormue ? 0, 0, 0, 0, 0, 0, 0, 0, 0, 0, 0, 0, 2,
          0, 0, 0, 0, 0, 0, 0, 1, 0, 0, 1, 2, 3, 0, 1.
Louis Rachall           1, 0, 0, 0, 1, 0, 2, 1, 0, 1, 0, 0, 2,
          0, 0, 0, 0, 1, 0, 0, 0, 1, 0, 0, 0, 0, 0, 0, 0, 0.
Wid. Hymelle            1, 0, 0, 0, 0, 0, 3, 0, 0, 1, 1, 0, 2,
          0, 0, 0, 1, 0, 0, 1, 0, 1, 1, 0, 0, 0, 0, 0, 0, 0, 0.
Alexander Gumail        0, 0, 0, 1, 1, 0, 0, 0, 0, 0, 0, 1, 0,
          1, 0, 0, 0, 0, 0, 0, 1, 0, 0, 0, 0, 0, 0, 0, 0, 0.
Maryanno ? Doclot       0, 0, 0, 0, 0, 0, 0, 0, 0, 0, 0, 0, 3,
          0, 0, 1, 0, 1, 0, 0, 2, 0, 1, 0, 0, 0, 0, 0, 0, 0, 1.
Marie Louis Badin       0, 0, 0, 0, 0, 0, 0, 0, 0, 0, 0, 0, 1,
          0, 0, 0, 0, 0, 0, 0, 0, 1, 0, 0, 0, 1, 0, 1, 0.
Emanuel Prud'homme      0, 0, 0, 0, 2, 0, 0, 0, 0, 0, 0, 2,55,
          0, 0,14,20, 2, 2,11,11, 9, 4, 0, 0, 0, 1, 0, 0, 0, 0.
```

(subtotals)

195 122 81 236 173 225 239 132 89 120 95 309 1,079

27 85 200 184 162 73 210 198 165 98 22 12 12 22 30 20 15 14

Continuation of the census of the County of Natichitoches
commencing at the lower line of the Plantation of Emanuel
Prudhomme and comprehending the Lower Part of the County
to the limit at the River called Regalet de Bondieu, towit:

```
Jno. Bat. Rachall       1, 0, 1, 4, 0, 1, 1, 2, 1, 0, 1, 0, 5,
          0, 0, 0, 1, 2, 0, 3, 2, 0, 1, 0, 0, 0, 0, 0, 0, 0, 0.
Phillip Frederick       1, 2, 0, 0, 0, 1, 0, 2, 0, 0, 1, 0, 2,
          0, 0, 0, 0, 0, 0, 0, 0, 0, 0, 0, 0, 0, 0, 0, 0, 0, 0.
Baltazard Brevell       1, 1, 0, 2, 0, 1, 2, 1, 1, 0, 1, 0, 3,
          0, 0, 1, 0, 1, 0, 0, 1, 1, 0, 0, 0, 0, 0, 0, 0, 0, 0.
```

```
                              1, 2, 3, 4, 5, 6, 7, 8, 9,10,11,12,13,
              14,15,16,17,18,19,20,21,22,23,24,25,26,27,28,29,30,31.

Widow Levasseur          0, 0, 0, 0, 0, 1, 0, 0, 0, 0, 1, 0, 2,
              0, 0, 0, 0, 0, 1, 0, 0, 0, 1, 0, 0, 0, 0, 0, 0, 0, 0.
Christopher Daru         2, 0, 0, 0, 1, 0, 0, 2, 0, 0, 1, 6, 1,
              0, 0, 0, 0, 0, 0, 0, 0, 0, 0, 0, 0, 0, 0, 0, 0, 0, 0.
Pierre Chellettre        1, 2, 0, 1, 0, 1, 1, 1, 0, 1, 0, 0, 4,
              0, 1, 2, 2, 0, 1, 1, 2, 0, 0, 0, 0, 0, 0, 0, 0, 0, 0.
Frans. Robien            2, 1, 0, 1, 1, 1, 1, 0, 0, 1, 0, 3,10,
              1, 0, 2, 3, 1, 1, 1, 3, 1, 1, 0, 0, 0, 1, 0, 0, 0, 0.
P. S. Compere            1, 0, 0, 0, 0, 1, 2, 0, 0, 1, 0, 0, 9,
              1, 0, 3, 2, 0, 2, 1, 2, 1, 0, 0, 0, 0, 0, 0, 0, 0, 0.
Julian Rachall           3, 1, 1, 1, 2, 0, 2, 0, 0, 1, 0, 0, 5,
              0, 0, 2, 0, 4, 0, 0, 1, 1, 1, 0, 0, 0, 0, 0, 0, 0, 0.
J. F. Hertzag            1, 0, 0, 0, 2, 0, 4, 0, 1, 1, 0, 1,14,
              1, 0, 4, 2, 4, 2, 2, 4, 1, 2, 0, 0, 0, 0, 0, 0, 0, 0.
Pierre Delocutre ?       1, 0, 0, 1, 1, 0, 3, 1, 0, 1, 0, 2, 2,
              0, 1, 0, 0, 0, 1, 0, 0, 1, 1, 0, 0, 0, 0, 0, 0, 0, 0.
Paul Poisot              1, 1, 2, 2, 0, 1, 4, 2, 0, 1, 0, 0, 4,
              0, 0, 0, 0, 0, 1, 0, 0, 0, 0, 0, 0, 0, 0, 0, 0, 0, 0.
John Grisset             1, 2, 0, 0, 1, 0, 2, 1, 0, 0, 1, 0, 1,
              0, 0, 0, 0, 0, 0, 0, 0, 0, 0, 0, 0, 0, 0, 0, 0, 0, 0.
Jose Falcion ? Falcon ?  0, 0, 0, 0, 1, 2, 0, 0, 1, 1, 3, 1,
              0, 0, 0, 0, 0, 0, 0, 0, 0, 0, 0, 0, 0, 0, 0, 0, 0, 0.
Frans. Chellette         0, 1, 0, 0, 1, 1, 0, 0, 0, 0, 0, 0, 2,
              0, 0, 0, 0, 1, 0, 0, 0, 1, 0, 0, 0, 0, 0, 0, 0, 0, 0.
Jacques Lecaze           1, 1, 0, 1, 0, 1, 0, 0, 0, 1, 0, 0, 8,
              0, 0, 3, 1, 2, 1, 1, 4, 0, 1, 0, 0, 0, 0, 0, 0, 0, 0.
Pierre Metoyer           0, 0, 0, 0, 0, 0, 0, 0, 0, 0, 0, 0, 3,
              0, 1, 1, 2, 0, 2, 0, 1, 0, 1, 1, 2, 0, 1, 2, 0, 1, 0.
Wid. Bmy. Rachall        1, 0, 0, 1, 0, 0, 0, 0, 0, 0, 0, 1, 5,
              0, 0, 3, 1, 1, 0, 4, 2, 0, 1, 0, 0, 0, 0, 0, 0, 0, 0.
Jno. Bt. Anty            0, 0, 0, 2, 1, 1, 0, 0, 0, 1, 1, 0, 7,
              0, 0, 1, 2, 1, 2, 0, 1, 1, 2, 0, 0, 0, 0, 0, 0, 0, 0.
Augt. Langlois           1, 0, 1, 2, 2, 1, 2, 3, 0, 1, 1, 2, 8,
              0, 2, 2, 3, 1, 2, 1, 0, 1, 1, 0, 0, 0, 0, 0, 0, 0, 0.
Frs. Derbanne            0, 0, 0, 1, 1, 0, 0, 0, 0, 1, 0, 0, 2,
              0, 0, 1, 0, 0, 0, 0, 0, 0, 0, 0, 0, 0, 0, 0, 0, 0, 0.
Frs. Lavaspere           0, 1, 0, 0, 0, 1, 0, 2, 0, 0, 1, 0, 4,
              0, 0, 1, 0, 1, 0, 1, 0, 0, 0, 0, 0, 0, 0, 0, 0, 0, 0.
Ant. Benj. Rachall       0, 0, 0, 1, 0, 1, 0, 0, 0, 1, 0, 0, 4,
              0, 0, 0, 2, 0, 0, 1, 0, 1, 0, 0, 0, 0, 0, 0, 0, 0, 0.
Jno. Bt. Derbanne        2, 1, 0, 1, 0, 1, 0, 2, 0, 1, 0, 0, 5,
              0, 0, 1, 0, 2, 0, 0, 1, 0, 0, 0, 0, 0, 0, 0, 0, 0, 0.
Frs. Frederick           0, 2, 0, 1, 0, 1, 0, 1, 0, 0, 1, 0, 2,
              0, 0, 0, 1, 0, 0, 1, 0, 1, 0, 0, 0, 0, 0, 0, 0, 0, 0.
Pierre Landrian          0, 0, 0, 0, 0, 1, 0, 0, 0, 0, 0, 0,13,
              0, 0, 1, 4, 1, 2, 3, 1, 2, 1, 0, 0, 0, 0, 0, 0, 0, 0.
Susanne Metoyer          0, 0, 0, 0, 0, 0, 0, 0, 0, 0, 0, 0, 3,
              0, 0, 2, 1, 1, 2, 1, 0, 0, 0, 0, 1, 0, 1, 0, 0, 1.
Corson ? Metoyer         0, 0, 0, 0, 0, 0, 0, 0, 0, 0, 0, 0, 2,
              0, 0, 1, 0, 0, 0, 0, 1, 0, 0, 1, 0, 1, 0, 0, 0, 1, 0.
```

```
                           1, 2, 3, 4, 5, 6, 7, 8, 9,10,11,12,13,
            14,15,16,17,18,19,20,21,22,23,24,25,26,27,28,29,30,31.

Joseph Lavine              0, 0, 0, 0, 0, 0, 0, 0, 0, 0, 0, 0, 0,
             0, 0, 0, 0, 0, 1, 0, 0, 0, 0, 1, 0, 0, 1, 0, 0, 1, 0.
Augt. Metoyer              0, 0, 0, 0, 0, 0, 0, 0, 0, 0, 0, 0,26,
             0, 0, 7, 4, 2, 4, 2, 3, 2, 1, 2, 2, 0, 1, 1, 0, 2, 1.
Goner Con                  0, 0, 0, 0, 0, 0, 0, 0, 0, 0, 0, 0, 1,
             1, 0, 0, 0, 0, 0, 0, 0, 0, 0, 0, 0, 1, 0, 0, 0, 1, 0.
```

(subtotals)

	21	16	5	22	13	18	26	20	3	14	12	17	160
4	5	38	31	25	26	22	29	15	16	5	4	3	4	4	0	7	3

```
Louis Metoyer              0, 0, 0, 0, 0, 0, 0, 0, 0, 0, 0, 0,23,
             0, 0, 8, 4, 1, 2, 3, 2, 0, 2, 1, 0, 0, 0, 0, 0, 0, 0.
Manuel Lorens              0, 0, 0, 0, 0, 0, 0, 0, 0, 0, 0, 0, 0,
             0, 1, 0, 0, 0, 0, 1, 0, 0, 0, 1, 0, 1, 0, 0, 1, 0, 0.
Frans. Metoyer             0, 0, 0, 0, 0, 0, 0, 0, 0, 0, 0, 0, 9,
             0, 0, 1, 2, 0, 1, 0, 2, 1, 0, 0, 1, 2, 0, 1, 0, 1, 0.
Maxile Metoyer             0, 0, 0, 0, 0, 0, 0, 0, 0, 0, 0, 0, 4,
             0, 0, 0, 0, 1, 0, 0, 1, 0, 0, 2, 0, 1, 1, 1, 1, 0, 0.
Azile Roque                0, 0, 0, 0, 0, 0, 0, 0, 0, 0, 0, 0, 2,
             0, 0, 0, 0, 0, 0, 1, 0, 0, 0, 0, 0, 1, 0, 0, 1, 0, 0.
Christopher Roque          0, 0, 0, 0, 0, 0, 0, 0, 0, 0, 0, 0, 3,
             0, 0, 0, 1, 0, 0, 1, 0, 0, 0, 1, 0, 0, 0, 0, 1, 0.
Dque. Metoyer              0, 0, 0, 0, 0, 0, 0, 0, 0, 0, 0, 0,14,
             0, 0, 2, 2, 4, 1, 2, 0, 3, 2, 1, 2, 2, 1, 3, 0, 1, 1.
Jno. Bt. Lattier           0, 0, 0, 0, 0, 1, 1, 0, 0, 0, 0, 1, 0, 9,
             0, 0, 2, 2, 1, 2, 3, 1, 4, 0, 0, 0, 0, 0, 0, 0, 0, 0.
Joseph Lattier             0, 0, 0, 0, 1, 0, 0, 1, 0, 1, 0, 0, 2,
             0, 0, 1, 1, 0, 0, 0, 0, 1, 0, 0, 0, 0, 0, 0, 0, 0.
Frans. Lattier             1, 2, 0, 0, 0, 1, 3, 0, 0, 1, 0, 0, 5,
             0, 0, 1, 0, 1, 0, 3, 2, 0, 1, 0, 0, 0, 0, 0, 0, 0, 0.
Valentinedai               1, 0, 0, 0, 1, 1, 3, 1, 0, 1, 0, 0, 2,
             0, 0, 0, 0, 0, 0, 0, 0, 0, 0, 0, 0, 0, 0, 0, 0, 0, 0.
Juan LeMatt                3, 0, 2, 2, 0, 1, 0, 1, 1, 1, 0, 8, 4,
             0, 0, 0, 0, 0, 0, 0, 0, 0, 0, 0, 0, 0, 0, 0, 0, 0, 0.
Phillip Brosset            2, 2, 0, 0, 1, 1, 1, 0, 1, 1, 0, 0, 3,
             0, 0, 2, 1, 0, 0, 0, 2, 0, 0, 0, 0, 0, 0, 0, 0, 0.
Ant. ? Brosset             1, 0, 0, 1, 1, 0, 0, 0, 1, 0, 1, 1, 4,
             0, 0, 0, 1, 0, 1, 0, 0, 0, 0, 0, 0, 0, 0, 0, 0, 0, 0.
Wid. Lemoine               1, 1, 0, 0, 0, 0, 3, 0, 0, 1, 0, 0, 5,
             0, 0, 2, 0, 0, 1, 0, 1, 0, 0, 0, 0, 0, 0, 0, 0, 0, 0.
Louis Derbanne             0, 0, 0, 0, 0, 1, 0, 0, 0, 0, 1, 0,14,
             0, 0, 3, 2, 4, 1, 4, 4, 1, 1, 0, 0, 0, 0, 0, 0, 0, 0.
Frs. Derbanne              0, 0, 0, 0, 1, 0, 0, 0, 1, 0, 0, 0, 2,
             0, 0, 1, 0, 0, 1, 0, 0, 0, 0, 0, 0, 0, 0, 0, 0, 0, 0.
Isabel Charlot             0, 0, 0, 0, 0, 0, 0, 0, 0, 0, 0, 0, 1,
             0, 0, 0, 0, 0, 0, 0, 0, 0, 1, 0, 1, 0, 0, 0, 2.
Hillaire Lavaspere         0, 0, 0, 0, 1, 0, 1, 0, 1, 0, 0, 0, 1,
             0, 0, 0, 0, 0, 0, 0, 0, 0, 0, 0, 0, 0, 0, 0, 0, 0.
```

```
                              1,  2,  3,  4,  5,  6,  7,  8,  9,10,11,12,13,
          14,15,16,17,18,19,20,21,22,23,24,25,26,27,28,29,30,31.

Ant. Bergeon          0,  0,  0,  0,  0,  1,  0,  0,  0,  0,  1,  0,  1,
          0,  0,  0,  0,  0,  0,  0,  0,  0,  0,  0,  0,  0,  0,  0,  0,  0,  0.
Bat. Chenal           0,  0,  0,  0,  0,  1,  2,  1,  0,  0,  1,  0,  1,
          1,  0,  0,  0,  0,  0,  0,  0,  0,  0,  0,  0,  0,  0,  0,  0,  0,  0.
Joseph Mellanson      1,  0,  0,  0,  1,  0,  0,  0,  1,  0,  0,  0,  1,
          0,  0,  0,  0,  0,  0,  0,  0,  0,  0,  0,  0,  0,  0,  0,  0,  0,  0.
Gasperite Lacour      2,  2,  1,  1,  0,  1,  2,  1,  0,  1,  0,  0,12,
          0,  1,  4,  1,  3,  1,  3,  4,  2,  2,  0,  0,  0,  0,  1,  0,  0,  0.
Jacques Vercher       3,  2,  0,  0,  1,  0,  1,  2,  0,  1,  1,  1,  4,
          0,  0,  1,  0,  1,  0,  0,  2,  0,  0,  0,  0,  0,  0,  0,  0,  0,  0.
Bmy. Lacour           2,  1,  2,  3,  0,  1,  0,  0,  0,  1,  0,  0,  7,
          0,  0,  4,  1,  0,  1,  0,  1,  1,  0,  0,  0,  0,  0,  0,  0,  0,  0.
Wid. Monet            0,  0,  0,  0,  0,  0,  0,  0,  0,  0,  1,  0,  4,
          0,  0,  1,  0,  1,  1,  4,  0,  2,  1,  0,  0,  0,  0,  0,  0,  0,  0.
Ambroise Lecomt       2,  2,  0,  0,  1,  1,  0,  0,  0,  0,  1,  0,64,
          0,  2,13,21,18,10,10,14,  6,  4,  0,  0,  0,  0,  0,  0,  0,  0.
Alexis Clantier       1,  0,  0,  0,  0,  1,  0,  0,  0,  1,  0,  0,43,
          0,  3,12,  9,  8,  4,14,10,  8,  5,  0,  0,  0,  0,  0,  0,  0,  1.
Vallery Anty          3,  0,  0,  0,  2,  0,  0,  0,  1,  0,  0,  0,  2,
          0,  0,  0,  0,  0,  1,  0,  0,  0,  0,  0,  0,  0,  0,  0,  0,  0,  0.
A. Brisset            0,  0,  0,  2,  0,  0,  ?,  0,  0,  0,  0,  2,  1,
          0,  0,  0,  0,  0,  0,  0,  0,  2,  0,  1,  0,  0,  0,  0,  0,  0,  0.
Artonace Lacour       0,  1,  0,  0,  0,  1,  0,  0,  0,  1,  0,  0,  5,
          0,  0,  0,  2,  1,  2,  1,  1,  0,  1,  0,  0,  0,  0,  0,  0,  0,  0.
Ant. Condit           0,  0,  0,  0,  0,  2,  0,  0,  0,  0,  0,  0,  7,
          0,  0,  1,  2,  2,  0,  0,  2,  1,  1,  0,  0,  0,  0,  2,  1,  0,  1.
Pierre Michell        1,  1,  0,  1,  1,  0,  1,  0,  1,  0,  0,  0,10,
          0,  0,  3,  1,  2,  1,  1,  4,  2,  1,  0,  0,  0,  0,  0,  0,  0,  0.
Ww. Owens             0,  0,  0,  1,  1,  1,  0,  0,  0,  0,  0,  0,15,
          0,  0,  4,  2,  1,  0,  3,  7,  1,  2,  0,  0,  0,  0,  0,  0,  0,  0.
Sylvester Rachall     2,  0,  0,  0,  2,  0,  0,  0,  0,  1,  0,  0,13,
          0,  1,  2,  4,  3,  1,  5,  1,  1,  3,  0,  0,  0,  0,  0,  0,  0,  0.
Fro. Bat. Dubois      0,  0,  0,  2,  1,  2,  0,  0,  0,  0,  0,  3,  4,
          0,  0,  0,  0,  1,  0,  0,  1,  0,  0,  0,  0,  0,  0,  0,  0,  0,  0.
Remy Rosto            0,  0,  0,  0,  1,  0,  0,  0,  1,  0,  0,  2,  1,
          0,  0,  0,  0,  0,  0,  0,  0,  0,  0,  0,  0,  0,  0,  0,  0,  0,  0.
Pierre Quirey         0,  0,  0,  1,  0,  1,  1,  2,  0,  1,  0,  0,  1,
          0,  1,  0,  0,  0,  0,  0,  0,  0,  0,  0,  0,  0,  0,  0,  0,  0,  0.
Wid. Dupre            1,  0,  1,  1,  0,  0,  0,  1,  0,  0,  1,  0,  2,
          0,  0,  0,  0,  0,  1,  0,  0,  0,  0,  0,  0,  0,  0,  0,  0,  0,  0.
Marc Sompeyerac ?     0,  0,  0,  1,  1,  1,  2,  0,  1,  0,  0,  3,  0,
          1,  0,  0,  0,  0,  1,  1,  0,  0,  0,  0,  0,  0,  0,  0,  0,  0,  0.
Manuel Rachall        0,  1,  0,  1,  1,  0,  0,  0,  1,  0,  0,  1,  5,
          0,  1,  2,  1,  0,  0,  1,  0,  0,  0,  0,  0,  0,  0,  0,  0,  0,  0.
Osgoods Witicher      0,  1,  0,  4,  2,  1,  0,  0,  0,  0,  0,  1,
          0,  7,  0,  0,  0,  1,  0,  0,  1,  0,  0,  0,  0,  0,  0,  0,  0,  0.
Nicholas Gracier      0,  0,  0,  1,  2,  0,  0,  0,  0,  0,  0,  2,  2,
          1,  0,  1,  1,  0,  0,  0,  1,  1,  0,  0,  0,  0,  0,  0,  0,  0,  0.
Bat. Rachall          0,  0,  0,  1,  2,  0,  0,  0,  0,  0,  0,  0,  7,
          0,  1,  1,  0,  1,  0,  0,  0,  0,  1,  1,  4,  1,  1,  3,  1,  2,  1.
```

```
                              1, 2, 3, 4, 5, 6, 7, 8, 9,10,11,12,13,
        14,15,16,17,18,19,20,21,22,23,24,25,26,27,28,29,30,31.

Spalier Rachall    0, 0, 0, 0, 0, 0, 0, 0, 0, 0, 0, 0, 2,
          0, 0, 0, 0, 0, 0, 0, 0, 0, 0, 3, 0, 1, 0, 0, 0, 1, 0.
Alexis Moreau      1, 1, 0, 0, 1, 0, 2, 1, 1, 0, 1, 0, 1,
          0, 0, 0, 0, 0, 0, 0, 1, 0, 0, 0, 0, 0, 0, 0, 0, 0.
John Camchos       2, 1, 0, 1, 0, 1, 1, 0, 0, 1, 0, 0, 4,
          0, 0, 0, 1, 1, 0, 1, 0, 2, 0, 0, 0, 0, 0, 0, 0, 0, 0.
Geo. Sneed         1, 0, 0, 0, 0, 1, 0, 0, 0, 1, 1, 0, 0,
          0, 1, 0, 0, 0, 0, 0, 0, 0, 0, 0, 0, 0, 0, 0, 0, 0.
Fro. Verangue      0, 0, 0, 0, 1, 1, 0, 0, 0, 0, 0, 0, 2,
          0, 0, 0, 0, 0, 0, 0, 0, 0, 0, 0, 0, 0, 0, 0, 0, 0.
Jos. F. Porter     0, 0, 0, 0, 0, 1, 0, 0, 0, 0, 0, 0, 2,
          0, 0, 1, 1, 0, 0, 0, 0, 0, 2, 0, 0, 0, 0, 0, 1, 0.
Wid. Nolasco       1, 1, 0, 0, 0, 0, 2, 1, 0, 1, 1, 0,14,
          0, 0, 3, 2, 3, 1, 4, 2, 1, 2, 0, 0, 1, 0, 0, 0, 0, 0.
Doroti Monet       2, 1, 0, 1, 0, 0, 2, 2, 0, 1, 1, 0, 3,
          0, 0, 0, 0, 0, 1, 0, 1, 0, 0, 0, 0, 0, 0, 0, 0, 0.
Dorseno Rachall    0, 0, 0, 2, 1, 0, 3, 0, 1, 1, 0, 1, 3,
          0, 0, 0, 0, 0, 0, 0, 0, 0, 0, 0, 0, 0, 0, 0, 0, 0.
Etienne Rachall    1, 1, 0, 0, 0, 1, 2, 1, 0, 1, 0, 0, 2,
          0, 0, 1, 0, 1, 0, 0, 1, 0, 0, 0, 0, 0, 0, 0, 0, 0.
Ant. Rachall       0, 0, 0, 1, 0, 0, 1, 0, 1, 0, 0, 0, 2,
          0, 0, 0, 1, 1, 0, 2, 0, 0, 1, 0, 0, 0, 0, 0, 0, 0.
Louis Rachall      0, 0, 0, 1, 1, 0, 1, 0, 1, 0, 0, 1, 4,
          0, 0, 1, 0, 1, 0, 0, 1, 0, 0, 0, 0, 0, 0, 0, 0, 0.
Onezeme St. Andre  0, 0, 0, 0, 1, 0, 0, 0, 0, 1, 0, 0, 2,
          0, 0, 0, 0, 0, 1, 1, 0, 1, 0, 0, 0, 0, 0, 0, 0, 0.
Wid. Ant. Rachall  0, 0, 1, 1, 1, 0, 1, 0, 1, 0, 2, 0, 5,
          0, 0, 1, 1, 1, 0, 0, 2, 0, 0, 0, 0, 0, 0, 0, 0, 0.
Frans. St. Germain 1, 2, 0, 0, 0, 1, 0, 1, 0, 1, 0, 0, 3,
          0, 0, 0, 1, 0, 1, 0, 0, 0, 0, 0, 0, 0, 0, 0, 0, 0.
Frans. Baudry      1, 1, 0, 0, 1, 0, 2, 0, 0, 1, 0, 0, 4,
          0, 0, 1, 0, 0, 0, 0, 1, 0, 0, 0, 0, 0, 0, 0, 0, 0.
Andre St. Andry    0, 1, 0, 0, 0, 0, 1, 2, 1, 0, 1, 1, 0,10,
          0, 0, 3, 2, 1, 1, 2, 4, 1, 2, 0, 0, 0, 0, 0, 0, 0, 0.
Jacqu Scadro       2, 1, 0, 0, 0, 1, 2, 1, 1, 0, 1, 0, 3,
          0, 0, 0, 0, 0, 0, 0, 0, 0, 0, 0, 0, 0, 0, 0, 0, 0.
Jacob St. Andre    0, 1, 0, 0, 1, 1, 0, 0, 1, 0, 1, 1, 5,
          0, 0, 2, 0, 1, 0, 2, 1, 0, 0, 0, 0, 0, 0, 0, 0, 0.
James Brown        1, 0, 0, 0, 1, 0, 0, 0, 1, 0, 0, 0, 1,
          0, 0, 0, 0, 0, 0, 0, 0, 0, 0, 0, 0, 0, 0, 0, 0, 0.
Jean Laronondere   2, 1, 1, 1, 1, 0, 0, 0, 1, 0, 1, 0, 3,
          0, 0, 0, 0, 0, 0, 0, 0, 0, 0, 0, 0, 0, 0, 0, 0, 0.
Bat. Chellette     2, 2, 0, 0, 1, 1, 2, 0, 1, 0, 1, 2, 4,
          0, 0, 0, 0, 0, 0, 0, 0, 0, 0, 0, 0, 0, 0, 0, 0, 0.
James Glaughlin    0, 0, 0, 1, 1, 1, 3, 0, 1, 0, 0, 0, 3,
          0, 0, 0, 0, 0, 0, 0, 0, 0, 0, 0, 0, 0, 0, 0, 0, 0.
Bat. Seader        0, 0, 0, 1, 2, 1, 4, 0, 0, 1, 0, 0, 3,
          0, 1, 0, 0, 0, 0, 0, 0, 0, 0, 0, 0, 0, 0, 0, 0, 0.
Juan Parrinos      0, 0, 0, 0, 1, 0, 2, 0, 0, 1, 0, 0, 1,
          0, 0, 0, 0, 0, 0, 0, 0, 0, 0, 0, 0, 0, 0, 0, 0, 0.
```

```
                              1, 2, 3, 4, 5, 6, 7, 8, 9,10,11,12,13,
            14,15,16,17,18,19,20,21,22,23,24,25,26,27,28,29,30,31.

Guadeloupe Sevollos          0, 2, 0, 1, 1, 0, 1, 0, 1, 0, 1, 4, 2,
               0, 0, 0, 0, 0, 0, 0, 0, 0, 0, 0, 0, 0, 0, 0, 0, 0, 0.

                             65  43  13  57  54  51  80  38  29  38  34  49  566
(subtotals)

               7  24  102  54  90  69  82  100  70  51  19  13  63  54  13  9  15  7

Narcisse Rachall             1, 1, 0, 1, 1, 0, 2, 0, 0, 1, 0, 2, 5,
               0, 1, 1, 0, 1, 1, 3, 1, 1, 0, 0, 0, 0, 0, 0, 0, 0, 0.
Benj. Metoyer                1, 0, 0, 1, 1, 2, 4, 3, 0, 1, 0, 0,27,
               0, 0, 5,10,14, 4, 5,10, 6, 3, 0, 0, 0, 0, 0, 0, 0, 0.
Metoyer                      0, 0, 0, 1, 1, 0, 0, 0, 0, 0, 0, 0,20,
               0, 0, 6, 7, 2, 2, 4,10, 4, 3, 0, 0, 0, 0, 0, 0, 0, 0.
Jno. Ls. Delouche ?          2, 0, 0, 0, 1, 0, 2, 0, 0, 1, 0, 0, 4,
               0, 0, 1, 0, 0, 0, 2, 0, 1, 0, 0, 0, 0, 0, 0, 0, 0, 0.
Ed. Mc Glaughlin             2, 2, 0, 0, 1, 1, 1, 3, 0, 1, 1, 0, 2,
               0, 0, 0, 0, 0, 0, 0, 0, 0, 0, 0, 0, 0, 0, 0, 0, 0, 0.
Jno. Bt. Adlie               0, 0, 0, 0, 0, 1, 2, 1, 0, 0, 1, 0, 6,
               0, 0, 0, 1, 1, 0, 3, 1, 1, 0, 0, 0, 0, 0, 0, 0, 0, 0.
Alexr. McKelpin              0, 0, 0, 1, 1, 0, 0, 0, 0, 0, 0, 0, 8,
               0, 0, 4, 2, 0, 1, 2, 1, 1, 1, 0, 0, 0, 0, 0, 0, 0, 0.
Jose Ricard                  0, 0, 0, 0, 0, 1, 0, 0, 0, 1, 0, 2, 1,
               0, 0, 0, 0, 0, 0, 0, 0, 0, 0, 0, 0, 0, 0, 0, 0, 0, 0.
Francisco Chaban             1, 0, 0, 0, 1, 1, 2, 0, 0, 0, 1, 3, 2,
               0, 0, 0, 0, 0, 0, 0, 0, 0, 0, 0, 0, 0, 0, 0, 0, 0, 0.
Maryanno Mansola             0, 0, 0, 0, 0, 1, 0, 0, 0, 0, 1, 2, 1,
               0, 0, 0, 0, 0, 0, 0, 0, 0, 0, 0, 0, 0, 0, 0, 0, 0, 0.
Etienne Santos               3, 1, 0, 1, 1, 0, 0, 0, 1, 0, 0, 3, 2,
               0, 0, 0, 0, 0, 0, 0, 0, 0, 0, 0, 0, 0, 0, 0, 0, 0, 0.
Ant. LaPlont ? La Mont ?     0, 0, 0, 0, 0, 1, 0, 0, 0, 1, 1, 0, 1,
               0, 0, 0, 0, 0, 0, 0, 0, 0, 0, 0, 0, 0, 0, 0, 0, 0, 0.
Wid. Rachall                 1, 0, 1, 2, 1, 0, 1, 0, 1, 0, 1, 0, 3,
               0, 0, 0, 0, 0, 0, 0, 0, 0, 0, 0, 0, 0, 0, 0, 0, 0, 0.
E. LaBerry                   0, 0, 0, 0, 0, 0, 0, 0, 0, 0, 0, 0, 1,
               0, 0, 0, 0, 0, 0, 2, 0, 0, 1, 2, 0, 0, 1, 0, 0, 0, 0.
Jos. Moreau                  1, 0, 0, 0, 1, 1, 3, 0, 0, 1, 0, 2, 2,
               0, 0, 0, 0, 0, 0, 0, 0, 0, 0, 0, 0, 0, 0, 0, 0, 0, 0.
Charles Duret                0, 3, 0, 0, 0, 1, 0, 0, 0, 1, 1, 0, 1,
               0, 0, 0, 0, 0, 0, 0, 0, 0, 0, 0, 0, 0, 0, 0, 0, 0, 0.
Joseph Rachall               1, 1, 1, 2, 1, 0, 0, 0, 0, 1, 1, 0, 3,
               0, 0, 0, 0, 0, 0, 0, 0, 0, 0, 0, 0, 0, 0, 0, 0, 0, 0.
Etienne Derouse              1, 0, 0, 0, 1, 1, 2, 1, 0, 1, 0, 0, 2,
               0, 0, 0, 0, 0, 0, 0, 0, 0, 0, 0, 0, 0, 0, 0, 0, 0, 0.
Wid. Casetora                1, 0, 0, 0, 1, 0, 1, 1, 0, 0, 1, 0, 1,
               0, 0, 0, 0, 0, 0, 0, 0, 0, 0, 0, 0, 0, 0, 0, 0, 0, 0.
Bat. Couty                   0, 0, 0, 0, 1, 0, 2, 0, 0, 1, 0, 0, 1,
               0, 0, 0, 0, 0, 0, 0, 0, 0, 0, 0, 0, 0, 0, 0, 0, 0, 0.
Paul Coutty                  2, 2, 0, 1, 0, 1, 2, 1, 0, 1, 1, 0, 3,
               0, 0, 0, 0, 0, 1, 0, 0, 0, 0, 0, 0, 0, 0, 0, 0, 0, 0.
```

Page 72

```
                              1, 2, 3, 4, 5, 6, 7, 8, 9,10,11,12,13,
           14,15,16,17,18,19,20,21,22,23,24,25,26,27,28,29,30,31.

Frans. Pauerier          2, 0, 0, 1, 0, 1, 2, 0, 0, 0, 1, 0, 1,
           0, 1, 0, 0, 0, 0, 0, 0, 0, 0, 0, 0, 0, 0, 0, 0, 0, 0.
Frs. Bt. Morin           0, 0, 0, 0, 0, 1, 0, 1, 0, 0, 1, 0, 1,
           0, 0, 0, 0, 0, 0, 0, 0, 0, 0, 0, 0, 0, 0, 0, 0, 0, 0.
Manuel Derbanne          2, 2, 0, 0, 0, 1, 1, 2, 1, 1, 1, 2, 3,
           0, 0, 0, 0, 0, 0, 0, 0, 0, 0, 0, 0, 0, 0, 0, 0, 0, 0.
Joseph Raballe           3, 1, 0, 0, 0, 1, 2, 1, 0, 1, 0, 0, 1,
           0, 0, 0, 0, 0, 0, 0, 0, 0, 0, 0, 0, 0, 0, 0, 0, 0, 0.
Ls. J. Rachall           0, 2, 0, 0, 1, 1, 0, 1, 2, 1, 0, 1, 3,
           0, 0, 0, 0, 1, 0, 0, 0, 0, 1, 0, 0, 0, 0, 0, 0, 0, 0.
Cezare Thomasine         1, 0, 0, 0, 1, 0, 0, 0, 0, 1, 0, 0, 1,
           0, 0, 0, 0, 0, 0, 0, 0, 0, 0, 0, 0, 0, 0, 0, 0, 0, 0.
Louis Thomasine          2, 0, 0, 0, 0, 1, 0, 0, 0, 1, 1, 0, 1,
           0, 0, 0, 0, 0, 0, 0, 0, 0, 0, 0, 0, 0, 0, 0, 0, 0, 0.
J. B. L. Rachall         1, 2, 0, 0, 0, 1, 2, 1, 0, 1, 1, 0, 3,
           0, 0, 0, 0, 0, 0, 0, 0, 0, 0, 0, 0, 0, 0, 0, 0, 0, 0.
Madaline                 0, 0, 0, 0, 0, 0, 0, 0, 0, 0, 0, 0, 2,
           0, 0, 0, 0, 0, 0, 0, 0, 0, 1, 0, 2, 0, 1, 1, 0, 1.
Artance Denny            0, 1, 0, 0, 1, 1, 2, 0, 0, 1, 0, 1, 2,
           0, 0, 0, 0, 0, 0, 0, 0, 0, 0, 0, 0, 0, 0, 0, 0, 0, 0.
Jno. Bt. Larenondere     0, 0, 0, 1, 0, 0, 2, 0, 0, 1, 0, 0, 1,
           0, 0, 0, 0, 0, 0, 0, 0, 0, 0, 0, 0, 0, 0, 0, 0, 0, 0.
Louis ? Gallien          3, 1, 0, 0, 1, 0, 1, 0, 0, 1, 0, 0, 3,
           0, 0, 0, 1, 0, 1, 0, 1, 0, 0, 0, 0, 0, 0, 0, 0, 0, 0.
Nicholas Bodouin         2, 2, 0, 2, 0, 1, 0, 0, 0, 1, 0, 0, 5,
           0, 0, 0, 0, 0, 0, 0, 0, 0, 0, 0, 0, 0, 0, 0, 0, 0, 0.
Pierre Boudouin          1, 0, 0, 0, 1, 1, 2, 1, 0, 1, 1, 0, 2,
           0, 0, 0, 0, 0, 0, 0, 0, 0, 0, 0, 0, 0, 0, 0, 0, 0, 0.
Sylvester Anty           3, 0, 0, 1, 1, 0, 0, 0, 1, 0, 0, 1, 2,
           0, 0, 0, 0, 0, 0, 0, 0, 0, 0, 0, 0, 0, 0, 0, 0, 0, 0.
Victorin Levasseur       0, 2, 0, 1, 1, 0, 0, 0, 0, 1, 0, 0, 2,
           0, 0, 0, 0, 0, 0, 0, 0, 0, 0, 0, 0, 0, 0, 0, 0, 0, 0.
Frans. Millon            0, 0, 0, 0, 0, 0, 0, 0, 0, 0, 0, 0, 2,
           0, 1, 0, 0, 2, 0, 0, 0, 1, 0, 0, 1, 0, 1, 3, 0, 0, 1.
Pierre Derbanne          3, 0, 0, 0, 1, 1, 0, 2, 0, 1, 1, 0, 9
           0, 0, 3, 1, 0, 1, 2, 2, 1, 2, 0, 0, 0, 0, 0, 0, 0, 0.
Margrett Sola            0, 0, 0, 0, 0, 0, 0, 0, 0, 0, 0, 0, 4,
           0, 0, 0, 0, 0, 1, 0, 0, 0, 0, 0, 2, 0, 1, 0, 1, 0, 1.
Pierre Brosset           2, 0, 0, 0, 1, 0, 1, 0, 0, 1, 0, 0, 2,
           0, 0, 0, 0, 0, 1, 0, 1, 0, 0, 0, 0, 0, 0, 0, 0, 0, 0.
Belony Vercher           1, 1, 0, 0, 1, 0, 2, 0, 1, 0, 0, 0, 3,
           0, 0, 1, 0, 1, 0, 0, 0, 1, 0, 0, 0, 0, 0, 0, 0, 0, 0.
Noel Gallien             0, 0, 0, 0, 1, 0, 4, 0, 1, 0, 0, 0, 2,
           0, 0, 0, 0, 1, 0, 1, 0, 0, 0, 0, 0, 0, 0, 0, 0, 0, 0.
Louis Thomasine          1, 1, 0, 0, 1, 1, 2, 0, 0, 1, 0, 0, 2,
           0, 1, 0, 0, 0, 0, 0, 0, 0, 0, 0, 0, 0, 0, 0, 0, 0, 0.
Muville Gallien          3, 1, 0, 0, 1, 0, 0, 0, 1, 0, 0, 0, 4,
           0, 0, 0, 1, 0, 1, 1, 1, 0, 0, 0, 0, 0, 0, 0, 0, 0, 0.
Joseph Lattier           1, 0, 0, 1, 0, 0, 0, 1, 0, 0, 0, 0, 2,
           0, 0, 0, 0, 1, 0, 0, 1, 0, 0, 0, 0, 0, 0, 0, 0, 0, 1.
```

Page 73

```
                              1, 2, 3, 4, 5, 6, 7, 8, 9,10,11,12,13,
                  14,15,16,17,18,19,20,21,22,23,24,25,26,27,28,29,30,31.
```

Maria Francois
```
                              0, 0, 0, 0, 0, 0, 0, 0, 0, 0, 0, 0, 2,
      0, 0, 0, 0, 0,  0, 0, 0, 0, 0, 2, 0, 0, 0, 1, 0, 1, 0.
```
Geunveaver ?
```
                              0, 0, 0, 0, 0, 0, 0, 0, 0, 0, 0, 0, 1,
      0, 0, 0, 0, 0,  0, 0, 0, 0, 0, 1, 0, 0, 4, 1, 0, 1.
```
M. Isabella
```
                              0, 0, 0, 0, 0, 0, 0, 0, 0, 0, 0, 0, 7,
      0, 0, 1, 0, 1,  0, 0, 2, 0, 1, 1, 0, 1, 0, 3, 2, 0, 0.
```
Juan Plate
```
                              4, 0, 0, 0, 1, 1, 1, 2, 0, 1, 1, 7, 2,
      0, 0, 0, 0, 0,  0, 0, 0, 0, 0, 0, 0, 0, 0, 0, 0, 0, 0.
```
Augt. Sanos
```
                              0, 3, 1, 2, 1, 2, 1, 0, 1, 1, 0, 8, 5,
      0, 0, 0, 0, 0,  0, 0, 0, 0, 0, 0, 0, 0, 0, 0, 0, 0, 0.
```
Manuel Dedeos
```
                              0, 1, 1, 0, 1, 0, 4, 1, 0, 1, 1, 6, 2,
      0, 0, 0, 0, 0,  0, 0, 0, 0, 0, 0, 0, 0, 0, 0, 0, 0, 0.
```
Juan Gates ? Cates ?
```
                              0, 0, 0, 0, 0, 1, 0, 0, 1, 0, 1, 0, 1,
      0, 0, 0, 0, 0,  0, 0, 0, 0, 0, 0, 0, 0, 0, 0, 0, 0, 0.
```
Hosea Ponchiano
```
                              0, 2, 0, 0, 1, 1, 0, 0, 1, 1, 0, 0, 2,
      0, 0, 0, 0, 0,  0, 0, 0, 0, 0, 0, 0, 0, 0, 0, 0, 0, 0.
```

Column totals: 117, 79, 17, 76, 85, 80, 134, 61, 41, 69, 54, 89, 756

7, 29, 124, 77, 115, 83, 106, 131, 87, 63, 25, 17, 66, 57, 25, 14, 16, 13

Amount of Population of that Part of the county of
Natchitoches West of the Rio Hondo & East of the River Safare ?:

324, 200, 124, 310, 223, 183, 381, 216, 204, 153, 134, 547, 866

3, 39, 44, 22, 35, 35, 33, 22, 36, 23, 5, 3, 2, 0, 1, 2, 1, 0

Amount of the division called Natchitoches Proper as for down
Red River as the lower line of the Plantation of Emanuel Prudhomme:

195, 122, 81, 236, 178, 225, 239, 132, 89, 120, 95, 309, 1,079

27, 85, 200, 184, 162, 73, 210, 198, 165, 98, 22, 12, 12, 22, 30, 20, 16, 14
b

Amount of the lower division of the county to
the limit at the River called Regolet de Bondieu:

117, 79, 17, 76, 85, 80, 134, 61, 41, 69, 54, 89, 756

7, 29, 124, 77, 115, 83, 106, 131, 87, 63, 25, 17, 66, 77, 25, 14, 16, 13

Amount Total of all the Population of Natchitoches county:

636, 401, 222, 622, 486, 488, 754, 409, 334, 332, 283, 945, 2,79l

37, 153, 308, 283, 312, 191, 349, 351, 288, 184, 52, 32, 80, 99, 56, 36, 33, 27

Amt. Total of all the Population of Natchitoches 7,476 Including all ages, ranks and conditions, commencing at the confluence of the River called Regolet de Bondieu with Red River dividing this county from Rapides thence running West to the 31st deg. of N. Lattitude where it strikes the cornor of the county of oppelousas, thence North to the River Sabine, thence up said River to the 32nd deg. of N. Lattitude, thence due North to Red River, thence due East, to the North for ½ of the River called Duck De Money thence down the said River last mentioned to the South West cornor of the County of Ouachitta, thence West to the Place of beginning comprehending the limits of the county of Natchitoches.

Sir, Thence closed my division into three subdivisions for the Purpose of convenience - viz: 1. Dist. West of Rio Hondo 2nd District East of Rio Hondo or Natchitoches Proper, & 3rd. the Lower division called River aux cannes - all of which are consolidated in the above Schedule, and form the amt. Total of all the county of Natchitoches.

(signed) John Nicholson Esq.   Respectfully yours,
         Marchal of the Lou-   (signed) L.S. Hazelton,
         isiana District.   Assistant

(signed) L.S. Hazelton, Assistant to the Marchal of the
         Louisiana District.
         November 23rd, 1820.

1810 Census
Pointe Coupee Parish, Louisiana 14

Schedule of the whole number of persons within the
division allotted to R. M [ac] Shane.

Name	1	2	3	4	5	6	7	8	9	10	11	12
Valrie Decoux	2	0	1	1	0	0	0	1	0	0	0	10
Jacques Vignes	1	0	1	0	1	2	2	0	1	0	0	35
John P. Cornwell	0	0	0	1	0	0	0	0	0	0	0	0
Pierre Couret	0	0	0	0	1	0	0	0	0	0	3	2
Salvador Pamias	0	0	0	0	1	0	0	0	0	0	8	24
Marie Decoux	0	0	1	0	0	0	0	0	0	1	4	32
Armand Beauvais	0	0	0	1	0	0	0	1	0	1	0	21
Pierre Laurans	1	0	0	1	0	3	0	0	1	0	1	43
Vve. J. P. Ledoux	1	0	0	1	0	1	0	1	0	1	0	18
Henry Hopkins	0	0	0	1	0	1	0	1	0	0	0	6
Wm. G. Johnson	3	0	1	1	0	2	1	0	1	0	0	19
Vve. Stephens	0	0	2	0	0	0	0	0	0	1	0	1
Widow Keith	0	1	1	0	0	0	0	1	0	1	0	0
Elias Duncan	0	0	0	2	0	0	0	0	1	0	0	0
Thomas Denton	0	0	0	2	0	1	0	2	0	0	0	0
Richard Bettis	0	0	3	1	0	1	1	0	0	1	0	9
Thomas Farra	3	0	1	0	1	1	0	0	1	0	0	5
Jeremiah Nelson	0	0	0	1	0	1	0	0	1	0	0	0
Ezra Clark	1	0	0	0	1	0	0	0	1	0	0	0
David Evans	0	0	1	1	0	0	0	0	0	0	0	0
Leonard Collard	0	0	0	3	0	0	0	0	0	0	0	0
Joseph Letchworth	1	0	0	2	0	0	0	1	0	0	0	0
William Barry	0	0	0	1	0	0	0	0	1	0	0	0
Abm. Hewlett	0	0	0	1	0	0	0	0	1	0	0	0
Ebenezer Smith	0	0	0	1	0	2	0	1	0	0	0	0
Elizabeth Rule	0	1	1	0	0	0	0	0	0	1	0	0
Francois Chesse	2	1	0	1	0	3	1	0	1	0	0	15
Zenon Ledoux	0	0	0	1	0	4	1	0	1	0	0	14
Augn. Pre. Monchausse	0	0	0	2	0	1	0	0	2	0	0	38
Nechs. Lavernge	2	0	1	1	0	1	2	1	2	0	0	1
Zenon Lacour	1	0	0	1	0	2	1	0	1	0	0	5
Charles Dufau	3	0	0	1	0	1	0	1	0	0	0	9
Sebastien Hirriard	0	0	0	1	0	1	0	0	1	0	0	4
Wm. Wilbourne	1	0	0	1	0	1	0	0	1	0	0	1
Martin Tounoir	0	0	1	0	1	0	0	0	0	0	2	24
Julie Mayeux	0	0	1	0	0	0	0	0	1	0	0	11
Valrie Barron	0	0	0	0	1	0	0	0	1	0	0	5
[subtotal]	22	3	16	32	6	29	9	12	17	7	18	352
Robert MacShane	0	0	0	3	0	0	0	0	0	0	0	2
Antoine Vincent	0	0	0	3	0	0	0	0	0	0	0	0
Marie Frse. Allain	0	0	0	1	0	0	0	0	0	1	0	58
J. H. Ludeling	0	0	0	3	0	0	0	0	0	0	3	42
Paulin Allain	0	0	0	1	0	2	0	0	1	0	9	85
Alexre. Leblanc	1	2	2	1	1	2	0	0	1	0	0	92
Francois Barra	0	1	1	1	0	2	1	0	1	0	0	18
Vincent Porche	0	0	0	0	1	0	0	0	0	0	9	27
Hippolite Porche	0	0	0	1	0	0	0	0	0	0	7	10
Pierre Porche	1	0	0	0	1	1	1	0	0	0	0	32

	1,	2,	3,	4,	5,	6,	7,	8,	9,	10,	11,	12.
Antoine Patin	0,	0,	0,	0,	0,	1,	0,	0,	0,	0,	3,	5.
Veuve Patin	0,	0,	1,	0,	0,	0,	0,	0,	0,	0,	0,	23.
Joseph Patin	2,	1,	0,	1,	0,	0,	1,	1,	0,	0,	0,	5.
Joseph St. Cire	1,	1,	1,	0,	1,	2,	0,	0,	0,	0,	0,	18.
Pierre Dormenon	0,	0,	0,	1,	0,	0,	0,	0,	0,	0,	0,	10.
Jaques Petrony	0,	0,	0,	1,	0,	0,	0,	1,	0,	0,	0,	3.
Guillaume Delamar	0,	0,	0,	1,	0,	0,	0,	0,	0,	0,	0,	6.
Louis Viales	2,	0,	0,	1,	0,	0,	0,	0,	0,	1,	0,	17.
Honore Destrehan	0,	0,	0,	0,	0,	0,	0,	0,	0,	0,	6,	1.
Francois Porche	1,	1,	2,	1,	1,	1,	2,	0,	1,	1,	0,	0.
Louis Perrot	0,	2,	1,	2,	0,	0,	2,	0,	0,	1,	0,	7.
Baptiste Langlois	2,	0,	0,	1,	0,	1,	1,	0,	1,	0,	0,	7.
Darius Stroddert	0,	0,	2,	0,	0,	2,	0,	1,	0,	0,	0,	4.
Francois Gauthier	2,	0,	0,	1,	0,	1,	0,	1,	0,	0,	0,	2.
Pierre Methode	0,	0,	0,	1,	0,	2,	1,	0,	1,	0,	0,	10.
Nicholas Barra	2,	0,	0,	1,	0,	0,	0,	1,	0,	0,	0,	10.
Martin Bourgeat	0,	0,	0,	1,	0,	1,	0,	0,	1,	0,	0,	29.
Frans. Gremillion	0,	2,	1,	0,	1,	0,	0,	0,	0,	1,	0,	10.
William Chaberg	0,	0,	0,	1,	0,	0,	0,	0,	1,	0,	0,	3.
Joseph Tounoir	0,	0,	0,	1,	1,	0,	0,	1,	0,	0,	1,	31.
Jean Quevie ?	0,	0,	1,	0,	0,	1,	0,	0,	1,	0,	0,	0.
Marie C. Bellanger	1,	0,	0,	0,	0,	0,	4,	0,	0,	1,	0,	3.
Veuve Gauthier	0,	1,	0,	0,	0,	0,	0,	0,	1,	0,	0,	0.
Mme. St. Helois	0,	2,	0,	0,	0,	0,	0,	0,	1,	0,	0,	6.
Pierre Latour	0,	0,	0,	0,	1,	1,	0,	0,	0,	1,	0,	1.
Pascal Vt. Bouis	0,	0,	1,	0,	0,	1,	0,	1,	0,	0,	0,	6.
Simon Croiset	0,	1,	0,	0,	1,	0,	0,	1,	1,	0,	0,	48.
Francs. Labrouche ?	0,	0,	1,	0,	0,	0,	0,	0,	0,	0,	0,	2.
[subtotal]	38	17	30	61	16	49	19	20	30	13	57	1,021
Joseph Dereneour	0,	0,	0,	1,	0,	0,	0,	0,	0,	0,	0,	100.
Antoine Descuir	4,	1,	1,	1,	0,	0,	0,	1,	0,	0,	0,	80.
Jaques Fabre	0,	1,	1,	1,	0,	0,	0,	0,	1,	0,	0,	0.
Joseph Boisdore	0,	0,	1,	1,	0,	0,	1,	0,	0,	0,	0,	2.
Pierre Monserret	2,	0,	0,	1,	0,	0,	0,	1,	0,	0,	0,	3.
Joseph Alliard	3,	2,	0,	0,	1,	0,	1,	0,	1,	0,	0,	9.
Alexre. Descuir	2,	0,	0,	1,	0,	2,	1,	1,	0,	0,	0,	10.
William Young	0,	0,	0,	1,	0,	0,	0,	0,	0,	0,	0,	57.
Michel Corbett	0,	0,	0,	1,	0,	0,	0,	0,	0,	0,	0,	0.
Louis Grandmaison	0,	0,	1,	0,	1,	0,	0,	0,	0,	0,	1,	0.
George Bergeron	3,	0,	0,	1,	0,	0,	0,	1,	0,	0,	0,	2.
Etienne Bergeron	1,	1,	2,	0,	1,	1,	1,	0,	0,	1,	0,	5.
Francois David	2,	1,	0,	0,	1,	2,	1,	0,	1,	0,	0,	0.
Michel Rond	0,	0,	0,	1,	1,	0,	0,	0,	0,	0,	0,	1.
Labarte Delisle	0,	0,	0,	1,	0,	1,	0,	0,	1,	0,	0,	11.
Presque ? Delaze	0,	0,	0,	1,	0,	3,	0,	1,	0,	0,	0,	3.
Pierre Bonaventure	3,	0,	0,	0,	1,	2,	1,	0,	0,	1,	0,	0.

	1	2	3	4	5	6	7	8	9	10	11	12
Vve. Domque. Saizan	0	0	0	1	0	4	1	0	1	0	0	7.
Louis Bizet	1	1	2	1	1	1	1	0	1	0	0	0.
Joseph Gaudrot	1	1	1	0	1	3	1	0	1	0	0	0.
Alexandre Saffre	0	0	0	1	0	0	0	0	0	0	0	0.
Celestin Saizan	3	0	0	1	0	5	0	2	0	0	0	3.
Veuve Saizan	0	0	0	0	0	0	0	1	0	1	0	1.
Baptiste Saizan	1	0	1	2	0	4	3	1	0	0	0,25.	
Caesar Gaucerin	2	1	0	1	0	2	1	1	0	1	0	8.
Pierre Bergeron (fils)	2	0	0	2	0	3	2	1	0	0	0,14.	
Pierre Robellard	2	0	0	1	0	2	1	1	0	0	0	5.
Honore Fabre	0	0	0	0	2	1	1	0	1	0	0	0.
Jaques Fabre	0	1	2	1	1	0	0	0	0	0	0,11.	
George Bergeron	0	0	0	1	0	0	0	1	0	0	0	0.
Simon Porche	0	0	0	0	1	0	1	0	0	1	2,72.	
Louis David	1	0	4	1	0	5	0	0	1	0	0	1.
Veuve Bahaut	0	0	0	0	0	0	0	0	1	0	0,21.	
Francois Loutrel	0	0	0	0	2	1	0	0	1	0	1	0.
Vincent Ternant (fils)	0	0	2	0	0	0	0	0	0	0	0,18.	
Vincent Ternant (pere)	0	0	0	0	2	0	0	0	1	0	0,75.	
St. Ville Ternant	0	0	1	0	0	1	0	0	0	0	0	0.
Joseph Descuir	0	0	0	0	2	0	0	0	0	0	0	2,174.
Francois Beaulieu	0	0	0	0	0	0	0	0	0	0	0	2,40.
Charles Gremillon	3	2	3	0	1	3	2	1	0	0	0,23.	
[subtotal]	74	29	49	86	35	95	39	34	41	19	65	1,818
Nicholas Lacour	1	0	1	1	1	0	1	1	0	0	0,15.	
Marne. Leonard Ve. Lacour	0	0	0	1	0	0	1	0	0	1	0,34.	
Clement Lacour	0	0	1	1	0	2	1	1	0	0	0,12.	
Bernard Tounoir	0	0	0	2	0	0	0	0	0	0	0,42.	
Julien Poydras	0	0	0	2	3	0	0	0	0	0	0,122.	
Guillaume Gautier	4	2	0	1	0	0	2	0	1	0	0	8.
~~Godfroy~~ Jean Labbee	1	0	0	2	1	0	2	0	1	0	0	8.
Godfroy Labbee	0	0	0	1	0	4	1	0	0	0	0	2.
Michel Lejeune	0	1	2	0	1	1	1	2	0	0	0,22.	
Charles Lejeune	1	0	0	0	1	2	1	0	1	0	0,26.	
Charles Lanoix	0	0	0	1	0	0	0	0	1	0	0	0.
Baptiste Porche	2	1	0	0	2	1	0	1	0	1	0,25.	
Zenon Langlois	1	0	0	1	0	2	0	1	0	0	0	2.
Augustin Porche	2	0	1	0	0	3	0	1	0	0	2	3.
Veuve Langlois	0	0	0	0	0	0	0	2	0	0	0	3.
Pierre Langlois	0	0	1	0	0	0	0	0	0	0	5	3.
Joseph Porche	3	2	0	0	1	2	0	2	0	1	0	7.
George Poque	0	0	0	0	1	1	0	0	0	0	2,13.	
Narcse. Searmouche (Caramouche?)	4	1	0	1	0	0	0	1	0	1	0,17.	
Michel Porche	3	0	0	0	1	1	1	0	1	0	0	5.
Francois Samson	0	1	3	1	1	3	2	1	1	0	0,42.	
Veuve Decuir	0	0	1	1	1	0	0	0	1	0	2,26.	

	1	2	3	4	5	6	7	8	9	10	11	12
Jean Bte. Decuir	2,	0,	0,	1,	0,	1,	0,	1,	0,	0,	0,	15.
Vve. Jn. Pre. Ledoux	0,	0,	0,	0,	0,	0,	0,	0,	0,	0,	0,	0.
Vve. Ch. Dufour	0,	0,	1,	0,	0,	1,	0,	2,	1,	0,	0,	9.
Joseph Enit	0,	0,	1,	0,	1,	0,	2,	0,	0,	0,	0,	13.
Francis Hudson	3,	0,	1,	1,	0,	2,	0,	0,	1,	0,	0,	2.
Vve. Bourgeat	0,	0,	0,	3,	0,	0,	0,	1,	0,	1,	0,	30.
Louis Riche	0,	1,	1,	0,	3,	0,	1,	0,	1,	0,	0,	52.
Jean Lascabres	0,	0,	0,	0,	1,	0,	0,	0,	0,	0,	0,	1.
Joseph Turville	0,	0,	0,	1,	0,	0,	0,	0,	0,	0,	0,	0.
Louis Gouques	0,	0,	0,	0,	1,	0,	0,	0,	0,	0,	7,	7.
Jean P. Rousselin	0,	0,	0,	1,	1,	0,	0,	0,	0,	0,	0,	0.
Barty. Olinde	0,	1,	0,	1,	0,	0,	0,	1,	0,	1,	0,	41.
Pierre Srichholdine ?	3,	0,	1,	0,	1,	0,	1,	1,	0,	0,	0,	0.
Philippe Robillard	2,	1,	0,	0,	1,	1,	0,	1,	0,	1,	0,	5.
Etienne Major	3,	2,	2,	1,	1,	0,	0,	0,	0,	1,	7,	56.
[subtotal]	109	42	65	112	59	119	56	54	51	27	90	2,486
John Sewindler	0,	0,	2,	1,	0,	0,	0,	0,	0,	0,	0,	1.
John Roy	0,	0,	1,	0,	0,	0,	0,	1,	0,	0,	0,	2.
Joseph Andre	0,	2,	0,	0,	1,	0,	1,	1,	0,	1,	0,	15.
Jean B. Ragan	1,	0,	0,	1,	0,	0,	0,	0,	1,	0,	0,	1.
Celestin Jarreau	1,	0,	1,	1,	0,	1,	0,	0,	1,	1,	0,	9.
George Maturin	2,	0,	0,	0,	1,	1,	0,	1,	0,	0,	0,	16.
Louis David	0,	0,	0,	0,	1,	1,	1,	0,	0,	0,	0,	15.
Joseph Vincent	2,	0,	1,	0,	0,	1,	0,	1,	0,	0,	0,	0.
Jn. Bte. Pourcieau	0,	2,	1,	0,	1,	1,	1,	0,	0,	1,	0,	62.
Bte. Pourcieau (fils)	5,	0,	2,	0,	0,	0,	1,	0,	1,	0,	0,	8.
Louis Billon	1,	0,	0,	0,	1,	0,	0,	1,	0,	0,	0,	3.
Nicholas Villain	0,	0,	0,	3,	0,	0,	0,	0,	0,	0,	1,	24.
Hyacinthe Chiste	1,	2,	0,	0,	1,	3,	3,	0,	0,	1,	0,	12.
Pierre Bergeron	0,	0,	2,	0,	1,	0,	2,	1,	0,	1,	0,	37.
Pierre Disfran	0,	0,	0,	0,	1,	1,	0,	1,	0,	0,	0,	13.
Pierre Guehot	0,	0,	0,	0,	1,	0,	0,	0,	0,	0,	2,	8.
Mat. Solle	1,	0,	0,	0,	1,	0,	0,	1,	0,	0,	0,	2.
Francois Lebeau	0,	0,	3,	0,	1,	4,	2,	0,	1,	0,	0,	18.
George Schitz	2,	2,	2,	1,	0,	0,	1,	1,	1,	0,	0,	22.
Pierre Abadie	1,	0,	0,	3,	0,	1,	0,	1,	0,	0,	0,	38.
Antoine Beauvais	0,	0,	1,	1,	0,	0,	1,	0,	0,	0,	0,	12.
Louis Pollard	0,	0,	0,	1,	0,	0,	0,	0,	0,	0,	0,	14.
Pierre Olinde	0,	1,	0,	0,	1,	0,	0,	0,	0,	1,	0,	9.
Francois Lemmet	1,	0,	0,	1,	0,	3,	1,	0,	1,	0,	0,	1.
Guillaume Guerin	3,	2,	1,	1,	0,	2,	0,	0,	1,	1,	0,	4.
Alexis Lebeau	3,	0,	0,	1,	1,	2,	0,	2,	1,	0,	0,	5.
Magdelaine	0,	0,	0,	0,	0,	0,	0,	0,	0,	0,	7,	2.
Caesar Olinde	1,	1,	0,	1,	0,	1,	1,	0,	1,	0,	0,	7.
Henry Olinde	0,	1,	1,	0,	0,	0,	0,	1,	0,	1,	0,	0.
Baptiste Bergeron	2,	0,	0,	1,	0,	1,	0,	1,	0,	0,	0,	8.

	1,	2,	3,	4,	5,	6,	7,	8,	9,	10,	11,	12.
Jn. Pre. Bergeron	1,	0,	0,	1,	0,	6,	0,	0,	1,	0,	0,	8.
Jn. Pre. Guitros	1,	1,	0,	1,	0,	4,	0,	0,	1,	0,	0,	0.
Francois Guehot	2,	0,	0,	1,	0,	3,	2,	0,	1,	0,	0,	2.
Ve. Louis Bergeron	3,	0,	0,	0,	0,	1,	0,	0,	1,	0,	0,	0.
Joseph Fabre	0,	1,	1,	2,	0,	1,	1,	1,	0,	1,	0,	6.
Joseph Bergeron	4,	0,	0,	1,	0,	1,	1,	0,	1,	0,	0,	0.
Charles Lemont	0,	1,	1,	0,	1,	1,	0,	0,	0,	1,	0,	0.
Vve. Henry Lagrange	3,	2,	0,	0,	0,	0,	0,	1,	1,	0,	0,	1.
Francois Bonaventure	3,	0,	0,	1,	0,	1,	0,	0,	1,	0,	0,	3.
Abraham Villeret	1,	0,	1,	1,	0,	2,	0,	0,	1,	0,	0,	5.
[subtotal]	154	60	86	137	73	162	75	70	68	36	100	2,874
Charles Aubert	0,	0,	0,	1,	0,	0,	1,	0,	1,	0,	0,21.	
Jacques Vitrae	0,	0,	0,	0,	1,	1,	1,	3,	1,	0,	0,	4.
Guilme. Andry	0,	0,	0,	0,	1,	0,	0,	0,	0,	0,	1,15.	
Jean Gros	0,	0,	1,	0,	0,	0,	0,	1,	0,	0,	0,	3.
Pierre Hebert	1,	0,	0,	1,	0,	0,	0,	1,	0,	0,	0,	0.
Vve. Jean Esofie	0,	0,	0,	0,	0,	1,	0,	0,	0,	1,	0,	5.
Jean B. Guitrot	3,	1,	0,	1,	0,	1,	0,	0,	1,	0,	1,	5.
Hubert David	1,	2,	0,	0,	1,	1,	2,	0,	1,	0,	0,	6.
Jn. Joffrion	0,	1,	1,	0,	1,	4,	1,	1,	1,	0,	0,17.	
Norbert Major	3,	0,	0,	1,	0,	0,	0,	1,	0,	0,	0,13.	
Alexis Picard	0,	0,	0,	1,	1,	0,	2,	1,	0,	1,	0,	6.
Joseph Picard	2,	0,	0,	0,	2,	1,	2,	0,	1,	0,	0,	0.
Jos. Michel Lejeune	2,	1,	0,	0,	1,	0,	2,	1,	0,	0,	0,	9.
Michel Lejeune (fils)	2,	1,	0,	1,	0,	3,	2,	0,	1,	0,	0,	6.
Hubert Lejeune	1,	0,	0,	1,	0,	2,	0,	1,	0,	0,	0,	3.
Francois Legros	0,	1,	2,	0,	0,	0,	2,	0,	0,	1,	0,	8.
Hubert Perrot	0,	0,	0,	0,	1,	1,	0,	1,	0,	0,	0,	6.
Joseph Janniste	2,	0,	0,	1,	0,	1,	0,	1,	0,	0,	0,	5.
Bellony Major	0,	0,	0,	1,	0,	2,	0,	1,	0,	0,	0,	5.
Francois Gremillon	0,	0,	0,	1,	0,	2,	0,	1,	0,	0,	0,	2.
Vve. Janniste	4,	0,	0,	1,	0,	1,	1,	1,	1,	1,	1,	4.
Charles Morgan	0,	0,	0,	2,	0,	2,	0,	1,	0,	0,	0,24.	
Ebenezer Cooley	2,	0,	0,	1,	1,	2,	1,	1,	2,	0,	0,20.	
John Seeders	1,	0,	0,	1,	0,	0,	0,	1,	0,	0,	0,11.	
Thomas Keys	0,	0,	0,	1,	0,	0,	0,	0,	0,	0,	0,10.	
Joseph D. Clermont	0,	0,	0,	1,	0,	0,	0,	0,	0,	0,	0,	2.
James Hogan	0,	1,	1,	1,	0,	0,	0,	0,	1,	0,	0,	0.
George Purvis	0,	0,	0,	1,	0,	0,	0,	0,	0,	0,	0,	3.
Robert Stein	0,	0,	0,	2,	0,	0,	0,	0,	1,	0,	0,	0.
Lemuel Masters	3,	0,	0,	1,	0,	2,	0,	0,	1,	0,	0,	0.
John Allen	1,	0,	0,	1,	0,	0,	1,	0,	0,	0,	0,	0.
Bartlet Collins	0,	1,	0,	1,	1,	0,	0,	1,	0,	1,	0,25.	
George Defrassau	0,	0,	0,	3,	0,	0,	0,	0,	0,	0,	0,16.	
John Thornton	2,	0,	0,	1,	0,	0,	1,	0,	0,	0,	0,	0.
Elizth. Beard	0,	0,	1,	0,	0,	0,	0,	1,	1,	0,	0,	0.

	1	2	3	4	5	6	7	8	9	10	11	12
Jesse Lum	1	1	1	2	0	3	0	0	1	0	0	4
Rebecca Young	0	1	1	3	0	2	0	0	1	0	0	0
Elizabeth Combs	0	1	1	1	0	2	0	0	1	0	0	1
Mary Berry	0	0	1	0	0	0	0	0	1	0	0	0
[subtotal]	186	72	96	173	84	196	94	90	86	41	103	3,124
Casey Clanney	1	0	0	1	0	1	1	0	1	0	0	0
George Hays	1	2	2	3	0	0	1	1	1	1	1	0
Andrew Richey	0	1	1	1	0	0	0	0	1	0	0	0
Thomas Maine	1	2	0	1	0	2	0	0	1	0	0	0
John Johnson	0	0	0	2	0	0	0	0	0	0	0	0
William Hays	0	0	1	0	0	0	0	2	0	0	0	0
Evan Baker	0	1	2	0	1	0	1	1	1	0	0	0
Andrew Hughey	3	0	0	3	0	2	0	0	1	1	0	0
Jane Lockart	1	0	0	1	0	0	0	1	0	0	0	0
Luke Hudson	0	0	0	1	1	1	0	0	1	0	0	0
David Wentrell	0	0	1	0	0	2	1	1	0	0	0	0
James Cole	2	0	1	0	0	1	1	2	0	0	0	0
Edward Hall	1	1	0	1	0	0	1	1	0	0	0	0
Thomas Johnson	2	0	0	1	0	1	0	1	0	0	0	0
Patk. Castleman	0	0	0	0	1	0	0	0	0	0	0	0
Wilm. Brinberry	0	0	0	1	0	0	0	1	0	0	0	0
Leandro Dugare	3	0	0	1	0	1	0	2	1	1	1	0
Samson Cookrel	0	0	0	2	0	0	0	0	0	0	0	0
John Clayton	3	0	1	1	0	0	0	1	0	0	0	0
Stephen Kemble	0	0	0	0	1	2	0	0	1	1	0	0
Wm. Mulhollen	0	0	0	1	0	0	0	0	0	0	0	2
Charlotte Mochosse	0	0	0	0	0	0	0	0	1	0	0	7
Augustin Bourgeat	0	0	0	1	0	0	0	0	0	0	0	14
~~Zenon Ledoux~~	~~0~~	~~0~~	~~0~~	~~1~~	~~0~~	~~2~~	~~4~~	~~0~~	~~1~~	~~0~~	~~0~~	~~11~~
Pierre Permias	0	0	0	0	1	0	0	0	0	0	0	0
John B. Beauvais	2	1	0	1	0	2	1	1	1	0	0	23
Mme. Durand	0	0	0	0	0	1	1	0	0	0	0	14
John Mercier	1	0	0	0	1	1	0	0	2	0	0	3
Dennis Remondet	1	2	0	1	0	0	1	0	1	0	0	0
[total]	208	82	105	197	90	212	103	106	100	45	104	3,187

total - 4,539

[signed] R. M. Shane

According to the information given me by the inhabitants, the manufactories, of this parish consist of between forty & fifty looms (in private families) & that about two thousand ells of cottonade made are annually manufactured.

Page 84

```
 208
  82
 105
 197
  90
 212
 103
 106
 100
  45
 104
3,187
4,539
```
           [signed] R. M.Shane

    The number of Persons Within my Division consisting of
Point Coupee, appears in a Schedule hereto annexed, Subscribed
by me, this thirtyeth day of August in the year one thousand
eight hundred and twenty - Peleg Demeranville, Assistant to
the Marshal of Louiziana.

```
                    1,  2,  3,  4,  5,  6,  7,  8,  9,10,11,12,13,
        14,15,16,17,18,19,20,21,22,23,24,25,26,27,28,29,30,31.
Parish of Pointe Coupee,Western extremety, Bayo Chafalir ?

B.W. Lenchou ?              0,  0,  0,  1,  1,  0,  1,  1,  0,  1,  0,  0,  2,
           0,  0,  0,  0,  0,  0,  0,  0,  0,  0,  0,  0,  0,  0,  0,  0,  0,  0.
M. Roundtree ?             0,  0,  0,  0,  3,  0,  0,  0,  0,  0,  0,  0,  0,
           0,  0,  0,  0,  0,  0,  0,  0,  0,  0,  0,  0,  0,  0,  0,  0,  0,  0.
Phillips                   1,  1,  0,  1,  0,  0,  1,  0,  1,  0,  0,  0,  0,
           0,  0,  0,  0,  0,  0,  0,  0,  0,  0,  0,  0,  0,  0,  0,  0,  0,  0.
James Hays                 2,  0,  0,  1,  4,  0,  2,  2,  1,  0,  0,  0,  4,
           0,  0,  0,  1,  0,  0,  0,  0,  0,  0,  0,  0,  0,  0,  0,  0,  0,  0.
D. Evins                   3,  0,  1,  0,  3,  0,  0,  0,  0,  0,  0,  0,  5,
           0,  0,  0,  0,  0,  0,  0,  0,  0,  0,  0,  0,  0,  0,  0,  0,  0,  0.
Wilson                     0,  0,  0,  1,  0,  0,  0,  1,  1,  1,  0,  0,  1,
           0,  0,  0,  0,  0,  0,  0,  0,  0,  0,  0,  0,  0,  0,  0,  0,  0,  0.
Wm. Moore                  0,  0,  0,  3,  9,  0,  0,  0,  0,  0,  0,  0,  0,12,
           0,  0,  0,  0,  0,  0,  0,  0,  0,  0,  0,  0,  0,  0,  0,  0,  0,  0.
T. Maire                   0,  1,  0,  1,  1,  0,  0,  1,  1,  1,  0,  0,  2,
           0,  0,  0,  0,  0,  0,  0,  0,  0,  0,  0,  0,  0,  0,  0,  0,  0,  0.
J. Montgomery              0,  0,  0,  2,  2,  0,  0,  0,  0,  0,  0,  0,  4,
           0,  0,  0,  0,  0,  0,  0,  0,  0,  0,  0,  0,  0,  0,  0,  0,  0,  0.
Robert Culberton           1,  0,  0,  0,  1,  0,  0,  0,  0,  1,  0,  0,  1,
           0,  0,  0,  0,  0,  0,  0,  0,  0,  0,  0,  0,  0,  0,  0,  0,  0,  0.
Cleney                     0,  1,  1,  1,  0,  0,  2,  0,  1,  1,  0,  0,  1,
           0,  0,  0,  0,  0,  0,  0,  0,  0,  0,  0,  0,  0,  0,  0,  0,  0,  0.
L. Beard                   2,  0,  0,  1,  0,  0,  0,  0,  1,  0,  0,  0,  1,
           0,  0,  0,  0,  0,  0,  0,  0,  0,  0,  0,  0,  0,  0,  0,  0,  0,  0.
B. Moore                   2,  1,  0,  0,  2,  0,  0,  1,  0,  1,  0,  0,  2,
           0,  0,  1,  0,  0,  0,  2,  4,  0,  0,  0,  0,  0,  0,  0,  0,  0,  0.
J. Yoast                   0,  0,  0,  1,  3,  0,  0,  0,  0,  0,  0,  0,  4,
           0,  0,  0,  0,  0,  1,  0,  0,  0,  0,  0,  0,  0,  0,  0,  0,  0,  0.
J. Brown                   1,  0,  1,  0,  0,  0,  0,  0,  1,  0,  0,  0,  1,
           0,  0,  0,  0,  0,  0,  0,  0,  0,  0,  0,  0,  0,  0,  0,  0,  0,  0.
A. Patterson               1,  0,  0,  2,  1,  0,  0,  2,  0,  2,  0,  0,  3,
           0,  0,  0,  0,  0,  0,  0,  0,  0,  0,  0,  0,  0,  0,  0,  0,  0,  0.

                     Rououbee ? Bend

Jno. Delahurst             3,  1,  0,  0,  1,  0,  0,  0,  0,  1,  0,  0,  1,
           0,  0,  0,  0,  0,  0,  0,  0,  0,  0,  0,  0,  0,  0,  0,  0,  0,  0.
Martin Turno               0,  0,  0,  1,  1,  0,  0,  0,  0,  0,  0,  0,16,
           0,  0,  0,  0,  0,  0,  0,  0,  0,  0,  0,  0,  0,  0,  0,  0,  0,  0.
Eubair David               1,  2,  0,  0,  0,  1,  0,  1,  2,  0,  1,  0,13,
           0,  0,  0,  1,  2,  0,  2,  1,  1,  0,  1,  0,  1,  2,  3,  2,  0,  0.
Joseph Rousreau files      0,  0,  0,  1,  0,  0,  1,  0,  1,  0,  0,  0,  5,
           0,  0,  1,  0,  0,  0,  1,  0,  0,  0,  0,  0,  0,  0,  0,  0,  0,  0.
Joson Joffrion             0,  0,  0,  0,  1,  0,  0,  1,  3,  0,  1,  0,  6,
           0,  0,  1,  2,  3,  0,  2,  2,  2,  0,  0,  0,  0,  0,  0,  0,  0,  0.
Nosbart Major              1,  3,  0,  0,  0,  1,  1,  1,  0,  1,  0,  0,18,
           0,  0,  2,  2,  3,  3,  2,  2,  1,  1,  0,  0,  0,  0,  0,  0,  0,  0.
Batiest Langlois           2,  1,  2,  1,  0,  1,  0,  2,  1,  1,  1,  0,35,
           0,  0,  2,  3,  2,  2,  1,  2,  2,  0,  0,  0,  0,  0,  0,  0,  0,  0.
```

```
                        1, 2, 3, 4, 5, 6, 7, 8, 9,10,11,12,13,
         14,15,16,17,18,19,20,21,22,23,24,25,26,27,28,29,30,31.

Eubair Luzern           2, 2, 0, 0, 1, 0, 2, 2, 0, 1, 0, 0,20,
         0, 0, 3, 3, 1, 0, 1, 2, ?, 0, 0, 0, 0, 0, 0, 0, 0, 0.
Wdo. Zaze Riard         0, 1, 0, 0, 0, 0, 0, 0, 2, 1, 0, 0, 7,
         0, 0, 0, 0, ?, ?, 0, ?, 0, 0, 0, 0, 0, 0, 0, 0, 0.
Michael Luzern files    4, 0, 0, 0, 1, 0, 2, 2, 2, 0, 0, 0,21,
         0, 0, 3, 4, 2, 3, 2, 2, 0, 0, 0, 0, 0, 0, 0, 0, 0.
Batiest langlois        3, 1, 0, 1, 0, 0, 2, 2, 1, 0, 0, 0, 8,
         0, 0, 0, 2, 0, 0, 0, 1, 0, 0, 0, 0, 0, 0, 0, 0, 0.
Anthoine Patten         3, 0, 0, 0, 1, 0, 1, 0, 1, 0, 1, 0,16,
         0, 0, 3, 2, 2, 0, 1, 1, 0, 0, 2, 0, 0, 2, 0, 0, 0.
Joseph Faile ?          0, 1, 0, 1, 0, 0, 0, 0, 1, 0, 0, 0, 3,
         0, 0, 0, 0, 0, 0, 0, 0, 0, 0, 0, 0, 0, 0, 0, 0, 0.
Kloni Major             1, 0, 0, 0, 1, 0, 4, 0, 1, 0, 0, 0,17,
         0, 0, 2, 0, 6, 0, 3, 2, 2, 0, 0, 0, 0, 0, 0, 0, 0.
Jojsind Delage          4, 0, 0, 0, 1, 0, 1, 0, 0, 1, 0, 0,20,
         7, 3, 0, 0, 4, 2, 1, 0, 0, 0, 0, 0, 0, 0, 0, 0, 0.
Lewis Pessot            0, 0, 0, 0, 0, 0, 0, 0, 1, 0, 1, 0,13,
         0, 0, 3, 1, 2, 1, 1, 1, 1, 0, 0, 0, 0, 0, 0, 0, 0.
Hepolite Patten ?       0, 0, 0, 0, 2, 0, 0, 0, 0, 0, 0, 0,19,
         0, 0, 3, 3, 2, 0, 1, 3, 0, 0, 2, 0, 2, 1, 0, 0, 0.
Widow Francis Gotia     3, 0, 0, 0, 0, 0, 2, 0, 0, 0, 0, 0, 4,
         0, 0, 0, 2, 0, 0, 0, 0, 0, 0, 0, 0, 0, 0, 0, 0, 0.
Pier Mathoud            1, 0, 0, 0, 1, 0, 2, 1, 0, 1, 0, 0,14,
         0, 0, 5, 2, 2, 0, 0, 2, 0, 0, 0, 0, 0, 0, 0, 0, 0.
Francis Sezan           2, 0, 0, 0, 1, 0, 2, 0, 0, 1, 0, 0, 9,
         0, 0, 0, 0, 2, 0, 1, 1, 0, 0, 0, 2, 1, 0, 0, 0, 0.
J.B. Seard              0, 0, 0, 0, 1, 0, 5, 0, 1, 0, 0, 0, 9,
         0, 0, 1, 4, 0, 0, 1, 1, 0, 0, 0, 0, 0, 0, 0, 0, 0.
Widow Barro             1, 0, 0, 1, 0, 0, 1, 1, 0, 1, 0, 0,21,
         0, 0, 5, 2, 3, 1, 2, 2, 3, 0, 0, 0, 0, 0, 0, 0, 0.
Augustin Lablanc        2, 0, 0, 0, 1, 0, 1, 0, 1, 0, 0, 0,44,
         0, 0, 7,13, 3, 1, 6,11, 0, 0, 0, 1, 0, 0, 0, 0, 0.
J.B. Sazen              2, 1, 0, 1, 3, 1, 0, 1, 1, 1, 1, 1,41,
         0, 0, 8, 6, 5, 3, 0, 4, 5, 1, 0, 0, 0, 0, 0, 0, 0.
Joseph Luzern Pere      0, 0, 0, 0, 1, 0, 1, 1, 1, 0, 0, 0,12,
         0, 0, 2, 1, 1, 1, 2, 9, 1, 0, 0, 0, 0, 0, 0, 0, 0.
Widow Freloiu ?         0, 0, 0, 2, 0, 0, 0, 0, 0, 0, 1, 0, 8,
         0, 0, 1, 1, 0, 0, 2, 1, 0, 0, 0, 0, 0, 0, 0, 0, 0.
Pier Latour             0, 0, 0, 0, 0, 1, 0, 0, 0, 0, 1, 0, 5,
         0, 0, 1, 1, 0, 0, 0, 1, 0, 0, 0, 0, 0, 0, 0, 0, 0.
Benjamin Jewell         3, 1, 1, 1, 0, 2, 3, 1, 1, 1, 0, 0,33,
         1, 0, 1, 5,14, 0, 1, 3, 2, 0, 0, 0, 0, 0, 0, 0, 0.
Vve. John Pier Ledoux   3, 0, 0, 0, 2, 0, 4, 1, 0, 0, 1, 0,30,
         0, 0, 6, 3,10, 1, 2, 4, 4, 0, 0, 0, 0, 0, 0, 0, 0.

                      206  78  40 104 172  75 186  97 122  88  76  23   4499

                        7  10 609 503 646 218 509 482 488 175  38  23  17   7  40   8  20  17
```

```
                        1, 2, 3, 4, 5, 6, 7, 8, 9,10,11,12,13,
          14,15,16,17,18,19,20,21,22,23,24,25,26,27,28,29,30,31.

                   184  71  ?   91  144 68  16  91 (torn)(torn) ?? (torn)(torn)

     7  19  609 503 646 218 509 482 488 175 38  23  17  7  40  28  20  7
```

Francois Gucho   ?, 2, 0, 0, 0, 1, 1, 1, 1, 0, 1, 0,10,
       0, 0, 0, 0, 1, 1, 0, 1, 0, 0, 0, 0, 0, 0, 0, 0, 0, 0.
Paulin Gremillion   2, 0, 0, 1, 0, 0, 0, 1, 1, 0, 0, 0,12,
       0, 0, 2, 1, 0, 0, 3, 1, 1, 1, 0, 0, 0, 0, 0, 0, 0, 0.
Cyprelien Gremillion 0, 1, 0, 0, 1, 0, 3, 0, 1, 0, 0, 0,10,
       0, 0, 1, 1, 0, 0, 1, 0, 2, 2, 0, 0, 0, 0, 0, 0, 0, 0.
Ydnon Berjeron   0, 1, 0, 0, 1, 0, 1, 0, 1, 0, 0, 0,11,
       0, 0, 2, 3, 1, 0, 0, 0, 0, 1, 0, 0, 0, 0, 0, 0, 0, 0.
St. Germain   0, 0, 0, 0, 1, 0, 1, 0, 0, 1, 0, 0, 4,
       0, 0, 0, 0, 1, 0, 0, 0, 0, 1, 0, 0, 0, 0, 0, 0, 0, 0.
Widow Jarrau   2, 2, 0, 0, 0, 0, 1, 1, 0, 1, 0, 0, 4,
       0, 0, 0, 0, 0, 0, 0, 0, 0, 0, 0, 0, 0, 0, 0, 0, 0, 0.
Pr. Delaize   2, 0, 0, 0, 0, 1, 1, 1, 1, 0, 1, 0, 7,
       0, 0, 1, 0, 0, 1, 0, 1, 0, 0, 0, 0, 0, 0, 0, 0, 0, 0.
Charles Gramillion   2, 0, 0, 0, 1, 0, 5, 0, 0, 1, 0, 0,22,
       0, 0, 4, 5, 0, 1, 4, 0, 6, 0, 0, 0, 0, 0, 0, 0, 0, 0.
Pier Porche   0, 0, 0, 1, 0, 0, 1, 0, 0, 1, 0, 0,18,
       0, 0, 3, 3, 2, 0, 3, 4, 1, 0, 0, 0, 0, 0, 0, 0, 0, 0.
Gilliauim Aundre   0, 0, 0, 0, 1, 0, 0, 0, 0, 0, 0, 0,15,
       0, 0, 3, 2, 2, 1, 2, 2, 2, 0, 0, 0, 0, 0, 0, 0, 0, 0.
Grauth Guidroy   2, 1, 0, 0, 0, 1, 2, 2, 1, 1, 0, 0,11,
       0, 0, 1, 2, 0, 0, 1, 1, 0, 0, 0, 0, 0, 0, 0, 0, 0, 0.
Widow Bateau   1, 2, 1, 0, 0, 0, 0, 0, 0, 0, 1, 0, 4,
       0, 0, 0, 0, 0, 0, 0, 0, 0, 0, 0, 0, 0, 0, 0, 0, 0, 0.
Augustin C.D. Rozier 0, 0, 0, 0, 0, 1, 0, 0, 0, 0, 0, 0, 5,
       0, 0, 1, 2, 0, 0, 0, 1, 0, 0, 0, 0, 0, 0, 0, 0, 0, 0.
Widow David   0, 0, 0, 0, 1, 0, 0, 1, 0, 0, 0, 0, 2,
       0, 0, 0, 0, 0, 0, 1, 0, 0, 0, 0, 0, 0, 0, 0, 0, 0, 0.
Zeno LeDoux   0, 0, 0, 1, 0, 0, 0, 0, 1, 0, 0, 0,15,
       0, 0, 1, 3, 3, 0, 1, 4, 1, 0, 0, 0, 0, 0, 0, 0, 0, 0.
Manglan Leblou ? (LeDoux?) 1, 0, 0, 1, 0, 0, 1, 0, 0, 1, 0, 0,24,
       0, 0, 1, 4, 3, 0, 1, 8, 4, 1, 0, 0, 0, 0, 0, 0, 0, 0.
J. LeDoux   1, 0, 0, 1, 0, 0, 2, 0, 1, 0, 0, 0,19,
       0, 0, 7, 4, 0, 0, 2, 3, 1, 0, 0, 0, 0, 0, 0, 0, 0, 0.
Thomas Kee   0, 0, 0, 1, 1, 0, 0, 0, 0, 0, 0, 0,14,
       0, 0, 0, 0, 0, 0, 0, 0, 2, 3, 3, 0, 0, 0, 2, 1, 1, 0.
Peter Pomea   0, 0, 0, 0, 1, 1, 0, 0, 0, 0, 0, 0, 2,
       0, 0, 0, 0, 0, 0, 0, 0, 0, 0, 0, 0, 0, 0, 0, 0, 0, 0.
Widow Mosousie   0, 0. 0, 0, 0, 0, 0, 1, 0, 1, 0, 0,12,
       0, 0, 1, 0, 0, 1, 6, 2, 1, 0, 0, 0, 0, 0, 0, 0, 0, 0.
J. Page   0, 0, 0, 0, 1, 0, 0, 0, 0, 0, 0, 0, 2,
       0, 0, 0, 0, 0, 0, 0, 0, 0, 0, 0, 0, 0, 0, 0, 1, 0.
James Steward   1, 0, 0, 1, 2, 0, 1, 0, 0, 2, 1, 0,20,
       0, 0, 5, 2, 3, 0, 1, 2, 1, 0, 0, 0, 0, 0, 0, 0, 0, 0.

```
                                    1, 2, 3, 4, 5, 6, 7, 8, 9,10,11,12,13,
                        14,15,16,17,18,19,20,21,22,23,24,25,26,27,28,29,30,31.

E.L. Beatiest                       0, 0, 0, 0, 1, 0, 0, 0, 0, 0, 0, 0,21,
                        0, 0, 4, 1, 3, 1, 1, 0, 0, 0, 5, 4, 0, 0, 0, 0, 1, 0.
J.F. Beatiest                       0, 0, 0, 0, 2, 1, 0, 0, 0, 0, 0, 0,10,
                        0, 0, 3, 4, 0, 0, 0, 0, 0, 0, 0, 0, 0, 0, 0, 0, 0, 0.
Richard Beatiest                    0, 0, 0, 0, 0, 0, 1, 0, 0, 0, 0, 0, 3,
                        0, 0, 0, 0, 0, 1, 0, 0, 0, 1, 0, 0, 0, 0, 0, 0, 0, 0.
John Faier                          0, 0, 0, 0, 2, 0, 0, 0, 0, 0, 0, 0, 4,
                        0, 0, 0, 0, 2, 0, 0, 0, 0, 0, 0, 0, 0, 0, 0, 0, 0, 0.
Davis Bradley                       0, 0, 0, 0, 2, 0, 0, 0, 0, 0, 0, 0, 5,
                        0, 0, 0, 3, 0, 0, 0, 0, 0, 0, 0, 0, 0, 0, 0, 0, 0, 0.
Nathaniel Lacour fils               4, 0, 0, 1, 0, 2, 0, 1, 0, 0, 0,13,
                        0, 0, 1, 0, 3, 0, 1, 2, 4, 0, 0, 0, 0, 0, 0, 0, 0, 0.
Zo. Lacour                          4, 0, 1, 0, 2, 0, 0, 2, 0, 1, 0, 0,13,
                        0, 0, 1, 1, 1, 0, 2, 1, 1, 0, 0, 0, 0, 0, 0, 0, 0, 0.
Pier Daguire                        1, 0, 0, 0, 1, 0, 3, 0, 0, 1, 1, 0,28,
                        0, 0, 8, 0, 0, 1, 4, 0, 7, 0, 0, 0, 0, 0, 0, 0, 0, 0.
J. Daguire                          0, 1, 0, 0, 1, 0, 0, 0, 1, 1, 0, 0,13,
                        0, 0, 2, 2, 2, 0, 2, 1, 0, 0, 0, 0, 0, 0, 0, 0, 0, 0.
Widow Charles Defour ?              4, 0, 0, 0, 0, 0, 2, 0, 0, 1, 0, 0, 1,
                        0, 0, 0, 0, 0, 0, 0, 0, 0, 0, 0, 0, 0, 0, 0, 0, 0, 0.
Charles Morgan                      2, 0, 0, 4, 1, 0, 3, 0, 1, 0, 0, 0,90,
                        0, 0,18, 9,12, 4,17,11,10, 3, 0, 0, 0, 0, 0, 0, 0, 0.
Widow Zard ? Lacour                 0, 0, 0, 0, 1, 0, 3, 2, 0, 1, 0, 0,15,
                        0, 0, 2, 3, 4, 0, 0, 1, 1, 0, 0, 0, 0, 0, 0, 0, 0, 0.

                            Pointe Coupee

James Zanout                        0, 0, 0, 1, 1, 0, 0, 0, 1, 0, 1, 0,12,
                        0, 0, 1, 0, 1, 0, 2, 1, 2, 1, 0, 0, 0, 0, 0, 0, 0, 0.
Widow Villeneuv LeDoux              0, 0, 0, 1, 0, 0, 1, 0, 1, 1, 0, 0,20,
                        0, 0, 3, 4, 2, 0, 5, 0, 3, 0, 0, 0, 0, 0, 0, 0, 0, 0.
Widow Pascal Bouis                  0, 0, 0, 1, 1, 0, 1, 0, 1, 1, 0, 0,30,
                        0, 2, 7, 2, 6, 0, 2, 1, 6, 3, 0, 0, 1, 0, 0, 0, 0, 0.
Widow Lacour                        0, 0, 0, 0, 1, 0, 0, 0, 0, 0, 1, 0, 5,
                        0, 0, 0, 0, 3, 0, 0, 0, 0, 0, 0, 0, 0, 0, 0, 0, 0, 0.
Nicholas Lacour                     5, 0, 0, 0, 1, 1, 0, 0, 0, 0, 0, 0,18,
                        0, 0, 2, 5, 3, 1, 1, 1, 3, 0, 0, 0, 0, 0, 0, 0, 0, 0.
Antunesse LeDoux                    0, 0, 0, 0, 1, 0, 1, 0, 1, 0, 0, 0, 3,
                        0, 0, 0, 1, 0, 0, 0, 0, 0, 0, 0, 0, 0, 0, 0, 0, 0, 0.
Widow Croizet                       0, 0, 0, 0, 1, 1, 0, 0, 0, 0, 1, 0,38,
                        0, 0, 1, 2, 6, 8, 5, 2, 6, 5, 0, 0, 2, 0, 0, 0, 0, 0.
Francis V. Bouis                    1, 0, 0, 0, 1, 0, 1, 0, 0, 1, 0, 0,19,
                        0, 0, 3, 0, 3, 2, 2, 3, 3, 1, 0, 0, 0, 0, 0, 0, 0, 0.
Charles James                       0, 0, 0, 0, 1, 1, 1, 0, 0, 1, 0, 0, 4,
                        0, 0, 0, 0, 1, 0, 0, 0, 0, 0, 0, 0, 0, 0, 0, 0, 0, 0.
Vazia Vignes                        3, 0, 0, 1, 0, 0, 0, 1, 0, 0, 1, 0,22,
                        0, 0, 6, 4, 0, 0, 2, 2, 4, 1, 0, 0, 0, 0, 0, 0, 0, 0.
J.B. Vignes                         0, 0, 0, 0, 2, 0, 0, 0, 0, 0, 0, 0, 3,
                        0, 0, 0, 1, 0, 0, 0, 0, 0, 0, 0, 0, 0, 0, 0, 0, 0, 0.
V. LeDoux                           0, 0, 0, 0, 1, 0, 0, 0, 0, 0, 0, 0, 4,
                        0, 0, 0, 2, 0, 0, 0, 0, 1, 0, 0, 0, 0, 0, 0, 0, 0, 0.
```

```
                              1, 2, 3, 4, 5, 6, 7, 8, 9,10,11,12,13,
              14,15,16,17,18,19,20,21,22,23,24,25,26,27,28,29,30,31.

J.B. Bouis               1, 0, 0, 0, 1, 0, 1, 0, 0, 1, 0, 0,14,
           0, 0, 3, 0, 2, 2, 1, 1, 3, 0, 0, 0, 0, 0, 0, 0, 0, 0.
Widow F. David           2, 0, 1, 0, 1, 0, 1, 2, 0, 1, 1, 0, 6,
           0, 0, 0, 1, 0, 0, 0, 0, 0, 0, 0, 0, 0, 0, 0, 0, 0, 0.
Steve Berjeron           2, 0, 0, 2, 0, 1, 1, 0, 0, 0, 1, 0, 9,
           0, 0, 0, 1, 2, 1, 0, 1, 0, 0, 0, 0, 0, 0, 0, 0, 0, 0.
Alexis Bizet             2, 0, 0, 2, 0, 0, 2, 0, 2, 0, 0, 0, 6,
           0, 0, 0, 0, 0, 0, 0, 0, 0, 0, 0, 0, 0, 0, 0, 0, 0, 0.
Widow L. David           1, 0, 0, 0, 0, 0, 1, 1, 2, 0, 1, 0, 7,
           0, 0, 0, 1, 0, 0, 0, 1, 0, 0, 0, 0, 0, 0, 0, 0, 0, 0.
Hypolite Berjeron        3, 1, 1, 1, 1, 0, 1, 0, 0, 1, 0, 0, 8,
           0, 0, 0, 0, 2, 0, 0, 0, 1, 0, 0, 0, 0, 0, 0, 0, 0, 0.
Antoine Beauois          0, 0, 1, 0, 0, 1, 0, 0, 1, 0, 1, 0,28,
           0, 0, 6, 1, 5, 0, 5, 1, 6, 0, 0, 0, 0, 0, 0, 0, 0, 0.
Lucien ? David           2, 0, 0, 0, 1, 0, 1, 0, 1, 0, 0, 0, 5,
           0, 0, 1, 0, 0, 1, 0, 0, 1, 0, 0, 0, 0, 0, 0, 0, 0, 0.
Pier Olane ?             3, 1, 0, 1, 1, 1, 1, 3, 1, 1, 1, 0,33,
           0, 0, 6, 3, 0, 4, 4, 1, 3, 2, 0, 0, 0, 0, 0, 0, 0, 0.
Guilian Geuzin           1, 2, 2, 1, 0, 1, 0, 1, 1, 0, 0, 0,16,
           0, 0, 2, 0, 2, 1, 0, 1, 3, 0, 0, 0, 0, 0, 0, 0, 0, 0.
Alixes Lebeau            3, 2, 2, 0, 0, 1, 2, 1, 1, 1, 0, 0,21,
           0, 0, 4, 0, 2, 0, 5, 2, 0, 0, 0, 0, 0, 0, 0, 0, 0, 0.
Henry Olivo ?            0, 0, 0, 0, 0, 0, 0, 0, 0, 0, 0, 0,10,
           0, 0, 0, 0, 0, 0, 0, 0, 0, 2, 2, 1, 0, 2, 2, 0, 1.
Cesair Olaind            2, 1, 0, 0, 0, 1, 1, 1, 1, 0, 0, 0,20,
           0, 0, 4, 1, 6, 0, 2, 2, 1, 0, 0, 0, 0, 0, 0, 0, 0, 0.
J.B. Berjeron            3, 2, 0, 0, 1, 0, 1, 1, 0, 1, 0, 0,21,
           0, 0, 1, 1, 6, 0, 2, 4, 2, 0, 0, 0, 0, 0, 0, 0, 0, 0.
J.P. Berjeron            2, 0, 0, 1, 1, 0, 3, 5, 0, 0, 1, 0,21,
           0, 0, 3, 2, 3, 3, 3, 4, 0, 0, 0, 0, 0, 0, 0, 0, 0, 0.
John Filiol              0, 0, 0, 0, 2, 0, 0, 0, 0, 0, 0, 0, 4,
           0, 0, 1, 0, 0, 0, 0, 0, 0, 0, 0, 0, 0, 0, 0, 1, 0.
Vital Leseurn            2, 0, 0, 1, 0, 0, 0, 1, 0, 0, 0, 0, 5,
           0, 0, 1, 0, 0, 1, 0, 0, 1, 0, 0, 0, 0, 0, 0, 0, 0, 0.
Peter Abidie             2, 1, 0, 0, 1, 0, 0, 0, 1, 1, 0, 0,21,
           0, 0, 3, 1, 4, 0, 2, 5, 0, 2, 0, 0, 0, 0, 0, 0, 0, 0.
Pier Major               0, 1, 0, 1, 0, 0, 2, 0, 1, 0, 0, 0,11,
           0, 0, 3, 1, 0, 0, 1, 0, 1, 0, 0, 0, 0, 0, 0, 0, 0, 0.
Lauzant Shitz            0, 0, 0, 1, 0, 0, 2, 0, 2, 0, 0, 0, 5,
           0, 0, 0, 0, 0, 0, 0, 0, 0, 0, 0, 0, 0, 0, 0, 0, 0, 0.
Guiliam Gautier          2, 0, 0, 0, 0, 1, 0, 0, 0, 1, 0, 0, 2,
           0, 0, 0, 0, 0, 0, 0, 0, 0, 0, 0, 0, 0, 0, 0, 0, 0, 0.

                   Island of Fals River

Maxamillian Gremillion   2, 0, 0, 1, 1, 0, 1, 0, 1, 0, 0, 0,10,
           0, 0, 3, 3, 0, 0, 1, 0, 0, 0, 0, 0, 0, 0, 0, 0, 0, 0.
J.B. Fillion             1, 1, 0, 0, 2, 0, 2, 0, 2, 0, 1, 0, 6,
           0, 0, 0, 0, 0, 0, 0, 0, 0, 0, 0, 0, 0, 0, 0, 0, 0, 0.
Francis Bonaventure      0, 0, 0, 0, 0, 1, 1, 0, 0, 1, 0, 0, 2,
           0, 0, 0, 0, 0, 0, 0, 0, 0, 0, 0, 0, 0, 0, 0, 0, 0, 0.
```

```
                          1, 2, 3, 4, 5, 6, 7, 8, 9,10,11,12,13,
           14,15,16,17,18,19,20,21,22,23,24,25,26,27,28,29,30,31.
```

```
Pier Perault              0, 2, 2, 0, 0, 1, 2, 1, 1, 0, 1, 0, 8,
            0, 0, 0, 0, 0, 0, 0, 0, 0, 0, 0, 0, 0, 0, 0, 0, 0, 0.
George Berjeron files of E.2, 1, 0, 2, 1, 1, 1, 2, 0, 2, 0, 0,12,
            0, 0, 1, 0, 1, 1, 0, 0, 0, 0, 0, 0, 0, 0, 0, 0, 0, 0.
Joseph Godrau             2, 1, 1, 2, 0, 1, 2, 1, 3, 2, 0, 0,11,
            0, 0, 0, 0, 0, 0, 0, 0, 0, 0, 0, 0, 0, 0, 0, 0, 0, 0.
George Berjeron           1, 0, 0, 0, 0, 1, 1, 0, 0, 1, 0, 0, 2,
            0, 0, 0, 0, 0, 0, 0, 0, 0, 0, 0, 0, 0, 0, 0, 0, 0, 0.
George Sazan              1, 0, 0, 2, 1, 0, 0, 0, 1, 0, 0, 0, 6,
            0, 0, 0, 0, 1, 0, 0, 1, 0, 0, 0, 0, 0, 0, 0, 0, 0, 0.
J.P. Guidrew              2, 1, 1, 0, 0, 1, 2, 1, 2, 1, 1, 0, 8,
            0, 0, 0, 0, 0, 0, 0, 0, 0, 0, 0, 0, 0, 0, 0, 0, 0, 0.
J.B. Fournau              0, 0, 0, 1, 0, 0, 0, 0, 0, 0, 0, 0,17,
            0, 0, 2, 2, 3, 0, 2, 1, 2, 0, 1, 0, 0, 0, 2, 0, 1, 0.
Peter Dormino             0, 0, 1, 0, 0, 1, 0, 0, 0, 0, 0, 0, 1,17,
            0, 0, 3, 0, 3, 1, 3, 6, 0, 0, 0, 0, 0, 0, 0, 0, 0, 0.
Y. Bourgart               1, 1, 1, 0, 0, 0, 1, 1, 0, 1, 0, 0,15,
            0, 0, 3, 0, 2, 1, 2, 1, 2, 0, 0, 0, 0, 0, 0, 0, 0, 0.
Widow Bourgart            0, 1, 1, 0, 1, 0, 0, 0, 1, 0, 2, 0,52,
            0, 0, 8, 0, 7,10, 5, 7, 6, 2, 5, 0, 0, 0, 0, 0, 0, 0.
Alixes Porche             0, 0, 0, 2, 1, 1, 0, 0, 1, 1, 1, 1,79,
            0, 0,19, 6, 6,10, 5, 9,14, 4, 0, 0, 1, 0, 0, 0, 0, 0.
J. Fourno                 0, 0, 0, 0, 0, 1, 0, 0, 0, 0, 0, 0,15,
            0, 0, 1, 3, 0, 0, 1, 4, 3, 0, 0, 1, 0, 0, 1, 0, 0. 0.
Stephen Semion            0, 0, 0, 0, 1, 0, 1, 0, 0, 1, 0, 0,23,
            0, 0, 6, 2, 1, 1, 6, 2, 1, 2, 0, 0, 0, 0, 0, 0, 0, 0.
Julian Poydras            0, 0, 0, 2, 2, 1, 0, 0, 0, 0, 0, 2,115
            1, 0,25,16,18, 5,21,24,15,17, 0, 0, 0, 0, 0, 0, 0, 0.
Doctr. Provoste           1, 0, 0, 0, 1, 0, 1, 0, 1, 0, 0, 0, 0.
            0, 0, 1, 1, 0, 0, 2, 1, 1, 1, 0, 0, 0, 0, 0, 0, 0, 0.
James Mitchell            0, 0, 0, 0, 1, 0, 0, 0, 1, 0, 0, 0, 0,
            0, 0, 0, 0, 0, 0, 2, 1, 0, 0, 0, 0, 0, 0, 0, 0, 0, 0.
P. Sivadore               0, 0, 0, 0, 1, 0, 0, 0, 0, 0, 0, 0, 0,
            1, 0, 0, 0, 0, 1, 1, 0, 0, 0, 0, 0, 0, 0, 2, 2, 1.
Peter Delong              0, 0, 0, 0, 2, 0, 0, 0, 0, 0, 0, 0, 0,
            0, 2, 0, 0, 0, 0, 0, 0, 0, 0, 0, 0, 0, 0, 0, 0, 0, 0.
Veury ? Valery Dicouse    1, 2, 0, 0, 0, 0, 1, 0, 0, 1, 0, 0,15,
            0, 2, 1, 2, 0, 3, 2, 2, 0, 0, 0, 0, 0, 0, 0, 0, 0, 0.
Decoux                    3, 0, 0, 0, 1, 0, 0, 0, 1, 1, 0, 0,53,
            0, 0, 7, 8, 4, 3, 8, 9, 5, 2, 2, 0, 0, 1, 1, 0, 0. 0.
Arneand Beauvais          3, 2, 0, 0, 2, 0, 3, 0, 0, 2, 0, 0,37,
            1, 0, 7, 4,10, 2, 5, 0, 6, 1, 0, 0, 0, 0, 0, 0, 0, 3.
John Nichols              0, 0, 0, 0, 1, 0, 0, 0, 0, 0, 0, 0,22,
            0, 0, 2, 6, 6, 0, 1, 2, 4, 0, 0, 0, 0, 0, 0, 0, 0. 0.
Charles Stewart           0, 0, 0, 1, 0, 0, 0, 0, 0, 0, 0, 0,57,
            0, 0, 9,11, 6, 1, 9, 4, 8, 2, 0, 0, 0, 0, 0, 0, 0. 0.
J.B. Regant               2, 0, 0, 0, 2, 0, 3, 0, 0, 1, 1, 0, 0.
            0, 0, 0, 0, 0, 0, 0, 0, 0, 0, 0, 0, 0, 0, 0, 0, 0, 0.
J. Kohn                   0, 0, 0, 0, 1, 0, 0, 0, 0, 0, 1, 1, 0,
            0, 1, 0, 0, 0, 0, 0, 0, 0, 0, 0, 0, 0, 0, 0, 0, 0, 0.
```

```
                              1,  2,  3,  4,  5,  6,  7,  8,  9,10,11,12,13,
           14,15,16,17,18,19,20,21,22,23,24,25,26,27,28,29,30,31.

J. Branshaw              0,  0,  1,  0,  3,  0,  0,  0,  0,  0,  0,  2,  0,
            0,  3,  0,  0,  0,  0,  0,  0,  0,  0,  0,  0,  0,  0,  0,  0.
J. Olery                 0,  0,  0,  0,  2,  2,  0,  1,  0,  1,  0,  1,  0,
            0,  1,  0,  1,  0,  0,  0,  0,  2,  0,  0,  0,  0,  0,  0,  0.
H.P. Nugent              0,  0,  0,  1,  1,  0,  1,  2,  0,  1,  0,  0,  0,
            0,  0,  0,  1,  0,  0,  0,  2,  0,  0,  0,  0,  0,  0,  0,  0.
J.H. Ludeling            0,  0,  3,  7,  0,  0,  0,  0,  0,  0,  0,  1,10,84,
            0,  0,  4,  8,24,12,  6,  3,10,  6,  0,  0,  0,  0,  0,  0,  0.
"  Batieste              0,  0,  0,  0,  0,  0,  0,  0,  0,  0,  0,  0,  0,
            0,  1,  0,  0,  0,  0,  0,  0,  0,  1,  0,  1,  0,  3,  1,  1,  0.
Sostain Allen            0,  0,  0,  0,  0,  0,  0,  0,  0,  2,  0,  1,  1,70,
            1,  0,12,15,20,  0,  6,  8,  4,  0,  3,  0,  2,  1,  3,  0,  2,  1.
J.L. Lepernite           0,  0,  0,  0,  2,  0,  0,  0,  0,  0,  0,  0,  0,  5,
            0,  0,  0,  1,  0,  0,  0,  1,  0,  0,  0,  0,  0,  0,  0,  1,  0.
Victor dit Leblau        0,  0,  0,  0,  0,  0,  0,  0,  0,  0,  0,  0,  0,  6,
            0,  0,  0,  0,  0,  0,  0,  1,  0,  0,  0,  0,  1,  0,  3,  1,  0,  0.
Parie Labalut            0,  0,  0,  0,  1,  0,  0,  1,  0,  0,  0,  0,13,
            0,  0,  3,  6,  0,  0,  0,  0,  2,  0,  0,  0,  0,  0,  0,  0,  0.
Avaist Barra             0,  0,  0,  1,  0,  0,  0,  0,  0,  0,  0,  0,  9,
            0,  0,  0,  2,  0,  0,  0,  0,  3,  0,  0,  0,  0,  0,  0,  0,  0.
Joseph Decuire           0,  0,  0,  0,  0,  2,  0,  0,  0,  0,  0,  0,134.
            0,  0,15,20,25,10,15,15,20,10,  1,  0,  0,  0,  0,  0,  1,  0.
Lefroy Decuire           0,  0,  0,  0,  0,  0,  0,  0,  0,  0,  0,  0,26,
            0,  0,  4,  5,  6,  0,  1,  3,  2,  0,  2,  0,  1,  0,  1,  0,  1,  0.
Antoine dit Decuire      0,  0,  0,  0,  0,  0,  0,  0,  0,  0,  0,  0,32,
            0,  0,  3,  2,  9,  0,  5,  4,  4,  0,  1,  0,  1,  0,  1,  0,  1,  1.
Antoine Decuire          0,  0,  0,  0,  0,  2,  0,  0,  0,  0,  0,0,170.
            0,  0,25,25,25,  4,25,25,25,  3,  2,  6,  0,  0,  1,  1,  0,  1.
Alexander Labry          1,  0,  0,  0,  1,  0,  4,  0,  1,  0,  0,  0,26,
            0,  0,  2,  3,  2,  1,  6,  1,  4,  0,  0,  0,  0,  0,  0,  0,  0.
Pauline Joffrion         3,  0,  0,  0,  1,  0,  2,  0,  0,  1,  0,  0,17,
            0,  0,  0,  2,  4,  0,  4,  1,  4,  0,  0,  0,  0,  0,  0,  0,  0.
Widow C. Jerreau         0,  2,  0,  1,  0,  0,  0,  0,  1,  0,  1,  0,14,
            0,  0,  1,  0,  1,  2,  3,  1,  0,  0,  0,  0,  1,  0,  0,  0,  0.
Lewis Polard             0,  0,  0,  0,  0,  1,  0,  0,  0,  0,  0,  0,32,
            0,  0,  5,  2,  6,  0,  6,  1,  7,  0,  1,  0,  0,  0,  2,  0,  1,  0.
Alexander Decuire        3,  2,  0,  0,  1,  1,  2,  0,  1,  0,  0,  0,16,
            0,  0,  3,  1,  2,  0,  0,  3,  0,  0,  0,  0,  0,  0,  0,  0,  0.
Gilliam DeLam__er        0,  0,  0,  0,  0,  1,  0,  0,  0,  0,  0,  0,74,
            0,  0,14,  5,10,  5,14,  6,14,  5,  0,  0,  0,  0,  0,  1,  0.
Joseph Enett ?           0,  0,  0,  0,  0,  1,  0,  0,  0,  0,  0,  0,42,
            0,  0,  5,  0,  8,  3,  9,  2,10,  3,  0,  0,  0,  1,  0,  0,  0.
Widow H. Shitz           0,  1,  0,  1,  0,  0,  1,  1,  1,  2,  1,  0,  9,
            0,  0,  0,  0,  0,  1,  0,  1,  0,  0,  0,  0,  0,  0,  0,  0,  0.
Alexis St. Cyr           2,  0,  0,  0,  2,  0,  1,  0,  1,  0,  0,  0,  7,
            0,  0,  0,  1,  0,  0,  0,  1,  2,  0,  0,  0,  0,  0,  0,  0,  0.
Leander Lamorane ?       0,  0,  0,  0,  0,  0,  0,  0,  0,  0,  0,  0,33,
            0,  0,  5,  5,  5,  2,  2,  2,  1,  1,  0,  0,  0,  0,  0,  0,  0.
Alexis Pecard            0,  0,  0,  1,  0,  1,  1,  0,  1,  0,  1,  0,10,
            0,  0,  2,  2,  0,  0,  0,  1,  0,  1,  0,  0,  0,  0,  0,  0,  0.
```

```
                                 1,  2,  3,  4,  5,  6,  7,  8,  9,10,11,12,13,
             14,15,16,17,18,19,20,21,22,23,24,25,26,27,28,29,30,31.

Francis LeBeau              1,  0,  0,  1,  0,  1,  3,  1,  4,  1,  0,  0,33,
             0,  0,  5,  5,  5,  2,  2,  2,  1,  1,  0,  0,  0,  0,  0,  0,  0,  0.
Widow George Shitz          1,  1,  0,  2,  1,  1,  1,  0,  2,  0,  1,  0,50,
             0,  0,11,  4,  2,  4,  4,  4,  4,  2,  0,  0,  0,  0,  0,  0,  0,  0.
Anthony Fabre               0,  0,  1,  0,  1,  1,  1,  2,  ?,  1,  0,  0,  7,
             0,  0,  0,  0,  1,  0,  0,  0,  0,  0,  0,  0,  0,  0,  0,  0,  0,  0.
Joseph St. Cyr              1,  0,  0,  0,  1,  0,  1,  1,  0,  1,  0,  0,12,
             0,  0,  1,  2,  2,  0,  1,  1,  0,  2,  0,  0,  0,  0,  0,  0,  0,  0.
Widow St. Cyr               0,  0,  1,  0,  1,  0,  0,  1,  0,  0,  1,  0,14,
             0,  0,  1,  1,  2,  2,  0,  1,  3,  0,  0,  0,  0,  0,  0,  0,  0,  0.
Anthony Goiseron            1,  1,  0,  2,  0,  2,  1,  1,  2,  1,  1,  0,24,
             0,  0,  4,  2,  4,  0,  0,  0,  4,  0,  0,  0,  0,  0,  0,  0,  0,  0.
Lewis Emutel ?              1,  0,  0,  0,  0,  1,  1,  0,  0,  2,  1,  0,23,
             0,  0,  3,  3,  4,  0,  3,  2,  5,  1,  0,  0,  0,  0,  0,  0,  0,  0.
Peter Robitaud              2,  1,  1,  1,  0,  1,  1,  1,  2,  1,  0,  0,18,
             0,  0,  2,  1,  0,  1,  2,  2,  1,  1,  0,  0,  0,  0,  0,  0,  0,  0.
Marclien Fabre              3,  0,  1,  1,  2,  0,  0,  0,  1,  1,  0,  0,18,
             0,  0,  3,  0,  2,  2,  2,  2,  0,  1,  0,  0,  0,  0,  0,  0,  0,  0.
Honore Fabre files          3,  2,  0,  0,  1,  0,  0,  0,  0,  1,  0,  0,  9,
             0,  0,  0,  0,  0,  1,  1,  0,  3,  0,  0,  0,  0,  0,  0,  0,  0,  0.
Simon Porche                0,  0,  0,  0,  0,  1,  0,  0,  0,  0,  1,  0,79,
             0,  0,10,12,  6,12,10,  6,12,18,  0,  0,  0,  0,  0,  0,  0,  1.
Lewis David                 2,  1,  1,  1,  0,  0,  3,  4,  1,  1,  0,  0,13,
             0,  0,  1,  0,  0,  1,  0,  1,  1,  0,  0,  0,  0,  0,  0,  0,  0,  0.
Vincent Ternand             0,  0,  0,  0,  1,  0,  0,  0,  0,  0,  1,  0,55,
             0,  0,10,18,  7,  0,  7,  5,  4,  2,  0,  0,  0,  0,  0,  0,  0,  0.
Widow Ternand               1,  0,  0,  0,  2,  0,  0,  0,  0,  0,  1,  0,188,
             0,  0,25,25,35,15,20,25,30,10,  0,  0,  0,  0,  0,  0,  0,  0.
C.J. Villiere               0,  0,  0,  0,  0,  0,  1,  0,  0,  0,  0,  0,107,
             0,  0,15,15,12,  3,20,15,20,  6,  0,  0,  0,  0,  0,  0,  0,  0.
Clement Ennett              0,  0,  0,  0,  1,  0,  1,  0,  1,  0,  0,  0,10,
             0,  0,  1,  0,  2,  0,  0,  2,  3,  0,  0,  0,  0,  0,  0,  0,  0,  0.
Pauline Decuire             1,  0,  0,  0,  1,  0,  0,  0,  1,  0,  0,  0,10,
             0,  0,  1,  0,  4,  0,  0,  1,  2,  0,  0,  0,  0,  0,  0,  0,  0,  0.
Vincent Porche              0,  0,  0,  0,  0,  1,  0,  0,  0,  0,  0,  0,48,
             0,  0,  4,10,10,  4,  4,  0,  6,  0,  0,  2,  0,  0,  4,  2,  1,  0.
Francis Decuire             0,  0,  0,  0,  0,  0,  0,  0,  0,  0,  0,  0,19,
             0,  0,  2,  2,  1,  0,  2,  4,  1,  1,  0,  2,  0,  0,  2,  0,  2,  2.
Francis LeBeau              1,  0,  1,  1,  1,  0,  0,  0,  2,  0,  0,  0,57,
             0,  0,  5,  4,20,  5,  3,  ?,  ?,  4,  0,  0,  0,  0,  0,  0,  0,  0.
Widow Porche                2,  0,  1,  1,  2,  0,  3,  1,  2,  2,  2,  0,51,
             0,  0,  2,  3,20,  5,  3,  2,  5,  0,  0,  0,  0,  0,  0,  0,  0,  0.
Peter Boyer                 0,  0,  0,  0,  1,  1,  0,  0,  0,  0,  0,  0,  0,
             2,  0,  0,  1,  0,  0,  0,  0,  0,  0,  0,  0,  0,  0,  0,  0,  0,  0.
Widow Durand                0,  0,  0,  0,  0,  1,  0,  0,  0,  1,  0,  6,
             0,  0,  0,  0,  0,  ?,  2,  0,  2,  0,  0,  0,  0,  0,  0,  0,  0,  0.

                          Fals River

Marclean Porche             3,  0,  0,  0,  2,  0,  0,  0,  2,  0,  0,  1,13,
             0,  0,  2,  3,  0,  0,  1,  1,  2,  0,  0,  0,  0,  0,  0,  0,  0,  0.
```

```
                          1, 2, 3, 4, 5, 6, 7, 8, 9,10,11,12,13,
        14,15,16,17,18,19,20,21,22,23,24,25,26,27,28,29,30,31.

Francis Savin             0, 0, 0, 1, 0, 1, 0, 0, 0, 0, 1, 0,14,
        0, 0, 1, 1, 1, 1, 3, 1, 3, 0, 0, 0, 0, 0, 0, 0, 0, 0.
Celestin Labbe            1, 1, 0, 0, 2, 0, 1, 0, 1, 0, 0, 0,21,
        0, 0, 2, 0, 4, 1, 1, 1, 2, 0, 1, 0, 0, 0, 3, 1, 0, 1.
Joseph Bosderia           0, 0, 0, 0, 1, 0, 3, 0, 0, 1, 0, 0,17,
        0, 0, 3, 2, 0, 2, 2, 4, 0, 0, 0, 1, 0, 0, 0, 1, 0, 0.
Charles Lejeune           1, 0, 0, 0, 0, 1, 0, 2, 0, 0, 1, 0,39,
        0, 0,10, 6, 5, 0, 4, 4, 4, 2, 0, 0, 0, 0, 0, 0, 0, 0.
Joseph Pattin             0, 1, 0, 1, 1, 0, 6, 0, 2, 0, 0, 0,19,
        0, 0, 2, 0, 4, 0, 3, 5, 0, 0, 0, 0, 0, 0, 0, 0, 0, 0.
J.B. Desormes             2, 0, 0, 0, 0, 2, 0, 0, 0, 1, 0, 0,25,
        0, 0, 4, 1, 4, 0, 3, 4, 2, 0, 0, 0, 0, 1, 0, 1, 1, 1.
Augustin Porche           0, 1, 0, 0, 1, 0, 3, 0, 0, 1, 0, 0,14,
        0, 0, 2, 0, 2, 1, 1, 0, 2, 1, 0, 0, 1, 1, 0, 0, 0, 0.
Zalion ? Langlois         2, 1, 0, 0, 1, 0, 1, 2, 0, 1, 0, 0, 8,
        0, 0, X, 0, 1, 1, 0, 0, 1, 0, 0, 0, 0, 0, 0, 0, 0, 0.
̶P̶e̶t̶e̶r̶ ̶L̶a̶n̶g̶l̶o̶i̶s̶ Widow Langlois0, 0, 0, 0, 0, 0, 0, 0, 0, 0, 1, 0, 9,
        0, 0, 2, 1, 0, 1, 3, 0, 1, 0, 0, 0, 0, 0, 0, 0, 0, 0.
Peter Langlois            0, 0, 0, 0, 0, 1, 0, 0, 0, 0, 0, 0,12,
        0, 0, 0, 0, 0, 1, 0, 0, 0, 1, 3, 0, 0, 0, 2, 2, 1, 1.
Joseph Pork ? Poss ?      0, 1, 0, 4, 0, 1, 0, 1, 2, 0, 1, 0,21,
        0, 0, 1, 0, 3, 1, 1, 1, 2, 1, 0, 0, 0, 1, 0, 0, 0, 0.
George Pork ?             0, 0, 0, 0, 0, 0, 0, 1, 0, 0, 0, 0,11,
        0, 0, 0, 0, 0, 4, 5, 0, 0, 1, 0, 0, 0, 0, 0, 0, 0, 0.
Narcisas Carmouche        0, 1, 0, 4, 1, 1, 0, 0, 1, 0, 1, 0,33,
        0, 0, 4, 5, 3, 0, 4, 6, 0, 0, 0, 2, 0, 0, 0, 0, 0, 0.
Mitchel Porche            0, 2, 0, 1, 0, 2, 0, 0, 2, 0, 2, 0,20,
        0, 0, 1, 0, 2, ?, 5, 1, 1, 0, 0, 0, 0, 0, 0, 0, 0, 0.
Widow Sampson             1, 0, 1, 0, 2, 0, 2, 2, 0, 0, 1, 0,58,
        0, 0, 9, 5,15, 3, 4, 2, 5, 9, 0, 0, 0, 0, 0, 0, 0, 0.
Lewis Chenevert           0, 0, 0, 0, 0, 1, 2, 3, 1, 0, 0, 0,16,
        0, 0, 2, 1, 5, 0, 1, 1, 1, 0, 0, 0, 0, 0, 0, 0, 0, 0.
Francis Laforche Dudan    0, 0, 0, 0, 1, 0, 3, 1, 0, 1, 0, 0, 0,
        1, 0, 0, 1, 0, 0, 2, 3, 1, 0, 0, 0, 0, 0, 0, 0, 0, 0.
Lafill Gougis ?           0, 0, 0, 1, 2, 0, 0, 0, 0, 0, 0, 0,14,
        0, 0, 3, 0, 0, 3, 1, 1, 1, 0, 2, 0, 0, 0, 0, 2, 0, 1.
Widow Berthelmu Olind     3, 0, 1, 2, 0, 0, 2, 2, 0, 0, 2, 0,32,
        0, 0, 2, 2, 3, 4, 3, 4, 4, 3, 0, 0, 0, 0, 0, 0, 0, 0.
G. Thomson                0, 0, 0, 0, 1, 0, 0, 0, 0, 0, 0, 0,17,
        0, 0, 5, 0, 3, 0, 1, 2, 5, 0, 0, 0, 0, 0, 0, 0, 0, 0.
Widow Phillip Robillard   2, 0, 1, 0, 2, 1, 0, 0, 3, 0, 1, 0,11,
        0, 0, 0, 0, 1, 0, 0, 2, 0, 0, 0, 0, 0, 0, 0, 0, 0, 0.
Hypolite Major            0, 0, 0, 0, 1, 0, 1, 0, 1, 0, 0, 0, 5,
        0, 0, 1, 1, 1, 0, 0, 0, 0, 0, 0, 0, 0, 0, 0, 0, 0, 0.
Etine Major               1, 1, 1, 1, 0, 1, 0, 0, 1, 0, 1, 0,75,
        0, 0,10, 3,17, 0, 8,15, 7, 3, 0, 0, 0, 0, 0, 2, 0, 1.
Charles Hobry             0, 0, 0, 0, 0, 1, 0, 0, 0, 0, 2, 0,67,
        1, 0, 5, 9, 7, 2,14,16, 2, 3, 0, 0, 0, 0, 0, 0, 0, 0.
Darius Strodes            3, 0, 1, 0, 0, 0, 1, 0, 1, 0, 0, 0, 0,
        0, 1, 0, 0, 0, 0, 0, 0, 0, 0, 0, 0, 0, 0, 0, 0, 0, 0.
```

```
                              1, 2, 3, 4, 5, 6, 7, 8, 9,10,11,12,13,
            14,15,16,17,18,19,20,21,22,23,24,25,26,27,28,29,30,31.

George Maturin            1, 1, 0, 0, 0, 1, 3, 0, 0, 1, 0, 0,23,
            0, 0, 0, 0, 4, 2, 3, 0, 5, 3, 0, 0, 0, 0, 0, 0, 0, 0.
Doctr. Robin              0, 0, 0, 0, 0, 1, 0, 1, 0, 0, 1, 0, 0,
            0, 0, 1, 0, 0, 0, 1, 1, 0, 1, 0, 0, 0, 0, 0, 0, 0, 0.
Francis Porciau           3, 0, 0, 0, 1, 0, 1, 0, 0, 1, 0, 0,16,
            0, 0, 2, ?, 4, 1, 1, 2, 0, 0, 0, 1, 1, 0, 0, 0, 1, 0.
Batiese Porciau           3, 3, 0, 2, 1, 1, 3, 1, 4, 0, 1, 0,114,
            0, 0,15,15,25, 5,10,15,10, 6, 0, 0, 0, 0, 0, 0, 0, 0.
J.B. Lizan (Sizan ?)      0, 0, 0, 0, 0, 0, 0, 0, 0, 0, 0, 0, 0,
            0, 0, 0, 0, 0, 0, 0, 0, 0, 0, 0, 0, 0, 0, 0, 0, 0, 0.
Batiest Pourcieu files    1, 3, 1, 1, 0, 2, 1, 2, 0, 2, 0, 0,20,
            0, 0, 0, 0, 2, 0, 0, 4, 3, 0, 0, 0, 0, 0, 0, 0, 0, 0.
Hypolite Berjeron         2, 0, 0, 0, 1, 0, 1, 0, 1, 0, 0, 0,10,
            0, 0, 1, 0, 4, 0, 1, 1, 1, 0, 0, 0, 0, 0, 0, 0, 0, 0.
Valurier Berjeron         1, 0, 0, X, 1, 1, 1, 1, ?, 0, 0, 0, 3,
            0, 0, 2, 2, 0, 0, 0, 2, 0, 0, 0, 0, 0, 0, 0, 0, 0, 0.
Peter Berjeron            0, 0, 0, 0, 0, 1, 0, 0, 0, 0, 1, 0,16,
            0, 0, 0, 6, 0, 0, 3, 3, 0, 2, 0, 0, 0, 0, 0, 0, 0, 0.
Peter Dispau              2, 0, 0, 0, 1, 0, 0, 2, 1, 1, 0, 0,10,
            1, X, 0, 0, 0, 0, 0, 1, 0, 2, 0, 0, 0, 0, 0, 0, 0, 0.

            184  71  37  91  144  68  165  91  111  73  57  28  4,429

            7  10  609  503  646  218  509  482  488  175  38  23  17  7  40  8  20  17
```

The whol number of inhabitants in the Division consisting of
Point Coupee are 4,912 Souls.

[Certificate attached to record:]

Certificate to be signed by two respectable Inhabitants of the
    Division, and returned, annexed to the Schedule (No. 1) by
    the Assistant to the Marshal.

    We hereby certify, that a correct copy of the above Schedule,
signed by the said Poleg ? Demeranville, Assistant to the Marshall
of Louisiana for Point Coupee has been set up and remained at two
of the most public places within the division open to the inspec-
tion of all concerned.

            [signed] Stephen Van Wickle

            [signed] __?____?____?__

1810 Census
Rapides Parish, Louisiana 16

Schedule of the whole number of Persons
within the Parish of Rapides.

Name	1	2	3	4	5	6	7	8	9	10	11	12
Archinard, John	3	1	0	0	1	0	0	0	1	0	0	9.
Abram	0	0	0	1	0	0	0	1	0	0	0	0.
Anderson, George	0	1	2	1	0	2	1	0	0	0	2	4.
Archinard, Cesar's heirs	0	0	0	0	0	0	0	0	0	0	0	42.
Babby, Bte.	3	1	0	1	0	3	0	0	1	0	0	3.
Byrd, Abram	0	1	1	0	1	0	0	0	0	1	0	0.
Burney, Lucy	1	1	0	0	0	2	0	0	1	0	0	18.
Brunet, Francis	0	0	0	0	1	0	0	0	0	0	0	0.
Bealk, Benjamin	0	0	0	0	1	0	0	0	0	1	0	13.
Baillio, Augte.	0	0	0	1	0	0	1	0	0	0	1	7.
Bonner, James	4	2	0	1	0	1	0	1	1	0	0	22.
Bonner, Willis	2	2	0	1	0	2	2	0	1	0	1	9.
Bealk, Briton	2	2	0	1	0	2	1	0	1	0	0	0.
B[a]bb, Mde.	0	1	0	1	0	0	1	0	1	0	0	0.
Brown, John	1	0	1	0	0	0	0	1	0	0	0	2.
Brown, James	1	0	0	1	0	0	0	0	1	0	0	8.
Brown, William	0	1	1	0	1	0	0	0	0	1	0	26.
Baillio, Pierre	4	0	0	1	0	0	2	0	1	0	1	40.
Bowers, William	0	0	0	0	1	0	0	0	0	0	0	2.
Brewster, James	2	1	1	0	1	2	1	0	0	0	0	4.
Banby, Zack	1	3	0	1	0	4	0	0	1	0	0	0.
Bradley, Francis	0	2	5	1	0	0	1	0	0	1	2	0.
Barnes, Eli	0	0	1	1	1	0	1	1	0	1	2	2.
Barrow, John	0	2	0	0	1	0	0	0	0	1	3	3.
Barrow, Richard	1	0	1	0	0	0	0	1	0	0	0	0.
Barrow, McEven	2	0	0	1	0	0	0	1	0	0	1	0.
Bellgard, Bte.	2	1	0	1	0	3	1	0	1	0	0	0.
Barkman, John	1	0	1	0	0	0	0	1	0	0	0	1.
Barkman, Asa	0	0	0	1	0	0	0	1	0	0	0	0.
Barkman, Jacob	0	0	0	1	0	0	0	1	0	0	0	0.
Bohannon, George	0	0	0	1	0	0	0	0	0	0	0	0.
Barrow, Levi	0	0	1	0	0	0	0	1	0	0	0	0.
Britt, S. William	0	0	1	0	0	0	0	0	0	0	0	0.
Bogard, Daniel	0	0	0	1	0	1	0	0	1	0	0	0.
Amt. carrd. over [and] Amt. brot. over	30	22	16	19	9	20	12	10	12	6	13	215
Cuney, Richmond	4	2	0	1	0	0	0	1	0	0	0	9.
Chevalier, Joseph	2	0	0	1	0	1	0	1	0	0	0	0.
Carty, Elias	0	0	0	1	0	0	0	1	0	0	0	0.
Charlette, Made.	1	1	0	0	0	2	1	0	1	0	0	5.
Curtis, George B.	0	0	0	1	0	0	0	0	0	0	1	18.
Chandler, William	0	0	0	1	0	0	0	0	1	0	0	0.
Compton, Philip B.	2	1	0	1	0	4	1	0	1	0	0	0.
Compton, Leonard	0	0	0	2	0	0	0	0	0	0	3	15.
Compton, Samuel	0	0	1	0	0	0	0	1	0	0	0	2.
Cuvillier	0	0	0	0	1	0	0	0	0	1	0	0.
Clement, Henry	2	0	0	1	0	0	2	0	1	0	3	30.
Chatlin, Nicholas	0	1	1	0	1	0	0	4	0	1	1	10.
Clark, Ference	2	0	1	0	1	2	0	0	1	1	2	0.

	1	2	3	4	5	6	7	8	9	10	11	12
Cowen, Mrs.	0	0	0	0	0	2	2	1	0	0	0	0
Crooks, Joseph	2	1	1	0	1	1	0	0	1	0	0	0
Casson, John	1	0	0	1	0	0	0	1	0	0	1	0
Claiborne, Richard	0	0	0	0	1	1	0	0	1	1	0	1
Dent, Hatch	0	0	0	1	0	0	0	0	0	0	1	0
Dyson, Leonard	0	0	3	1	1	0	1	0	0	1	2	0
Davidson, Smithweek	2	0	0	1	0	0	0	1	0	0	0	3
Depre, Tenas	1	0	0	1	0	3	0	1	0	0	0	1
Dubau, John B.	1	2	0	0	1	0	0	3	1	0	0	2
Dosson, Thomas	2	0	0	2	0	1	0	1	0	0	1	0
Donavan, Amos	0	0	0	1	0	1	0	1	0	0	0	0
Day, Loyd	0	0	0	1	0	0	0	0	0	0	0	0
Deville, Nicholas	0	0	0	1	0	0	0	0	0	0	0	0
Deville, Jonte	0	0	1	0	0	1	0	1	0	0	0	0
Dill, John	0	0	0	1	0	1	0	0	1	0	4	4
Duval, Made.	3	1	0	0	0	1	0	0	1	0	0	0
Fristoe, William	1	0	1	0	0	0	1	0	0	0	0	1
Foy, Edward	1	0	0	1	0	3	0	1	0	0	1	0
Amt. card. over [and] Amt. brot. over	57	31	25	40	16	44	20	29	22	11	32	316
Frazer, Mde.	0	2	2	0	0	0	0	0	0	1	0	0
Fulton, Alexander	3	0	0	1	0	1	1	1	0	0	1	7
Fee, Thomas	0	1	0	0	1	0	0	0	0	0	0	0
Fowler, John	2	0	0	1	0	1	0	0	1	0	2	0
Gillard, Joseph Senr.	0	1	0	0	1	0	0	1	0	1	0	37
Gillard, Joseph Junr.	2	0	0	1	0	0	0	1	0	0	0	0
Gracier, Nicholas	0	0	0	1	0	0	0	1	0	0	0	0
Grubb, Benjamin	0	0	0	0	1	0	1	0	0	0	2	5
Griffen, James	2	0	0	1	0	2	0	0	1	0	0	12
Garner, Bradley	2	0	0	1	0	2	0	0	1	0	1	0
Greenwell, Jerh.	1	1	2	0	1	1	2	2	0	1	0	0
Howerton, Heritage	2	0	0	1	0	0	0	1	0	0	0	0
Henderson, John	1	0	0	1	0	3	1	1	0	0	3	6
Holt, David	1	4	0	1	0	1	0	1	1	0	0	14
Henarie, Samuel	1	0	0	1	0	5	1	0	1	0	1	1
Huet, Louis	1	1	0	1	1	2	1	0	1	0	2	0
Head, William	1	0	0	4	0	0	0	0	1	0	1	3
Hanley, James	0	0	0	1	0	3	0	0	1	0	0	0
Hall, Warren	1	1	3	0	1	1	0	1	1	0	2	17
Hamm, William	2	0	0	1	0	1	2	0	1	0	0	3
Hollaway, James	1	0	0	1	0	3	0	0	1	0	0	0
Hollaway, John	1	2	0	1	0	4	0	0	1	0	2	3
Holston, Mrs.	2	2	1	0	0	1	1	0	1	0	2	8
Holston, Stephen	1	0	1	0	1	0	2	0	1	0	3	1
Huffman, Louis	0	0	1	0	0	1	0	1	0	0	0	0
Huffman, Adam Senr.	0	0	0	0	1	1	3	2	1	0	1	12
Huffman, Adam Junr.	1	0	0	1	0	2	0	0	1	0	0	0

Page 102

```
                              1, 2, 3, 4, 5, 6, 7, 8, 9,10,11,12.

Hargrove William              0, 0, 0, 1, 0, 0, 0, 0, 0, 0, 0, 1.
Hare, David                   0, 0, 0, 1, 0, 0, 0, 0, 0, 0, 0, 0.
Hudson, Jesse                 0, 0, 0, 1, 0, 0, 0, 1, 0, 0, 0, 1.
Hubbard, Amos                 0, 0, 0, 1, 0, 2, 2, 0, 1, 0, 7, 0.
Jones, Tho. H.                0, 0, 0, 1, 0, 4, 0, 0, 1, 0, 1,47.
Justice, William              0, 1, 0, 1, 0, 0, 0, 1, 0, 0, 1, 3.

Amt. card. over
      (and)
Amt. brot. over               85 47 35 63 24 86 37 44 40 14 64 497

Innis, Isaac                  0, 0, 0, 1, 0, 0, 0, 0, 0, 0, 0, 0.
Johnston, William             0, 0, 0, 1, 2, 0, 0, 1, 0, 0, 0, 0.
Johnston, Moses               1, 2, 1, 0, 1, 2, 1, 0, 1, 0, 1, 0.
Jannot, Made.                 2, 2, 0, 1, 0, 0, 0, 0, 1, 0, 0, 0.
Jett, Martin                  0, 0, 0, 1, 0, 0, 0, 1, 0, 0, 0, 2.
Johnston, Josiah S.           0, 1, 3, 0, 0, 0, 0, 0, 0, 0, 1, 5.
Innis, Alexander              0, 0, 0, 0, 0, 0, 0, 0, 0, 0, 0, 6.
Kemper, Samuel                0, 0, 0, 1, 0, 0, 0, 0, 0, 0, 2, 1.
Killgour, James               1, 0, 0, 1, 0, 3, 0, 1, 0, 0, 2, 1.
Kirkland, Edward              0, 0, 0, 0, 0, 0, 0, 0, 0, 0, 0, 3.
Lacour                        0, 0, 0, 1, 0, 0, 0, 0, 0, 0, 0, 0.
Latour                        0, 0, 0, 1, 0, 0, 0, 1, 0, 0, 0, 0.
Latchey                       1, 2, 0, 0, 1, 0, 1, 0, 0, 1, 1, 2.
Lambert, Merryan ?            0, 1, 0, 1, 0, 0, 0, 0, 1, 0, 0, 0.
Lamothe, Policarp             2, 0, 0, 1, 0, 2, 0, 0, 1, 0, 0, 8.
Lacroix, John Louis           0, 0, 0, 1, 0, 1, 0, 1, 0, 0, 0, 6.
Laprerie, Made.               1, 2, 0, 2, 0, 1, 0, 1, 1, 1, 2, 0.
Laprerie, Michel              2, 0, 0, 1, 0, 1, 1, 0, 1, 0, 1, 2.
Laysard, Valentine            5, 1, 0, 0, 1, 8, 0, 5, 0, 0, 0, 6.
Layssard, Bolon               2, 0, 0, 0, 1, 3, 0, 0, 1, 0, 0, 8.
Lamontaine, Antoine           0, 0, 0, 0, 1, 0, 0, 0, 0, 0, 0, 0.
Lapointe, Made.               0, 0, 1, 0, 0, 0, 1, 0, 1, 0, 1, 9.
Lynch, Stephen                1, 1, 1, 0, 1, 1, 0, 1, 0, 1, 1, 2.
Laforest, Paul                2, 1, 0, 0, 1, 1, 2, 0, 1, 0, 0, 1.
Lacroix, Mitchel              1, 0, 1, 0, 0, 1, 0, 1, 0, 0, 0, 1.
Lesage, Made.                 0, 0, 0, 0, 0, 2, 1, 0, 1, 0, 0, 0.
Lacour, Jno. Morca            0, 0, 0, 0, 1, 1, 0, 0, 0, 0, 0, 0.
McKerly, Saml.                0, 0, 0, 1, 0, 0, 0, 0, 0, 0, 0, 0.
McNutt, Isaac                 1, 0, 1, 0, 0, 1, 0, 1, 0, 0, 0, 2.

amt. card. over
      (and)
amt. brot. over               107 60 43 78 34 114 44 58 50 17 76 562

Mosser, Jacob                 1, 0, 0, 1, 0, 1, 0, 0, 1, 0, 0, 0.
Miller, William Esq.          1, 0, 0, 0, 1, 2, 0, 1, 0, 0, 0, 8.
Manadue, Wm.                  0, 0, 0, 1, 0, 0, 0, 0, 0, 0, 1,10.
McKimm, Elizabeth             0, 0, 1, 0, 0, 0, 0, 0, 0, 1, 0, 0.
Mullin, William               0, 0, 0, 1, 0, 0, 0, 0, 0, 0, 0,10.
```

	1	2	3	4	5	6	7	8	9	10	11	12
Mattloe, Made.	1	0	1	0	0	1	1	2	1	0	1	0.
Martin, Mrs. Abram	1	0	3	1	0	2	0	0	0	1	6,	107.
Miller, William	1	1	0	1	0	2	1	0	1	0	0	2.
Montgomery, Made.	2	1	0	0	0	2	2	0	1	0	2	0.
Meullion, Ennimond	0	0	0	0	1	2	0	1	0	1	1,	31.
Mathews, George	0	0	0	1	0	1	0	1	0	0	0,	30.
Mulholan, Hugh	0	1	0	0	1	1	0	0	2	0	3	2.
Millon, Francis	2	1	0	1	0	2	2	0	1	0	0	0.
McNeely, Andw.	1	0	1	1	0	1	2	0	1	0	1	7.
Miller & Dent	0	0	0	0	0	0	0	0	0	0	0,	48.
Mulholan, Charles	0	0	0	0	0	0	0	0	0	0	0	5.
Miller, Benjamin	2	1	0	1	0	2	0	0	1	0	1	2.
Martineau & Landreau	0	0	0	2	0	2	0	1	0	0	0	9.
Martin, Mrs. Gabl.	0	1	2	1	0	0	0	0	1	0	1,	25.
McEntire, Robert	1	0	0	1	0	0	0	1	0	0	0	0.
Neil, Thomas	2	1	1	0	1	1	1	0	1	0	0	9.
Newel, John	4	1	0	1	1	1	2	0	1	1	0	0.
Nevil, James	2	0	0	1	0	2	1	1	0	1	1	1.
Nugent, Edward	0	2	0	0	1	0	2	0	0	1	0	1.
Nugent, Thomas	3	3	0	1	0	1	0	0	1	0	0	0.
Nugent, Mathew	1	1	0	0	1	0	2	1	1	0	0	1.
Oliver, Thos. F.	0	0	0	0	0	0	0	0	0	0	0	4.
Plunket, John	1	1	0	0	1	0	1	0	0	1	0	0.
Prewet, Beasley	0	0	0	0	1	0	1	0	0	0	0	9.
Price, William	1	0	0	1	0	1	0	1	0	0	0	0.

amt. card. over
[and]
amt. brot. over

| 134 | 75 | 52 | 95 | 43 | 141 | 62 | 68 | 64 | 24 | 94 | 883 |

	1	2	3	4	5	6	7	8	9	10	11	12
Rippee, John	0	0	0	0	0	0	0	0	0	0	0	1.
Reed, Archibald	0	0	1	0	0	0	0	1	0	0	1	0.
Reed, William	0	0	1	0	0	0	0	1	0	0	0	0.
Revoil, Antoine	0	0	0	1	0	0	0	0	0	0	0	0.
Rison, Jarratt	0	0	0	0	0	0	0	0	0	0	0	7.
Sollibellas, Joseph M.	0	0	0	0	0	0	0	0	0	0	0	2.
Slate, B.	2	0	2	1	1	1	2	3	1	0	2	1.
Swafford, Thomas	1	0	0	0	1	0	0	0	0	0	0	0.
Shaw, William	0	0	0	1	0	0	0	1	0	0	0	5.
Spriggs, H. L.	0	0	1	0	0	0	0	0	0	0	1	6.
Stewart, Charles	0	1	0	1	1	1	1	1	1	0	2	8.
Smith, Richard	0	0	0	1	1	1	0	1	1	0	1	5.
Sandiford, Made.	4	2	0	0	0	0	1	0	1	0	0	0.
Stampley, Peter	1	0	1	0	0	1	0	1	0	0	0	0.
Smith, Orren	1	0	1	0	0	1	0	0	1	0	0	0.
Sroddy, Andrew	0	0	0	0	1	0	0	0	0	0	0	2.
Slayter, Jsaiah	1	0	0	1	0	2	0	1	0	0	0	0.
Smith, George W.	0	0	0	1	0	0	0	0	0	0	0	3.
Thompson, Joseph	2	0	1	0	0	1	0	1	0	0	0	1.
Thompson, Thomas	1	0	1	0	0	2	1	0	0	0	0	1.

	1,	2,	3,	4,	5,	6,	7,	8,	9,	10,	11,	12.
Thompson, George	0,	0,	0,	1,	0,	1,	0,	1,	0,	0,	0,	0.
Tippett, Stephen	0,	1,	0,	1,	0,	1,	0,	0,	1,	0,	2,	7.
Towler, Made.	1,	0,	0,	0,	0,	1,	0,	0,	1,	0,	0,	0.
Underwood, James	0,	0,	0,	1,	0,	1,	0,	1,	0,	0,	0,	0.
Vernon, Richard	0,	1,	0,	1,	0,	1,	1,	0,	0,	1,	0,	8.
Vincent, Nicholas	3,	1,	1,	0,	0,	1,	2,	1,	1,	0,	1,	0.
Vick, John	0,	0,	0,	0,	1,	0,	0,	0,	0,	0,	1,	0.
Vickery, Joshua	3,	0,	0,	1,	0,	1,	0,	1,	0,	0,	0,	0.
amt. card. over [and] amt. brot. over	154	81	62	107	49	158	70	83	72	25	105	940
Walker, Joseph	0,	0,	0,	0,	0,	0,	0,	0,	0,	0,	0,	2.
Whitson, William	2,	0,	0,	1,	0,	0,	0,	1,	0,	0,	1,	0.
Wiley, John	0,	0,	2,	1,	0,	0,	2,	0,	1,	0,	0,	0.
Wray, John	0,	0,	0,	0,	1,	3,	1,	0,	1,	0,	0,	1.
Welsh, Nicholas	2,	0,	1,	0,	1,	1,	1,	1,	0,	1,	0,	7.
Wells, Darcas	0,	0,	0,	0,	0,	1,	0,	0,	0,	1,	0,	14.
Welsh, Thomas	2,	0,	0,	1,	0,	1,	1,	1,	0,	0,	1,	4.
Wiley, William	2,	0,	0,	1,	0,	0,	0,	0,	1,	0,	0,	0.
Warwick, John	1,	1,	0,	1,	0,	0,	0,	0,	0,	1,	1,	1.
Wiley, William	1,	0,	0,	1,	0,	1,	0,	1,	0,	0,	0,	0.
Wells, Louis	3,	0,	1,	2,	0,	2,	0,	0,	1,	0,	0,	2.
Wiley, William	1,	0,	1,	2,	1,	0,	0,	0,	0,	0,	0,	0.
Wade, Ann	0,	0,	2,	1,	0,	2,	2,	0,	1,	0,	2,	0.
Webb, James	1,	0,	0,	1,	0,	1,	0,	0,	1,	0,	0,	0.
Wells, Levi	1,	0,	0,	0,	1,	0,	0,	0,	0,	0,	1,	65.
Wells, Willing	2,	0,	0,	0,	0,	3,	0,	1,	0,	0,	0,	13.
Weeks, David	0,	0,	1,	0,	0,	0,	0,	0,	0,	0,	3,	12.
Willson ?, Robert	1,	1,	0,	1,	0,	2,	1,	0,	1,	0,	0,	0.
Walthers, Mrs.	1,	0,	0,	0,	0,	1,	0,	0,	1,	0,	1,	0.
Wallace, James	1,	1,	0,	1,	0,	2,	1,	1,	0,	0,	2,	5.
Williams, Thomas	0,	0,	0,	1,	0,	0,	0,	0,	0,	0,	0,	6.
White, Reuben	2,	3,	0,	1,	0,	1,	0,	0,	1,	0,	2,	4.
White, James	1,	2,	3,	1,	0,	3,	1,	0,	1,	0,	2,	5.
Whittaker, George	0,	0,	0,	1,	0,	2,	0,	0,	1,	0,	0,	0.
Young, John	3,	2,	0,	1,	0,	0,	2,	0,	1,	0,	1,	0.
Young, John	0,	0,	0,	1,	0,	0,	1,	0,	0,	0,	0,	0.
	181	91	74	127	53	186	83	89	84	28	123	1,081

Grand Total 2,200

[signed] R. Claiborne, asst.
        Decr. 10, 1810

1820 Census
Rapides Parish, Louisiana 17

Schedule of the whole number of Persons
within the Parish of Rapides.

```
                              1, 2, 3, 4, 5, 6, 7, 8, 9,10,11,12,13,
                  14,15,16,17,18,19,20,21,22,23,24,25,26,27,28,29,30,31.
                              Red River
John M. Smith                 1, 0, 0, 0, 1, 1, 2, 0, 0, 1, 0, 0,11,
                   0, 0, 2, 1, 2, 0, 2, 4, 0, 0, 0, 0, 0, 1, 0, 0, 0, 0.
                              Alex
Thomas C. Scott               0, 0, 0, 1, 1, 0, 2, 0, 1, 0, 0, 0, 0,
                   0, 1, 1, 1, 0, 2, 1, 1, 0, 0, 0, 0, 0, 0, 0, 0, 0, 0.
Charles T. Scott              0, 0, 0, 1, 0, 0, 0, 0, 0, 0, 0, 0, 0,
                   0, 0, 0, 1, 0, 0, 0, 0, 0, 0, 0, 0, 0, 0, 0, 0, 0, 0.

                              Little River
Jane Stone                    0, 2, 1, 1, 0, 1, 3, 0, 0, 1, 0, 0, 4,
                   0, 0, 4, 0, 0, 0, 2, 0, 1, 0, 0, 0, 0, 0, 0, 0, 0, 0.
                              B. Robert
Horatio J. Sprigg             1, 1, 0, 1, 1, 0, 2, 1, 0, 1, 0, 0,25,
                   0, 0, 8, 5, 4, 0, 4, 4, 3, 0, 0, 0, 0, 0, 0, 0, 0, 0.
                              B. Beouf
Leroy Stafford                3, 2, 0, 1, 1, 0, 1, 0, 0, 1, 0, 0,24,
                   0, 0,10, 4, 5, 1, 6, 3,10, 0, 0, 0, 0, 0, 0, 0, 0, 0.
James Stafford                0, 0, 0, 1, 0, 0, 1, 0, 1, 0, 0, 0, 7,
                   0, 0, 1, 2, 1, 1, 2, 3, 0, 0, 0, 0, 0, 0, 0, 0, 0, 0.
Joshua Sutton                 0, 0, 1, 0, 2, 0, 1, 1, 0, 1, 0, 0, 8,
                   0, 1, 0, 1, 1, 0, 2, 3, 0, 0, 0, 0, 0, 0, 0, 0, 0, 0.
                              Alex
Reuben T. Luckette            2, 1, 0, 1, 1, 0, 2, 2, 0, 1, 0, 0, 0,
                   0, 1, 0, 0, 0, 0, 0, 0, 0, 1, 0, 0, 0, 0, 0, 1, 0, 0.
                              B. Flacon
Thomas Swafford Senr.         0, 1, 0, 0, 1, 1, 0, 0, 0, 0, 1, 0, 4,
                   0, 0, 0, 0, 0, 0, 0, 0, 1, 0, 0, 0, 0, 0, 0, 0, 0, 0.
Thomas Swafford Junr.         0, 0, 0, 0, 1, 0, 4, 0, 0, 1, 0, 0, 3,
                   0, 0, 1, 1, 0, 0, 0, 1, 0, 0, 0, 0, 0, 0, 0, 0, 0, 0.
Jake Simmons                  1, 0, 0, 0, 2, 0, 3, 1, 0, 1, 0, 0, 2,
                   0, 0, 1, 0, 1, 0, 2, 0, 0, 0, 0, 0, 0, 0, 0, 0, 0, 0.
                              B. Janice
David Spurlock                1, 1, 0, 1, 0, 1, 2, 0, 1, 0, 0, 0, 9,
                   0, 0, 1, 3, 5, 0, 1, 0, 1, 0, 0, 0, 0, 0, 0, 0, 0, 0.
                              Alex
Andrew Sanson                 4, 0, 2, 0, 2, 0, 1, 0, 2, 0, 0, 0, 2,
                   0, 1, 2, 0, 0, 0, 0, 0, 1, 0, 0, 0, 0, 0, 0, 0, 0, 0.
                              B. Rapide
Adolphus Smith                1, 1, 0, 2, 0, 0, 0, 0, 1, 0, 0, 0,32,
                   0, 0,10, 2, 7, 3,11, 4, 7, 2, 0, 0, 0, 1, 0, 0, 0.
```

```
                              1, 2, 3, 4, 5, 6, 7, 8, 9,10,11,12,13,
              14,15,16,17,18,19,20,21,22,23,24,25,26,27,28,29,30,31.
```

Alex

```
Benjamin M. Stokes        1, 0, 0, 0, 1, 1, 0, 0, 0, 0, 0, 0, 0,
              0, 0, 0, 0, 0, 0, 0, 0, 0, 0, 0, 0, 0, 0, 0, 0, 0, 0.
Joseph M. Solabellas      0, 0, 0, 0, 1, 0, 0, 0, 0, 0, 0, 0, 0,
              0, 0, 1, 0, 0, 0, 0, 0, 0, 0, 0, 0, 0, 0, 0, 0, 0, 0.
R. W. Sibley              0, 0, 0, 1, 1, 0, 0, 0, 0, 0, 0, 0, 0,
              2, 0, 1, 2, 0, 0, 0, 0, 0, 0, 0, 0, 0, 0, 0, 0, 0, 0.
Sexton & Morgan           0, 0, 0, 1, 1, 0, 0, 0, 0, 0, 0, 0, 0,
              2, 0, 0, 0, 0, 0, 0, 0, 1, 0, 0, 0, 0, 0, 0, 0, 0, 0.
```

B. Beouf

```
Alexander Scott           3, 1, 0, 0, 1, 0, 2, 0, 0, 1, 0, 0, 5,
              5, 0, 0, 1, 0, 0, 2, 0, 0, 0, 0, 0, 0, 0, 0, 0, 0, 0.
```

Cocodria

```
Alexander Stephens        1, 0, 0, 0, 1, 0, 2, 0, 1, 0, 0, 0, 2,
              2, 0, 0, 0, 1, 0, 0, 0, 0, 0, 0, 0, 0, 0, 0, 0, 0, 0.
```

Alex

```
Theodore Sheilds          0, 0, 0, 1, 0, 0, 0, 0, 2, 0, 0, 0, 0,
              0, 1, 0, 0, 0, 0, 0, 0, 0, 0, 0, 0, 0, 0, 0, 0, 0, 0.
Ralph Smith               0, 0, 1, 0, 1, 0, 0, 0, 1, 0, 0, 0, 0,
              0, 1, 0, 0, 0, 0, 0, 0, 0, 0, 0, 0, 0, 0, 0, 0, 0, 0.
Palmer Smith              0, 0, 0, 1, 0, 0, 0, 0, 0, 0, 0, 0, 0,
              0, 1, 0, 0, 0, 0, 0, 0, 0, 0, 0, 0, 0, 0, 0, 0, 0, 0.
```

B. Rapide

```
Gabriel Ladeaux  Sadeaux ?  0, 0, 0, 0, 0, 1, 0, 0, 0, 0, 0, 2, 0,
              0, 0, 0, 0, 0, 0, 0, 0, 0, 0, 1, 1, 0, 0, 0, 1, 1, 0.
Stephen Teppet            1, 0, 0, 2, 0, 2, 0, 1, 1, 0, 1, 0,12,
              0, 1, 3, 1, 3, 2, 3, 0, 5, 0, 0, 0, 0, 0, 0, 0, 0, 0.
Phillip & John Taylor     0, 0, 0, 0, 2, 0, 0, 0, 0, 0, 0, 0,13,
              0, 0, 4, 4, 0, 0, 6, 5, 0, 0, 0, 0, 0, 0, 0, 0, 0, 0.
```

B. Beouf

```
Selas Talbert             0, 0, 0, 0, 1, 0, 0, 0, 1, 0, 0, 0, 7,
              0, 0, 2, 1, 2, 0, 0, 2, 1, 0, 0, 0, 0, 0, 0, 0, 0, 0.
Robert Tanner             1, 1, 0, 1, 1, 1, 2, 2, 1, 0, 1, 0,17,
              0, 1, 8, 2, 3, 2, 6, 3, 6, 1, 0, 0, 0, 0, 0, 0, 0, 0.
Joseph Tanner             0, 2, 0, 0, 1, 1, 1, 2, 0, 1, 0, 0, 4,
              0, 1, 0, 1, 2, 0, 3, 0, 1, 1, 0, 0, 0, 0, 0, 0, 0, 0.
Lodowick Tanner           0, 0, 0, 1, 0, 0, 0, 0, 1, 0, 0, 0, 9,
              0, 0, 1, 2, 0, 0, 2, 4, 0, 1, 0, 0, 0, 0, 0, 0, 0, 0.
Elermuel ? Tanner         1, 0, 0, 0, 2, 0, 2, 0, 1, 0, 0, 0,14,
              0, 0, 4, 3, 6, 0, 5, 3, 3, 0, 0, 0, 0, 0, 0, 0, 0, 0.
Walter Tarnbull           1, 1, 0, 1, 5, 1, 1, 1, 1, 0, 0, 0,35,
              0, 5, 8,10, 1, 1, 9, 7, 4, 3, 0, 0, 0, 0, 0, 0, 0, 0.
```

```
                              1, 2, 3, 4, 5, 6, 7, 8, 9,10,11,12,13,
              14,15,16,17,18,19,20,21,22,23,24,25,26,27,28,29,30,31.
                              B. Rapide
John Texada                   1, 0, 0, 0, 2, 0, 1, 0, 1, 0, 0, 0,13,
               0, 0, 4,10, 3, 0, 7, 2, 3, 0, 0, 0, 0, 0, 0, 0, 0, 0.
                              Alex
Joseph Touilinson             0, 0, 0, 0, 4, 0, 0, 0, 0, 0, 0, 0, 0,
               0, 4, 0, 0, 0, 0, 0, 1, 0, 0, 1, 0, 0, 0, 0, 0, 1, 0.
John Taylor                   0, 0, 0, 8, 5, 0, 0, 0, 0, 0, 0, 0, 0,
               0,13, 0, 0, 0, 0, 0, 0, 0, 0, 0, 0, 0, 0, 0, 0, 0, 0.
                              B. Rapide
Isaac Thomas                  2, 0, 0, 0, 3, 0, 0, 1, 1, 0, 0, 0,13,
               0, 0, 1, 4, 1, 0, 0, 7, 0, 0, 0, 0, 0, 0, 0, 0, 0, 0.
                              B. Bogola
William Tyson                 5, 0, 0, 0, 1, 0, 0, 1, 0, 1, 0, 0, 2,
               0, 0, 1, 0, 1, 0, 0, 0, 0, 0, 0, 0, 0, 0, 0, 0, 0, 0.
                              B. Boeuf
Greenbury Thomas              0, 0, 0, 1, 1, 0, 0, 0, 0, 1, 0, 0,10,
               0, 0, 2, 2, 2, 1, 1, 1, 0, 1, 0, 0, 0, 0, 0, 0, 0, 0.
                              B. Cotile
James Maden ?                 0, 0, 0, 0, 1, 0, 1, 0, 1, 0, 1, 0, 5,
               0, 0, 0, 1, 1, 0, 0, 0, 2, 0, 0, 0, 0, 0, 0, 0, 0, 0.
Andrew Miller                 1, 0, 0, 0, 1, 0, 2, 0, 1, 0, 0, 0,24,
               0, 0, 8, 3, 7, 2, 7, 6, 6, 3, 0, 0, 0, 0, 0, 0, 0, 0.
                              B. Flacon
James Underwood               1, 0, 0, 0, 1, 0, 2, 0, 0, 1, 0, 0, 1,
               0, 0, 1, 0, 0, 0, 0, 0, 0, 0, 0, 0, 0, 0, 0, 0, 0, 0.
                              Red River
Madam Vallery                 2, 2, 2, 0, 0, 0, 0, 2, 3, 1, 0, 0, 5,
               0, 0, 2, 0, 0, 0, 0, 0, 0, 0, 0, 0, 0, 0, 0, 0, 0, 0.
                              B. Rapides
Solaste ? Valentine           0, 0, 0, 0, 0, 0, 0, 0, 0, 0, 0, 0, 0,
               0, 0, 0, 0, 0, 0, 0, 0, 0, 0, 0, 0, 0, 0, 0, 2, 0, 1.
Mary Louise Valentine         0, 0, 0, 0, 0, 0, 0, 0, 0, 0, 0, 0, 1,
               0, 0, 0, 0, 1, 0, 0, 0, 0, 0, 2, 0, 0, 0, 0, 0, 1, 1.
                              Pine Woods
John Vick                     0, 0, 0, 1, 0, 1, 0, 0, 0, 0, 0, 0, 2,
               0, 0, 0, 0, 0, 0, 0, 0, 1, 0, 0, 0, 0, 0, 0, 0, 0, 0.

(subtotals)
```

	35	16	7	29	50	12	40	16	22	14	14	0	327
	2	33	90	67	62	15	83	65	58	13	4	1	1	1	4	1	4	0

```
                         1, 2, 3, 4, 5, 6, 7, 8, 9,10,11,12,13,
             14,15,16,17,18,19,20,21,22,23,24,25,26,27,28,29,30,31.

Constance Valentine        0, 0, 0, 0, 0, 0, 0, 0, 0, 0, 0, 0, 0,
             0, 0, 0, 0, 0, 0, 0, 0, 0, 0, 1, 0, 0, 0, 1, 0, 1, 0.
                         Red River
J. B. Vanbrunt             0, 0, 0, 1, 5, 0, 0, 0, 0, 0, 0, 0, 0,
             0, 6, 0, 0, 0, 0, 0, 0, 0, 1, 0, 0, 0, 0, 0, 0, 0, 0.
                         B. Rapide
Fransways Weit             0, 0, 0, 0, 0, 0, 0, 0, 0, 0, 0, 0, 1,
             0, 0, 0, 0, 0, 0, 0, 0, 2, 2, 0, 0, 1, 1, 1, 0.
Valery Duville             1, 0, 0, 0, 2, 0, 0, 0, 0, 0, 0, 0, 1,
             0, 0, 0, 0, 0, 0, 0, 0, 0, 0, 0, 0, 0, 0, 0, 0, 0.
                         B. Cotile
Federick Wiley             0, 0, 0, 0, 1, 0, 0, 0, 0, 0, 0, 0, 4,
             0, 0, 0, 0, 2, 1, 0, 0, 1, 0, 0, 0, 0, 0, 0, 0, 0.
Martha Welch               0, 1, 0, 1, 1, 0, 0, 0, 1, 0, 1, 0, 7,
             0, 0, 1, 1, 2, 0, 0, 0, 1, 1, 0, 0, 0, 0, 0, 0, 0.
John Ware                  0, 0, 0, 0, 1, 0, 2, 0, 0, 1, 0, 0, 5,
             0, 0, 0, 1, 1, 0, 1, 1, 0, 0, 0, 0, 0, 0, 0, 0, 0.
                         B. Rapide
Thomas Welch               0, 2, 0, 0, 3, 1, 4, 1, 0, 1, 0, 0,17,
             0, 0, 2, 1, 3, 2, 2, 1, 1, 0, 0, 0, 0, 0, 0, 0, 0.
Lewis Wells                3, 2, 1, 1, 1, 2, 2, 2, 0, 1, 0, 0,13,
             0, 0, 0, 2, 2, 2, 0, 3, 2, 0, 0, 0, 0, 0, 0, 0, 0.
Joseph Walker              3, 2, 0, 1, 3, 0, 1, 0, 0, 1, 0, 0,22,
             0, 2, 2,10, 5, 4, 2, 0, 3, 2, 0, 0, 0, 0, 0, 0, 0.
                         Pine Woods
Samuel Wilson              2, 0, 1, 2, 0, 0, 0, 1, 1, 0, 0, 0, 2,
             0, 0, 0, 0, 0, 0, 0, 0, 0, 0, 0, 0, 0, 0, 0, 0, 0.
                         Alex
William Wilson             0, 0, 0, 1, 1, 0, 0, 0, 1, 0, 0, 0, 5,
             0, 0, 1, 2, 1, 0, 1, 0, 1, 0, 0, 0, 0, 0, 0, 0, 0.
Patrick Wale               0, 0, 0, 0, 1, 0, 0, 0, 0, 0, 0, 0, 0,
             1, 0, 0, 1, 0, 0, 0, 1, 0, 0, 1, 1, 0, 0, 1, 0, 0.
Susan Wallace              1, 0, 1, 0, 0, 0, 0, 1, 0, 1, 0, 0, 0,
             0, 0, 0, 0, 0, 0, 3, 1, 0, 1, 0, 0, 0, 0, 0, 0, 0.
                         B. Robert
Archibald P. Williams      1, 0, 0, 0, 2, 0, 0, 0, 0, 1, 0, 0,18,
             0, 0, 8, 3, 5, 0, 4, 1, 6, 0, 0, 0, 0, 0, 0, 0, 0.
                         Red River
James Williamson           1, 0, 1, 1, 1, 1, 1, 2, 1, 1, 0, 0, 7,
             0, 0, 0, 0, 0, 1, 0, 0, 2, 0, 0, 0, 0, 0, 0, 0, 0.
George F. Wilkinson        1, 0, 0, 0, 1, 0, 3, 0, 1, 0, 0, 0,15,
             0, 0, 5, 3, 2, 1, 6, 5, 2, 1, 0, 0, 0, 0, 0, 0, 0.
```

```
                              1,  2,  3,  4,  5,  6,  7,  8,  9,10,11,12,13,
              14,15,16,17,18,19,20,21,22,23,24,25,26,27,28,29,30,31.
                              B. Cotile
William Shuffiele             2,  1,  0,  0,  0,  1,  3,  0,  1,  1,  0,  0,  1,
              0,  0,  0,  0,  0,  0,  0,  0,  0,  0,  0,  0,  0,  0,  0,  0,  0,  0.
                              Red River
Ellis Batis                   0,  0,  0,  1,  0,  0,  0,  0,  0,  0,  0,  0,  6,
              0,  0,  3,  1,  1,  0,  4,  2,  1,  0,  0,  0,  0,  0,  0,  0,  0,  0.
Mary Young                    1,  1,  0,  0,  1,  0,  0,  1,  1,  1,  0,  0,  0,
              0,  1,  0,  0,  0,  0,  0,  0,  0,  0,  0,  0,  0,  0,  0,  0,  0,  0.
                              B. Bogola
John Young                    2,  1,  1,  1,  0,  0,  0,  0,  0,  0,  1,  0,  2,
              0,  0,  0,  0,  0,  0,  0,  0,  0,  0,  0,  0,  0,  0,  0,  0,  0,  0.

                              Alex
W. D. Dorherty                0,  0,  0,  0,  1,  0,  0,  0,  0,  0,  0,  0,  0,
              0,  1,  0,  0,  0,  0,  0,  0,  0,  0,  0,  0,  0,  0,  0,  0,  0,  0.
J. Westmoreland               0,  0,  0,  0,  1,  0,  0,  0,  0,  0,  0,  0,  0,
              0,  1,  0,  0,  0,  0,  0,  0,  0,  0,  0,  0,  0,  0,  0,  0,  0,  0.
J. Hall                       0,  0,  0,  0,  1,  0,  0,  0,  0,  0,  0,  0,  0,
              0,  1,  0,  0,  0,  0,  0,  0,  0,  0,  0,  0,  0,  0,  0,  0,  0,  0.
William Pearce                2,  0,  0,  1,  0,  2,  0,  1,  0,  0,  0,  0,  5,
              0,  0,  0,  2,  0,  0,  1,  1,  1,  0,  0,  0,  0,  0,  0,  0,  0,  0.
John Parker                   1,  1,  0,  0,  1,  0,  0,  0,  0,  2,  0,  0,  6,
              0,  0,  0,  0,  1,  0,  2,  1,  0,  0,  0,  0,  0,  0,  0,  0,  0,  0.
Elijah Parker                 0,  0,  0,  1,  0,  1,  0,  0,  1,  0,  0,  0,  3,
              0,  0,  0,  0,  1,  0,  0,  0,  1,  0,  0,  0,  0,  0,  0,  0,  0,  0.
                              Red River

John Proveaux                 0,  0,  0,  0,  1,  0,  0,  0,  0,  0,  0,  0,  0,
              0,  1,  0,  0,  0,  0,  0,  0,  0,  0,  0,  0,  0,  0,  0,  0,  0,  0.
                              B. Flacon
William Rice                  2,  1,  0,  0,  1,  0,  2,  1,  0,  1,  0,  0,  2,
              0,  0,  0,  1,  0,  0,  0,  0,  0,  0,  0,  0,  0,  0,  0,  0,  0,  0.
                              B. Boeuf
William Plunkett              1,  0,  0,  0,  1,  0,  4,  1,  1,  1,  0,  0,36,
              0,  0,  5,  4,10,  5,  7,  0,15,  0,  0,  0,  0,  0,  0,  0,  0,  0.
James Plunkett                0,  0,  0,  0,  1,  0,  0,  0,  0,  0,  0,  0,  7,
              0,  0,  1,  2,  2,  1,  0,  3,  1,  3,  0,  0,  0,  0,  0,  0,  0,  0.
Ezekeal O'Quin                1,  1,  0,  0,  1,  0,  3,  2,  0,  1,  0,  0,  5,
              0,  0,  1,  0,  2,  0,  0,  1,  0,  0,  0,  0,  0,  0,  0,  0,  0,  0.
Abraham Quines ?              0,  0,  0,  0,  1,  0,  1,  0,  1,  0,  0,  0,  3,
              0,  0,  1,  0,  0,  0,  4,  0,  0,  0,  0,  0,  0,  0,  0,  0,  0,  0.
Daniel Roberts                2,  1,  0,  1,  1,  0,  2,  0,  1,  0,  0,  0,  0,
              0,  0,  1,  6,  0,  2,  1,  1,  2,  2,  0,  0,  0,  0,  0,  0,  0,  0.
```

```
                          1, 2, 3, 4, 5, 6, 7, 8, 9,10,11,12,13,
              14,15,16,17,18,19,20,21,22,23,24,25,26,27,28,29,30,31.
```

Alex

```
John Rippey                 0, 0, 0, 0, 1, 0, 0, 0, 1, 0, 0, 0, 0,
               0, 0, 0, 0, 2, 0, 0, 0, 4, 0, 0, 0, 0, 0, 0, 0, 0, 0.
```

Pine Wood

```
Archibald Reed              3, 0, 0, 2, 1, 0, 3, 0, 1, 0, 0, 0, 3,
               0, 0, 0, 0, 0, 0, 0, 1, 0, 0, 0, 0, 0, 0, 0, 0, 0, 0.
```

B. Boeuf

```
Robert A. Reeder            0, 0, 0, 1, 1, 0, 0, 0, 1, 0, 0, 0, 1,
               0, 0, 0, 0, 0, 0, 0, 0, 0, 0, 0, 0, 0, 0, 0, 0, 0, 0.
Paul Roberts                0, 0, 0, 1, 1, 0, 0, 0, 1, 0, 0, 0, 4,
               0, 1, 1, 2, 0, 0, 1, 1, 0, 0, 0, 0, 0, 0, 0, 0, 0, 0.
Job Rowley ?                0, 2, 1, 0, 1, 0, 3, 0, 0, 0, 0, 0,19,
               0, 0, 5, 3, 3, 0,10, 5, 5, 0, 0, 0, 0, 0, 0, 0, 0, 0.
Joseph Roberts              3, 0, 1, 1, 1, 0, 1, 2, 1, 1, 0, 0,13,
               0, 0, 4, 4, 1, 0, 4, 2, 1, 1, 0, 0, 0, 0, 0, 0, 0, 0.
Griniball Roberts           1, 1, 0, 0, 0, 0, 1, 0, 0, 1, 0, 0, 9,
               0, 0, 5, 1, 2, 0, 8, 3, 2, 0, 0, 0, 0, 0, 0, 0, 0, 0.
```

Alex

```
Jose Radaz                  0, 0, 0, 0, 1, 0, 1, 0, 0, 0, 0, 0, 0,
               1, 0, 0, 0, 0, 0, 0, 0, 0, 1, 0, 0, 0, 0, 0, 0, 0, 0.
Abraham Roberts             1, 0, 0, 1, 0, 1, 0, 2, 1, 1, 0, 0, 9,
               0, 0, 3, 1, 1, 0, 2, 2, 1, 0, 0, 0, 0, 0, 0, 0, 0, 0.
Catharine Rothrock?         2, 0, 0, 3, 0, 0, 2, 1, 0, 0, 1, 0, 0,
               0, 3, 0, 0, 0, 0, 0, 0, 0, 0, 0, 0, 0, 0, 0, 0, 0, 0.
```

B. Cotile

```
Madam Slate ? State ?       1, 2, 0, 0, 0, 0, 2, 1, 1, 1, 1, 0, 1,
               0, 0, 0, 0, 1, 0, 0, 0, 0, 0, 0, 0, 0, 0, 0, 0, 0, 0.
```

B. Rapides

```
William Smith               2, 2, 1, 0, 2, 0, 0, 0, 0, 0, 0, 0, 4,
               0, 1, 0, 0, 0, 0, 1, 0, 0, 0, 0, 0, 0, 0, 0, 0, 0, 0.
Joseph Shuvalla             2, 2, 0, 0, 1, 0, 0, 0, 1, 0, 0, 0, 1,
               0, 0, 0, 0, 0, 0, 0, 0, 0, 0, 0, 0, 0, 0, 0, 0, 0, 0.
```

```
(subtotals)   53, 22, 7, 23, 38, 21, 41, 21, 25, 15, 9, 3, 318

              5, 20, 66, 63, 55, 55, 75, 58, 65, 13, 0, 0, 0, 1, 0, 0, 0, 0
```

Calcashoe

```
James McKim                 3, 0, 0, 1, 0, 0, 1, 0, 1, 0, 0, 0, 1,
               0, 0, 0, 0, 0, 0, 0, 0, 0, 0, 0, 0, 0, 0, 0, 0, 0, 0.
```

B. Cotile

```
Laureatias Neal          0, 1, 0, 2, 0, 0, 0, 1, 0, 0, 1, 0, 6,
               0, 0, 0, 1, 1, 1, 0, 1, 1, 0, 0, 0, 0, 0, 0, 0, 0.
John Newal               1, 0, 1, 1, 1, 1, 2, 1, 2, 0, 1, 0, 4,
               0, 0, 0, 0, 0, 0, 0, 0, 0, 0, 0, 0, 0, 0, 0, 0, 0.
```

Catahola Lake

```
August O. Ral            2, 0, 0, 0, 1, 0, 1, 0, 1, 0, 0, 0, 1,
               0, 0, 0, 0, 0, 0, 0, 0, 0, 0, 0, 0, 0, 0, 0, 0, 0.
```

B. Flacon

```
Hugh Nugent              0, 0, 0, 1, 0, 0, 0, 0, 1, 0, 1, 0, 2,
               0, 0, 0, 0, 0, 1, 0, 0, 0, 0, 0, 0, 0, 0, 0, 0, 0.
Thomas Nugent            4, 1, 2, 0, 0, 1, 0, 1, 0, 0, 1, 0, 3,
               0, 0, 0, 0, 0, 0, 0, 0, 0, 0, 0, 0, 0, 0, 0, 0, 0.
Isaac Nugent             0, 0, 0, 1, 0, 0, 0, 1, 0, 0, 0, 0, 1,
               0, 0, 0, 0, 0, 0, 0, 0, 0, 0, 0, 0, 0, 0, 0, 0, 0.
```

Alex

```
Thomas F. Oliver         3, 1, 0, 0, 1, 0, 3, 0, 0, 1, 0, 0, 0,
               1, 0, 0, 0, 0, 0, 0, 0, 1, 0, 0, 0, 0, 0, 0, 0, 0.
```

B. Boeuf

```
John Ogden               2, 0, 0, 0, 1, 1, 1, 1, 0, 1, 0, 0,16,
               0, 0, 5, 2, 5, 0, 3, 3, 3, 0, 0, 0, 0, 0, 0, 0, 0.
```

B. Rapide

```
Walter H. Overton        0, 0, 0, 0, 4, 0, 1, 0, 1, 0, 0, 0,40,
               0, 2, 7,13, 9, 0, 9, 5, 8, 1, 0, 0, 0, 0, 0, 0, 0.
```

Alex

```
James O'daniel           0, 0, 0, 0, 0, 1, 0, 0, 0, 0, 1, 0, 0,
               0, 0, 0, 0, 0, 0, 0, 0, 0, 0, 0, 0, 0, 0, 0, 0, 0.
```

B. Rapide

```
P. ? Samuel Peter        0, 0, 0, 0, 0, 1, 0, 0, 0, 0, 0, 0, 0,
               0, 1, 0, 0, 0, 0, 0, 0, 0, 0, 0, 0, 0, 0, 0, 0, 0.
```

Red River

```
Thomas Patterson         1, 0, 0, 0, 1, 0, 0, 0, 1, 0, 1, 0, 5,
               0, 0, 7, 2, 0, 0, 2, 2, 0, 1, 0, 0, 0, 0, 0, 0, 0.
Micheal Pararie          2, 1, 0, 0, 0, 2, 3, 1, 0, 1, 0, 0, 5,
               0, 0, 4, 1, 1, 0, 2, 1, 0, 0, 0, 0, 0, 0, 0, 0, 0.
```

B. Bogola

```
Beasley Pruet            3, 2, 1, 1, 1, 1, 1, 1, 1, 0, 1, 0,11,
               0, 0, 7, 2, 1, 0, 3, 2, 0, 0, 0, 0, 0, 0, 0, 0, 0.
```

```
                              1, 2, 3, 4, 5, 6, 7, 8, 9,10,11,12,13,
              14,15,16,17,18,19,20,21,22,23,24,25,26,27,28,29,30,31.

                              Alex
Isaac & J. Parkins            0, 0, 0, 2, 0, 0, 0, 0, 0, 0, 0, 0, 0,
              2, 0, 0, 0, 0,  0, 0, 0, 0, 0, 0, 0, 0, 0, 0, 0, 0, 0.
                              B. Boeuf
Nicholas Prather              2, 0, 0, 0, 8, 2, 1, 0, 2, 0, 1, 0, 1,
              1, 7, 0, 0, 0,  0, 0, 2, 0, 0, 0, 0, 0, 0, 0, 0, 0, 0.
John Prather                  2, 1, 0, 0, 1, 0, 0, 0, 0, 1, 0, 0, 0,
              0, 2, 0, 0, 0,  0, 0, 1, 0, 0, 0, 0, 0, 0, 0, 0, 0, 0.
Nathaniel Perham              0, 1, 0, 0, 0, 1, 0, 0, 0, 0, 0, 0,24,
              0, 1,16, 4, 5,  3, 7, 7, 0, 3, 0, 0, 0, 0, 0, 0, 0, 0.
James W. Perham               2, 0, 0, 0, 1, 0, 0, 0, 0, 1, 0, 0, 2,
              0, 0, 0, 0, 1,  0, 0, 0, 0, 0, 0, 0, 0, 0, 0, 0, 0, 0.
David Pannel ?                0, 0, 0, 0, 0, 4, 0, 1, 1, 0, 0, 0,39,
              0, 0, 0, 7, 2,14, 1, 8,18, 0, 0, 0, 0, 0, 0, 0, 0, 0.
Stephen Pierce                1, 1, 0, 0, 1, 1, 2, 2, 0, 1, 0, 0, 7,
              0, 0, 2, 2, 2,  0, 2, 3, 0, 0, 0, 0, 0, 0, 0, 0, 0, 0.
James Pearce                  0, 0, 0, 1, 0, 0, 0, 0, 1, 0, 0, 0, 6,
              0, 0, 0, 2, 1,  1, 5, 0, 2, 0, 0, 0, 0, 0, 0, 0, 0, 0.
Joshua Pearce                 0, 0, 0, 1, 0, 0, 0, 0, 0, 0, 0, 0, 5,
              0, 0, 2, 1, 1,  0, 1, 1, 0, 0, 0, 0, 0, 0, 0, 0, 0, 0.
George Allen                  0, 0, 0, 1, 0, 0, 0, 0, 0, 0, 0, 0, 1,
              0, 0, 0, 0, 0,  0, 0, 0, 0, 0, 0, 0, 0, 0, 0, 0, 0, 0.
Henry Allen                   0, 0, 0, 1, 0, 0, 0, 0, 0, 0, 0, 0, 1,
              0, 0, 0, 0, 0,  0, 0, 0, 0, 0, 0, 0, 0, 0, 0, 0, 0, 0.
James A. Feilds               0, 0, 0, 1, 0, 0, 0, 0, 0, 0, 0, 0, 0,
              0, 1, 0, 0, 0,  0, 0, 0, 0, 0, 0, 0, 0, 0, 0, 0, 0, 0.
Amos Coine ?                  0, 0, 0, 0, 1, 0, 0, 0, 0, 0, 0, 0, 1,
              0, 0, 0, 0, 0,  0, 0, 0, 0, 0, 0, 0, 0, 0, 0, 0, 0, 0.
G. A. Cargoe                  0, 0, 0, 0, 1, 0, 0, 0, 0, 0, 0, 0, 0,
              1, 0, 0, 0, 0,  0, 0, 0, 0, 0, 0, 0, 0, 0, 0, 0, 0, 0.
John Whiting                  0, 0, 0, 1, 0, 0, 0, 0, 0, 0, 0, 0, 0,
              1, 0, 0, 0, 0,  0, 0, 0, 0, 0, 0, 0, 0, 0, 0, 0, 0, 0.
John Willis                   0, 0, 0, 1, 0, 0, 0, 0, 0, 0, 0, 0, 0,
              0, 1, 0, 0, 0,  0, 0, 0, 0, 0, 0, 0, 0, 0, 0, 0, 0, 0.
Abramham ? Morgan             0, 0, 0, 1, 0, 0, 0, 0, 0, 0, 0, 0, 0,
              0, 1, 0, 0, 0,  0, 0, 0, 0, 0, 0, 0, 0, 0, 0, 0, 0, 0.
Eli Harris                    0, 0, 0, 0, 1, 0, 0, 0, 0, 0, 0, 0, 0,
              1, 0, 0, 0, 0,  0, 0, 0, 0, 0, 0, 0, 0, 0, 0, 0, 0, 0.
E. Scott                      0, 0, 0, 0, 1, 0, 0, 0, 0, 0, 0, 0, 0,
              0, 0, 0, 0, 0,  0, 0, 0, 0, 0, 0, 0, 0, 0, 0, 0, 0, 0.
George Oakley                 0, 0, 0, 1, 0, 0, 0, 0, 0, 0, 0, 0, 0,
              0, 0, 0, 0, 0,  0, 0, 0, 0, 0, 0, 0, 0, 0, 0, 0, 0, 0.
Monfort Wells                 0, 0, 0, 1, 0, 0, 0, 0, 0, 0, 0, 0, 0,
              0, 0, 0, 0, 0,  0, 0, 0, 0, 0, 0, 0, 0, 0, 0, 0, 0, 0.
James D. Stewart              0, 0, 0, 1, 0, 0, 0, 0, 0, 0, 0, 0, 0,
              1, 0, 0, 0, 0,  0, 0, 0, 0, 0, 0, 0, 0, 0, 0, 0, 0, 0.
William Leonard               1, 0, 0, 0, 1, 0, 3, 0, 1, 0, 1, 0, 0,
              1, 0, 0, 1, 0,  0, 2, 0, 1, 0, 0, 0, 0, 0, 0, 0, 0, 0.
```

```
                                    1, 2, 3, 4, 5, 6, 7, 8, 9,10,11,12,13,
                          14,15,16,17,18,19,20,21,22,23,24,25,26,27,28,29,30,31.

Sewel Rees              0, 0, 0, 1, 0, 0, 0, 0, 0, 0, 0, 0, 0,
               1, 0, 0, 0, 0, 0, 0, 0, 1, 0, 0, 0, 0, 0, 0, 0, 0, 0.
Asa Brigham             2, 0, 0, 0, 1, 0, 2, 0, 0, 1, 0, 0, 0,
               0, 1, 0, 0, 0, 0, 0, 0, 0, 0, 0, 0, 0, 0, 0, 0, 0, 0.
J. Larmumday            0, 0, 0, 0, 1, 0, 0, 0, 0, 0, 0, 0, 0,
               0, 1, 0, 0, 0, 0, 0, 0, 0, 0, 0, 0, 0, 0, 0, 0, 0, 0.
Charles Douglas         0, 0, 0, 0, 1, 0, 0, 0, 0, 0, 0, 0, 0,
               0, 1, 0, 0, 0, 0, 0, 0, 0, 0, 0, 0, 0, 0, 0, 0, 0, 0.
James Stewart           0, 0, 0, 0, 1, 0, 0, 0, 0, 0, 0, 0, 0,
               0, 1, 0, 0, 0, 0, 0, 0, 0, 0, 0, 0, 0, 0, 0, 0, 0, 0.
S. Carriel              0, 0, 0, 1, 0, 0, 0, 0, 0, 0, 0, 0, 0,
               0, 1, 0, 0, 0, 0, 0, 0, 0, 0, 0, 0, 0, 0, 0, 0, 0, 0.

                                    B. Bogola

Cephas Devaull          0, 0, 1, 0, 0, 0, 0, 0, 0, 0, 0, 0, 0,
               0, 1, 0, 0, 0, 0, 0, 0, 0, 0, 0, 0, 0, 0, 0, 0, 0, 0.
John More               0, 0, 0, 0, 1, 0, 0, 0, 0, 0, 0, 0, 0,
               0, 1, 0, 0, 0, 0, 0, 0, 0, 0, 0, 0, 0, 0, 0, 0, 0, 0.
Larrence Heughes        0, 0, 0, 0, 1, 0, 0, 0, 0, 0, 0, 0, 0,
               0, 1, 0, 0, 0, 0, 0, 0, 0, 0, 0, 0, 0, 0, 0, 0, 0, 0.
John Finley             0, 0, 0, 0, 1, 0, 0, 0, 0, 0, 0, 0, 0,
               0, 1, 0, 0, 0, 0, 0, 0, 0, 0, 0, 0, 0, 0, 0, 0, 0, 0.

(subtotals)             21 10  6 20 40  5 21  8  8 11  2  0 129
                      7 24 22 20 23 12 25 16 22  7  4  3  0  0  3  1  2  0

                                    Alex

Samuel Ashlock          0, 0, 0, 0, 0, 1, 0, 0, 0, 0, 0, 0, 0,
               0, 1, 0, 0, 0, 0, 0, 0, 0, 0, 0, 0, 0, 0, 0, 0, 0, 0.
John Grayson            0, 0, 0, 0, 1, 0, 0, 0, 0, 0, 0, 0, 0,
               0, 1, 0, 0, 0, 0, 0, 0, 0, 0, 0, 0, 0, 0, 0, 0, 0, 0.
John Smith              0, 0, 0, 0, 1, 0, 0, 0, 0, 0, 0, 0, 0,
               0, 0, 0, 0, 0, 0, 0, 0, 0, 0, 0, 0, 0, 0, 0, 0, 0, 0.
Ariel Pearce            0, 0, 0, 1, 0, 0, 0, 0, 0, 0, 0, 0, 1,
               0, 0, 0, 0, 0, 0, 0, 0, 0, 0, 0, 0, 0, 0, 0, 0, 0, 0.
H. Boon                 0, 0, 0, 0, 1, 0, 0, 0, 0, 0, 0, 0, 0,
               0, 0, 0, 0, 0, 0, 0, 0, 0, 0, 0, 0, 0, 0, 0, 0, 0, 0.
John Brannon            0, 0, 0, 0, 1, 0, 0, 0, 0, 0, 0, 1, 0,
               0, 0, 0, 0, 0, 0, 0, 1, 0, 0, 0, 0, 0, 0, 0, 0, 0, 0.
Peter Brannon           0, 0, 0, 0, 1, 0, 0, 0, 0, 0, 0, 1, 0,
               0, 1, 0, 0, 0, 0, 0, 0, 0, 0, 0, 0, 0, 0, 0, 0, 0, 0.
Vincent Jackson         0, 0, 0, 0, 1, 0, 0, 0, 0, 0, 0, 0, 0,
               0, 1, 0, 0, 0, 0, 0, 0, 0, 0, 0, 0, 0, 0, 0, 0, 0, 0.
P. Brooks               0, 0, 0, 0, 1, 0, 0, 0, 0, 0, 0, 0, 0,
               0, 1, 0, 0, 0, 0, 0, 0, 0, 0, 0, 0, 0, 0, 0, 0, 0, 0.
Js. Anay ? Avay ?       0, 0, 0, 0, 1, 0, 0, 0, 0, 0, 0, 1, 0,
               1, 0, 0, 0, 0, 0, 0, 0, 0, 0, 0, 0, 0, 0, 0, 0, 0, 0.
```

```
                              1,  2,  3,  4,  5,  6,  7,  8,  9,10,11,12,13,
            14,15,16,17,18,19,20,21,22,23,24,25,26,27,28,29,30,31.
```

J. Peossat
```
                              1,  0,  0,  0,  1,  0,  0,  0,  2,  0,  0,  1,  0,
             1,  0,  0,  0,  0,  0,  0,  0,  0,  0,  0,  0,  0,  0,  0,  0,  0,  0.
```
R. W. Roy
```
                              0,  0,  0,  1,  0,  0,  0,  0,  1,  0,  0,  0,  0,
             1,  0,  0,  0,  0,  0,  0,  1,  0,  0,  0,  0,  0,  0,  0,  0,  0,  0.
```
Joseph H. Scott ?
```
                              0,  0,  0,  1,  0,  0,  0,  0,  0,  0,  0,  0,  0,
             1,  0,  0,  0,  0,  0,  0,  0,  0,  0,  0,  0,  0,  0,  0,  0,  0,  0.
```
George F. Tennery
```
                              0,  0,  0,  1,  0,  0,  0,  0,  0,  0,  0,  0,  0,
             0,  1,  0,  0,  0,  0,  0,  0,  0,  0,  0,  0,  0,  0,  0,  0,  0,  0.
```
Henry Blanchard
```
                              0,  0,  0,  1,  0,  0,  0,  0,  0,  0,  0,  0,  2,
             0,  0,  0,  0,  1,  0,  2,  4,  0,  0,  0,  0,  0,  0,  0,  0,  0,  0.
```
William Holt
```
                              1,  0,  1,  1,  0,  0,  2,  1,  1,  1,  0,  0,  2,
             0,  0,  0,  0,  0,  0,  0,  0,  0,  0,  0,  0,  0,  0,  0,  0,  0,  0.
```

B. Rapide

Boswell ? Maggott
```
                              0,  0,  0,  0,  0,  1,  0,  0,  0,  0,  0,  0,  0,
             0,  1,  0,  0,  0,  0,  0,  0,  0,  0,  0,  0,  0,  0,  0,  0,  0,  0.
```
William Slingland ?
```
                              0,  0,  0,  0,  1,  0,  0,  0,  0,  0,  0,  0,  0,
             0,  1,  0,  0,  0,  0,  0,  0,  0,  0,  0,  0,  0,  0,  0,  0,  0,  0.
```

B. Flacon

Joseph Batter
```
                              0,  0,  0,  0,  0,  1,  0,  0,  0,  0,  0,  0,  0,
             0,  1,  0,  0,  0,  0,  0,  0,  0,  0,  0,  0,  0,  0,  0,  0,  0,  0.
```
William Young
```
                              0,  0,  0,  0,  1,  0,  0,  0,  1,  0,  0,  0,  1,
             0,  0,  0,  0,  0,  0,  0,  0,  0,  0,  0,  0,  0,  0,  0,  0,  0,  0.
```

Red River

John Shearer
```
                              1,  1,  0,  0,  1,  0,  1,  1,  0,  1,  0,  0,  2,
             0,  0,  0,  0,  0,  0,  0,  0,  0,  0,  0,  0,  0,  0,  0,  0,  0,  0.
```
John Legster
```
                              0,  0,  0,  0,  1,  0,  2,  0,  2,  0,  0,  0,  1,
             0,  0,  0,  0,  0,  0,  0,  0,  0,  0,  0,  0,  0,  0,  0,  0,  0,  0.
```
Samuel Holt
```
                              0,  0,  0,  0,  1,  0,  0,  0,  1,  0,  0,  0,  1,
             0,  0,  0,  0,  0,  0,  0,  0,  0,  0,  0,  0,  0,  0,  0,  0,  0,  0.
```
Thomas Ellis
```
                              1,  0,  0,  0,  1,  1,  0,  0,  1,  0,  0,  0,  1,
             0,  1,  0,  0,  0,  0,  0,  0,  0,  0,  0,  0,  0,  0,  0,  0,  0,  0.
```

B. Boeuf

William Marshall
```
                              2,  0,  0,  0,  0,  1,  0,  1,  0,  1,  0,  0,14,
             0,  0,  4,  0,  2,  2,  7,  3,  3,  2,  0,  0,  0,  0,  0,  0,  0,  0.
```

B. Rapide

Roger B. Marshall
```
                              0,  0,  0,  1,  0,  0,  0,  0,  1,  0,  0,  0,  4,
             0,  0,  0,  0,  2,  0,  3,  3,  0,  1,  0,  0,  0,  0,  0,  0,  0,  0.
```

B. Robert

Thomas Mayes
```
                              0,  0,  0,  1,  1,  0,  0,  0,  0,  0,  0,  0,  6,
             0,  0,  0,  2,  0,  0,  0,  2,  0,  0,  0,  0,  0,  0,  0,  0,  0,  0.
```

B. Boeuf

Henry Munson
```
                              0,  0,  0,  1,  0,  0,  0,  0,  1,  0,  0,  0,  9,
             0,  0,  5,  2,  3,  0,  1,  2,  2,  0,  0,  0,  0,  0,  0,  0,  0,  0.
```

Page 118

```
                        1, 2, 3, 4, 5, 6, 7, 8, 9,10,11,12,13,
            14,15,16,17,18,19,20,21,22,23,24,25,26,27,28,29,30,31.
```

Josiah ? Munson   0, 0, 1, 1, 1, 0, 1, 0, 1, 0, 0, 0,11,
            0, 0, 4, 0, 4, 0, 3, 0, 2, 0, 0, 0, 0, 0, 0, 0, 0, 0.

Red River

William Miller   1, 0, 0, 0, 1, 1, 2, 0, 1, 0, 1, 0, 4,
            0, 0, 5, 0, 0, 0, 2, 0, 1, 0, 0, 0, 0, 0, 0, 0, 0, 0.

B. Rapide

Dalila Manadue   2, 0, 0, 1, 1, 0, 1, 0, 0, 2, 1, 0,24,
            0, 1,10, 7, 3, 1, 8, 3, 4, 2, 0, 0, 0, 0, 0, 0, 0, 0.

B. Boeuf

Robert Martin   0, 0, 0, 2, 0, 0, 0, 0, 0, 0, 0, 0,26,
            0, 1, 8, 9, 6, 0, 7, 5, 1, 0, 0, 0, 0, 0, 0, 0, 0, 0.
John M. Martin   0, 0, 0, 0, 0, 0, 0, 0, 0, 0, 0, 0,20,
            0, 0, 6, 3, 5, 0,10, 4, 5, 1, 0, 0, 0, 0, 0, 0, 0, 0.
William C.C. Martin   0, 0, 1, 0, 0, 0, 0, 0, 0, 0, 0, 0,17,
            0, 0,10, 3, 3, 0, 3, 2, 4, 0, 0, 0, 0, 0, 0, 0, 0, 0.

B. Rapide

Isaac McNutt   1, 1, 0, 1, 0, 1, 4, 1, 1, 1, 0, 0, 7,
            0, 3, 1, 0, 1, 3, 3, 0, 0, 0, 0, 0, 0, 0, 0, 0, 0, 0.

Red River

Kenneth McCrumonins   0, 0, 0, 0, 2, 0, 2, 0, 0, 1, 0, 0, 7,
            0, 0, 2, 3, 1, 0, 1, 3, 0, 0, 0, 0, 0, 0, 0, 0, 0, 0.

Alex

Danean McCrumonins   0, 0, 0, 1, 0, 0, 0, 0, 0, 0, 0, 0, 0,
            1, 0, 0, 0, 0, 0, 0, 0, 0, 0, 0, 0, 0, 0, 0, 0, 0, 0.

Red River

James McWaters   0, 0, 0, 0, 0, 1, 0, 0, 0, 1, 0, 0, 4,
            0, 0, 2, 1, 0, 0, 1, 0, 2, 0, 0, 0, 0, 0, 0, 0, 0, 0.
Russell McWaters   0, 0, 0, 2, 0, 0, 1, 0, 1, 0, 0, 0, 5,
            0, 0, 1, 1, 1, 1, 0, 0, 1, 0, 0, 0, 0, 0, 0, 0, 0, 0.

B. Rapide

Henry Madan   0, 0, 0, 2, 0, 0, 0, 0, 1, 0, 0, 0, 6,
            0, 0, 1, 2, 0, 0, 3, 1, 1, 0, 0, 0, 0, 0, 0, 0, 0, 0.
Ransways ? Mullion   0, 0, 0, 0, 0, 0, 0, 0, 0, 0, 0, 0, 1,
            0, 0, 0, 1, 0, 0, 0, 0, 0, 0, 1, 0, 0, 1, 0, 0, 1, 0.

Alex

Peter B. Martin   0, 0, 0, 0, 0, 0, 0, 0, 0, 0, 0, 0, 0,
            1, 0, 0, 0, 0, 0, 0, 0, 0, 0, 0, 0, 0, 0, 0, 0, 0, 0.
James ? Mullion   0, 0, 0, 0, 1, 0, 0, 0, 0, 0, 1, 0, 4,
            0, 0, 3, 1, 1, 0, 0, 0, 2, 0, 0, 0, 0, 0, 0, 0, 0, 0.

```
                    1, 2, 3, 4, 5, 6, 7, 8, 9,10,11,12,13,
          14,15,16,17,18,19,20,21,22,23,24,25,26,27,28,29,30,31.
```

B. Flacon

```
John McCrate           0, 0, 0, 0, 0, 0, 0, 0, 0, 1, 0, 0, 2,
               ►0, 1, 0, 0, 0, 0, 0, 0, 0, 0, 0, 0, 0, 0, 0, 0, 0, 0.
```

B. Boeuf

```
John Mathew Doctr.     3, 1, 1, 0, 1, 0, 1, 0, 0, 0, 0, 0, 1,
                0, 0, 0, 0, 0, 1, 0, 0, 0, 0, 0, 0, 0, 0, 0, 0, 0, 0.
Andrew Murphey ?       0, 0, 0, 1, 0, 1, 0, 0, 0, 0, 0, 0, 3,
                0, 0, 1, 0, 1, 0, 0, 0, 1, 0, 0, 0, 0, 0, 0, 0, 0, 0.
John Mathews           3, 1, 0, 0, 0, 1, 2, 1, 0, 1, 0, 0, 8,
                0, 0, 1, 4, 0, 0, 2, 3, 0, 0, 0, 0, 0, 0, 0, 0, 0, 0.
```

(subtotals)

```
               31 10  8 22 33 18 32 16 17 19  8  0 298

                3 14 100 59 58 15 68 59 44 12  5  3  5  1  2  3  3  2
```

B. Rapide

```
John L. Lacroix        0, 0, 0, 0, 1, 1, 1, 1, 1, 0, 0, 0,14,
                0, 0, 4, 4, 0, 0, 5, 5, 0, 0, 0, 0, 0, 0, 0, 0, 0, 0.
Pullicarp Lamoth       1, 0, 1, 0, 2, 1, 5, 2, 0, 1, 0, 0, 8,
                0, 0, 2, 2, 1, 0, 1, 1, 1, 2, 0, 0, 0, 0, 0, 0, 0, 0.
Bolong Lazard          0, 1, 0, 0, 0, 1, 1, 0, 1, 0, 0, 1, 0,10,
                0, 0, 4, 0, 2, 2, 0, 0, 0, 0, 0, 0, 4, 0, 0, 0, 0, 0.
Malapet Lazard         0, 0, 0, 1, 0, 0, 0, 0, 0, 0, 0, 0, 2,
                0, 0, 0, 0, 1, 0, 0, 0, 0, 0, 0, 0, 0, 0, 0, 0, 0, 0.
Valentine Lazard       0, 0, 0, 0, 0, 0, 1, 0, 0, 0, 0, 0, 3,
                0, 0, 0, 0, 2, 0, 0, 1, 0, 0, 4, 1, 1, 0, 1, 2, 1, 0.
Joseph Latchie Junr.   2, 0, 1, 1, 1, 0, 0, 0, 1, 0, 0, 0, 2,
                0, 0, 0, 0, 0, 0, 0, 0, 0, 0, 0, 0, 0, 0, 0, 0, 0, 0.
```

Little River

```
Charles Laurence       2, 0, 0, 1, 1, 0, 0, 0, 1, 0, 0, 0, 2,
                0, 0, 0, 0, 1, 0, 0, 0, 0, 0, 0, 0, 0, 0, 0,00, 0, 0.
```

B. Flacon

```
Micheal Lacroix        4, 0, 0, 0, 0, 1, 1, 1, 0, 1, 0, 0, 3,
                0, 0, 1, 1, 0, 0, 1, 0, 0, 0, 0, 0, 0, 0, 0, 0, 0, 0.
```

B. Cotile

```
Peter Lacroix          2, 0, 0, 0, 1, 0, 0, 1, 1, 0, 0, 0, 7,
                0, 0, 2, 3, 0, 0, 0, 4, 0, 0, 0, 0, 0, 0, 0, 0, 0, 0.
```

Pine Woods

```
Joseph Letchworth      2, 0, 0, 0, 1, 0, 1, 1, 0, 1, 0, 0, 1,
                0, 0, 0, 0, 0, 0, 0, 1, 0, 0, 0, 0, 0, 0, 0, 0, 0, 0.
```

```
                              1,  2,  3,  4,  5,  6,  7,  8,  9,10,11,12,13,
          14,15,16,17,18,19,20,21,22,23,24,25,26,27,28,29,30,31.
                              B. Boeuf
Stephen Linch                0,  0,  1,  1,  0,  1,  0,  1,  0,  0,  1,  0,  5,
             0,  0,  0,  0,  1,  0,  1,  0,  1,  0,  0,  0,  0,  0,  0,  0,  0.
                              Alex
Ambroise Lacoure             1,  0,  0,  0,  0,  1,  1,  1,  0,  1,  0,  0,  0,
             0,  1,  0,  0,  0,  0,  0,  0,  0,  0,  0,  0,  0,  0,  0,  0,  0.
Jouh. Labat                  2,  1,  0,  0,  0,  1,  0,  0,  0,  1,  0,  0,  0,
             0,  2,  0,  0,  0,  0,  1,  1,  0,  0,  0,  0,  0,  0,  0,  0,  0.
Robert A. Leckie             2,  1,  1,  2,  6,  0,  0,  1,  3,  2,  0,  0,  0,
             1,  2,  1,  0,  1,  0,  1,  1,  2,  1,  0,  0,  0,  0,  0,  0,  0.
                              B. Robert
Gabriel Loving               0,  0,  0,  0,  0,  1,  0,  1,  0,  0,  1,  0,  1,
             0,  0,  0,  0,  0,  0,  0,  0,  0,  0,  0,  0,  0,  0,  0,  0,  0.
                              Alex
Betty Lee                    0,  0,  0,  0,  0,  0,  0,  0,  0,  0,  0,  0,  0,
             0,  0,  0,  0,  0,  0,  0,  0,  0,  0,  0,  0,  0,  1,  0,  1.
James F. Muse                0,  0,  0,  0,  3,  0,  0,  0,  0,  0,  0,  0,  0,
             0,  4,  0,  1,  0,  1,  0,  0,  0,  1,  0,  0,  0,  0,  0,  0,  0.
                              B. Cotile
Robert Miller                0,  1,  0,  1,  2,  1,  0,  0,  1,  0,  1,  0,  6,
             0,  6,  2,  1,  1,  1,  1,  2,  1,  1,  0,  0,  0,  0,  0,  0,  0.
                              B. Rapide
Polley Martin                0,  0,  0,  0,  3,  1,  0,  0,  0,  0,  1,  0,20,
             0,  ?,  7,  4,  4,  1,  6,  5,  5,  0,  0,  0,  0,  0,  0,  0,  0.
                              Big Creek
William Mackey               0,  1,  0,  0,  0,  1,  3,  1,  1,  1,  0,  0,  4,
             0,  0,  5,  1,  1,  1,  1,  1,  1,  0,  0,  0,  0,  0,  0,  0,  0.
                              B. Rapide
Madam bob Mackim             0,  0,  0,  1,  1,  0,  0,  0,  0,  0,  0,  0,  2,
             0,  1,  5,  0,  0,  0,  0,  0,  0,  0,  0,  2,  0,  0,  1,  0,  1,  1.
                              Calcashoe
Charles Mackey               0,  0,  0,  0,  1,  0,  3,  0,  0,  1,  0,  0,  5,
             0,  0,  1,  1,  1,  0,  1,  1,  0,  0,  0,  0,  0,  0,  0,  0,  0.
                              B. Boeuf
Charles Mulhollan            0,  0,  0,  0,  1,  0,  0,  0,  0,  0,  0,  0,14,
             0,  0,  3,  0,  7,  3,  5,  0,  2,  1,  0,  0,  0,  0,  0,  0,  0.
                              Red River
Sarah More                   1,  1,  0,  0,  0,  0,  2,  1,  0,  1,  0,  0,  6,
             0,  0,  3,  0,  3,  0,  0,  2,  2,  0,  0,  0,  0,  0,  0,  0,  0.
```

                    1, 2, 3, 4, 5, 6, 7, 8, 9,10,11,12,13,
          14,15,16,17,18,19,20,21,22,23,24,25,26,27,28,29,30,31.

Alex

Samuel Miller   0, 1, 0, 0, 1, 0, 0, 1, 0, 1, 0, 0, 0,
          0, 1, 0, 0, 0, 0, 0, 0, 0, 0, 0, 0, 0, 0, 0, 0, 0, 0.
J. Ceving ? Cwing ?   0, 0, 0, 0, 1, 0, 0, 0, 0, 0, 0, 0, 0,
          0, 1, 0, 0, 0, 0, 0, 0, 0, 0, 0, 0, 0, 0, 0, 0, 0, 0.
F. Cook   0, 0, 0, 0, 1, 0, 0, 0, 0, 0, 0, 0, 0,
          0, 1, 0, 0, 0, 0, 0, 0, 0, 0, 0, 0, 0, 0, 0, 0, 0, 0.
Elick C. Miott   0, 0, 0, 0, 1, 0, 0, 0, 1, 0, 0, 0, 0,
          0, 1, 0, 0, 0, 0, 0, 0, 0, 0, 0, 0, 0, 0, 0, 0, 0, 0.
John Baptiste Bell   1, 0, 0, 0, 1, 0, 2, 0, 1, 0, 0, 0, 0,
          0, 1, 0, 0, 0, 0, 0, 0, 0, 0, 0, 0, 0, 0, 0, 0, 0, 0.
William House   0, 0, 0, 0, 1, 0, 0, 0, 0, 0, 0, 0, 0,
          0, 1, 0, 0, 0, 0, 0, 0, 0, 0, 0, 0, 0, 0, 0, 0, 0, 0.
William Headon   0, 0, 0, 0, 1, 0, 0, 0, 0, 0, 0, 0, 1,
          0, 0, 0, 0, 0, 0, 0, 0, 0, 0, 0, 0, 0, 0, 0, 0, 0, 0.
John Woods   0, 0, 0, 0, 1, 0, 0, 0, 0, 0, 0, 0, 0,
          0, 1, 0, 0, 0, 0, 0, 0, 0, 0, 0, 0, 0, 0, 0, 0, 0, 0.

B. Rapide

Mounie ? Byrd   0, 0, 0, 0, 2, 0, 0, 0, 0, 0, 0, 0, 2,
          0, 0, 0, 0, 0, 0, 0, 0, 0, 0, 0, 0, 0, 0, 0, 0, 0, 0.
Henry Harman   0, 0, 0, 1, 0, 0, 0, 0, 1, 0, 0, 0, 0,
          0, 0, 0, 0, 0, 0, 0, 0, 0, 0, 0, 0, 0, 0, 0, 0, 0, 0.

Little River

William Blundell   3, 0, 0, 0, 1, 1, 0, 0, 1, 0, 0, 0, 2,
          0, 0, 0, 0, 0, 0, 0, 0, 0, 0, 0, 0, 0, 0, 0, 0, 0, 0.

Pine Woods

Jacob Paul   1, 0, 0, 0, 2, 0, 1, 0, 1, 0, 0, 0, 2,
          0, 0, 0, 0, 0, 0, 0, 0, 0, 0, 0, 0, 0, 0, 0, 0, 0, 0.
Philip Oneal   2, 0, 0, 0, 2, 1, 2, 0, 0, 1, 0, 0, 2,
          0, 0, 0, 0, 0, 0, 0, 0, 0, 0, 0, 0, 0, 0, 0, 0, 0, 0.

Red River

Joel Baptist   0, 0, 0, 1, 2, 0, 0, 0, 1, 0, 0, 0, 1,
          0, 1, 0, 0, 0, 0, 0, 0, 0, 0, 0, 0, 0, 0, 0, 0, 0, 0.
James W. Williams   2, 0, 0, 1, 0, 0, 0, 0, 2, 0, 0, 0, 0,
          0, 0, 1, 0, 0, 0, 0, 0, 0, 0, 0, 0, 0, 0, 0, 0, 0, 0.
Chs. H. Childs   0, 0, 0, 0, 1, 0, 2, 1, 0, 0, 0, 0, 0,
          0, 1, 0, 0, 0, 0, 0, 0, 0, 0, 0, 0, 0, 0, 0, 0, 0, 0.
George Russel   0, 0, 0, 1, 2, 0, 0, 0, 0, 0, 0, 0, 0,
          0, 3, 0, 0, 0, 0, 0, 0, 0, 0, 0, 0, 0, 0, 0, 0, 0, 0.
Samuel Dalton   0, 0, 0, 0, 1, 0, 0, 0, 0, 0, 0, 0, 0,
          0, 1, 0, 0, 0, 0, 0, 0, 0, 0, 0, 0, 0, 0, 0, 0, 0, 0.

Alex

William Bailey   1, 0, 0, 0, 2, 0, 0, 0, 0, 0, 0, 0, 0,
          1, 0, 0, 0, 0, 0, 0, 1, 0, 1, 0, 0, 0, 0, 0, 0, 0, 0.

Page 122

```
                              1, 2, 3, 4, 5, 6, 7, 8, 9,10,11,12,13,
              14,15,16,17,18,19,20,21,22,23,24,25,26,27,28,29,30,31.
                              Red River
Nicholas Gratia               0, 0, 0, 1, 2, 0, 0, 0, 1, 1, 0, 0, 2,
              0, 1, 0, 0, 0,  0, 0, 0, 0, 0, 0, 0, 0, 0, 0, 0, 0, 0.
Micheal Tupa                  1, 0, 0, 0, 1, 0, 1, 0, 0, 1, 0, 0, 1,
              0, 0, 0, 0, 0,  0, 0, 0, 0, 0, 0, 0, 0, 0, 0, 0, 0, 0.
John M. Jacobs ?              0, 0, 0, 0, 1, 0, 0, 0, 0, 0, 0, 0, 0,
              0, 1, 0, 0, 0,  0, 0, 0, 0, 0, 0, 0, 0, 0, 0, 0, 0, 0.
Owrein Cestaret               2, 0, 0, 0, 1, 0, 1, 0, 0, 1, 0, 1, 0,
              1, 0, 0, 0, 0,  0, 0, 0, 0, 0, 0, 0, 0, 0, 0, 0, 0, 0.

                             17  1  1 11 41  7 14  3 17  7  0  6 23
(subtotals)
                           6 25  1  0  1  0  2  6  0  1  0  0  1  0  0  0  0  0  0

                              Pine Woods
Mary McNeeley                 1, 1, 1, 0, 0, 0, 0, 1, 0, 1, 0, 0, 2,
              0, 0, 0, 0, 0,  0, 0, 0, 0, 0, 0, 0, 0, 0, 0, 0, 0, 0.
Sirus Lofttin ?               2, 0, 0, 0, 1, 0, 0, 0, 1, 0, 0, 0, 1,
              0, 0, 0, 0, 0,  0, 0, 0, 0, 0, 0, 0, 0, 0, 0, 0, 0, 0.
William Wiley                 4, 1, 0, 0, 3, 0, 3, 1, 0, 1, 0, 0, 1,
              0, 2, 0, 0, 0,  0, 0, 0, 0, 0, 0, 0, 0, 0, 0, 0, 0, 0.
Thomas Hollaway               2, 0, 0, 0, 1, 0, 3, 0, 1, 0, 0, 0, 1,
              0, 0, 0, 0, 0,  0, 0, 0, 0, 0, 0, 0, 0, 0, 0, 0, 0, 0.
Lapoint Disheatell            0, 0, 0, 0, 1, 0, 1, 0, 1, 0, 0, 0, 1,
              0, 0, 0, 0, 0,  0, 0, 0, 0, 0, 0, 0, 0, 0, 0, 0, 0, 0.
Baptist Crooks                0, 0, 0, 1, 1, 0, 0, 0, 1, 1, 0, 0, 0,
              0, 1, 0, 0, 0,  0, 0, 0, 0, 0, 0, 0, 0, 0, 0, 0, 0, 0.
                              Red River
S. N. Beakwell                0, 0, 0, 1, 2, 1, 0, 0, 0, 0, 0, 0, 1,
              0, 2, 0, 0, 0,  0, 0, 0, 0, 0, 0, 0, 0, 0, 0, 0, 0, 0.
James Frazer                  2, 0, 0, 1, 0, 0, 1, 0, 1, 0, 0, 0, 1,
              0, 0, 0, 0, 0,  0, 0, 0, 0, 0, 0, 0, 0, 0, 0, 0, 0, 0.
Mrs. Miller                   1, 0, 0, 0, 0, 0, 1, 2, 0, 0, 1, 0, 0,
              0, 0, 0, 0, 0,  0, 0, 0, 0, 0, 0, 0, 0, 0, 0, 0, 0, 0.
                              Alex
Samuel L. Wells               0, 0, 0, 1, 0, 0, 0, 0, 1, 0, 0, 0, 0,
              0, 0, 4, 3, 0,  1, 4, 3, 2, 0, 0, 0, 0, 0, 0, 0, 0, 0.
                              B. Rapide
James Bonner                  2, 0, 0, 0, 2, 0, 0, 2, 0, 0, 1, 0, 1,
              0, 0, 0, 0, 0,  0, 0, 0, 0, 0, 0, 0, 0, 0, 0, 0, 0, 0.
John W. McLiner ?             0, 0, 0, 0, 0, 0, 0, 0, 0, 0, 0, 0, 0,
              0, 1, 0, 0, 0,  0, 0, 0, 0, 0, 0, 1, 1, 0, 0, 0, 0, 0.
James Boisley                 0, 0, 0, 0, 1, 0, 3, 0, 1, 0, 0, 0, 1,
              0, 0, 0, 0, 0,  0, 0, 0, 0, 0, 0, 0, 0, 0, 0, 0, 0, 0.
```

```
                                   1,  2,  3,  4,  5,  6,  7,  8,  9,10,11,12,13,
                      14,15,16,17,18,19,20,21,22,23,24,25,26,27,28,29,30,31.
                                      Calcashoe
James Hickman                      1,  0,  0,  1,  0,  0,  1,  0,  1,  0,  0,  0,  1,
                   0,  0,  0,  0,  0,  0,  0,  0,  0,  0,  0,  0,  0,  0,  0,  0,  0,  0.
James Hood                         2,  0,  0,  0,  1,  0,  3,  0,  0,  1,  1,  0,  1,
                   0,  0,  0,  0,  0,  0,  0,  0,  0,  0,  0,  0,  0,  0,  0,  0,  0,  0.
                                      B. Cotile
Patrick Peace                      0,  1,  1,  0,  0,  1,  0,  0,  0,  0,  1,  0,  0,
                   0,  1,  0,  0,  0,  0,  0,  0,  0,  0,  0,  0,  0,  0,  0,  0,  0,  0.
                                      Red River
Sarah Lawson                       1,  1,  1,  0,  0,  0,  0,  1,  1,  1,  0,  0,  2,
                   0,  0,  0,  0,  0,  0,  0,  0,  0,  0,  0,  0,  0,  0,  0,  0,  0,  0.
Hosa Taras                         3,  1,  1,  1,  0,  2,  1,  0,  0,  0,  0,  0,  1,
                   0,  0,  0,  0,  0,  0,  0,  0,  0,  0,  0,  0,  0,  0,  0,  0,  0,  0.
Madam Varong                       0,  0,  0,  0,  1,  0,  0,  0,  0,  0,  1,  0,  1,
                   0,  0,  0,  0,  0,  0,  0,  0,  0,  0,  0,  0,  0,  0,  0,  0,  0,  0.
Hosa Urbin                         3,  0,  0,  0,  1,  1,  2,  1,  0,  1,  0,  0,  1,
                   0,  0,  0,  0,  0,  0,  0,  0,  0,  0,  0,  0,  0,  0,  0,  0,  0,  0.
Lewis Curtis                       0,  0,  0,  0,  1,  0,  1,  0,  1,  0,  0,  0,  1,
                   0,  0,  0,  0,  0,  0,  0,  0,  0,  0,  0,  0,  0,  0,  0,  0,  0,  0.
Hosa Robellas          .           0,  1,  1,  0,  0,  2,  1,  0,  1,  0,  0,  0,  4,
                   0,  0,  0,  0,  0,  0,  0,  0,  0,  0,  0,  0,  0,  0,  0,  0,  0,  0.
Alexis Carasco                     1,  0,  1,  0,  1,  0,  0,  0,  1,  0,  1,  0,  3,
                   0,  0,  0,  0,  0,  0,  0,  0,  0,  0,  0,  0,  0,  0,  0,  0,  0,  0.
J. W. Gill                         0,  1,  0,  0,  1,  0,  2,  0,  0,  1,  0,  0,  1,
                   0,  0,  0,  0,  0,  0,  0,  0,  0,  0,  0,  0,  0,  0,  0,  0,  0,  0.

                                      B. Robert

William Justice                    1,  0,  0,  2,  1,  0,  1,  0,  1,  0,  0,  0,  6,
                   0,  0,  0,  0,  3,  0,  2,  0,  2,  0,  0,  0,  0,  0,  0,  0,  0,  0.

                                      B. Beouf

Stephen Jackson                    3,  0,  0,  1,  1,  0,  1,  0,  0,  0,  0,  0,12,
                   0,  0,  2,  3,  2,  0,  5,  5,  1,  0,  0,  0,  0,  0,  0,  0,  0,  0.
Henry Jackson                      0,  0,  0,  2,  0,  0,  0,  0,  0,  0,  0,  0,  2,
                   0,  0,  0,  1,  0,  0,  0,  0,  0,  0,  0,  0,  0,  0,  0,  0,  0,  0.
John Jackson                       0,  0,  0,  2,  0,  0,  0,  0,  1,  0,  0,  0,  7,
                   0,  0,  3,  2,  0,  0,  2,  1,  0,  0,  0,  0,  0,  0,  0,  0,  0,  0.
                                      Alex
Alexander Jackson                  3,  0,  1,  1,  1,  0,  2,  0,  1,  1,  0,  0,  0,
                   1,  2,  2,  0,  0,  0,  0,  2,  0,  0,  0,  0,  0,  0,  0,  0,  0,  0.
                                      Red River
Leton ? Seton ? Jones              0,  0,  0,  0,  1,  0,  0,  0,  1,  0,  0,  0,  2,
                   0,  0,  0,  0,  0,  0,  1,  1,  0,  0,  0,  0,  0,  0,  0,  0,  0,  0.
```

Page 124

```
                          1,  2,  3,  4,  5,  6,  7,  8,  9,10,11,12,13,
              14,15,16,17,18,19,20,21,22,23,24,25,26,27,28,29,30,31.
                                  Alex
John H. Johnston          0,  0,  0,  1,  0,  0,  0,  0,  0,  0,  0,  0,  0,
              0,  0,  1,  0,  0,  0,  0,  0,  0,  0,  0,  0,  0,  0,  0,  0,  0.
                                  B. Beouf
Richard S. Jefferies      0,  0,  0,  1,  1,  0,  0,  0,  0,  0,  0,  0,  2,
              0,  0,  1,  0,  0,  0,  0,  0,  1,  0,  0,  0,  0,  0,  0,  0,  0.
                                  B. Robert
Daniel James              2,  0,  0,  0,  1,  0,  2,  0,  0,  1,  0,  0,  2,
              0,  0,  0,  0,  0,  0,  0,  1,  0,  0,  0,  0,  0,  0,  0,  0,  0.
Edward Kirkland           1,  0,  0,  0,  1,  0,  2,  0,  1,  0,  0,  0,12,
              0,  0,  0,  6,  0,  0,  0,  2,  3,  0,  0,  0,  1,  0,  0,  0,  0.
                                  Red River
John Kirdland             1,  0,  0,  0,  1,  0,  2,  0,  1,  0,  0,  0,  3,
              0,  0,  2,  0,  2,  0,  0,  0,  0,  1,  0,  0,  0,  0,  0,  0,  0.
                                  B. Robert
Benjamin Kitchen          0,  0,  1,  1,  0,  1,  0,  1,  2,  0,  1,  0,14,
              0,  0,  4,  1,  3,  1,  7,  3,  1,  1,  0,  0,  0,  0,  0,  0,  0.
                                  B. Beouf
James H. T. Kilpatrick    1,  0,  0,  0,  1,  0,  0,  0,  1,  0,  0,  0,  1,
              0,  0,  0,  1,  0,  0,  0,  1,  0,  0,  0,  0,  0,  0,  0,  0,  0.
Jacob Keller              0,  0,  0,  0,  1,  0,  0,  0,  1,  0,  0,  0,  4,
              0,  0,  1,  0,  0,  0,  0,  2,  0,  0,  0,  0,  0,  0,  0,  0,  0.
Thomas Keller Senr.       2,  0,  0,  1,  2,  2,  2,  0,  1,  0,  0,  0,10,
              0,  0,  2,  0,  2,  1,  0,  2,  1,  1,  0,  0,  0,  0,  0,  0,  0.
                                  Alex
James Kilgore             1,  1,  0,  0,  0,  1,  3,  2,  0,  1,  0,  0,  0,
              0,  0,  0,  0,  0,  0,  0,  0,  0,  0,  0,  0,  0,  0,  0,  0,  0.
                                  B. Rapide
Emila Keep                3,  1,  0,  1,  1,  0,  1,  0,  0,  1,  0,  0,  4,
              0,  0,  2,  2,  1,  1,  2,  1,  1,  3,  0,  0,  0,  1,  0,  0,  0,  0.
                                  Red River
George U. Kelso           0,  0,  0,  1,  4,  0,  0,  0,  0,  0,  0,  2,  5,
              0,  4,  0,  0,  4,  0,  0,  0,  0,  0,  0,  0,  0,  0,  0,  0,  0.
                                  B. Beouf
A. C. Kilpatrick          0,  0,  0,  0,  1,  0,  0,  0,  1,  0,  0,  0,  0,
              0,  0,  0,  0,  0,  0,  1,  0,  0,  0,  0,  0,  0,  0,  0,  0,  0.
                                  Red River
Anthony Lamoine           2,  0,  1,  2,  0,  1,  3,  0,  2,  0,  1,  0,  4,
              0,  0,  0,  0,  0,  0,  0,  0,  0,  0,  0,  0,  0,  0,  0,  0,  0.
```

Page 125

```
                              1, 2, 3, 4, 5, 6, 7, 8, 9,10,11,12,13,
              14,15,16,17,18,19,20,21,22,23,24,25,26,27,28,29,30,31.
Brit Laure                    4, 1, 0, 0, 1, 0, 1, 1, 0, 1, 0, 0,10,
                0, 0, 0, 2, 4, 0, 1, 3, 0, 0, 0, 0, 0, 0, 0, 0, 0, 0.
Leander Lacoure               3, 1, 0, 0, 1, 0, 3, 1, 0, 1, 0, 0,12,
                0, 0, 2, 2, 2, 1, 4, 3, 1, 1, 0, 0, 0, 0, 0, 0, 0, 0.
Gilbert Lacoure               1, 0, 0, 0, 1, 0, 2, 0, 0, 1, 0, 0, 4,
                0, 0, 1, 2, 0, 0, 3, 0, 1, 0, 0, 0, 0, 0, 0, 0, 0, 0.
Joseph Latchie Senr.          0, 0, 0, 0, 0, 1, 2, 0, 0, 1, 0, 0, 3,
                0, 0, 0, 0, 0, 1, 0, 0, 1, 0, 0, 0, 0, 0, 0, 0, 0, 0.
```

(subtotals)

46, 20, 8, 32, 52, 11, 47, 15, 26, 20, 6, 3, 269

9, 21, 66, 53, 55, 14, 75, 58, 32, 11, 1, 1, 0, 1, 0, 0, 0, 0

```
James Hollaway                1, 1, 0, 0, 2, 0, 3, 1, 1, 1, 0, 0, 4,
                0, 0, 1, 0, 0, 0, 1, 0, 0, 1, 0, 0, 0, 0, 0, 0, 0, 0.
```

Pine Woods

```
Elizabeth Holstin             0, 1, 1, 1, 0, 0, 1, 1, 1, 1, 0, 0, 6,
                0, 0, 1, 2, 0, 0, 4, 1, 0, 0, 0, 0, 0, 0, 0, 0, 0, 0.
Stephen Holstin               0, 1, 0, 0, 2, 1, 0, 1, 1, 0, 0, 0, 4,
                0, 1, 0, 0, 1, 0, 0, 0, 0, 0, 0, 0, 0, 0, 0, 0, 0, 0.
Richard Holt                  2, 2, 0, 0, 2, 0, 2, 0, 1, 0, 0, 0, 3,
                0, 0, 0, 0, 0, 0, 0, 1, 0, 0, 0, 0, 0, 0, 0, 0, 0, 0.
Sampson Holstin               1, 0, 0, 1, 0, 0, 0, 0, 1, 0, 0, 0, 2,
                0, 0, 0, 1, 0, 0,00, 0, 0, 0, 0, 0, 0, 0, 0, 0, 0, 0.
```

Alex

```
Pleasant H. Hunter            3, 0, 0, 1, 1, 0, 1, 0, 0, 1, 0, 0, 0,
                0, 2, 2, 0, 1, 0, 1, 1, 1, 0, 0, 0, 0, 0, 0, 0, 0, 0.
William Hervey                0, 2, 2, 4, 4, 1, 2, 1, 1, 0, 0, 1, 0,
                0,11, 0, 0, 1, 0, 0, 0, 0, 0, 1, 0, 0, 0, 0, 0, 0, 0.
Thomas Hooper                 1, 2, 1, 0, 1, 0, 2, 0, 0, 0, 1, 0,15,
                0, 0, 4, 2, 8, 1, 2, 4, 2, 0, 0, 0, 0, 0, 0, 0, 0, 0.
```

B. Robert

```
Mary Hall                     0, 1, 0, 1, 0, 0, 0, 0, 1, 0, 1, 0,14,
                0, 0, 4, 5, 1, 3, 5, 7, 0, 1, 0, 0, 0, 0, 0, 0, 0, 0.
Charles Hall                  0, 0, 0, 0, 1, 0, 0, 0, 0, 1, 0, 0, 3,
                0, 0, 2, 0, 0, 0, 2, 0, 0, 0, 0, 0, 0, 0, 0, 0, 0, 0.
William Hall                  0, 0, 0, 0, 1, 0, 2, 0, 1, 0, 0, 0, 1,
                0, 0, 0, 0, 0, 0, 0, 0, 0, 0, 0, 0, 0, 0, 0, 0, 0, 0.
```

B. Samuel

```
William Head                  2, 0, 0, 0, 1, 0, 0, 0, 0, 1, 0, 0, 2,
                0, 0, 0, 0, 1, 0, 0, 0, 0, 0, 0, 0, 0, 0, 0, 0, 0, 0.
```

Red River

```
Henry Haines                  0, 0, 0, 0, 1, 0, 0, 0, 0, 0, 0, 0, 3,
                0, 0, 1, 1, 2, 0, 0, 0, 0, 0, 0, 0, 0, 0, 0, 0, 0, 0.
```

```
                          1,  2,  3,  4,  5,  6,  7,  8,  9,10,11,12,13,
           14,15,16,17,18,19,20,21,22,23,24,25,26,27,28,29,30,31.
Benjamin Holt             0,  0,  0,  0,  1,  0,  1,  0,  1,  0,  0,  0,  9,
           0,  0,  1,  4,  0,  0,  3,  2,  1,  0,  0,  0,  0,  0,  0,  0,  0.
                          Alex
Wright & Hynson           0,  0,  0,  3,  0,  0,  0,  0,  0,  0,  0,  0,  0,
           3,  0,  0,  0,  0,  0,  0,  0,  0,  0,  0,  0,  0,  0,  0,  0,  0.
                          B. Beouf
Peter Haines              4,  2,  0,  0,  1,  0,  1,  1,  0,  1,  0,  0,  3,
           0,  0,  0,  1,  0,  0,  1,  1,  0,  0,  0,  0,  0,  0,  0,  0,  0.
Nathaniel Holley          1,  0,  0,  1,  1,  0,  2,  2,  0,  1,  0,  3,  0,
           0,   ,  0,  0,  0,  1,  0,  1,  0,  0,  0,  0,  0,  0,  0,  0,  0.
S. Herenian               0,  0,  0,  2,  3,  0,  0,  0,  0,  0,  0,  0,  0,
           5,  0,  0,  0,  0,  0,  0,  0,11,  0,  0,  0,  0,  0,  0,  0,  0.
                          B. Rapide
Alexander James           0,  0,  0,  0,  0,  2,  0,  0,  0,  1,  0,  0,24,
           0,  1,  9,  5,  2,  3,  5,  2,  5,  2,  0,  0,  0,  0,  0,  0,  0.
                          Red River
Elizabeth Justice         0,  1,  0,  1,  0,  0,  0,  0,  0,  0,  1,  0,  6,
           0,  0,  0,  2,  0,  1,  2,  1,  1,  0,  0,  0,  0,  0,  0,  0,  0.
                          B. Cotile
Jsphegenia ? Jones        0,  0,  0,  0,  0,  0,  0,  2,  1,  1,  0,  0,  8,
           0,  0,  3,  2,  1,  0,  2,  2,  3,  0,  0,  0,  0,  0,  0,  0,  0.
                          Big Creek
David Jones               1,  1,  0,  1,  2,  1,  0,  0,  0,  0,  1,  0,  4,
           0,  0,  3,  0,  0,  0,  0,  1,  1,  0,  0,  0,  0,  0,  0,  0,  0.
                          Red River
William Jones             1,  2,  0,  1,  2,  0,  3,  0,  0,  1,  0,  0,18,
           0,  0,  3,  4,  5,  0,  5,  4,  2,  1,  0,  0,  0,  0,  0,  0,  0.
Hamilton Jett             0,  0,  0,  0,  3,  0,  0,  0,  1,  1,  0,  0,  6,
           0,  0,  2,  0,  2,  0,  2,  0,  2,  0,  0,  0,  0,  0,  0,  0,  0.
John M. Jett              0,  0,  0,  0,  1,  0,  0,  0,  0,  1,  0,  0,  6,
           0,  0,  4,  0,  2,  0,  2,  3,  1,  0,  0,  0,  0,  0,  0,  0,  0.
                          Alex
Josiah S. Johnston        1,  0,  0,  0,  1,  0,  0,  0,  1,  0,  0,  0,  5,
           0,  0,  1,  2,  5,  1,  3,  1,  0,  0,  0,  0,  0,  0,  0,  0,  0.
Valentine Debois          0,  0,  0,  1,  0,  0,  0,  0,  1,  0,  0,  0,  1,
           0,  0,  0,  0,  0,  0,  0,  0,  0,  0,  0,  0,  0,  0,  0,  0,  0.
Cosa Mary Coting          3,  0,  0,  0,  0,  1,  0,  0,  1,  0,  0,  1,
           0,  0,  0,  0,  0,  0,  0,  0,  0,  0,  0,  0,  0,  0,  0,  0,  0.
Charles Waters            1,  0,  0,  1,  0,  0,  1,  0,  1,  0,  0,  1,
           0,  0,  0,  0,  0,  0,  0,  0,  0,  0,  0,  0,  0,  0,  0,  0,  0.
Susan Nichols             0,  0,  0,  0,  0,  0,  0,  0,  0,  1,  0,  0,
           0,  0,  0,  0,  0,  1,  0,  0,  0,  0,  0,  0,  0,  0,  0,  0,  0.
```

```
                                  1, 2, 3, 4, 5, 6, 7, 8, 9,10,11,12,13,
                  14,15,16,17,18,19,20,21,22,23,24,25,26,27,28,29,30,31.
```

Cosa Hackim
```
                     0, 0, 0, 1, 0, 0, 0, 0, 1, 0, 0, 0, 1,
   0, 0, 0, 0, 0,    0, 0, 0, 0, 0, 0, 0, 0, 0, 0, 0, 0, 0, 0.
```
Altenass Dupree Junr.
```
                     1, 0, 0, 1, 0, 0, 0, 0, 1, 0, 0, 0, 1,
   0, 0, 0, 0, 0,    0, 0, 0, 0, 0, 0, 0, 0, 0, 0, 0, 0, 0, 0.
```
Mathew R. Fenton
```
                     0, 0, 0, 1, 0, 0, 0, 0, 0, 0, 0, 0, 1,
   0, 0, 0, 0, 0,    0, 1, 0, 1, 0, 0, 0, 0, 0, 0, 0, 0, 0, 0.
```
John Fenton
```
                     0, 0, 0, 1, 1, 0, 0, 0, 0, 0, 0, 0, 2,
   0, 0, 1, 0, 0,    0, 0, 0, 0, 0, 0, 0, 0, 0, 0, 0, 0, 0, 0.
```
Serelle Lagass
```
                     0, 0, 0, 0, 1, 0, 0, 0, 1, 0, 0, 0, 1,
   0, 0, 0, 0, 0,    0, 0, 0, 0, 0, 0, 0, 0, 0, 0, 0, 0, 0, 0.
```

Bogola

Thomas Fee
```
                     1, 1, 1, 0, 2, 1, 1, 1, 0, 1, 0, 0, 1,
   0, 2, 0, 0, 0,    0, 0, 0, 0, 0, 0, 0, 0, 0, 0, 0, 0, 0, 0.
```
Sarah Lucus
```
                     3, 2, 2, 0, 0, 0, 0, 2, 0, 1, 0, 0, 3,
   0, 0, 0, 0, 0,    0, 0, 0, 0, 0, 0, 0, 0, 0, 0, 0, 0, 0, 0.
```
Baptiste Johnett
```
                     0, 0, 0, 1, 0, 0, 2, 0, 1, 0, 0, 0, 1,
   0, 0, 0, 0, 0,    0, 0, 0, 0, 0, 0, 0, 0, 0, 0, 0, 0, 0, 0.
```
Susan Umphres
```
                     1, 2, 0, 0, 0, 0, 1, 1, 0, 1, 0, 0, 0,
   0, 0, 0, 0, 0,    0, 0, 0, 0, 0, 0, 0, 0, 0, 0, 0, 0, 0, 0.
```
William Clark
```
                     0, 0, 0, 0, 1, 0, 0, 1, 0, 1, 0, 0, 1,
   0, 0, 0, 0, 0,    0, 0, 0, 0, 0, 0, 0, 0, 0, 0, 0, 0, 0, 0.
```
Timothy Devour
```
                     0, 1, 0, 0, 1, 1, 1, 4, 0, 1, 0, 0, 1,
   0, 0, 0, 0, 0,    0, 0, 0, 0, 0, 0, 0, 0, 0, 0, 0, 0, 0, 0.
```
Hiram Knight
```
                     0, 0, 0, 0, 1, 1, 4, 0, 0, 2, 1, 0, 0,
   0, 2, 0, 0, 0,    0, 0, 0, 0, 0, 0, 0, 0, 0, 0, 0, 0, 0, 0.
```
Polley Adams
```
                     2, 1, 0, 0, 0, 0, 0, 2, 1, 0, 0, 0, 2,
   0, 0, 0, 0, 0,    0, 0, 0, 0, 0, 0, 0, 0, 0, 0, 0, 0, 0, 0.
```
George Talbert
```
                     1, 0, 0, 0, 1, 0, 0, 0, 1, 0, 0, 0, 1,
   0, 0, 0, 0, 0,    0, 0, 0, 0, 0, 0, 0, 0, 0, 0, 0, 0, 0, 0.
```
William Johnson
```
                     4, 0, 0, 0, 0, 1, 1, 2, 0, 1, 0, 0, 1,
   0, 0, 0, 0, 0,    0, 0, 0, 0, 0, 0, 0, 0, 0, 0, 0, 0, 0, 0.
```

Big Creek

Elizabeth Talley
```
                     1, 1, 1, 1, 0, 0, 0, 0, 1, 0, 1, 0, 1,
   0, 0, 0, 0, 0,    0, 0, 0, 0, 0, 0, 0, 0, 0, 0, 0, 0, 0, 0.
```
Levi ? Dison
```
                     0, 0, 0, 0, 1, 0, 1, 0, 1, 0, 0, 0, 1,
   0, 0, 0, 0, 0,    0, 0, 0, 0, 0, 0, 0, 0, 0, 0, 0, 0, 0, 0.
```
Emuch Davis
```
                     1, 0, 0, 0, 0, 1, 1, 2, 0, 1, 0, 0, 0,
  00, 2, 0, 0, 0,    0, 0, 0, 0, 0, 0, 0, 0, 0, 0, 0, 0, 0, 0.
```
Elemuel Hubbard
```
                     0, 0, 0, 2, 2, 0, 0, 2, 0, 0, 1, 0, 0,
   0, 4, 0, 2, 0,    0, 0, 0, 1, 0, 0, 0, 0, 0, 0, 0, 0, 0, 0.
```

(subtotals)
```
44  15  10  16  29  13  36  25  21  18  11  0  47
 0  17   5   5   0   1   6   3   4   0   0  0   0   1   1   0   0   0
```

Page 128

```
                                     1, 2, 3, 4, 5, 6, 7, 8, 9,10,11,12,13,
                        14,15,16,17,18,19,20,21,22,23,24,25,26,27,28,29,30,31.
                                          Beaver Creek
Joshua Kemp                       2, 3, 1, 0, 1, 0, 2, 0, 0, 1, 0, 0, 4,
               0, 0, 1, 0, 0, 0, 1, 1, 0, 0, 0, 0, 0, 0, 0, 0, 0, 0.
Judiah Asman                      0, 0, 0, 0, 1, 0, 0, 0, 1, 0, 0, 0, 0,
               0, 1, 0, 0, 0, 0, 0, 0, 0, 0, 0, 0, 0, 0, 0, 0, 0, 0.
Daniel Tyler                      0, 0, 0, 0, 1, 1, 0, 0, 0, 0, 0, 0, 1,
               0, 1, 0, 0, 0, 0, 0, 0, 0, 0, 0, 0, 0, 0, 0, 0, 0, 0.
                                          Red River
Paul Lafero                       2, 1, 0, 1, 0, 1, 1, 1, 0, 1, 0, 0, 2,
               0, 0, 0, 0, 0, 0, 0, 0, 0, 0, 0, 0, 0, 0, 0, 0, 0, 0.
Polite Moroe                      2, 0, 0, 1, 0, 0, 0, 0, 1, 0, 0, 0, 1,
               0, 0, 0, 0, 0, 0, 0, 0, 0, 0, 0, 0, 0, 0, 0, 0, 0, 0.
Lewis Damas                       0, 0, 0, 0, 2, 1, 0, 0, 0, 2, 1, 0, 3,
               0, 0, 0, 0, 0, 0, 0, 0, 0, 0, 0, 0, 0, 0, 0, 0, 0, 0.
John Ray                          1, 0, 0, 0, 0, 1, 3, 2, 1, 0, 0, 0, 1,
               0, 0, 0, 0, 0, 0, 0, 0, 0, 0, 0, 0, 0, 0, 0, 0, 0, 0.
Joseph Horton                     0, 0, 0, 1, 5, 0, 0, 0, 0, 0, 0, 0, 0,
               0, 5, 0, 0, 0, 0, 0, 0, 0, 0, 0, 0, 0, 0, 0, 0, 0, 0.
Henry Harrison                    1, 0, 0, 0, 1, 0, 2, 0, 0, 1, 0, 0, 0,
               0, 1, 0, 0, 0, 0, 0, 0, 0, 0, 0, 0, 0, 0, 0, 0, 0, 0.
J. Bella                          1, 0, 0, 0, 1, 0, 1, 1, 0, 0, 0, 0, 0,
               0, 1, 0, 0, 0, 0, 0, 0, 0, 0, 0, 0, 0, 0, 0, 0, 0, 0.
John Castleraigh                  0, 0, 0, 0, 0, 0, 0, 0, 0, 0, 0, 0, 0,
               0, 1, 0, 1, 0, 0, 0, 0, 0, 0, 0, 1, 0, 0, 1, 0, 0.
                                          Alex
Joseph Fene Ranway ?              0, 0, 0, 0, 0, 0, 0, 2, 0, 2, 0, 0, 0,
               0, 0, 0, 0, 0, 0, 0, 0, 0, 0, 0, 0, 0, 0, 0, 0, 0, 0.
Salathiel ? Tobey                 0, 0, 0, 0, 2, 0, 0, 0, 0, 0, 0, 0, 0,
               0, 2, 0, 0, 0, 0, 0, 0, 0, 0, 0, 0, 0, 0, 0, 0, 0, 0.
J. B. Richardson                  0, 0, 0, 2, 6, 0, 0, 0, 0, 0, 0, 0, 0,
               0, 4, 0, 0, 0, 0, 0, 0, 0, 0, 0, 0, 0, 0, 0, 0, 0, 0.
                                          B. Rapide
Jonas Carrol                      0, 0, 0, 1, 0, 0, 1, 0, 1, 0, 0, 0, 1,
               0, 0, 0, 0, 0, 0, 0, 0, 0, 0, 0, 0, 0, 0, 0, 0, 0, 0.
Elisha Dun                        2, 2, 0, 0, 1, 0, 0, 0, 0, 1, 0, 0, 1,
               0, 0, 0, 0, 0, 0, 0, 0, 0, 0, 0, 0, 0, 0, 0, 0, 0, 0.
Richard Harris                    0, 0, 0, 1, 0, 0, 0, 0, 0, 0, 0, 0,17,
               0, 0, 9, 2, 2, 0, 6, 2, 3, 0, 0, 0, 0, 0, 0, 0, 0, 0.
Reuben Curtis                     0, 0, 0, 0, 1, 1, 0, 0, 0, 1, 0, 0, 0,
               0, 2, 0, 0, 0, 0, 0, 0, 0, 0, 0, 0, 0, 0, 0, 0, 0, 0.
                                          B. Beouf
Susan Spencer                     0, 1, 0, 0, 0, 0, 0, 1, 0, 1, 0, 0, 0,
               0, 0, 0, 0, 0, 0, 0, 0, 0, 0, 0, 0, 0, 1, 0, 0, 0.
William Custard                   0, 0, 0, 0, 1, 0, 0, 0, 2, 0, 0, 0, 1,
               0, 0, 0, 0, 0, 0, 0, 0, 0, 0, 0, 0, 0, 0, 0, 0, 0, 0.
```

```
                        1, 2, 3, 4, 5, 6, 7, 8, 9,10,11,12,13,
               14,15,16,17,18,19,20,21,22,23,24,25,26,27,28,29,30,31.
```

John Barlett   0, 0, 0, 2, 0, 0, 0, 0, 0, 0, 0, 0, 0,
            2, 0, 0, 0, 0, 0, 0, 0, 0, 0, 0, 0, 0, 0, 0, 0, 0, 0.
Bernard M. Dispalla   2, 1, 0, 0, 0, 1, 0, 0, 0, 1, 0, 0, 1,
            0, 0, 0, 0, 0, 0, 0, 0, 0, 0, 0, 0, 0, 0, 0, 0, 0, 0.
Leonard & J. Compton   1, 0, 0, 0, 4, 0, 1, 0, 1, 0, 0, 0,60,
            0, 2,28, 9, 8, 3,25,14, 9, 3, 0, 0, 0, 0, 0, 0, 0, 0.
William Wiggins   1, 0, 0, 0, 1, 0, 3, 1, 0, 1, 0, 0, 1,
            0, 0, 0, 0, 0, 0, 0, 0, 0, 0, 0, 0, 0, 0, 0, 0, 0, 0.
James Grafton   0, 0, 0, 0, 1, 0, 1, 0, 1, 0, 0, 0, 6,
            0, 0, 1, 0, 1, 1, 2, 1, 0, 1, 0, 0, 0, 0, 0, 0, 0, 0.
Sarah Gardnier   1, 1, 0, 1, 0, 0, 0, 0, 0, 1, 0, 0, 2,
            0, 1, 1, 1, 1, 0, 1, 0, 1, 0, 0, 0, 0, 0, 0, 0, 0, 0.

                               Alex

Smith W. Gordon   0, 0, 0, 1, 0, 0, 0, 0, 2, 0, 0, 0, 0,
            0, 0, 1, 0, 0, 0, 1, 3, 0, 0, 0, 0, 0, 0, 0, 0, 0, 0.
Maria Gordon   3, 0, 0, 0, 0, 0, 1, 0, 0, 1, 1, 0, 0,
            0, 1, 2, 0, 1, 1, 1, 0, 2, 0, 0, 0, 0, 0, 0, 0, 0, 0.
Samuel Glen   1, 1, 0, 0, 1, 0, 0, 0, 0, 1, 0, 0, 0,
            0, 0, 0, 0, 0, 0, 0, 0, 0, 0, 0, 0, 0, 0, 0, 0, 0, 0.

                             B. Beouf

Gerimiah Greenwell   0, 1, 0, 1, 0, 1, 0, 0, 3, 1, 1, 0, 3,
            0, 0, 0, 0, 0, 0, 0, 0, 0, 0, 0, 0, 0, 0, 0, 0, 0, 0.
John Grimball   3, 1, 0, 1, 1, 0, 1, 1, 1, 1, 0, 0, 8,
            0, 0, 0, 0, 4, 1, 2, 0, 1, 1, 0, 0, 0, 0, 0, 0, 0, 0.
Paul Grimball   0, 0, 1, 1, 0, 1, 3, 1, 0, 1, 0, 0,11,
            0, 0, 3, 1, 5, 2, 5, 1, 3, 1, 0, 0, 0, 0, 0, 0, 0, 0.
David J. Grey   2, 1, 0, 0, 1, 0, 0, 0, 1, 0, 0, 0, 7,
            0, 0, 2, 1, 0, 1, 3, 1, 3, 0, 0, 0, 0, 0, 0, 0, 0, 0.
Thomas Grimball   1, 1, 0, 1, 0, 1, 1, 1, 1, 0, 0, 0,11,
            0, 0, 6, 2, 1, 1, 3, 1, 2, 2, 0, 0, 0, 0, 0, 0, 0, 0.

                             B. Rapide

James J. Gardiner   1, 0, 0, 1, 1, 0, 0, 0, 1, 0, 0, 0, 0,
            0, 2, 0, 0, 0, 0, 0, 1, 0, 0, 0, 0, 0, 0, 0, 0, 0, 0.

                             B. Beouf

James J. Grey   0, 0, 0, 0, 0, 1, 0, 0, 0, 0, 0, 0, 2,
            0, 0, 2, 0, 1, 0, 2, 0, 1, 0, 0, 0, 0, 0, 0, 0, 0, 0.

                             Bogola

Richard Green   1, 0, 1, 1, 1, 2, 0, 1, 1, 0, 0, 0, 0,
            0, 5, 0, 0, 1, 0, 2, 0, 1, 0, 0, 0, 0, 0, 0, 0, 0, 0.

                               Alex

Thomas Gorman   0, 0, 0, 1, 0, 0, 0, 0, 0, 0, 0, 0, 0,
            1, 0, 0, 0, 0, 0, 0, 0, 0, 0, 0, 0, 0, 0, 0, 0, 0, 0.

```
                                1, 2, 3, 4, 5, 6, 7, 8, 9,10,11,12,13,
                14,15,16,17,18,19,20,21,22,23,24,25,26,27,28,29,30,31.
                               B. Cotile
Francis Henderson              2, 1, 0, 1, 0, 1, 1, 1, 0, 1, 0, 0,18,
                0, 0, 7, 6, 3, 2, 5, 1, 3, 2, 0, 0, 0, 0, 0, 0, 0, 0.
Heritage Howerton              1, 1, 0, 0, 1, 0, 1, 0, 0, 1, 0, 0, 7,
                0, 0, 2, 1, 0, 2, 5, 2, 1, 0, 0, 0, 0, 0, 0, 0, 0, 0.
                               B. Rapide
Lewis Heist                    3, 0, 0, 1, 2, 1, 2, 2, 0, 0, 0, 0, 3,
                0, 0, 0, 0, 0, 1, 0, 0, 0, 0, 0, 0, 0, 0, 0, 0, 0, 0.
                               Red River
Lewis Huffman                  1, 1, 0, 0, 2, 0, 4, 1, 0, 1, 0, 0, 4,
                0, 0, 0, 0, 2, 0, 0, 1, 1, 0, 0, 0, 0, 0, 0, 0, 0, 0.
Louisa Huffman                 0, 0, 0, 0, 0, 0, 1, 2, 3, 0, 1, 0, 2,
                0, 0, 0, 3, 1, 0, 2, 1, 0, 1, 0, 0, 0, 0, 0, 0, 0, 0.
Adam Huffman                   0, 1, 0, 2, 3, 0, 5, 2, 0, 1, 0, 0, 3,
                0, 0, 0, 0, 2, 0, 0, 0, 0, 0, 1, 0, 0, 0, 0, 0, 0, 0.
Clem Harris                    0, 0, 0, 2, 3, 0, 5, 2, 0, 0, 0, 0, 0,
                0, 1, 0, 0, 0, 0, 0, 0, 0, 0, 0, 0, 1, 0, 0, 0, 0, 1.
                               Bogola
Jesse Hudson                   1, 0, 0, 0, 3, 0, 3, 0, 0, 1, 0, 0, 6,
                0, 0, 2, 1, 0, 1, 0, 0, 2, 0, 0, 0, 0, 0, 0, 0, 0, 0.
John Hollaway                  4, 0, 0, 4, 0, 1, 0, 1, 1, 1, 0, 0, 8,
                0, 0, 1, 1, 1, 0, 0, 0, 2, 0, 0, 0, 0, 0, 0, 0, 0, 0.
(subtotals)     3  19 63 33 52 24 70 31 52 12  0  0  2  0  0  0  1  0
                      48 19  7 27 32 20 47 25 20 23  4  0     250
John Dunwoody                  0, 0, 0, 0, 1, 1, 2, 0, 0, 1, 0, 0, 6,
                0, 0, 2, 1, 1, 1, 2, 1, 1, 0, 0, 0, 0, 0, 0, 0, 0, 0.
                               B. Beouf
William Dark                   1, 0, 0, 0, 1, 0, 0, 0, 0, 0, 0, 0, 2,
                0, 0, 1, 0, 2, 0, 0, 1, 1, 0, 0, 0, 0, 0, 0, 0, 0, 0.
                               Alexandria
Wiffred Dent                   0, 0, 0, 0, 0, 0, 0, 0, 0, 0, 0, 0, 2,
                0, 1, 1, 0, 2, 0, 0, 0, 1, 0, 0, 0, 0, 0, 0, 0, 0, 0.
                               B. Beouf
Randol Eldred                  1, 1, 0, 0, 2, 0, 1, 0, 0, 1, 0, 0, 2,
                0, 0, 1, 0, 5, 1, 1, 1, 6, 0, 0, 0, 0, 0, 0, 0, 0, 0.
                               Alex
John Estos                     0, 1, 0, 2, 3, 0, 0, 0, 0, 0, 0, 0, 0,
                0, 6, 0, 0, 0, 0, 0, 0, 1, 0, 0, 0, 0, 0, 0, 0, 0, 0.
```

Red River

Jesse Ford
1, 1, 1, 1, 0, 1, 3, 2, 0, 1, 0, 0,13,
0, 0, 8, 3, 2, 0, 6, 0, 3, 0, 0, 0, 0, 0, 0, 0, 0, 0.

Alex

William Fristoe
3, 0, 1, 0, 2, 0, 1, 0, 0, 1, 0, 0, 8,
0, 0, 1, 0, 4, 2, 1, 1, 2, 0, 0, 0, 0, 0, 0, 0, 0, 0.

Big River

John Fowler
3, 0, 0, 1, 0, 1, 2, 1, 0, 1, 0, 0, 1,
0, 1, 0, 0, 0, 0, 0, 0, 0, 0, 0, 0, 0, 0, 0, 0, 0, 0.

B. Flacon

Olivial ? Frazer
0, 0, 0, 1, 0, 1, 0, 1, 0, 0, 1, 0, 1,
0, 0, 0, 0, 0, 0, 0, 0, 0, 0, 0, 0, 0, 0, 0, 0, 0, 0.

B. Beouf

Edward Fahey
0, 1, 1, 0, 1, 0, 1, 3, 0, 1, 0, 0, 6,
0, 0, 0, 0, 0, 0, 0, 0, 0, 0, 0, 0, 0, 0, 0, 0, 0, 0.
Catharine Feilds
1, 0, 0, 0, 0, 1, 2, 2, 0, 1, 0, 0, 3,
0, 0, 0, 0, 0, 0, 0, 0, 0, 0, 0, 0, 0, 0, 0, 0, 0, 0.
William Franton
0, 0, 0, 1, 0, 0, 0, 0, 0, 0, 0, 0,10,
0, 0, 0, 3, 0, 1, 3, 1, 1, 0, 0, 0, 0, 0, 0, 0, 0, 0.
William Tanner
0, 0, 0, 2, 0, 0, 0, 0, 1, 0, 0, 0,11,
0, 0, 7, 2, 0, 0, 4, 3, 0, 0, 0, 0, 0, 0, 0, 0, 0, 0.
James L. Tanner
1, 1, 1, 0, 1, 0, 1, 0, 0, 1, 0, 0, 8,
0, 0, 1, 0, 1, 0, 2, 2, 1, 0, 0, 0, 0, 0, 0, 0, 0, 0.

B. Cotile

William Fergason
1, 0, 0, 0, 1, 1, 2, 0, 1, 0, 0, 0, 1,
0, 0, 0, 0, 0, 0, 1, 0, 0, 0, 0, 0, 0, 0, 0, 0, 0, 0.
Nathaniel Freeman
1, 0, 0, 0, 0, 1, 1, 0, 1, 0, 0, 0, 3,
0, 0, 0, 0, 0, 0, 1, 0, 1, 0, 0, 0, 0, 0, 0, 0, 0, 0.
Nathaniel Furlong
0, 0, 0, 0, 1, 0, 0, 0, 0, 0, 0, 0, 0,
0, 1, 0, 0, 0, 0, 0, 0, 0, 0, 0, 0, 0, 0, 0, 0, 0, 0.

Alex

George Vick ?
0, 0, 0, 1, 1, 0, 0, 0, 0, 0, 0, 0, 0,
2, 0, 0, 0, 0, 0, 0, 0, 0, 0, 0, 0, 0, 0, 0, 0, 0, 0.

Red River

Thomas Graham
2, 1, 0, 0, 0, 1, 1, 1, 0, 0, 2, 0,12,
0, 0, 3, 1, 2, 1, 3, 1, 2, 1, 0, 0, 0, 0, 0, 0, 0, 0.
Joseph Gilliard
1, 2, 0, 0, 1, 0, 2, 0, 1, 0, 0, 0,11,
0, 0, 1, 2, 1, 1, 3, 4, 2, 0, 0, 0, 0, 0, 0, 0, 0, 0.
Baptiste Gilliard
2, 0, 0, 0, 1, 0, 3, 0, 1, 0, 0, 0,10,
0, 0, 2, 1, 3, 0, 2, 2, 3, 0, 0, 0, 0, 0, 0, 0, 0, 0.

Page 132

```
                        1, 2, 3, 4, 5, 6, 7, 8, 9,10,11,12,13,
      14,15,16,17,18,19,20,21,22,23,24,25,26,27,28,29,30,31.
                        B. Cotile
Benjamin Grubb          2, 0, 0, 0, 0, 1, 0, 0, 0, 1, 0, 0, 7,
         0, 0, 0, 0, 1, 2, 0, 0, 2, 1, 0, 0, 0, 0, 0, 0, 0, 0.
James Griffin           2, 1, 0, 0, 0, 1, 1, 1, 0, 0, 0, 0,12,
         0, 0, 2, 1, 3, 1, 4, 0, 1, 1, 0, 0, 0, 0, 0, 0, 0, 0.
                        B. Rapide
Thomas Grafton          2, 0, 1, 1, 0, 1, 0, 1, 1, 0, 0, 0,10,
         0, 0, 3, 2, 1, 1, 3, 0, 1, 1, 0, 0, 0, 0, 0, 0, 0, 0.
James Netherland        1, 0, 0, 0, 1, 0, 4, 0, 1, 0, 0, 0, 1,
         0, 0, 0, 0, 0, 0, 0, 0, 0, 0, 0, 0, 0, 0, 0, 0, 0, 0.
James Mitcheale         3, 0, 2, 0, 0, 1, 1, 0, 1, 1, 0, 0, 4,
         0, 0, 0, 0, 0, 0, 0, 0, 0, 0, 0, 0, 0, 0, 0, 0, 0, 0.
John W. Callester       2, 0, 0, 0, 1, 0, 2, 2, 0, 1, 0, 0, 1,
         0, 0, 0, 0, 0, 0, 0, 0, 0, 0, 0, 0, 0, 0, 0, 0, 0, 0.
Margarte Wintire        2, 1, 0, 0, 0, 0, 0, 0, 0, 1, 0, 0, 2,
         0, 0, 0, 0, 0, 0, 0, 0, 0, 0, 0, 0, 0, 0, 0, 0, 0, 0.
Joam Nettles            1, 0, 0, 0, 1, 0, 2, 1, 1, 0, 1, 0, 2,
         0, 0, 0, 0, 0, 0, 0, 0, 0, 0, 0, 0, 0, 0, 0, 0, 0, 0.
Martha Munson           0, 0, 0, 0, 0, 0, 0, 0, 0, 0, 1, 0, 3,
         0, 0, 1, 1, 0, 0, 1, 1, 0, 0, 0, 0, 0, 0, 0, 0, 0, 0.
William O. Allen        0, 0, 0, 1, 0, 0, 0, 0, 1, 0, 0, 0, 1,
         0, 0, 0, 0, 0, 0, 0, 0, 0, 0, 0, 0, 0, 0, 0, 0, 0, 0.
Thomas Allen            0, 0, 0, 1, 0, 0, 1, 0, 0, 1, 0, 0, 1,
         0, 0, 0, 0, 0, 0, 0, 0, 0, 0, 0, 0, 0, 0, 0, 0, 0, 0.
David King              0, 0, 0, 2, 0, 0, 0, 0, 0, 0, 0, 0, 0,
         2, 0, 0, 0, 0, 0, 0, 0, 0, 0, 0, 0, 0, 0, 0, 0, 0, 0.
Abner Talbert           0, 0, 0, 0, 1, 0, 0, 0, 1, 0, 0, 0,13,
         0, 0, 4, 4, 1, 2, 2, 2, 0, 2, 0, 0, 0, 0, 0, 0, 0, 0.
John Carnes             1, 1, 0, 0, 1, 0, 0, 0, 1, 0, 1, 0, 1,
         0, 0, 0, 0, 0, 0, 0, 0, 0, 0, 0, 0, 0, 0, 0, 0, 0, 0.
John Wintush            1, 1, 0, 0, 1, 1, 3, 1, 0, 1, 0, 0, 3,
         0, 0, 0, 0, 0, 0, 0, 0, 0, 0, 0, 0, 0, 0, 0, 0, 0, 0.
Joseph B. Roberts       0, 0, 0, 1, 0, 0, 0, 0, 1, 0, 0, 0, 2,
         0, 0, 0, 1, 0, 0, 0, 0, 0, 0, 0, 0, 0, 0, 0, 0, 0, 0.
William Sales           1, 0, 0, 0, 1, 0, 0, 0, 1, 0, 0, 0, 1,
         0, 0, 0, 0, 0, 0, 0, 0, 0, 0, 0, 0, 0, 0, 0, 0, 0, 0.
                        Coisdrasi ?
John Hollinsworth       1, 0, 0, 0, 0, 1, 2, 1, 1, 0, 0, 0, 4,
         0, 0, 1, 0, 0, 1, 0, 0, 1, 0, 0, 0, 0, 0, 0, 0, 0, 0.
Elisha Wallace          0, 0, 0, 0, 1, 0, 3, 0, 0, 0, 0, 0, 0,
         0, 1, 0, 0, 0, 0, 0, 0, 0, 0, 0, 0, 0, 0, 0, 0, 0, 0.
John Foreman            2, 0, 0, 0, 1, 0, 1, 0, 0, 0, 0, 0, 1,
         0, 0, 0, 0, 0, 0, 0, 0, 0, 0, 0, 0, 0, 0, 0, 0, 0, 0.
Reuben Barrow           0, 2, 1, 1, 3, 2, 0, 0, 0, 0, 0, 0, 3,
         0, 2, 0, 0, 0, 0, 0, 0, 0, 0, 0, 0, 0, 0, 0, 0, 0, 0.
Mrs. Duff               1, 0, 0, 0, 0, 0, 1, 1, 0, 0, 1, 0, 0,
         0, 0, 0, 0, 0, 0, 0, 0, 0, 0, 0, 0, 0, 0, 0, 0, 0, 0.
```

```
                              1, 2, 3, 4, 5, 6, 7, 8, 9,10,11,12,13,
                14,15,16,17,18,19,20,21,22,23,24,25,26,27,28,29,30,31.
```

Samuel Barber   3, 0, 0, 0, 1, 0, 1, 0, 0, 1, 0, 0, 1,
0, 0, 0, 0, 0, 0, 0, 0, 0, 0, 0, 0, 0, 0, 0, 0, 0, 0.

Samuel Moody   0, 0, 0, 0, 1, 0, 0, 0, 1, 0, 0, 0, 1,
0, 0, 0, 0, 0, 0, 0, 0, 0, 0, 0, 0, 0, 0, 0, 0, 0, 0.

John C. Cook   0, 0, 0, 0, 1, 0, 1, 0, 1, 0, 0, 0, 1,
0, 0, 0, 0, 0, 0, 0, 0, 0, 0, 0, 0, 0, 0, 0, 0, 0, 0.

Mrs. Cook   0, 0, 0, 1, 0, 0, 0, 0, 0, 0, 1, 0, 0,
0, 0, 0, 0, 0, 0, 0, 0, 0, 0, 0, 0, 0, 0, 0, 0, 0, 0.

(subtotals)

34, 13, 4, 16, 43, 11, 38, 11, 23, 15, 7, 0, 141

4, 23, 43, 18, 11, 6, 34, 19, 13, 5, 0, 0, 1, 0, 1, 1, 0, 0

Calcashoe

Maria Turner   2, 1, 0, 0, 0, 0, 0, 0, 0, 1, 1, 0, 0,
0, 0, 0, 0, 0, 0, 0, 0, 0, 0, 0, 0, 0, 0, 0, 0, 0, 0.

J. Gilbert   0, 0, 0, 1, 0, 0, 0, 0, 1, 0, 0, 0, 1,
0, 0, 0, 0, 0, 0, 0, 0, 0, 0, 0, 0, 0, 0, 0, 0, 0, 0.

Josiah French   0, 1, 0, 1, 0, 0, 0, 0, 0, 0, 0, 0, 3,
0, 0, 0, 1, 0, 0, 0, 1, 0, 0, 0, 0, 0, 0, 0, 0, 0, 0.

John Hall   0, 0, 0, 0, 1, 0, 0, 0, 0, 0, 0, 0, 9,
0, 0, 3, 4, 0, 0, 0, 4, 1, 0, 0, 0, 0, 0, 0, 0, 0, 0.

Reuben Kemper   0, 0, 1, 1, 0, 1, 0, 0, 0, 0, 0, 0, 6,
0, 1, 3, 0, 0, 1, 0, 1, 1, 1, 0, 0, 0, 0, 0, 0, 0, 0.

John Cannon   1, 0, 0, 1, 0, 0, 0, 0, 1, 0, 0, 0, 0,
0, 2, 0, 0, 1, 0, 0, 1, 0, 0, 0, 1, 0, 0, 0, 0, 0, 0.

(total)

388, 172, 70, 251, 444, 154, 390, 166, 216, 175, 65, 12, 2,586

55, 218, 674, 488, 455, 205, 667, 462, 428, 110, 14, 10, 18, 4, 11, 8, 15, 5

Total 6050 ? souls

I certify that the present schedule is true and correct.

(signed) John M. Jett
agent for Rapide

Robert A. Crain   1, 0, 0, 0, 1, 0, 1, 0, 1, 0, 0, 0, 9,
0, 0, 5, 3, 2, 0, 2, 0, 0, 0, 0, 0, 0, 0, 0, 0, 0, 0.

Daniel Clifton   0, 0, 0, 0, 0, 1, 0, 0, 0, 0, 0, 0,13,
0, 0, 2, 1, 4, 0, 1, 4, 1, 0, 0, 0, 0, 0, 0, 0, 0, 0.

Page 134

                          1, 2, 3, 4, 5, 6, 7, 8, 9,10,11,12,13,
             14,15,16,17,18,19,20,21,22,23,24,25,26,27,28,29,30,31.

                                Alexandria
Josiah M. Cleaveland   0, 0, 0, 0, 5, 0, 0, 0, 1, 0, 0, 0, 0,
             2, 0, 0, 0, 0,   0, 0, 0, 0, 0, 0, 0, 0, 0, 0, 0, 2, 0.
                                Big River
Clopton & Thompson   0, 0, 0, 0, 2, 0, 0, 0, 0, 0, 0, 0, 0,
             0, 2, 0, 0, 0,   0, 0, 0, 0, 0, 0, 0, 0, 0, 0, 0, 0, 0.
Richard Crawford   1, 1, 0, 0, 1, 0, 0, 0, 0, 1, 0, 0, 6,
             0, 0, 2, 1, 0,   2, 2, 0, 0, 0, 0, 0, 0, 0, 0, 0, 0, 0.
Mary Clark   0, 2, 0, 0, 0, 0, 1, 1, 1, 1, 0, 0, 3,
             0, 0, 0, 0, 0,   0, 0, 0, 0, 0, 0, 0, 0, 0, 0, 0, 0, 0.
                                B. Beouf
Reuben Carnell   2, 0, 0, 2, 1, 0, 0, 0, 1, 0, 0, 0,41,
             0, 0,14,14, 5,   3,15, 6, 4, 2, 0, 0, 0, 0, 0, 0, 0, 0.
Alexander Compton   0, 0, 0, 2, 0, 0, 0, 1, 0, 0, 0, 0,30,
             0, 0, 8,13, 3,   3, 9, 3, 3, 1, 0, 0, 0, 0, 0, 0, 0, 0.
Jonas Carrol   1, 0, 0, 1, 0, 0, 0, 0, 1, 0, 0, 0, 1,
             0, 0, 0, 0, 0,   0, 0, 0, 0, 0, 0, 0, 0, 0, 0, 0, 0, 0.
                                Red River
Facitus Calort   0, 0, 0, 0, 1, 0, 0, 0, 0, 0, 0, 0, 5,
             0, 0, 0, 1, 2,   1, 0, 0, 1, 0, 0, 0, 0, 0, 0, 0, 0, 0.
James Chain   0, 0, 0, 0, 1, 0, 2, 0, 1, 1, 0, 0, 0,
             0, 1, 0, 0, 0,   0, 0, 0, 0, 0, 0, 0, 0, 0, 0, 0, 0, 0.
Athanass Dupree   2, 1, 0, 0, 1, 0, 0, 0, 0, 0, 0, 0, 4,
             0, 0, 0, 0, 1,   0, 0, 0, 1, 0, 0, 0, 0, 0, 0, 0, 0, 0.
Patey Davison   1, 2, 0, 0, 0, 0, 0, 1, 0, 0, 1, 0, 4,
             0, 0, 2, 0, 1,   0, 0, 1, 0, 0, 0, 0, 0, 0, 0, 0, 0, 0.
John B. Dubois   0, 1, 1, 1, 0, 1, 0, 0, 0, 0, 1, 0, 8,
             0, 0, 0, 1, 2,   0, 2, 1, 2, 0, 0, 0, 0, 0, 0, 0, 0, 0.
John Dill   0, 0, 0, 0, 0, 2, 0, 1, 0, 0, 0, 0, 0,
             0, 0, 1, 1, 0,   0, 1, 1, 1, 0, 0, 0, 0, 1, 0, 0, 0.
Valentine Duville   1, 0, 0, 2, 1, 0, 0, 3, 1, 0, 0, 0, 3,
             0, 0, 0, 0, 0,   0, 0, 0, 0, 0, 0, 0, 0, 0, 0, 0, 0, 0.
Edward Day   0, 0, 0, 0, 1, 0, 0, 0, 0, 0, 0, 0, 0,
             0, 0, 0, 0, 0,   0, 0, 0, 0, 0, 0, 0, 0, 0, 0, 0, 0, 0.
Johnter Duville   1, 1, 0, 1, 0, 3, 0, 1, 0, 0, 0, 0, 0,
             0, 0, 0, 0, 0,   0, 0, 0, 0, 0, 0, 0, 0, 0, 0, 0, 0, 0.
Nicholas Duville   0, 0, 0, 0, 0, 1, 0, 0, 1, 0, 0, 0, 1,
             0, 0, 0, 0, 0,   0, 0, 0, 0, 0, 0, 0, 0, 0, 0, 0, 0, 0.
A.J. Davis   1, 0, 1, 1, 1, 0, 4, 1, 0, 1, 0, 0, 0,
             2, 0, 1, 0, 1,   0, 0, 4, 1, 0, 0, 0, 0, 0, 0, 0, 0, 0.
William A. Droomgold   3, 0, 0, 1, 2, 0, 0, 0, 1, 0, 1, 0, 0,
             0, 0, 0, 0, 0,   0, 0, 1, 1, 0, 0, 0, 0, 0, 0, 0, 0, 0.
                                B. Beouf
Julian Disheautells   0, 0, 0, 1, 2, 0, 2, 0, 1, 0, 1, 0, 9,
             0, 0, 2, 1, 2,   0, 4, 3, 0, 0, 0, 0, 0, 0, 0, 0, 0, 0.

```
                                    1, 2, 3, 4, 5, 6, 7, 8, 9,10,11,12,13,
                          14,15,16,17,18,19,20,21,22,23,24,25,26,27,28,29,30,31.


                          28  23  4  22  47  19  32  14  22  10  5   0   358
(subtotals)
              5  13 112 84 68 28 117 69 60 13 0  0  0  0  0  1  2  1

Polite Beaubeouf          0, 0, 0, 1, 0, 0, 0, 0, 0, 0, 0, 0, 0,
              1, 0, 0, 0, 0, 0, 0, 0, 0, 0, 0, 0, 0, 0, 0, 0, 0, 0, 0.
Zebedee Bell              0, 0, 0, 0, 0, 1, 0, 0, 0, 0, 0, 0, 0,
              0, 1, 0, 0, 0, 0, 0, 0, 0, 0, 0, 0, 0, 0, 0, 0, 0, 0.
Joseph Barnett            1, 0, 0, 0, 1, 0, 1, 0, 0, 0, 0, 0, 1,
              0, 0, 0, 0, 0, 0, 0, 0, 0, 0, 0, 0, 0, 0, 0, 0, 0, 0.
                          Bayou Rapide

William A. Brown          0, 0, 0, 1, 0, 0, 0, 0, 0, 0, 0, 0, 1,
              0, 0, 0, 0, 0, 0, 0, 0, 0, 0, 0, 0, 0, 0, 0, 0, 0, 0.
Nancy Curtis              2, 2, 0, 0, 1, 1, 3, 0, 1, 0, 0, 0, 5,
              0, 0, 4, 2, 1, 0, 2, 1, 2, 0, 0, 0, 0, 0, 0, 0, 0, 0.
                          Pine Wood

Joseph Crooks             2, 1, 0, 0, 1, 3, 0, 0, 1, 0, 0, 0, 0,
              0, 1, 0, 0, 0, 0, 0, 0, 0, 0, 0, 0, 0, 0, 0, 0, 0, 0.
                          Red River

Charles Cavenah           0, 0, 0, 0, 1, 0, 3, 0, 1, 0, 0, 0, 2,
              0, 0, 1, 0, 0, 0, 1, 0, 1, 0, 0, 0, 0, 0, 0, 0, 0, 0.
                          Alexandria
John Cassan               0, 1, 0, 1, 0, 1, 0, 0, 0, 1, 0, 0, 0,
              2, 0, 2, 1, 1, 2, 0, 2, 2, 1, 0, 0, 0, 0, 0, 0, 0, 0.
                          Bayou Rapide
Charles Curtis            1, 0, 0, 0, 1, 0, 3, 0, 1, 0, 0, 0,10,
              0, 0, 3, 4, 4, 2, 5, 3, 2, 2, 0, 0, 0, 0, 0, 0, 0, 0.
                          Red River

George B. Curtis          1, 0, 0, 0, 2, 0, 0, 0, 1, 0, 0, 0,14,
              0, 0, 3, 1, 6, 1, 5, 1, 4, 1, 0, 0, 0, 0, 0, 0, 0, 0.
                          Alexandria

David B Cummins           0, 0, 0, 0, 2, 0, 2, 0, 1, 0, 0, 0, 0,
              0, 2, 1, 0, 0, 0, 2, 0, 0, 0, 0, 0, 0, 0, 0, 0, 0, 0.
John Cannon               0, 0, 0, 0, 0, 0, 0, 0, 0, 0, 0, 0, 0,
              0, 0, 0, 0, 0, 0, 0, 0, 0, 0, 0, 0, 0, 0, 0, 0, 0, 0.
                          B. Rapide

Anthony Caloit ? Calvit ? 2, 1, 0, 0, 0, 1, 0, 0, 0, 0, 0, 0,12,
              0, 0, 2, 7, 0, 1, 4, 3, 1, 0, 0, 0, 0, 0, 0, 0, 0, 0.
Page 136
```

```
                              1, 2, 3, 4, 5, 6, 7, 8, 9,10,11,12,13,
          14,15,16,17,18,19,20,21,22,23,24,25,26,27,28,29,30,31.
```

B. Beouf

```
William Curiton           0, 0, 0, 2, 2, 0, 1, 1, 1, 0, 0, 0,22,
         0, 2,12, 1, 5, 1,11, 3, 5, 1, 0, 0, 0, 0, 0, 0, 0, 0.
Hampton Cheney            0, 1, 1, 0, 3, 0, 1, 0, 1, 0, 0, 0,15,
         0, 2, 2, 3, 1, 4, 3, 7, 6, 0, 0, 0, 0, 0, 0, 0, 0.
Josiah Chambers           0, 0, 0, 1, 2, 0, 0, 0, 1, 0, 0, 0,20,
         0, 1, 3, 6, 3, 0, 5, 4, 4, 0, 0, 0, 0, 0, 0, 0, 0.
William F. Cheney         2, 1, 0, 0, 2, 0, 1, 1, 0, 1, 0, 0,20,
         0, 0, 4, 1, 6, 1,12, 8, 1, 0, 0, 0, 0, 0, 0, 0, 0.
David Cheney              0, 0, 0, 0, 1, 0, 1, 0, 1, 0, 0, 0, 5,
         0, 0, 2, 0, 2, 0, 4, 1, 1, 0, 0, 0, 0, 0, 0, 0, 0.
John Callaham             0, 0, 0, 0, 1, 1, 0, 1, 1, 0, 1, 0,15,
         0, 0, 3, 3, 2, 2, 6, 3, 1, 2, 0, 0, 0, 0, 0, 0, 0.
```

B. Rapide

```
Samuel Compton            2, 0, 0, 0, 3, 0, 2, 0, 0, 0, 0, 0,16,
         0, 0, 2, 1, 6, 0, 6, 3, 2, 0, 0, 0, 0, 0, 0, 0, 0.
```

B. Beouf

```
Philip B. Compton         1, 3, 0, 0, 0, 2, 1, 1, 1, 0, 1, 0,14,
         0, 0, 5, 3, 4, 0, 2, 2, 3, 0, 0, 0, 0, 0, 0, 0, 0.
```

Red River

```
Alexander Caloit ? Calvit ?  0, 1, 0, 0, 1, 0, 2, 0, 0, 1, 0, 0, 8,
         0, 0, 5, 3, 1, 1, 1, 1, 2, 1, 0, 0, 0, 0, 0, 0, 0.
Montfort Caloit ? Calvit ?   1, 1, 0, 1, 2, 0, 0, 0, 0, 1, 0, 0, 8,
         0, 1, 5, 2, 1, 1, 4, 1, 2, 0, 0, 0, 0, 0, 0, 0, 0.
```

B. Rapide

```
Richard E. Cuney          0, 4, 1, 3, 2, 1, 0, 0, 0, 1, 0, 0,23,
         0, 0, 7,10, 2, 3, 9, 4, 6, 1, 0, 0, 0, 0, 0, 0, 1.
```

Big Creek

```
John Barrow               0, 0, 0, 1, 1, 1, 0, 0, 0, 0, 1, 0, 3,
         0, 0, 1, 0, 0, 0, 1, 1, 2, 0, 0, 0, 0, 0, 0, 0, 0.
M. Cune Barrow            2, 1, 1, 0, 2, 0, 1, 0, 0, 1, 0, 0, 4,
         0, 0, 0, 1, 0, 0, 0, 0, 0, 0, 1, 0, 0, 0, 0, 0, 0.
Elizabeth Barrow          0, 1, 0, 0, 0, 0, 3, 0, 0, 1, 0, 0, 1,
         0, 0, 0, 0, 0, 0, 1, 0, 0, 0, 0, 0, 0, 0, 0, 0, 0.
Margaret Barton           1, 2, 0, 1, 0, 0, 2, 0, 0, 1, 0, 0, 4,
         0, 0, 1, 1, 0, 0, 2, 0, 1, 0, 0, 0, 0, 0, 0, 0, 0.
```

Alexandria

```
Benjamin Booth            0, 0, 0, 0, 1, 1, 0, 0, 0, 0, 0, 0, 3,
         0, 0, 0, 0, 0, 0, 0, 0, 0, 0, 0, 0, 0, 0, 0, 0, 1.
Isaac Baldwin             1, 0, 0, 0, 1, 0, 0, 0, 0, 1, 0, 0, 0,
         0, 2, 0, 0, 0, 1, 3, 3, 0, 0, 0, 0, 1, 0, 0, 0, 0.
```

```
                              1, 2, 3, 4, 5, 6, 7, 8, 9,10,11,12,13,
               14,15,16,17,18,19,20,21,22,23,24,25,26,27,28,29,30,31.
                              B. Beouf
James Brewster                0, 2, 1, 0, 1, 1, 0, 1, 2, 0, 0, 0, 5,
               0, 0, 0, 2, 0, 1, 0, 0, 0, 0, 0, 0, 0, 0, 0, 0, 0, 0.
Smith Brewster                1, 0, 0, 0, 1, 0, 0, 0, 1, 0, 0, 0, 1,
               0, 0, 0, 0, 0, 0, 0, 0, 0, 0, 0, 0, 0, 0, 0, 0, 0, 0.
Hugh Brown                    1, 0, 0, 0, 2, 0, 0, 0, 1, 0, 0, 0, 3,
               0, 0, 0, 0, 1, 0, 0, 0, 0, 0, 0, 0, 0, 0, 0, 0, 0, 0.
Pressley Berrey               0, 0, 0, 0, 0, 1, 2, 0, 0, 0, 1, 0, 3,
               0, 0, 0, 1, 0, 0, 0, 0, 0, 1, 0, 0, 0, 0, 0, 0, 0, 0.
John Baprox                   0, 0, 0, 0, 0, 1, 1, 2, 1, 1, 0, 0, 8,
               0, 0, 2, 0, 1, 0, 2, 0, 3, 1, 0, 0, 0, 0, 0, 0, 0, 0.
David Betterson               1, 1, 0, 0, 0, 1, 3, 1, 0, 0, 0, 0,10,
               0, 0, 5, 0, 5, 0, 6, 1, 4, 0, 0, 0, 0, 0, 0, 0, 0, 0.
                              B. Diro ?
James L. Bray                 1, 2, 0, 1, 0, 1, 2, 0, 0, 1, 0, 0,15,
               0, 0, 7, 5, 3, 1, 7, 3, 4, 0, 0, 0, 0, 0, 0, 0, 0, 0.
                              Alex
Peter Bonial                  1, 0, 1, 0, 2, 0, 0, 0, 0, 1, 0, 0, 0,
               1, 0, 0, 0, 0, 0, 0, 1, 0, 0, 0, 0, 0, 0, 0, 0, 1, 0.
                              B. Mara ?
Baptiste Belgard              0, 1, 1, 2, 0, 2, 3, 1, 0, 1, 0, 0, 1,
               0, 0, 0, 0, 0, 0, 0, 0, 0, 0, 0, 0, 0, 0, 0, 0, 0, 0.
                              B. Bogola
Mary Black                    0, 1, 0, 1, 0, 0, 0, 1, 0, 0, 1, 0, 2,
               0, 0, 4, 0, 0, 0, 0, 0, 1, 0, 0, 0, 0, 0, 0, 0, 0, 0.
                              B. Beouf
Joseph Boon                   1, 0, 0, 0, 1, 0, 0, 0, 0, 1, 0, 0, 7,
               0, 0, 3, 0, 3, 0, 1, 3, 0, 0, 0, 0, 0, 0, 0, 0, 0, 0.
                              B. Robert
Joseph Berton                 0, 1, 0, 5, 3, 0, 2, 2, 1, 1, 0, 0,11,
               0, 1, 0, 1, 1, 0, 0, 1, 0, 0, 0, 0, 0, 0, 0, 0, 0, 0.
                              B. Rapide
J. B. Byers                   0, 0, 0, 0, 1, 0, 1, 0, 1, 1, 0, 0, 6,
               0, 0, 0, 3, 0, 0, 0, 1, 0, 0, 0, 0, 0, 0, 0, 0, 0, 0.
Charles Baird                 0, 0, 0, 0, 1, 0, 1, 0, 0, 0, 0, 0, 7,
               0, 0, 3, 2, 2, 0, 2, 1, 1, 0, 0, 0, 0, 0, 0, 0, 0, 0.
                              Alex
Brice & Reeves                0, 0, 0, 0, 2, 0, 0, 0, 0, 0, 0, 0, 0,
               0, 2, 0, 0, 0, 0, 0, 0, 0, 1, 0, 0, 0, 0, 0, 0, 0, 0.
Edward Bacon                  1, 1, 0, 0, 2, 0, 1, 0, 0, 1, 0, 1, 0,
               4, 0, 0, 0, 0, 0, 0, 0, 0, 0, 0, 0, 0, 0, 0, 0, 0, 0.
```

```
                              1, 2, 3, 4, 5, 6, 7, 8, 9,10,11,12,13,
              14,15,16,17,18,19,20,21,22,23,24,25,26,27,28,29,30,31.

Henry A. Bullard              0, 0, 0, 0, 2, 0, 1, 0, 0, 1, 0, 0, 1,
                 0, 0, 0, 0, 1, 0, 0, 1, 0, 0, 0, 0, 0, 0, 0, 1, 0.
```

| | 28 | 21 | 7 | 29 | 38 | 15 | 42 | 11 | 0 | 14 | 14 | 22 | 407 |

(subtotals)

| 11 | 6 | 109 | 75 | 69 | 54 | 112 | 71 | 17 | 60 | 22 | 0 | 2 | 7 | 0 | 1 | 3 | 2 |

Alexandria

```
George Anderson               0, 0, 1, 0, 0, 1, 0, 1, 0, 0, 1, 0, 0,
                 2, 0, 0, 0, 0, 0, 0, 1, 1, 0, 0, 0, 0, 0, 0, 0, 0.
William R. Anderson           0, 0, 0, 0, 1, 0, 0, 0, 0, 1, 0, 0, 0,
                 1, 0, 0, 0, 0, 0, 0, 0, 0, 0, 0, 0, 0, 0, 0, 0, 0.
Simon A. Anderson             1, 0, 0, 1, 0, 0, 1, 1, 0, 1, 0, 0, 0,
                 1, 0, 0, 0, 0, 0, 0, 0, 0, 0, 0, 0, 0, 0, 0, 0, 0.
William Allen                 0, 2, 1, 0, 0, 1, 0, 0, 0, 1, 0, 0, 8,
                 0, 0, 1, 1, 0, 0, 2, 1, 0, 0, 0, 0, 0, 0, 0, 0, 0.
```

B. Beouf

```
John Audibert                 0, 0, 0, 0, 1, 1, 2, 0, 0, 1, 0, 0,12,
                 0, 0, 5, 4, 0, 0, 2, 2, 3, 1, 0, 0, 0, 0, 0, 0, 0.
John Armstrong                1, 0, 0, 1, 1, 0, 1, 0, 0, 1, 0, 0,24,
                 0, 0, 2, 7, 1, 5, 4, 4, 1, 2, 0, 0, 0, 0, 0, 0, 0.
William Armstrong             0, 0, 0, 1, 1, 0, 0, 0, 0, 0, 0, 0, 0,
                 2, 0, 0, 0, 0, 0, 0, 0, 0, 0, 0, 0, 0, 0, 0, 0, 0.
Mitcheal Andrew               1, 0, 0, 1, 1, 0, 1, 0, 0, 1, 1, 0, 1,
                 0, 0, 0, 0, 0, 0, 2, 0, 0, 0, 0, 0, 0, 0, 0, 0, 0.
John Albright                 2, 0, 0, 0, 1, 0, 3, 0, 0, 1, 0, 0, 2,
                 0, 0, 0, 0, 0, 1, 0, 0, 0, 0, 0, 0, 0, 0, 0, 0, 0.
John Archnard                 1, 2, 1, 1, 1, 1, 2, 0, 0, 1, 0, 0,25,
                 0, 0,11, 1, 9, 2, 9, 2,19, 0, 0, 0, 0, 1, 0, 0, 0, 0.
```

B. Rapide

```
William Brown                 0, 0, 0, 0, 1, 0, 0, 0, 1, 0, 0, 0, 0,
                 0, 0, 0, 0, 1, 4, 0, 1, 1, 0, 0, 0, 0, 0, 0, 0, 0.
Turner Binum                  0, 0, 0, 0, 0, 0, 1, 0, 0, 0, 0, 0, 6,
                 0, 0, 0, 0, 1, 4, 0, 1, 1, 0, 0, 0, 1, 0, 0, 0, 0.
Robert Bowles ? Bowler ?      0, 0, 0, 2, 0, 0, 1, 0, 0, 0, 0, 0, 8,
                 0, 0, 0, 1, 1, 0, 2, 2, 1, 1, 0, 0, 0, 0, 0, 0, 0.
Mary Barnes ?                 2, 0, 0, 2, 0, 0, 0, 0, 1, 0, 1, 0, 3,
                 0, 0, 1, 1, 0, 0, 3, 1, 1, 0, 0, 0, 0, 0, 0, 0, 0.
August Ballio                 1, 0, 0, 0, 2, 0, 3, 0, 1, 0, 0, 0, 9,
                 0, 0, 3, 1, 3, 1, 3, 1, 1, 1, 0, 0, 0, 0, 0, 0, 0.
Rosana Bonner                 1, 2, 0, 3, 0, 0, 1, 0, 0, 1, 0,26,
                 0, 0, 4,11, 5, 3, 6, 4, 4, 1, 0, 0, 0, 0, 0, 0, 0.
Henry Bonner                  0, 0, 0, 2, 0, 0, 0, 0, 1, 0, 0, 0, 9,
                 0, 0, 2, 3, 0, 0, 0, 4, 0, 0, 0, 0, 0, 0, 0, 0, 0.
James Brown                   2, 1, 0, 1, 0, 0, 0, 1, 0, 1, 0, 0,13,
                 0, 0, 4, 4, 4, 2, 6, 0, 5, 0, 0, 0, 0, 0, 0, 0, 0.
```

```
                              1, 2, 3, 4, 5, 6, 7, 8, 9,10,11,12,13,
                  14,15,16,17,18,19,20,21,22,23,24,25,26,27,28,29,30,31.

William Brown             0, 0, 0, 1, 0, 0, 0, 0, 0, 0, 0, 0, 1,
              0, 0, 0, 0, 0, 0, 0, 0, 0, 0, 0, 0, 0, 0, 0, 0, 0, 0.
Joseph Brown              0, 0, 0, 0, 1, 0, 1, 0, 1, 0, 0, 0,24,
              0, 0, 6, 7, 6, 2, 7, 3, 2, 2, 0, 1, 1, 0, 0, 0, 1, 1.
James A. Binum            0, 0, 0, 2, 2, 0, 2, 0, 1, 0, 0, 0,75,
              0, 0,23,12,10, 3,20,22,15, 3, 0, 0, 0, 0, 0, 0, 0, 0.
John Brown                0, 0, 0, 0, 1, 0, 1, 0, 1, 0, 0, 0,21,
              0, 0, 9, 0, 5, 3, 4, 2, 8, 1, 0, 1, 1, 0, 0, 0, 0, 0.
Pierre Ballio             2, 1, 0, 0, 1, 1, 0, 0, 0, 0, 1, 0,46,
              0, 0,12, 5, 8, 7, 5, 8, 6, 7, 0, 0, 1, 0, 0, 0, 0, 1.
```

1790 Census
Natchitoches, Louisiana [18]

Repartition à Locasion de 75 Ps. que Le comunoté de
Mesrs. Les habitants Son Convenû de Payer à Mr. J.
Bte. Maurin fette le 1e Mars 1790.

Répartition Consernant la comunoté de Messieurs Les Habitants des Natchitoches fette par Moy Metoyer Syndic du dit Poste, a l'ocasion de 75 Piastres que La comunoté a consanté de Payer au Sieur Jean Baptiste Maurin pour une alonge fette au Magazin du Presbytere de cette Paroisse comme il conste par un Ecrit dont Je Luy nanti et Signé par Les Plus anciens habitants du dit Poste. En datte du 6 Jeanvier 1790.

A pres avoir Murement Examiné le Resancement qu'un chaqu'un ma donné, Jay trouvé que chaque Blanc, qui a atin L'age de quatorze ans et au dessus, doit payer un Réal pour Sa personne incy que Les veûves, et les afranchis, et la Meme Somme, pour chaqu'un de leurs Exclaves, tent pettis que grand, comme Est détaillé cy a Pres. Sçavoir:

Nom de Mrs. Les habitants	Blanc	Esclaves	Reaux	Argt. Reçu
Le Bourg				
P. ailhaud St. anne	1	14	14	14
P. d'ortolant	1	7	7	7
P. Polle Marcollay	1	0	1	1
P. anthanaze Demezieres et ces deux freres	1	14	15	17
P. francois Callay	1	0	1	1
fis. Lacaze	1	1	2	0
P. fris. Rouquier	1	13	14	14
P. Remy Lambre	1	38	39	39
P. Ive Lissilour	1	0	1	1
P. Sorel Marly	1	5		
P. Luque Marly	1	0	8	8
P. Dominique Marly	1	0		
Suite en l'autre Part (et) Suite de l'autre Part	12	92	102	0
P. Veuve Dartigeaux	1	17	18	18
P. antoine cocû	1	0	1	1
P. Bte. Bargare	1	1	1	1
P. fis. Rambin	1	1	2	2
P. andré Rambin	1	5	5	5
P. Michel Rambin	1	0	1	1
P. armant Perce	1	1	2	2
P. Veuve frederic	1	0	1	1
P. Michel Chaniau	1	0	1	1
P. J. Bte. Maurin	1	0	1	1
P. Louis fortin	1	0	1	1
P. fis. Negle	1	0	1	1
P. fis. LeMaitre	1	0	1	1
P. gaspart fiol	1	5		
P. J. Bte. David	1	0	7	7
Riviere aux Cannes				
P. Nicolas Pon	1	1	2	2
P. Richard Chime	1	0	1	1

Nom de Mrs. Les habitants	Blanc	Esclaves	Reaux	Argt. Reçu
P. antoine coindé	1	0	1	1
P. Simon Goie	1	0	1	1
P. Pierre Toutant	1	0	1	1
P. Charle Danio	1	0	1	1
P. Josephe Torre	1	0	1	1
P. fis. Davion	1	1	2	2
P. Alexis Cloutie	1	6	7	7
P. Veuve Lecompte	1	16	17	17
P. anbroise LeCompte	1	5	6	6
Suite En L'autre Part (et) Mont. et suite de l'autre Part	38	151	185	0
P. Bartelemy LeCourt	1	1	3	3
P. athanaze LeCourt	1	0		
P. Nicollas Gallien	1	1	2	2
P. francois hugue	1	0	1	1
P. Bte. anty	1	2	3	3
P. Pierre Baudoin	1	0	1	1
P. J. Bte. Denis	1	0	1	1
P. Pierre Cajau	1	0	2	2
P. Nicolas Baudoin	1	0		
Jean hornie	1	4	5	0

Ille à Brevel

Nom de Mrs. Les habitants	Blanc	Esclaves	Reaux	Argt. Reçu
P. Pierre Brosset	1	2	3	3
P. J. Bte. Délouche	1	0	1	1
P. Louis Rachal fils	1	1	2	2
P. Bt. Rachal fils de Ls.	1	1	2	2
P. andré St. andré	1	0	1	1
P. Jean Pommié	1	5	6	6
P. Louis Lambre	1	5	6	6
P. Pierre LaRenodiere	1	2	3	3
Louis Rachal Perre	1	1	3	
Simeon Rachal fils	1	0		
P. Juillien Rachal	1	3	4	4
P. Jean Varangue	1	8	9	9
P. Pierre Dupré	1	0	1	1
P. Jaque Lacasse	1	0	1	1
P. antoine Rachal	1	1	2	2
P. Charle LeMoine Perre	1	0	1	1
Suite En L'autre Part (et) Mont. et Suite de l'autre Pt.	64	188	248	0
P. Charle LeMoine fils	1	1	2	2
P. antoine Lemoine	1	0	1	1
P. J. Bte. By. Rachal	1	0	1	1
P. Dominique Rachal	1	0	1	1
P. Remy Poisot	1	12	13	13

Page 144

Nom de Mrs. Les habitants	Blanc	Esclaves	Reaux	Argt. Reçu
P. Baptiste Lavigne	1	0	1	1
P. Josephe Raballay	1	1	2	2
P. Guilhomme Lebrun	1	3 ⎫		
P. Loiset	1	0 ⎭ 5		5
P. Pierre Versaille	1	0	1	1
P. Jaque Levasseur	1	3	4	4

Grande Cotte des habitants

P. Louis Bertelmy Rachal	1	2	3	3
P. Bertley. Rachal fils de La. Ve.	1	0	1	1
P. Louis Verchere	1	2 ⎫		
P. J. Louis Verchere fils	1	0 ⎭ 4		4
P. Nicolas Negre Libre	1	0	1	1
P. Michelle hernandez	1	1	2	2
P. Louis Thomasine	1	3	4	4
P. Pierre Miguel	1	0	1	1
P. Pierre Supervil	1	0	1	1
P. Mariee Thereze Negress libre	1	0	1	1
P. antoine himel	1	3	4	4
P. Jaque fort	1	4	5	5
P. Phelipe frederi fils	1	2	3	3
P. Phelipe frederi Perre	1	2 ⎫		
P. francois frederi fils	1	0 ⎭ 4		4

Suite en L'autre Part [et] Mont. et Suite de L'autre Part	90	217	313	0
P. Gaspart Bodin	1	0	1	1
P. Pierre Chelet	1	0	1	1
P. Pierre Maier	1	13	14	14
P. andré frederique	1	7	8	8
P. Jhe. Lattié Pere	1	1 ⎫		
P. Bte. Lattié fils	1	0 ⎬ 4		4
P. fris. Lattié fils	1	0 ⎭		
P. Pierre Bouvié	1	1	2	2
P. Ve. Chelet	1	2 ⎫		
P. J. Bte. Dubois	1	0 ⎭ 4		4
P. Bernabé Chelet	1	1	2	2
P. Polle Chelet	1	0	1	1
P. J. Massipe	1	3 ⎫		
P. J. Bte. LeMoine	1	0 ⎭ 5		5
P. francois Leconte	1	0	1	1
P. guilhomme Lestaze	1	3 ⎫		
P. francois gonnin Son By. fils	1	0 ⎭ 5		5
P. J. Bte. Laberix	1	28	29	29
? Jean Jhe. Martinau	1	0	1	0
P. Gaspart Derbanne	1	0	1	1
P. Louis Monet	1	26	27	27
Silverte Bossié	1	7	8	6

Nom de Mrs. Les habitants	Blanc	Esclaves	Reaux	Argt. Reçu
francois Bossié	1	12		0
Plaside Bossié	1	0 } 16		0
antoine Lambre	1	1		0
P. Soulange Bossié	1	0	1	1
P. Pierritte Derbanne	1	4	5	5
Suite En L'autre Part (et) Mont. et Suite de L'autre Pt.	117	236	449	0
P. Louis anty	1	0	1	1
P. Pierre Lacourt Perre	1	0		
P. gasparitte Lacourt	1	0 } 3		3
P. Pierre Lacourt fils	1	0		
P. Ve. Berty. Rachal	1	11 } 13		13
P. Manuel Rachal	1	0		
P. Pierre Derbanne	1	38		
P. Jhe. Derbanne	1	0 } 42		42
P. Louis Derbanne	1	0		
P. Manuel Derbanne	1	0		
P. francois Lavespere	1	0	1	1
P. Etiene Verge	1	3	4	4
P. Etiene Rachal	1	0	1	1
P. Edouard Morphy	1	5	6	6
Athanaze Poisot	1	8	9	0
P. Marin Grillet	1	10 } 12		12
P. Antoine Grillet	1	0		
P. Gaspart filibert	1	0	1	1
P. francois Levasseur	1	9 } 11		11
P. J. fis. Levasseur	1	0		
P. Ve. Buard	1	26	27	27
P. Mariane Buard	0	3	3	3
P. Bte. Buard	1	1	2	2
P. Augustin Buard	1	0	1	1
P. Denis Buard	1	0	1	1
P. francois Monginaut	1	9	10	0
Suite En L'autre Part (et) Mont. de l'autre Part	142	359	597	0
P. Ve. Lambre et Marie Sa fille	1	17	18	18
Jhe. Capurant	1	10	11	0
P. Ve. St. Denis	1	5	6	6
P. Louis Buard	1	20 } 22		22
P. Louis Jhe. Lambre	0	1		
P. Manuel Prudhomme	1	36	37	37
P. Dominique Prudhomme	1	1	2	2
P. Pierre Badin	1	19	20	20
P. Remy Toutin	1	2	3	3
Pierre Gannié	1	5		0
Son fils Piere	1	0 } 8		0
Josephe Gannié	1	0		0

Page 146

Nom de Mrs. Les habitants	Blanc	Esclaves	Reaux	Argt. Reçu
P. guilhomme Vercherer	1	5		7
P. Bertrant Plaisences	1	0	} 7	
P. Ve. Trichle	1	21		21
P. Gilbert Clauseau	1	0		
P. Louis Clauseau	1	0	} 27	27
P. Mariee Josephe Trichle	0	2		
P. J. Bte. Trichle	1	0		
P. antoine Prudhomme	1	3	4	4
P. Bastien Prudhomme	1	0		
P. Ve. Bastien Prudhomme	1	1		
P. Bte. Bastien Prudhomme	1	0	} 5	5
P. Jaque Prudhomme	1	0		
Guilhomme Vardet	1	0	1	0
Charle Duret	1	0	1	0
P. antoine Lussié	1	0	1	1
P. Diegue Ramens ?	1	0	1	1
Suite En L'autre Part [et] Mont. et Suite de L'autre Part	168	507	771	0

Grand Ecore

	Blanc	Esclaves	Reaux	Argt. Reçu
antoine Ploché	1	0	1	0
P. Iniasse Mayou	1	0		2
P. Lorand Mayou	1	0	} 2	2
P. andré coqû	1	0	1	1
P. antoine vas coqû Pere	1	0	1	1
P. Jeanlouis Coqû	1	0	1	1
P. francois coqû	1	0	1	1
P. Josephe Jeanris	1	0	1	1
P. Guilhomme Barberoux	1	0	1	1
P. fis. Prudhomme	1	2	3	3
P. Pierre Alorge	1	3	4	4
P. Louis Davion	1	2	3	3
P. Etiene gannie	1	4	5	5
P. Louis Bertrant	1	1	2	2
P. J. Bte. Davion	1	1	2	2
P. Dominique Davion	1	1	2	2
P. Louis Mercie'	1	0	1	1
P. Jhe. Martin	1	0	1	1
P. Elie Bernard	1	0	1	1
P. Pierre Bernard	1	0	1	1

Cameté

	Blanc	Esclaves	Reaux	Argt. Reçu
P. francois Grape	1	9	10	0
P. Ve. Grape	1	17		19
P. J. Bte. Grape	1	0	} 19	
P. Bte. Davion Pe. un esclave	0	1	1	1
P. Benoit Montanary	1	1	2	2

Nom de Mrs. Les habitants	Blanc	Esclaves	Reaux	Argt. Reçu
Suite En L'autre Part (et) Mont. et Ste. de L'autre Pt.	192	549	387	0
Manuel Trichle	1	13		0
anris Trichle	1	3	19	0
Josephe Trichle	1	0		0
P. Louis Lamalatie	1	4		6
P. Louis David	1	0	6	6
P. Louis fontenau	1	18		
P. Pierre Tessié angagé	1	0		
P. Jean de la Est. angagé	1	0	22	21
P. Michel vincant angé.	1	0		
P. Jullien Besson	1	2	3	3
P. J. Bte. Piedferme	1	1		
P. Pierre carter	1	0	3	3
P. Jean adelet	1	0	1	1
P. francois dubois	1	0	1	1
P. antoine Dubois	1	0	1	1
P. J. Bte. Larenodiere	1	0	1	1
P. antoine LeMoire	1	1	2	2

Lac Noire

Nom de Mrs. Les habitants	Blanc	Esclaves	Reaux	Argt. Reçu
P. Jean Lalande	1	2		
P. Remy Peraû	1	0	5	4
P. J. Pierre Lalande	1	0		
P. francois Pereau	1	0	1	1
P. Jaque Cristy	1	0	1	1
P. Jean Crisostome Pereau	1	1	2	2

fausse Riviere

Nom de Mrs. Les habitants	Blanc	Esclaves	Reaux	Argt. Reçu
Baptiste Brevel	1	11		0
Baltazar Brevel	1	0	13	0
Suite En L'autre Part (et) Mont. et Suite de L'autre Part	217	605	918	0
antoine Remy Poisot	1	0	1	2
P. J. Bte. Gaspard Derbanne	1	1	2	2
Jaque Jeuin dit Gime Lengler	1	0	1	0
Total	220	606	922	0

La Presente Répartition ce Monte à neuf cent viengt deux
Reaux, qui font La Somme de Cent quinze Piastres et deux Reaux.
Sur La quelle Somme il faut Payer à Jhs.? J. Bte. Maurin,
Soixante et quinze piastres, il Restera à La Masse quarante
Piastres et deux Reaux, pour Payer à lavenir divers dépances
in preveû, pour La consérvassion de L'église et présbitaire

de cette Paroisse. (à Suposé que Chaque individü payant Leur
Cotepart, pour Les quelles un chaqu'un Est porté dan la
Presente Répartition aux Natchitoches Le 3 Mars 1790.

[signed] Metoyer,
Syndic

Publication faitte à lissu de La Messe paroissial Mes-
sieurs Les habitants Sont informé que Suivant Le Recancement
quil mon donné et la Répartition fette pour Payer Soixante
Et quinze Piastres au Sieur J. Bte. Maurin pour une alonge
quil a fait au Magazin du presbitaire dont comunoté a
consanté de Payer.

En consequance Part Suivant la Répartition faitte, chaque
homme Bl[anc qui a atin L'age] de quatorze ans et audessus
in cy que Les veuves, Les Noires et Mulattre, Libre auront à
Me. Compton dan Le Courant de ce Mois un Réal in cy que pour
chaque tettes d'esclaves tent petis que grand, Soupenne d'une
contrain.

Pour que personne nen Pretande hiniorane la present a
Eté Remis a Mr. antoine himelle, pour.quil En prene Lecture et
En Suite Remize à Son voisin incenciblement de voisin En
voisin Jusque chez Mr. antoine prudhomme qui Le Comuniquera
à Mr. Bastien et Charle Duret et En Suitte Me Remettra Le
Present Certifié de Samin du Jour quil laura Recü Natchitoches
Le 3 Mars 1790.

[signed] Metoyer,
Syndic

Envoyé un Pareille à Md. Thomasine En Lapsane de Son Mary
pour faire courire Jusque à la derniere ? habitation de La
Riviere aux Cannes Envoyé Egalemt ? une Copie à Mr. Jiniasse
Mayou P. avertir Les Jeans du grand Ecore et cameté. Natchi-
toches Le 3 Mars 1790.

[signed] Metoyer,
Syndic

Du 15 feverier 1793. Etat des Sommes qui Sont Rantrée Jusque
à ce Jour, Sçavoir:

La premiere Page du present 102
a La 2e. 82
à La 3e 55
a La 4e 66
a La 5e 117
à La 6e 129
a La 7e 153
a La 8e 65
a La 9e 48
à La 10e 2
                                                        ‾‾‾
                                                        819

Page 149

```
              Por Suplement:
Nicolas Laignion . . . . . . . . . . . . . . . . . . 1
Ve. hubert . . . . . . . . . . . . . . . . . . . . . 1
vigeé . . . . . . . . . . . . . . . . . . . . . . . . 1      4
andré valantin . . . . . . . . . . . . . . . . . . . 1
                                                         _____
                                                          823 Reaux
feû J. Bte. Maurin . . . . . . . . . . . . . . . .        1
                                                         _____
                                       Total . . . .     824
```

Il Revien a J. Bte. Maurin Soixante et quinze Piastres Pour le
payement de la ditte a longe qui Sont adeduire et qui fon
                                                          600 reaux
                                                         _____

                    Suite En lautre Part . . .   224 reaux

        Suite de lautre Part Mt. a deux cent viengt quatre Reaux qui
font viengt huit Piastres cy   28

        Veû La Longeur des Payement et La defigulté aux habitants
de Payer un Real pour leurs personnes, Jay trouvé à propeaû pour
faciliter un chaqu'un de Remetre à Mr. Marcollay Les dits Re-
couverements le quel Etant chargé de ceux de L'Eglize au Condis-
ssion de lui Payer cinq pour cent de comission, Le dit Sieur En
ayent fait pour quatre vient Piastres Je lui Est payé celle de
quatre piastres qui Sont a Déduire Sur celle de 28 Ps. cy   4 Ps.
                                                             _____
        il Reste à La Caisse de La comunoté vient quatre   24 "
Piastres, En Les objeter cy a pres Détaillier

                        Scavoir:

Deux Bon de Remis Toutin Mt. En Samble à 10 Ps. à L'ordre de Mr.
Ste. anne le quel ce Dernié Ma donné déduccion d'un de ces Billets
de Plus forte Somme que M. Marcollay MaRemis pour Solde des 80Ps.
des Recouverements, dont Je lavais charge cy . . . . . . 10 Ps.
Je Reste à Devoir à la Comunoté quatorze . . . . 14 Ps.
Piastres saufe Ereur ou obmission La quel Somme Jay Remis au Mr.
Mair ?, Syndic de Ce Poste Natchitoches Le 30 9bre. 1793.

                              [signed] Metoyer

[On the back cover of the census:]

        Comples rendus par Mr. Mair
                        Sindic

Page 150

INDEX

Key:

Name of Person - Year of Census - Name of Parish - Page Number

Arnandez, Gilbert 20-I-21
Arnandiz, Jaqs. 10-I-4
Arnandiz, J. B. 10-I-3
Arnandez, Jeacques 20-I-20
Arnandez, Jean Bteste 20-I-21
Arnandiz, Jos. 10-I-4
Arnandez, Joseph 20-I-17
Arnous, Rene 20-I-26
Ash, Thomas 20-N-49
Ashlock, Samuel 20-R-117
Asman, Judiah 20-R-129
Asselaire, J. 10-I-7
Athanas Neigre libre 10-N-37
Aubert, Charles 10-P-83
Aucoin (au Coing)
  au Coing, Francois 20-I-24
  au Coing, Helie 20-I-17
Audibert, John 20-R-139
Augustin N.L. 10-N-37
Aundre, Gilliauim 20-P-91
Auyessie ?, Louis 10-N-33
Avay ? Anay ?, Js. 20-R-117

B[a]ba, Guillaume 20-N-48
B[a]bb, Mde. 10-R-101
Babby, Bte. 10-R-101
Babin, Chas. 10-I-5
Babin, Francois 20-I-20
Babin, Francois 20-I-28
Babin, Frs. 10-I-5
Babin, G. 10-I-6
Babin, H. 10-I-7
Babin, Henry 20-I-26
Babin, Isaac 20-I-25
Babin, J. B. 10-I-6
Babin, Jean Bte. 20-I-25
Babin, J.J. 10-I-7
Babin, Jos. 10-I-6
Babin, Joseph 20-I-20
Babin, Joseph Doiste 20-I-27
Babin, Mathurin 20-I-16
Babin, Paul 10-I-5
Babin, Vve. Paul 20-I-25

Babin, Pierre 20-I-24
Babin, S. 10-I-6
Babin, Widow S. 10-I-7
Babin, Senateur 20-I-25
Babin, Simon 10-I-6
Babin, Simon 20-I-25
Bablat, Pierre 20-N-55
Bacon, Edward 20-R-138

Badaud, Narcisse 20-I-14
Badin, Catherine 10-N-3?
Badin, Catherine 20-N-66
Badin, Marie Louis 20-N-67
Badin, Pierre 10-N-146
Badger, Rollen 20-N-50
Bahaut, Veuve 10-P-81
Bailey, William 20-R-122
Baillio (Ballio)
  Baillio, Augte. 10-R-101
  Ballio, August 20-R-139
  Baillio, Pierre 10-R-101
  Ballio, Pierre 20-R-140
Baird, Charles 20-R-138
Baker, Evan 10-P-84
Baker, Getham 20-N-55
Baker, H. 20-N-63
Baldwin, Isaac 20-R-137
Ballangs, Johns 20-I-13
Ballangs, William 20-I-15
Ballio (see Baillio)
Banby, Zack 10-R-101
Baprox, John 20-R-138
Baptiste (Batieste, Batis, Batist,
  Beatiest)
  Beatiest, E.L. 20-P-92
  Batis, Ellis 20-R-113
  Beatiest, J.F. 20-P-92
  Batieste, J. H. 20-P-95
  Baptist, Joel 20-R-122
  Beatiest, Richard 20-P-92
Baque, Daniel 20-I-14
Barber, Samuel 20-R-134
Barberousse (Barberoux, Bar-
  brouse)
  Barberoux, guilhomme 10-N-147
  Barberoux, Michel 20-N-56
  Barberouse, pere 10-N-33
Bargare, Bte. 90-N-143
Barker, Mad. 20-N-64
Barkman, Asa 10-R-101
Barkman, Jacob 10-R-101
Barkman, John 10-R-101
Barlett, John 20-R-130
Barnes, Eli 10-R-101
Barnes ?, Mary 20-R-139
Barnett, Joseph 20-R-136
Barra, Avaist 20-P-95
Barra, Francois 10-P-79
Barra, Nicholas 10-P-80
Barret, Joseph 10-I-3
Barro (see Barrow)
Barron, Pierre 20-N-62

Barron, Valrie 10-P-79
Barrow (Barro)
Barrow, Benjamin 20-I-16
Barrow, Elizabeth 20-R-137
Barrow, John 10-R-101
Barrow, John 20-R-137
Barrow, Levi 10-R-101
Barrow, McEven 10-R-101
Barrow, M. Cune 20-R-137
Barrow, Reuben 20-R-133
Barrow, Richard 10-R-101
Barrow, Widow 20-P-90
Barry, William 10-P-79
Bartlett (see Barlett also)
Barton, Margaret 20-R-137
Bastien 90-N-149
Bateau, Widow 20-P-91
Batieste (see Baptiste)
Batis (see Baptiste)
Batter ?, Joseph 20-R-118
Baudoin (see Beaudoin)
Baudry, Frans. 20-N-71
Bayonne, Pierre 10-N-38
Beakwell, S.N. 20-R-123
Bealk, Benjamin 10-R-101
Bealk, Briton 10-R-101
Beard, Elizth. 10-P-83
Beard, L. 20-P-89
Beards, Aaron 20-I-16
Beatiest (see Baptiste)
Beaubeouf, Polite 20-R-136
Beaudoin (Baudoin, Beaudin,
  Beaudouin, Beauduin, Bodin,
  Bodouin)
Bodouin, Bat. 20-N-47
Bodin, Gaspard 10-N-34
Bodin, Gaspart 90-N-145
Bodin, Jno. L. 20-N-47
Bodouin, Nicholas 20-N-73
Baudoin, Nicolas 90-N144
Beaudouin, Nicolas 10-N-36
Beaudin, Nicolas 10-N-36
Beaudouin, Pierre 10-N-36
Bodin, Pierre 20-N-47
Boudouin, Pierre 20-N-73
Boudoin, Pierre 90-N-144
Beaulieu, Francois 10-P-81
Beaumont, Wm. Peter 20-I-16
Beauois, Antoine 10-P-93
Beauregard, Manuel Toutant 20-I-24
Beauvais, Antoine 10-P-82
Beauvais, Armand 10-P-79
Beauvais, Arneand 20-P-94

Beauvais, John B. 10-P-84
Becell ?, John 20-N-53
Becomb, Stephen 20-N-48
Belay, Peter 20-I-13
Belgard (Bellgard)
Belgard, Baptiste 20-R-138
Bellgard, Bte. 10-R-101
Bell, John Baptiste 20-R-122
Bell, Jos. 20-N-63
Bell, Zebedee 20-R-136
Bella, J. 20-P-129
Bellanger, Marie C. 10-P-80
Bellgard (see Belgard)
Belly, Nidy 20-I-20
Belly, Pierre 10-I-5
Belly, Rose 20-I-19
Beluner, Peter 10-I-5
Bendley, Thomas 20-I-13
Bergeon, Ant. 20-N-70
Bergeron (Berjeron)
Bergeron, Bapteste 20-I-20
Bergeron, Baptiste 10-P-82
Bergeron, Etienne 10-P-80
Bergeron, George 10-P-80
Bergeron, George 10-P-91
Berjeron, George 20-P-94
Berjeron, George fils of E. 20-P-94
Berjeron, Hypolite 20-P-93
Berjeron, Hypolite 20-P-98
Berjeron, J.B. 20-P-98
Bergeron, Jn. Pre. 10-P-83
Bergeron, Joseph 10-P-83
Berjeron, J. P. 20-P-93
Bergeron, Vve. Louis 10-P-83
Berjeron, Peter 20-P-98
Bergeron, Pierre 10-P-82
Bergeron (fils), Pierre 10-P-81
Bergeron, Stove 20-P-93
Berjeron, Valurier 20-P-98
Berjeron, Ydnon 20-P-91
Bernard, Andre 20-N-59
Bernard, C.E. 20-N-59
Bernard, Elie 10-N-147
Bernard, P.E. 20-N-59
Bernard, Pierre 10-N-147
Bernard, Pierre Elie 10-N-33
Bernos, Louis 20-N-61
Berret, Joseph 20-I-21
Berrey, Pressley 20-R-138
Berry (see LaBerry also)
Berry, Enacio 20-N-59
Berry, John 20-N-45
Berry, Mary 10-P-84

Berton, Joseph 20-R-138
Bertrant, Louis 90-N-147
Besson, Frs. Bte. 20-N-57
Besson, Jean Bte. 10-N-33
Besson, Ve. Julien 10-N-33
Besson, Jullien 90-N-148
Besson, Mad. 20-N-57
Betterson, David 20-R-138
Bettis, Richard 10-P-79
Beugher (see Burghard also)
Beugher, Herry 20-N-55
Bidel, Daniel 20-I-17
Biggs, John 10-N-37
Biles, Benj. 20-N-48
Billings, John 10-I-3
Billings, Wm. 10-I-3
Billon, Louis 10-P-82
Binum, James A. 20-R-140
Binum, Turner 20-R-139
Bizette (Bizet)
Bizet, Alexis 20-P-93
Bizet, Louis 10-P-81
Black, Mary 20-R-138
Black, R. 10-N-33
Black, William 20-I-22
Bladworth (see Bloodworth)
Blake, Wm. 10-I-5
Blanchard, Vve. Ant. 20-I-19
Blanchard, Eloi 20-I-26
Blanchard, F. 10-I-5
Blanchard, Henry 20-R-118
Blanchard, Jerome 20-I-19
Blanchard, Joseph 20-I-27
Blanchard, O. 10-I-7
Blanchard, V. 10-I-7
Blanchard, Victor 20-I-26
Blanchard, Widow 10-I-5
Block, Jacob 20-N-64
Blodd, Wm. Young 20-I-15
Bloodworth (Bladworth, Bludworth)
Bladworth, James 10-N-34
Bludworth, James 20-N-60
Bludworth, Md. 20-N-60
Bludworth, Portevent 20-N-60
Blount (Blunt)
Blount, Hugh 10-I-6
Blount, Jean 20-I-24
Blount, Luc 20-I-24
Blount, Luke 10-I-6
Blount, Matheas 20-I-24
Blunt, Nelson 20-N-56
Blount, Phemea 20-I-24
Blount, Rebecca 20-I-24

Blunt, Stephen 10-I-6
Bludworth (see Bloodworth)
Blundell, William 20-R-122
Blunt (see Blount)
Bodin (see Beaudoin)
Bodouin (see Beaudoin)
Bogard, Daniel 10-R-101
Bognand, Louis 20-I-17
Bohannon, George 10-R-101
Boisdore, Joseph 10-P-80
Boisley, James 20-R-123
Boissac, F. 10-I-7
Boissac, Mathieu 20-I-25
Bolieu, Pierre 20-N-43
Bolmar 10-I-6
Bonaventure, Francis 20-P-93
Bonaventure, Francois 10-P-83
Bonaventure, Pierre 10-P-80
Bonial, Peter 20-R-138
Bonin, Louis 10-N-37
Bonner, Henry 20-R-139
Bonner, James 10-R-101
Bonner, James 20-R-123
Bonner, Rosana 20-R-139
Bonner, Willis 10-R-101
Bonnette, Jean Bte. 10-N-36
Booker ?, Mad. 20-N-48
Boon, H. 20-R-117
Boon, Joseph 20-R-138
Booth, Benjamin 20-R-137
Bordelon (Bourdelon)
Bordelon, H. 20-N-57
Bourdelon, Hyppolithe 10-N-33
Boreo, Francisco 20-N-49
Borne, Chrisostome Ain. 20-I-14
Borneo, Castor 20-N-62
Bory, Augustin 20-I-19
Bosderia, Joseph 20-P-97
Bossier (Bossie)
Bossier, Francois 10-N-35
Bossie, Francois 90-N-146
Bossier, Frans. 20-N-66
Bossier, Ildeaut ? 20-N-62
Bossier, Placide 10-N-35
Bossier, Placide 20-N-66
Bossie, Plaside 90-N-146
Bossie, Silverte 90-N-145
Bossier, Soulange 10-N-34
Bossier, Soulange 90-N-146
Boucher (Bouche)
Bouche, Vve. Helene 20-I-17
Boucher, J. 10-N-37
Bouche, Joseph Ruben 20-I-18
Boudreau (Boudrot, Boudraud)

Boudraud, Jerome 20-I-17
Boudrot, Widow 10-I-4
Bouis, Francis V. 20-P-92
Bouis, J.B. 20-P-93
Bouis, Widow Pascal 20-P-92
Bouis, Pascal Vt. 10-P-80
Bourdelon (see Bordelon)
Bourgart, Widow 20-P-94
Bourgart, Y. 20-P-94
Bourgeat, Augustin 10-P-84
Bourgeat, Martin 10-P-80
Bourgeat, Vve. 10-P-82
Bourgeois, A. 10-I-6
Bourgeois, Andre 20-I-15
Bourigault, Mathurin 20-I-25
Bouvie, Pierre 90-N-145
Bowers, William 10-R-101
Bowler? Bowles ?, Robert 20-R-139
Boyer, Peter 20-P-96
Boyon, Jean Bt. 20-I-13
Bradley (Bradly)
Bradly, Benj. 20-N-51
Bradley, Davis 20-P-92
Bradley, Francis 10-R-101
Brakin, John 20-I-25
Brands, Vve. 20-I-23
Brannon, John 20-R-117
Brannon, Peter 20-R-117
Branshaw, J. 20-P-95
Brapet ? Brasset ?, Olivier 10-I-6
Braud (see Breaux)
Bray, James L. 20-R-138
Brazil (Brazeale)
Brazeale, B.B. 20-N-63
Breaux (Breau, Bruaud)
Breau, Arsene 10-I-4
Breau, Arsene 20-I-18
Breau, Widow C. 10-I-7
Braud, Charles 20-I-18
Braud, Vve. Charles 20-I-28
Breau, Chs. 10-I-4
Braud, Chs. et Dardenne 20-I-13
Braud, Felix 10-I-15
Braud, Felix 20-I-22
Braud,fils, Jn. Pre. 20-I-23
Breau, Jos. 10-I-7
Braud, Joseph 20-I-27
Braud, Joseph 20-I-28
Braud, Joseph Alin 20-I-19
Braud, Laurent 20-I-27
Breau, Louis 10-I-4
Braud, Louis 20-I-18
Breau, Olivar 10-I-7

Braud, Olivier 20-I-28
Breau Jr., Pierre 10-I-3
Breau Sr., Pierre 10-I-3
Braud, Pre. Jn. Bte. 20-I-22
Braud, Treville 20-I-23
Braud, Urbain 10-I-7
Braud, Urbain 20-I-28
Braud, Valere 20-I-28
Breton, J. 10-N-37
Brevelle (Brevel)
Brevel, Baltazar 90-N-148
Brevelle, Baltazard 10-N-35
Brevell, Baltazard 20-N-67
Brevel, Baptiste 90-N-148
Brevelle, Bat. 20-N-65
Brevelle, Jean Bte. 10-N-37
Brewster, James 10-R-101
Brewster, James 20-R-138
Brewster, Smith 20-R-138
Brice & Reeves 20-R-183
Brichet, William 20-I-24
Bridges, James 20-N-53
Brigham, Asa 20-R-117
Brinberry, Wilm. 10-P-84
Brisset, A. 20-N-70
Britt, S. William 10-R-101
Brooks, P. 20-R-117
Brosset, Ant. ? 20-N-69
Brosset, Jean Bte. 10-N-36
Brosset, Madame 10-N-36
Brosset, Phillip 20-N-99
Brosset, Pierre 20-N-73
Brosset, Pierre 90-N-144
Broussard, Firmin 20-I-27
Bruussard, S. 10-I-7
Broussard, Simon 20-I-22
Brown (Brownd)
Brown, David 10-N-33
Brown, Davidson 20-N-58
Brown, Hugh 20-R-138
Brown, J. 20-P-89
Brown, James 20-N-71
Brown, James 10-R-101
Brown, James 20-R-139
Brown ?, John 20-N-45
Brown, John 10-R-101
Brown, John 20-R-140
Brown, Joseph 20-N-61
Brown, Joseph 20-R-140
Brown, Robin 20-N-48
Brown, Squice ? 20-N-55
Brownd, Thomas 20-I-17
Brown, Thomas 20-I-24

Cloitre (see Clouatre)
Clopton & Thompson 20-R-135
Clouatre (Cloitre)
Cloitre, Joseph 20-I-20
Cloitre, Vve. Joseph 20-I-20
Clouatre, Widow 10-I-5
Cloud, Lee 20-N-56
Cloud, Wm. 20-N-56
Cloutier (Cloutie)
Cloutier, Alexis 10-N-36
Cloutie, Alexis 90-N-144
Cocu (see Vascocu)
Coifty, Jean 20-I-22
Coin ?, Cesar 20-N-59
Coindet (Coinde)
Coindet, Antoine 10-N-36
Coinde, Antoine 90-N-144
Coine ?, Amos 20-R-116
Cole, James 10-P-84
Collard, Leonard 10-P-79
Collette, Baptiste 20-N-43
Collette, Geo. 20-N-60
Collette, Juan. 20-N-46
Collette, Narcisse 20-N-47
Collier, Benj. 10-N-37
Collier, E.L. 10-I-8
Collier, Gray 20-I-15
Collins, Bartlet 10-P-83
Combs, Elizabeth 10-P-84
Comeaux (Comau, Como)
Comau, Bernd. 10-I-4
Como, Charles 20-I-19
Comau, E. 10-I-7
Como, Gilbert 20-I-26
Como, Henry 20-I-23
Comau, J.C. 10-I-4
Como, Jean Louis 20-I-19
Comau, J.L. 10-I-4
Como, Julien 20-I-19
Compere 10-N-35
Compere, P.S. 20-N-68
Compton, Alexander 20-R-135
Compton, J. & Leonard 20-R-130
Compton, Leonard 10-R-101
Compton, Leonard & J. 20-R-130
Compton, Me. 90-N-149
Compton, Philip B. 10-R-101
Compton, Philip B. 20-R-137
Compton, Samuel 10-R-101
Compton, Samuel 20-R-137
Con, Goner 20-N-69
Conard, John 10-N-34
Condit, Ant. 20-N-70

Constana, Solace 20-N-48
Cook, Mrs. 20-R-134
Cook, F. 20-R-122
Cook, John C. 20-R-134
Cookrel, Samson 10-P-84
Cooley, Ebenezer 10-P-83
Coostes, E. 20-I-15
Coqu (see Vascocu)
Corbett, Michel 10-P-80
Cordecero, Jose 20-N-46
Cornue ? Cormue, Antoine 20-N-67
Cornwell, John P. 10-P-79
Cortes, Jean 10-N-34
Cortez, Jno. 20-N-63
Cortoneurs 20-N-50
Coste, Mariano 20-N-51
Cotes, James 20-N-45
Cotes, Juan 20-N-57
Coting, Cosa Mary 20-R-127
Couret, Pierre 10-P-79
Coutee (Couty, Coutty)
Couty, Bat. 20-N-72
Coutty, Paul 20-N-72
Couty ? Couly ?, Paul 10-N-36
Cow, Jos. 10-I-8
Cowen, Mrs. 10-R-102
Crain, Robert 20-R-134
Crapper (see Cropper)
Crawford, John 20-N-56
Crawford, Richard 20-R-135
Cristy (see Christy)
Croiset, Simon 10-P-80
Croizet, Widow 20-P-92
Crooks, Joseph 10-R-102
Crooks, Baptist 20-R-123
Crooks, Joseph 20-R-136
Cropper (Crapper)
Crapper, N. 10-I-5
Cropper, Ve. Nathaniel 20-I-14
Cropper, Thomas 20-I-20
Crapper, Thos. 10-I-5
Crouse, Geo. 10-I-5
Crownover, Abraham 20-N-50
Cruz, Jose Antonio 20-N-52
Cruz, Martin 20-N-52
Culberton, Robert 20-P-89
Culler, Widow 10-I-6
Cuney, Richmond 10-R-101
Cummings (Cumings)
Cummins, David B. 20-R-136
Cumings, James 20-N-56
Cummings, Jno. 20-N-49
Cuollette, Louis 20-N-57

Delgado, Manuel 20-N-51
Delgado, Michel 20-N-51
Delisle, Labarte 10-P-80
Delmere, Henry 20-I-18
Delocutre ?, Pierre 20-N-68
Delouche, J. Bte. 90-N-144
De LaSelle, Ponchiano 20-N-47
Delong, Peter 20-I-94
Delouche ?, Jno. Ls. 20-N-72
Demeranville, Peleg 20-P-87
Demeranville, Poleg ? 20-P-98
Demeziere (Demezieres, Demizer
  Demizerre)
Demizerre, Ant. 20-N-59
Demezieres, anthanaze et ces
  deux freres 90-N-143
Demeziere, Athanus 10-N-34
Demizer, Marie 20-N-62
Demoulet, Joseph 20-I-22
Dencan, Amos 20-N-61
Denis, J.Bte. 90-N-144
Denny, Artance 20-N-73
Denny, James 10-N-34
Denois, Phillipe 20-N-50
Dent & Miller 10-R-104
Dent, Hatch 10-R-102
Dent, Wiffred 20-R-131
Denton, Andre 20-N-53
Denton, Thomas 10-P-79
Deos (see Dedeos)
Deporciana, Pre. Nolasqu 10-N-36
Depre, Tenas 10-R-102
Derbonne (Derbanne)
Derbanne, Emanl. 10-N-36
Derbanne, Frs. 20-N-68
Derbanne, Frs. 20-N-69
Derbanne, Gaspart 90-N-145
Derbanne, J. Bte. gaspard
  90-N-148
Derbanne, Jean Bte. 10-N-35
Derbanne, Jhe. 90-N-146
Derbanne, Jno. Bt. 20-N-68
Derbanne, Joseph 10-N-36
D(e)rbonn, Joseph 20-N-62
Derbanne, Louis 10-N-36
Derbanne, Louis 20-N-69
Derbanne, Louis 90-N-146
Derbanne, Manuel 20-N-73
Derbanne, Manuel 90-N-146
Derbanne, Pierre 10-N-35
Derbanne, Pierre 10-N-37
Derbanne, Pierre 20-N-73
Derbanne, Pierre 90-N-146

Derbanne, Pierritte 90-N-146
Derbanne, Placide 20-N-57
Dereneour, Joseph 10-P-80
De Roche, Nicholas 20-N-45
Derouse, Etienne 20-N-72
DesCoteaux, F. 10-I-7
Descuir (see Decuir)
Deshotels (Disheatell, Disheau-
  tells)
Disheautells, Julian 20-R-135
Disheatell, Lapoint 20-R-123
Desormes, J.B. 20-P-97
DeSoto (see Soto also)
DeSoto, Marcel 20-N-43
de St. Pierre 10-I-7
de St. Pierre, Paul 20-I-26
Destrehan, Honore 10-P-80
Detrivelle, Theodore 20-N-63
Devaull, Cephas 20-R-117
Deve, Adrien 20-I-26
Deverbois (see Verbois)
Deville (Duville)
Deville, Jonte 10-R-102
Duville, Johnter 20-R-135
Deville, Nicholas 10-R-102
Duville, Nicholas 20-R-135
Duville, Valentine 20-R-135
Deville, Valery 20-R-112
Devillier (see also Villier)
Devillier, Jaques 10-I-3
Devorbois (see Verbois)
Devour, Timothy 20-R-128
Dezo, Conoper 20-N-59
Dibleux, A.L. 20-N-64
Dickson, Wm. 10-N-33
Dicouse, Veury ? Valery 20-P-94
Dill, John 10-R-102
Dill, John 20-R-135
Disfran, Pierre 10-P-82
Disheatell (see Deshotels)
Dison (see Dyson also)
Dison, Levi ? 20-R-128
Dispalla, Bernard M. 20-R-130
Dispau, Peter 20-P-98
Doclot, Maryanno ? 20-N-67
Dodd, William 20-I-20
Dodey, Ant. 10-I-6
Doiron, Isaac 20-I-24
Doiron, Joseph 20-I-23
Dollas, N.L. 10-N-38
Dollihide, Isaac ? 20-N-49
Domingue, J. 10-I-5
Domingue, Pierre 10-I-3

Ellis, Thomas 20-R-118
Emutel ?, Lewis 20-P-96
Enete (Enett, Enit, Ennett)
Ennett, Clement 20-P-96
Enett ?, Joseph 20-P-95
Enit, Joseph 10-P-82
Eralis, Antonio 20-N-46
Erwin, Joseph 10-I-3
Erwin, Joseph 20-I-22
Esofie, Vve. Jean 10-P-83
Estos, John 20-R-131
Estrader, Arsencio 20-N-62
Estrades, Felix 20-N-57
Estrada, Julis 20-N-59
Etheridge, Wm. 20-N-50
Eudebert, Jacques 20-I-14
Eusta, Bat. 20-N-61
Evans (Evins)
Evans, David 10-P-79
Evins, D. 20-P-89

Fabre, Anthony 20-P-96
Fabre, Honore 10-P-81
Fabre files, Honore 20-P-96
Fabre, James 20-I-17
Fabre, Jaques 10-P-80
Fabre, Jaques 10-P-81
Fabre, Joseph 10-P-83
Fabre, Marclien 20-P-96
Fabre, William 20-I-17
Fahey, Edward 20-R-132
Faier, John 20-P-92
Faile ?, Joseph 20-P-90
Falcon ? Falcion ?, Jose 20-N-68
Farra, Thomas 10-P-79
Fautin, Benj. 20-N-55
Fautin, Benois 20-N-49
Faviot, Franas. 20-N-63
Fee, Thomas 10-P-102
Fee, Thomas 20-R-128
Feilds, Catharine 20-R-132
Feilds, James A. 20-R-116
Felicianne 20-N-48
Felicite 20-N-60
Fenton, Mathew R. 20-R-128
Fenton, John 20-R-128
Fergason, William 20-R-132
Fernandez, Ant.? 20-N-59
Fields, Richard 20-N-49
Filibert, Gaspart 90-N-146
Filiol, John 20-P-93
Fillion, J.B. 20-P-93

Findlevent, Pierre 10-N-37
Finley, John 20-R-117
Fiol, Gaspart 10-N-143
Flalphen, M. 10-N-35
Fleming, B. 20-N-57
Flonajon, Hugh 20-N-53
Flores, Joseph 20-N-46
Flores, Pedro 20-N-46
Flores, Vital 20-N-46
Foget, Samuel 20-N-58
Fontenot (Fontaineau, Fonteneau, Fontenau)
Fontaineau, Cezar 20-N-58
Fontaineau, J.B. 20-N-58
Fontaineau, Julien 20-N-43
Fontenau, Louis 90-N-148
Fontaineau, Mad. 20-N-58
Fonteneau, Veuve 10-N-33
Ford, Jesse 20-R-132
Foreman, John 20-R-133
Foret, Joseph 10-N-35
Foret, Joseph 20-N-65
Forsythe, Douglas 20-N-44
Fort, Andre 20-N-55
Fort, Jaque 90-N-145
Fort, Louis 20-N-66
Fortin, Louis 90-N-143
Fostin ?, Louis 10-N-34
Fourno, J. 20-P-94
Fournau, J.B. 20-P-94
Fowler, John 10-R-102
Fowler, John 20-R-132
Fox, Js. cham 20-I-20
Foy, Edward 10-R-102
Franceio ?, Juan 20-N-52
Franchebois, Jno. 10-I-3
Franchebois, Widow 10-I-3
Francklin, E. 10-N-37
Francois, Maria 20-N-74
Franks, Keitan 20-N-44
Franks, Peter 20-N-56
Franton, William 20-R-132
Frazer, James 20-R-123
Frazer, Mde. 10-R-102
Frazer, Olivial ? 20-R-132
Frederic (Frederique, Frederi)
Frederique, andre 90-N-145
Frederick, Francois 10-N-35
Frederi fils, Francois 90-N-145
Frederick, Frs. 20-N-68
Frederi fils, Phelipe 90-N-145
Frederi Perre, Phelipe 90-N-145
Frederick, Phillip 20-N-67

Frederic, Veuve 90-N-143
Fredie ?, Isaac 20-N-58
Fredien, Honorai 20-N-65
Freeman, John 20-N-49
Freeman, Nathaniel 20-R-132
Freloiu ?, Widow 20-P-90
Fristoe, William 10-R-102
Fristoe, William 20-R-132
French, Josiah 20-R-134
Fucenilk, Andre 20-N-55
Fulson, Ebenez 10-N-33
Fulton, Alexander 10-R-102
Funck, John 20-N-48
Furlong, Nathaniel 20-R-132
Fuyano, Stephano 20-I-24

Gactarez, Enacis 20-N-47
Gagnier, Dne. Ve. 10-N-36
Gagnier, Jno. Bt. 20-N-43
Gagnier, Julia 20-N-59
Gagnier, Pierre 10-N-33
Gagnier, Rosemo 20-N-43
Gagnoir, Pierre 20-N-58
Galeghan, Frs. 10-I-4
Gallard, Francois 20-I-19
Gallien, Andrew 20-N-47
Gallien, Louis 20-N-73
Gallien, Muville 20-N-73
Gallien, Nicolas 10-N-36
Gallien, Nicollas 90-N-144
Gallien, Noel 20-N-73
Gannie, Etiene 90-N-147
Gannie, Josephe 90-N-146
Gannie, Pierre 90-N-146
Gannie, Piere son fils 90-N-146
Gant, Mr. 10-N-37
Gardiner, James J. 20-R-130
Gardnier, Sarah 20-R-130
Garner, Bradley 10-R-102
Carquill, Wm. 20-N-58
Garreuil, M. 10-I-6
Garreuil, Michel 20-I-25
Garrier ? Carrier ?, Jos. 20-N-63
Gaspard, Jos. 20-N-62
Gates ? Cates, Juan 20-N-74
Gaucerin, Caesar 10-P-81
Gaudin, Catherine 20-I-15
Gaduin, David 20-I-16
Gaudrot, Joseph 10-P-81
Gauthier (Gautier, Gotia)
  Gauthier, Francois 10-P-80
  Gotia, Widow Francis 20-P-90

Gautier, Guiliam 20-P-93
Gautier, Guillaume 10-P-81
Gauthier, Veuve 10-P-80
Genutte ?, Deurote 20-N-47
Germail, Lenny 20-N-62
Gertude, M. 10-N-37
Geunveaver ? 20-N-74
Geuzin, Guilian 20-P-93
Gibson, James 20-N-55
Gilbert, J. 20-R-134
Gill, J.W. 20-R-124
Gillard, Joseph Junr. 10-R-102
Gillard Senr., Joseph 10-R-102
Gilliard, Baptiste 20-R-132
Gilliard, Joseph 20-R-132
Ginkins, Jean 20-I-13
Glass, William 20-N-45
Glaughlin (see McGlaughlin also)
  Glaughlin, James 20-N-71
Glen, Samuel 20-R-130
Goden, Betzi 20-I-23
Godrau, Joseph 20-P-94
Gogeur ? Goyer ?, Pierre 10-I-9
Gohristy ?, Mad. 20-N-44
Goie, Simon 90-N-144
Goiseron, Anthony 20-P-96
Gomas, Francois 20-I-24
Gongora, Ignacio 20-N-60
Gonin, Francois 10-N-35
Gonnin, Francois son By. fils
  90-N-145
Gonsalles, Pedro 20-N-52
Good bay, James 20-I-17
Good bay, John 20-I-13
Goodby, Jos. 10-I-4
Gorditt (Gordite)
Gorditt, Francois 20-N-52
Gordite, Joso 20-N-44
Gordner, John 20-N-49
Gordon, Maria 20-R-130
Gordon, Smith W. 20-R-130
Gorman, Thomas 20-R-130
Gotia (see Gauthier)
Gotraud, Raphael 20-I-28
Gougis ?, Lafill 20-P-97
Gouques, Louis 10-P-82
Goy, Simon 10-N-36
Goyare, Pierre 20-I-26
Goyer ? Goger ? Pierre 10-I-7,9
Gracier, Nicholas 20-N-70
Gracier, Nicholas 10-R-102
Graetcherd, Joseph 20-I-15
Grafton, James 20-R-130

Grafton, Thomas 20-R-133
Graham, Thomas 20-R-132
Grandmaison, Louis 10-P-80
Granger, Chustota 20-N-46
Grangeron, Joseph 20-I-25
Grant ?, Stephen 20-N-48
Grappe (Grape)
  Grappe, Veuve Bte. 10-N-33
  Grape, Francois 90-N-147
  Grappe, Francois 10-N-33
  Grappe, Fro. P. 20-N-57
  Grappe, Frs. 20-N-57
  Grappe, J. Bte. 90-N-147
  Grape, Ve. 90-N-147
Gratia, Nicholas 20-R-123
Graves, James 10-N-37
Gray (Grey)
  Gray, Abner 10-I-6
  Grey, David J. 20-R-130
  Grey, James J. 20-R-130
  Gray, Thomas 20-N-50
Grayson, John 20-R-117
Greaud et Viel 20-I-22
Green, Joshua 20-N-62
Green, Richard 20-R-130
Greenwell, Jerh. 10-R-102
Greenwell, Gerimiah 20-R-130
Gremillion (Gremillon, Gramillion)
  Gremillon, Charles 10-P-81
  Gramillion, Charles 20-P-91
  Gremillon, Cyprelien 20-P-91
  Gremillon, Francois 10-P-83
  Gremillion, Frans. 10-P-80
  Gremillion, Maximillian 20-P-93
  Gremillion, Paulin 20-P-91
Grenau (see Grienaud also)
  Grenau, Dme. Ve. 10-N-35
Grenier, C. 10-I-7
Grenier, Pierre 20-I-13
Grenier, Pierre 10-I-5
Grider, Wm. M. 20-N-50
Grienaud (see Grenau also)
  Grienaud, Wid. 20-N-66
Griffet, Jeacques Ant. 20-I-22
Griffin (Griffen)
  Griffen, James 10-R-102
  Griffin, James 20-R-133
Grillette (Grillet)
  Grillette, Ant. 20-N-57
  Grillet, Antoine 90-N-146
  Grillet, Martin 90-N-146
  Grillette, Theodore 10-N-34
  Grillette, Theodore 20-N-65

Grimball, John 20-R-130
Grimball, Paul 20-R-130
Grimball, Thomas 20-R-130
Grisset, James 20-N-56
Grisset, John 20-N-68
Gronard ?, B. 20-N-42
Gros, Jean 10-P-83
Grubb, Benjamin 10-R-102
Grubb, Benjamin 20-R-133
Gucho, Francois 20-P-91
Gucorie 10-I-6
Guedry, Sebastien 20-I-28
Guehot, Francois 10-P-83
Guehot, Pierre 10-P-82
Guerin, Guillaume 10-P-82
Guerriere, Francisco 20-N-46
Guidrew, J.P. 20-P-94
Guidroy, Grauth 20-P-91
Guillaume (Guilleau, Guilleaume)
  Guilleaume 20-N-59
  Guilleaum, Petit 10-N-37
  Guillaume, Vve. 20-I-26
Guillette, Antoine 10-N-33
Guitrau (Guitros, Guitrot,
  Guitorez)
  Guitorez, Jean 20-N-59
  Guitrot, Jean B. 10-P-83
  Guitros, Je. Pre. 10-P-83
Gumail, Alexander 20-N-67
Guyot, Ant. 10-I-3
Guzarnt, Barnard 10-N-34

Haase, Jean Ant. 20-I-22
Hackim, Cosa 20-R-128
Hagues, Taran Fcois. 10-N-36
Haines, Henry 20-R-126
Haines, Peter 20-R-127
Hall, Charles 20-R-126
Hall, Edward 10-P-84
Hall, J. 20-R-113
Hall, John 20-R-134
Hall, Mary 20-R-126
Hall, Warrem 10-R-102
Hall, William 20-R-126
Halloweay, Louis 20-N-53
Hamilton 10-I-6
Hamilton, B. 10-I-4
Hamilton, Bartholemew 10-I-9
Hamm, William 10-R-102
Hanley, James 10-R-102
Hanscomte, Aaron 20-N-63
Harbour, Sem. 20-I-16

Hare, David 10-R-103
Hargrove, William 10R-103
Harman, Henry 20-R-122
Harper, John H. 20-N-57
Harrington, Widow 10-I-4
Harris, Clem 20-R-131
Harris, Eli 20-R-116
Harris, Richard 20-R-129
Harris, Samuel 20-I-15
Harris, Samuel 20-I-24
Harris, William 20-N-61
Harrison, Henry 20-R-129
Harrison, Jos. P. 20-N-48
Hatch, D.C. 10-I-6
Hatmes, Isaac 20-N-64
Hautain, Jean 20-I-13
Hawkins, Lucas 10-N-37
Hays, William 10-P-84
Hays, George 10-P-84
Hays, James 20-P-89
Hazelton, L.S. 20-N-41,41,41,42,
42,42,42,42,65,75,75.
Hazelton, Luke S. 20-N-41
Hazelton, Luke Stapleton 20-N-41
Head, William 10-R-102
Head, William 20-R-126
Headon, William 20-R-122
Hebert, A. 10-I-6
Hebert, Abraham 20-I-25
Hebert, Alexandre 20-I-19
Hebert, Alexr. 10-I-4
Hebert, Amant 10-I-3
Hebert, Vve. Amant 20-I-21
Hebert, E. 10-I-6
Hebert, Elie 10-I-4
Hebert, Elie 20-I-27
Hebert, Eloy 20-I-18
Hebert, Etienne 20-I-25
Hebert, J.B. 10-I-4
Hebert, J.C. 10-I-4
Hebert, Jean Btiste. 20-I-17
Hebert, Jos. 10-I-4
Hebert, Joseph 20-I-18
Hebert, Widow J.P. 10-I-4
Hebert, Julien 20-I-19
Hebert, M. 10-I-7
Hebert, Michel 10-I-3
Hebert, Michel 20-I-23
Hebert, Michel 20-I-28
Hebert, N. 10-I-6
Hebert, Paul 20-I-28
Hebert, Paul 10-I-6
Hebert, Pierre 20-I-27
Hebert, Pierre 10-P-83

Hebert, Pierrot Serile 20-I-27
Hebert, Thos. 10-I-3
Hebert, Thomas 20-I-21
Hebert, Valery 20-I-28
Hebert, Zachary 20-I-23
Hebert, Zachary 10-I-3
Heist, Lewis 20-R-131
Henarie, Samuel 10-R-102
Henderson, Francis 20-R-131
Henderson, John 10-R-102
Henderson, Wm. 10-I-7
Henry, Jn. Bte. 20-I-24
Henry, Joseph 10-I-4
Henry, Joseph 20-I-18
Hensleman, O. 20-N-50
Hentleman ?, John 20-N-65
Herenian, S. 20-R-127
Hernandez (see Arnandez also)
Hernandez, Michelle 90-N-145
Herndes, H. ? 20-N-60
Hertzag, J.F. 20-N-68
Hervey, William 20-R-126
Hesser, Christian 20-N-44
Heughes, Larrence 20-R-117
Heussier 10-I-6
Hewlett, Abm. 10-P-79
Hickman, James 20-N-49
Hickman, James 20-R-124
Hickman, William 20-N-49
Himel (see Hymel)
Hirriard, Sebastien 10-P-79
Hobry, Charles 20-P-97
Hodgson, William 20-I-15
Hogan, James 10-P-83
Holeman, Mae 20-N-50
Hollaway, James 10-R-102
Hollaway, James 20-R-126
Hollaway, John 10-R-102
Hollaway, John 20-R-131
Hollaway, Thomas 20-R-123
Holley, Nathaniel 20-R-127
Hollinsworth, John 20-R-133
Holsten (Holstin, Holston)
Holstin, Elizabeth 20-R-126
Holston, Mrs. 10-R-102
Holstin, Sampson 20-R-126
Holston, Stephen 10-R-102
Holstin, Stephen 20-R-126
Holt, Benjamin 20-R-127
Holt, David 10-R-102
Holt, Richard 20-R-126
Holt, Samuel 20-R-118
Holt, William 20-R-118
Homonds, Cyprien 20-N-62

Jones, Leton ? Seton ? 20-R-124
Jones, Saml. 20-N-58
Jones, Stephen 10-N-33
Jones, Thos. H. 10-R-103
Jones, William 20-R-127
Joscano, Manuel 20-N-45
Judge, Thomas L. 10-N-33
Jumino, Alexander 20-N-51
Justice, Elizabeth 20-R-127
Justice, William 10-R-103
Justice, William 20-R-124

Kee, Thomas 20-P-91
Keep, Emila 20-R-125
Keiser, Mad. 20-N-61
Keith, Widow 10-P-79
Keller, Jacob 20-R-125
Keller Senr., Thomas 20-R-125
Kelso, George U. 20-R-125
Kemble, Stephen 10-P- 84
Kemp, Joshua 20-R-129
Kemper, Reuben 20-R-134
Kemper, Samuel 10-R-103
Keys, B. 10-I-8
Kickham, James 20-N-54
Kilgore (Killgour)
Killgour, James 10-R-103
Kilgore, James 20-R-125
Kilpatrick, A.C. 20-R-125
Kilpatrick, James H.T. 20-R-125
Kimber, Steven 20-I-28
Kincaide, A. 10-I-6
King, David 20-R-133
Kirkland, Edward 10-R-103
Kirkland, Edward 20-R-125
Kirkland, John 20-R-125
Kitchen, Benjamin 20-R-125
Knight, Hiram 20-R-128
Kohn, J. 20-P-94

Labalut, Parie 20-P-95
Labat, Jouh. 20-R-121
Labauve, J. 10-I-6
Labbe, Celestin 20-P-97
Labbee, Godfroy 10-P-81
Labbee, Godeffroy Jean 10-P-81
Laberix, J.Bte. 90-N-145
LaBerry, E. 20-N-72
Lablanc (see Leblanc)
Labombarde, Pre. 10-N-36
Labrouche ?, Francs. 10-P-80
Labry, Alexander 20-P-95

LaCave, Pre. 10-I-7
Lacave, Vve. 20-I-27
Lacaze (Lacasse)
Lacasse, Etienne 10-N-37
Lacaze, Fis. 90-N-143
Lacasse, Jacques 10-N-35
Lecaze, Jacques 20-N-68
Lacasse, Jaque 90-N-144
Lackie, Thomas 20-N-47
Lacour (Lacourt, Lacoure, Le-
cour, Lecourt)
Lacour 10-R-103
Lacoure, Ambroise 20-R-121
Lacour, Artonace 20-N-70
Lecour, Athanas 10-N-36
LeCourt, Athanaze 90-N-144
Lecour, Barthelemy 10-N-36
LeCourt, Bartelemy 90-N-144
Lacour, Bmy. 20-N-70
Lacour, Clement 10-P-81
Lacour, Gasperit 20-N-70
Lacour, Gasparite 10-N-36
Lacourt, Gasparitte 90-N-146
Lacoure, Gilbert 20-R-126
Lacour, Jno. Morca 10-R-103
Lacoure, Leander 20-R-126
Lacour, Marne. Leonard Ve.
10-P-81
Lacour fils, Nathaniel 20-P-92
Lacour, Nicholas 10-P-81
Lacour, Nicholas 20-P-92
Lacourt Perre, Pierre 90-N-146
Lacourt fils, Pierre 90-N-146
Lacour, Ve. 10-N-36
Lacour, Widow 20-P-92
Lacour, Widow Zard ? 20-P-92
Lacour, Zenon 10-P-79
Lacour, Zo. 20-P-92
Lac Pue, Widow 20-N-47
LaCroix (LeCroix)
Lacroix, John L. 20-R-120
Lacroix, John Louis 10-R-103
LaCroix, Jos. 10-I-4
LaCroix, M.L. 10-I-5
Lacroix, Micheal 20-R-120
Lacroix, Mitchel 10-R-103
Lacroix, Peter 20-R-120
Lacroix, Pierre 20-I-19
Lacroix, Pre. 10-I-5
Ladeaux ? Sadeau ?, Gabriel
20-R-110
Lafero, Paul 20-R-129
Laferrett, Jean 20-N-46

Page 167

Lafitte, Cezar 20-N-43
Lafitte, Louis 20-N-43
Lafitte, Mad. 20-N-43
Lafitte, Pierre 20-N-43
Lafleur, Joseph 20-N-61
Laforest, Paul 10-R-103
Lagas, Baltazard 20-N-44
Lagass, Serelle 20-R-128
Lagaz, Alexandre 20-N-44
Lagrange, Vve. Henry 10-P-83
Laignion, Nicolas 90-N-150
Lalande, Jean 10-N-33
Lalande, Jean 90-N-148
Lalande, J. Pierre 90-N-148
Lalonz, Juan 20-N-64
Lamallathy (Lamalathie, La-
  malatie)
  Lamallathy, L.L. 20-N-58
  Lamalathie, Louis 10-N-33
  Lamalatie, Louis 90-N-148
Lambert, J.J. 20-N-67
Lambert, Merryan ? 10-R-103
Lambre, Antoine 90-N-146
Lambre, Louis 90-N-144
Lambre, Louis Jhe. 90-N-146
Lambre, Ve. et Marie sa fille
  90-N-146
Lambre, Remy 10-N-35
Lambre, Remy 90-N-143
Lambremont (Lambremon)
  Lambremont, Jno. 10-I-4
  Lambremon, Michel 20-I-24
  Lambremont, Mr. 10-I-3
LaMont ? LaPlont ?, Ant. 20-N-72
Lamontaine, Antoine 10-R-103
Lamoine, Anthony 20-R-125
Lamorane ?, Leander 20-P-95
Lamothe (Lamoth)
  Lamothe, Policarp 10-R-103
  Lamoth, Pullicarp 20-R-120
Lanclos (see Lenclois)
Landreau, Fran. 20-N-66
Landreau & Martineau 10-R-104
Landrian, Pierre 20-N-68
Landry, Widow A. 10-I-3
Landry, Ach. 10-I-5
Landry, Alexandre 20-I-21
Landry, Alexr. 10-I-3
Landry, Athanas 20-I-20
Landry, Augt. 10-I-6
Landry, David 20-I-21
Landry, Denis 20-I-3
Landry, Denys 20-I-23

Landry, Donat 10-I-5
Landry, Donnat 20-I-20
Landry, Edouard 20-I-18
Landry, Firmin 20-I-18
Landry, H. 10-I-7
Landry, Hippolyte 20-I-26
Landry, Hypte. 10-I-4
Landry, Jos. 10-I-4
Landry, Jos. 10-I-5
Landry, Joseph 20-I-21
Landry, J.P. 10-I-7
Landry, Joseph 20-I-17
Landry, Ls. 10-I-7
Landry, Widow M. 10-I-3
Landry, P.J. 10-I-4
Landry, Pre. Joseph 20-I-18
Landry, Raphael 20-I-27
Landry, Simon 10-I-6
Landry, Simon 20-I-28
Landry, Widow 10-I-3
Langlois (L'anglois)
  Langlois, Andra 10-I-5
  Langlois, Andre 20-I-28
  Langlois, Augt. 20-N-68
  Langlois, Auguste 10-N-35
  Langlois, Baptiste 10-P-80
  Langlois, Batiest 20-P-89
  Langlois, Batiest 20-P-90
  Langlois, Peter 20-P97
  Langlois, Pierre 10-P-81
  Langlois, Veuve 10-P-81
  Langlois, Widow 20-P-97
  Langlois, Zalion ? 20-P-97
  Langlois, Zenon 10-P-81
Lanoix, Charles 10-P-81
Laplace, John 10-N34
Laplace, John 20-N-61
LaPlont ? La Mont ?, Ant. 20-N-72
Lapointe, Made. 10-R-103
Laprarie (Laprerie)
  Laprerie, Made. 10-R-103
  Laprerie, Michel 10-R-103
Larenodiere (Laremodiere, Laren-
  audiere, Larenondere, Larenon-
  dire)
  Larenodiere, J. Bte. 90-N-148
  Laronodere, Jean 20-N-71
  Larenondiere, Jno. Bt. 20-N-73,67
  Larenondire, M. 20-N-64
  LaRendoiere, Pierre 90-N-144
  Larenaudiere, Ve. 10-N-36
Larmunday, J. 20-R-117
Laroche, Juan 20-N-43

LaSallos, Jose 20-N-47
Lasalos, Castor 20-N-61
LaSazine (see Saizan)
Lascabres, Jean 10-P-82
LaSelle (see de LaSelle)
Latchie (Latchey)
Latchey 10-R-103
Latchie Junr., Joseph 20-R-120
Latchie Senr., Joseph 20-R-126
Lathame ?, John 20-N-43
Latour 10-R-103
Latour, Pier 20-P-90
Latour, Pierre 10-P-80
Lattier (Lattie, Latier)
Lattie fils, Bte. 90-N-145
Latier, Francois 10-N-36
Lattier, Frans. 20-N-69
Lattie fils, Fris. 90-N-145
Latier, Jean Bte. 10-N-36
Lattie,Pere, Jhe. 90-N-145
Lattier, Jno. Bt. 20-N-69
Lattier, Joseph 20-N-69
Lattier, Joseph 20-N-73
Lauard, James 20-N-62
Laume (see de Laume)
Laurans, Pierre 10-P-79
Laure, Brit 20-R-126
Laurence, Charles 20-R-120
Lauve, Armand 20-N-63
Lauve, Arnaud 10-N-34
Lavaspere (see Lavespere)
Lave, Edward 20-N-64
Lavergne, Nechs. 10-P-79
Lavespere (Lavaspere)
Lavespere, Francois 10-N-36
Lavaspere, Frs. 20-N-68
Lavespere, Francois 90-N-146
Lavaspere, Hillaire 20-N-69
Lavigne (Lavine)
Lavinc, Bapiste 20-N-48
Lavigne, Baptiste 90-N-145
Lavigne, Jean Bte. 10-N-35
Lavine, Jos. 20-N-45
Lavine, Joseph 20-N-69
Lavignie, Charles 10-N-37
Lawson, Sarah 20-R-124
Lazar (Layssard, Lazard)
Layssard, Bolon 10-R-103
Lazard, Bolong 20-R-120
Lazard, Malapet 20-R-120
Lazard, Valentine 20-R-120
Layssard, Valentine 10-R-103
Leaper, Andrew 20-N-62

Leathermon, Jno. 20-N-57
Lebau (see also Victor)
Lebau, Victor dit 20-P-95
Lebeau, Alexis 10-P-82
Lebeau, Alixes 20-P-93
LeBeau, Francis 20-P-96
LeBeau, Francis 20-P-96
Lebeau, Francois 10-P-82
LeBertenure, J. 10-I-5
Leblanc (LeBlanc, Lablanc)
LeBlanc, Alexis 10-I-7
LeBlanc, Alexre. 10-P-79
LeBlanc, Augt. 10-I-3
LeBlanc, Auguste 20-I-24
LeBlanc, Auguste 20-I-25
Leblanc, Augustin 20-P-90
Leblanc, Vve. Barthelemy 20-I-27
Leblanc, Belloni 20-I-14
Leblanc, Francois Xavier 20-I-14
LeBlanc, Frs. X. 10-I-4
LeBlanc, Isaac 10-I-6
Leblanc, Isaac 20-I-25
LeBlanc, J. 10-I-6,7
LeBlanc, J.B. 10-I-7
LeBlanc, J.B. (Jean ?) 10-I-4
LeBlanc, Jacques 10-I-3
Leblanc, Jean Alexis 20-I-25
Leblanc, Jean Bte. 20-I-27
Leblanc, Jean Btiste. 20-I-20
Leblanc, Jerome 20-I-18
LeBlanc, Vve. Jn. Bte. 20-I-24
LeBlanc, Jno. (Agios?) 10-I-3
LeBlanc, Jos. 10-I-7
LeBlanc, Jos. (Agios?) 10-I-3
LeBlanc, Joseph 10-I-4
Leblanc, Joseph 20-I-18
Leblanc, Joseph 20-I-26
Leblanc (dit Michel), Joseph
   20-I-21
Leblanc, Milien 20-I-24
LeBlanc, N. 10-I-6
Leblanc, Narcisse 20-I-25
Leblanc, Paul 20-I-25
LeBlanc, Pre. Pe. 10-I-3
LeBlanc, S. 10-I-7
Leblanc, Simon 20-I-26
Leblou ? LeDoux ?, Manglan
   20-P-91
Lebrun, Guilhomme 90-N-145
Lecaze (see Lacaze)
Leckie, Robert A. 20-R-121
Lecomb, Charles 20-N-63
Lecompte (Le Compte, Lecomt,Leconte)

Lecompte, Ambroise 10-N-36
Lecomt, Ambroise 20-N-70
LeCompte, anbroise 20-N-144
Lecomte, Baptiste 20-N-49
Leconte, Francois 90-N-145
Lecompte, Jacquet 10-N-37
Lecompte, Veuve 90-N-144
Lecon, Jacques 20-N-48
Leconte (see Lecompte)
Lecost (Lecoste, Lacoste)
Lecoste, Andre 20-N-51
Lacoste, Ve. Dominique 20-I-14
Lecost, Hose Pas ? 20-N-52
Lecoste, Jose 20-N-51
LeCroix (see LaCroix)
Lecour (see Lacour)
LeCourt (see Lacour)
Ledet, Mr. 10-N-37
Ledoux (LeDoux)
LeDoux, Antunesse 20-P-92
LeDoux, J. 20-P-91
Ledoux, Vve. Jn. Pre. 10-P82
Ledoux, Vve. John Pier 20-P-90
Ledoux, Vve. J.P. 10-P-79
LeDoux ? LeBlou ?, Manglan 20-P-91
LeDoux, V. 20-P-92
LeDoux, Widow Villeneuv 20-P-92
Ledoux, Zeno 20-P-91
Ledoux, Zenon 10-P-84
L̶e̶d̶o̶u̶x̶, Z̶e̶n̶o̶n̶ 10-P-84
Lee, Betty 20-R-121
Lee, Vve. John 20-I-15
Lee, Jno. 10-I-8
Lefeuvre, Auguste 10-N-34
Lefevre, Jean Bte. 10-N-37
Lefivan ?, Augustin 20-N-52
Legros, Francois 10-P-83
Legster, John 20-R-118
Lejeune (Lejeuen)
Lejeune, Charles 10-P-81
Lejeune, Charles 20-P-97
Lejeune, Hubert 10-P-83
Lejeune, Jos. Michel 10-P-83
Lejeune, Michel 10-P-81
Lejeuen (fils), Michel 10-P-83
LeMaitre, Fis. 90-N-143
LeMatt, Juan 20-N-69
Lemelle, Richard 20-N-47
Lemmet, Francois 10-P-82
Lemoine (LeMoine)
Lemoine, Antoine 10-N-37
Lemoine, Antoine 90-N-144
LeMoine Perre, Charle 90-N-144

LeMoine fils, Charle 90-N-144
Lemoine, Charles 10-N-36
LeMoine, J.Bte. 90-N-145
Lemoine, Jean Bte. 10-N-35
Lemoine, Wid. 20-N-69
LeMoire, Antoine 90-N-148
Lemonds, Mad. 20-N-54
Lemont, Charles 10-P-83
Lenchou ?, B.W. 20-P-89
Lenclos (Lanclos, Lanclois)
Lanclois Jr., A. 10-I-5
Lanclois Sr., A. 10-I-5
Lenclos, Emeran 20-I-13
Lanclois, Jn. A. 10-I-5
Lenclos, Vve. 20-I-15
Lengler, Jaque Jeuin dit Gime 90-N-148
Lennard (see Leonard)
Leona, Zenge 20-N-48
Leonard (Lennard)
Leonard, Antoine 20-I-21
Leonard, B. 20-N-64
Leonard, Honore 10-I-5
Leonard, Honore 20-I-13
Lennard, Thoms. 10-N-34
Leonard, Widow 10-I-3
Leonard, William 20-R-116
Lepernite, J.L. 20-N-48
Lepin, Jacques 20-N-48
LeSage, Made. 10-R-103
LeSapier, F. 10-I-7
Leseurn, Vital 20-P-93
Lessassier, Timolion 20-I-27
Lestage, Dme. Ve. 10-N-35
Lestage, Berthelemy 10-N-35
Lestaze, Guilhomme 90-N-145
Letchworth, Joseph 10-P-79
Letchworth, Joseph 20-R-120
Levasseur, Emanl. 10-N-34
Levasseur, Francois 90-N-146
Levasseur, Jacques 10-N-35
Levasseur, Jaque 90-N-145
Levasseur, J. Fis. 90-N-146
Levasseur, Jn. Francois 10-N-34
Levasseur, Louis 10-N-34
Levasseur, Manuel 20-N-65
Levasseur, Victorin 20-N-73
Levasseur, Wid. 20-N-65
Levasseur, Widow 20-N-68
Linch (see Lynch)
Lissilour, Ive 90-N-143
Liston ? Siston ?, Pierre 20-N-59
Litton, Jno. 20-N-48

Martin, Mrs. Abram 10-R-104
Martin, Mrs. Gabl. 10-R-104
Martin, Jhe. 90-N-147
Martin, John M. 20-R-119
Martin, Jos. 10-I-5
Martin ?, Josoah 10-N-33
Martin, Peter B. 20-R-119
Martin, Robert 20-R-11
Martin, Polley 20-R-121
Martin, William C.C.C. 20-R-119
Martinau, Jean Jhe. 90-N-145
Martineau & Landreau 10-R-104
Martines, Dorlos Carols ? 20-N-61
Maryanno (see Marionneaux also)
  Maryanno, Jose 20-N-53
Masguiard, Mathurin 20-I-16
Massipe, J. 90-N-145
Massippe, Jean 10-N-35
Masters, Lemuel 10-P-83
Mathew, John Doctr. 20-R-120
Mathews, Asa 20-N-55
Mathews, George 10-R-104
Mathews, John 20-R-120
Mathoud, Pier 20-P-90
Mattloe, Made. 10-R-104
Maturin, George 10-P-82
Maturin, George 20-P-98
Maurcie, Benjamin 20-I-27
Maurice, Frs. 10-I-5
Maurin (Morin)
  Morin, Frs. Bt. 20-N-73
  Maurin, J. Bte. 90-N-141
  Maurin, J. Bte. 90-N-143
  Maurin, J. Bte. 90-N-148,149,150,
    150, 150
  Maurin, Jean Baptiste 90-N-143
  Morin, Jean Bte. 10-N-36
Maye 10-I-6
Mayes, Thomas 20-R-118
Mayeux (Mayou)
  Mayou, Dme. Veuve 10-N-33
  Mayeux, Julie 10-P-79
  Mayou, Iniasse 90-N-147
  Mayou, Jiniasse 90-N-149
  Mayou, Laurent 10-N-33
  Mayou, Lorand 90-N-147
  Mayou, Pierre 10-N-33
McCally, Danl. 20-N-56
McCally, Saml. 20-N-56
McCarty, James 20-N-50
McCarty, John 20-N-50
McCorly, Joseph 20-N-56
McClane, Daniel 20-N-51

McCrate, John 20-R-120
McCrumonins, Danean 20-R-119
McCrumonins, Kenneth 20-R-119
McCurely, Westley 20-N-56
McEntire, Robert 10-R-104
McFarland, Andrew 20-N-61
McFarland, John 10-N-34
McGaffan, Jno. 20-N-54
McGlaughlin (see Glaughlin also)
  McGlaughlin, Ed. 20-N-72
  McGlaughlord ?, Edward 20-N-45
McKee, John 20-N-53
McKelpin, Alexr. 20-N-72
McKerly, Saml. 10-R-103
McKimm (Mackim, Mckim)
  Mackim, Madam bob 20-R-121
  McKimm, Elizabeth 10-R-103
  Mckim, J. 10-N-37
  McKim, James 20-N-49
  McKim, James 20-R-123
McLiner ?, John 20-R-123
McLome, Danl. 20-N-54
McMarcollay (see Marcollay also)
  McMarcollay 90-N-150
McNelly, Andrew 20-N-55
McNelly, Andw. 10-R-104
McNelly, Mary 20-R-123
McNelly, Thos. 20-N-55
McNelly, Hugh 20-N-54
McNutt, Isaac 10-R-103
McNutt, Isaac 20-R-119
McShane (MacShane)
  MacShane, Robert 10-P-79
  MacShane, R. 10-P-77
McTire (Mctire, McTier)
  McTier, Geo. 20-N-59
  McTire, George 10-N-33
McWaters, James 20-R-119
McWaters, Russell 20-R-119
Mears, Walter H. 20-I-14
Megvin, Robert 20-I-19
Melancon (Melanson, Mellanson)
  Melanson, Gregre. 10-I-3
  Melancon, Jeacques 20-I-21
  Melanson, J.B. 10-I-5
  Mellanson, Joseph 20-N-70
  Melanson, Widow S. 10-I-3
  Melanson, Slem 20-I-20
  Melancon, Vve. Simon 20-I-21
Mercier (Mercie)
  Mercier, Francois 10-N-34
  Mercier, John 10-P-84
  Mercie, Louis 90-N-147

Meriam N. 10-I-4
Meriam, N. 10-I-8,9
Meriam, Nathan 19-I-1
Meriam, Nathan 10-I-9
Merino, Juan Jose 20-N-47
Metes, Daniel 20-N-54
Methode, Pierre 10-P-80
Metoyer 20-N-72
Metoyer 90-N-143,149,149,149
  150
Metoyer, Augt. 20-N-69
Metoyer, Augustin 10-N-38
Metoyer, Benj. 20-N-72
Metoyer, Corson ? 20-N-68
Metoyer, Dominique 10-N-38
Metoyer, Dque. 20-N-69
Metoyer, Francois 10-N-37
Metoyer, Frans. 20-N-69
Metoyer, Joseph 10-N-37
Metoyer, Louis 20-N-69
Metoyer, Louis M. 10-N-38
Metoyer, Maxile 20-N-69
Metoyer, Pierre 20-N-35
Metoyer, Pierre 20-N-68
Metoyer, Pierre M. 10-N-37
Metoyer, Susanne 20-N-38
Metoyer, Toussaint, 10-N-38
Metoyer, Toussant 20-N-64
Meullion, Ennimond 10-R-104
Meyner, Padre 20-N-64
Michamk, Eugene 20-N-61
Michel (Michell; see Mitchell)
Michel dit, (see LeBlanc)
Mickel, John 20-I-27
Miguel (see St. Miguelle also)
Miguel, Pierre 20-N-145
Milard (negre) 10-I-24
Millor & Dont 10-R-104
Miller, A. 20-N-50
Miller, Andrew 20-R-111
Miller, Benjmain 10-R-104
Miller, James 10-N-35
Miller, Mrs. 20-R-123
Miller, Robert 20-R-121
Miller, Samuel 20-R-122
Miller, William 10-R-104
Miller, William 10-R-119
Miller, William Esq. 10-R-103
Million, Jesse 20-N-50
Millon, Francis 10-R-104
Millon, Frans. 20-N-73
Mills, S. 20-N-63
Miott, Elick C. 20-R-122

Mitchell (Michel, Michell, Mit-
  cheale, Mitchel)
Mitcheale, James 20-R-133
Mitchell, James 20-P-94
Michell, Mad. 20-N-61
Michel, Madm. 10-N-37
Mitchel, N. 10-I-4
Michel, Pierre 10-N-36
Michell, Pierre 20-N-70
Monchosse, Charlotte 10-P-84
Monchausse, Augn. Pre 10-P-79
Moller (Mollere)
Mollere Jr., Jos. 10-I-5
Mollere pere, Jos. 10-I-5
Moller, Vve. Joseph 20-I-19
Monel ? Manet ?, Baltazard
  10-N-38
Monet, Wid. 20-N-70
Monet, Doroti 20-N-71
Monet, Louis 90-N-145
Mongenot, Dm. Ve. 10-N-34
Monginaut, francois 90-N-146
Monserret, Pierre 10-P-80
Monsola, Hose 20-N-58
Montallo, Simon 20-N-51
Montanary, Benoit 90-N-147
Montamary, Veuve Benoit 10-N-33
Moody, Samuel 20-R-134
Montgomery, J. 20-P-89
Montgomery, Made. 10-R-104
Moody, Samuel 20-R-134
Moore (More)
Moore, B. 20-P-89
More, John 20-R-117
More, Sarah 20-R-121
More, Stephen 20-N-48
Moore, Wm. 20-P-89
Morin (see Maurin)
Mora, Juan 20-N-52
Mora, Marianno 20-N-60
Morcentier ? Moruntin ?,
  Jean 10-N-37
Moreau (Moro, Moroe, Morrou)
Moreau, Alexis 20-N-71
Moreau, Jos. 20-N-72
Moro, Marimio 20-N-54
Moroe, Polite 20-R-129
Morrou, Robert 10-N-37
Morell, Jeremiah 10-N-37
Morgan, Abraham, 20-R-116
Morgan, Charles 10-P-83
Morgan, Charles 20-P-92
Morgan & Sexton 20-R-110

Morin (see Maurin)
Morphy, Edouard 90-N-146
Moruntin ? Morcentier, Jean
10-N-37
Morvin, Joseph 20-N-45
Mosousie, Widow 20-P-91
Mosques, Pedro 20-N-61
Mosser, Jacob 10-R-103
Motgomery, John 20-N-55
Mulhollan (Mulholan, Mulhollen)
Mulholand, Charles 10-R-104
Mulhollan, Charles 20-R-121
Mulholan, Hugh 10-R-104
Mulhollen, Wm. 10-P-84
Mullin, William 10-R-103
Mullion, James ? 20-R-119
Mullion, Ransways ? 20-R-119
Munson, Ww. 20-N-50
Munson, Henry 20-R-118
Munson, Josiah ? 20-R-119
Munson, Martha 20-R-133
Murphey ?, Andrew 20-R-120
Murphy, Dme. Ve. 10-N-34
Murphy, E.G. 20-N-65
Murphy, James 20-N-65
Murphy, Wid. 20-N-65
Murray, Wd. 20-N-66
Murray, Wm. 10-N-34
Murrill, John 20-N-50
Muse, James F. 20-R-121

Neal (Neil)
Neal, Laureatias 20-R-115
Neil, Thomas 10-R-104
Neal, Ww. 20-N-64
Negle, fis. 90-N-143
Negotraud, Jean 20-I-21
Nelson, Elisha 20-N-44
Nelson, Jeremiah 10-P-79
Nelson, Martin 20-I-15
Nereaux (Neraud, Nero)
Neraud, Francois 20-I-14
Nerauld, Jno. 10-I-7
Nero, Widow Ls. 10-I-3
Nerol, Jean 20-I-28
Netherland, James 20-R-133
Nettles, Joam 20-R-133
Nettles, Jones 20-N-56
Nevil, James 10-R-104
Newell (Newel, Newal)
Newel, John 10-R-104
Newal, John 20-R-115

Newel, Marc Wm. 20-I-20
Nichols, John 20-P-94
Nichols, Susan 20-R-127
Nicholson Esq., John 20-N-75
Nicolas Negre Libre 90-N-145
Nicolas et Terence 20-I-22
Nolasco, Wid. 20-N-71
Norden, Christine 20-I-15
Norris, Francisco 20-N-45
Norris, Nathaniel 20-N-46
Norris, Saml. 20-N-45
Noyrit, Charles 20-N-62
Nugent, Edward 10-R-104
Nugent, H.P. 20-P-95
Nugent, Hugh 20-R-115
Nugent, Isaac 20-R-115
Nugent, Mathew 10-R-104
Nugent, Thomas 10-R-104
Nugent, Thomas 20-R-115

Oakley, George 20-R-116
Obal, Rentery 10-N-34
O'Connor, John 10-N-37
O'daniel, James 20-R-115
Ogden, John 20-R-115
Olaind (see Olinde)
Olane (see Olinde)
Olery, J. 20-P-95
Olinde (Olin, Olind, Oline,
Olinde, Olaind, Olane ?,
Oline, Barty. 10-P-82
Olind, Widow Berthelmu 20-P-97
Olinde, Caesar 10-P-82
Olaind, Cesair 20-P-93
Olinde, Henry 10-P-82
Olin, Jean 10-I-4
Olane ?, Pier 20-P-93
Olinde, Pierre 10-P-82
Oliver, Thos. F. 10-R-104
Oliver, Thomas F. 20-R-115
Olivet, Jerome 20-I-21
Olivo ?, Henry 20-P-93
Oneal, Philip 20-R-122
O'Pock ?, Jean Louis 10-N-37
O'Quin, Ezekeal S. 20-R-113
Orillion (Orillon)
Orillion, Jos. 10-I-5
Orillon, Joseph 20-I-19
Orillion, Nichos. 10-I-5
Orillon, Nicolas 20-I-19
Ortalont (see D'ortolant)
Overton, Walter H. 20-R-115

Owens, Wm. 10-N-34
Owens. 20-N-70

Pacale, N.L. 10-N-38
Padillo, Marianno 20-N-52
Page, J. 20-P-91
Paidomes, Francisco 20-N-54
Palvado, Jean 20-N-43
Pamias, Salvador 10-P-79
Pann, Michel 20-N-52
Pannel ?, David 20-R-116
Pantallion (Pantaillion)
  Pantaillion, Dme. Ve. 10-N-34
  Pantallion, Mad. 20-N-59
Pararie, Micheal 20-R-115
Parent, Jean 20-I-28
Parent, J.L. 10-I-7
Parent, Louis 20-I-28
Parent, Pierre 20-I-28
Parker, Elijah 20-R-113
Parker, John 20-R-113
Parker, Saml. 10-I-6
Parkins, J. & Isaac 20-R-116
Parkins, Isaac & J. 20-R-116
Parrinos, Juan 20-N-71
Parrot, Latting 20-N-54
Passinos, Taussant 20-N-60
Patin (Patten, Pattin)
  Patin, Antoine 10-P-80
  Patten, Anthoine 20-P-90
  Patten, Hepolite 20-P-90
  Patin, Joseph 10-P-80
  Pattin, Joseph 20-P-97
  Patin, Veuve 10-P-80
Patoir 10-I-5
Patterson, A. 20-P-89
Patterson, Thomas 20-R-115
Pauerier, Frans. 20-N-73
Paul, Jacob 20-R-122
Paule, Elie 20-I-16
Paunill, Wid. 20-N-66
Pavie, Charles 10-N-33
Peace, Patrick 20-R-124
Pearce (Perce)
  Pearce, Ariel 20-R-117
  Perce, Armant 90-N-143
  Pearce, James 20-R-116
  Pearce, Joshua 20-R-116
  Pearce, William 20-R-113
Pecard, Alexis 20-P-95
Peckins, Vve. 20-I-22
Pelly, Hiram 20-N-56
Peossat, J. 20-R-118

Perham, James W. 20-R-116
Perham, Nathaniel 20-R-116
Perkins (see Parkins also)
Permias, Pierre 10-P-84
Perot (Perault, Pereau, Perrot)
  Perot, Casemer 20-N-59
  Perault, Chrisostome 10-N-33
  Perot, Chrisastorn 20-N-58
  Perot, Dorseline 20-N-58
  Perot, Faustin 20-N-57
  Pereau, Francois 90-N-148
  Perault, Francois 10-N-33
  Perot Senr., Fras. 20-N-57
  Perrot, Hubert 10-P-83
  Perot, Jno. Bat. 20-N-59
  Pereau, Jean Crisostome 90-N-148
  Perot, Jos. C. 20-N-57
  Perault, Joseph 20-N-64
  Perrot, Louis 10-P-80
  Perault, Pier 20-P-94
  Perault, Remy 10-N-33
  Perot, Remy 20-N-59
  Perau, Remy 90-N-148
Pessot, Lewis 20-P-90
Peter, P. ? Samuel 20-R-115
Petrony, Jaques 10-P-80
Phillips 20-P-89
Picard, Alexis 10-P-83
Picard, Joseph 10-P-83
Piedefirme, Jno. Bat. 20-N-53
Piedferme, J. Bte. 90-N-148
Pierce, David 20-R-116
Pillette, Louis 10-N-35
Pimberton, John 20-I-20
Pitman, Julius 20-N-55
Plaisance (Plaisences)
  Plaisance, Bat. 20-N-65
  Plaisance, Bertrand 10-N-34
  Plaisance, Bertrand 20-N-65
  Plaisences, Bertrant 90-N-147
Platte (Plate)
  Platt, John 20-N-61
  Plate, Juan 20-N-74
Plauche (Ploche)
  Ploche, Antoine 90-N-147
Plunkett (Plunket)
  Plunket, John 10-R-104
  Plunkett, James 20-R-113
  Plunkett, William 20-R-113
Poirier dit Vincent, Frans.
  10-N-36
Poissot (Poisat, Poisot)
  Poisot, Ant. 20-N-66
  Poisot, Antoine Remy 20-N-148

Poissot, Athanas 10-N-33
Poisot, Athanaze 90-N-146
Poisot, Paul 20-N-68
Poisot, Remy 90-N-144
Poisat, Sylvester 20-N-44
Poisat, Wid. 20-N-44
Poiter, James Fr. 10-N-36
Poiter, Madame 10-N-36
Polk (Poque)
Poque, George 10-P-81
Pollard (Polard)
Polard, Lewis 20-P-95
Pollard, Louis 10-P-82
Pomea, Peter 20-P-91
Pommier (Pommie)
Pommie, Jean 90-N-144
Pommier, Dne. Ve. Jean 10-N-35
Pon, Nicolas 90-N-143
Ponchiano, Hosea 20-N-74
Ponikiana, Luceon 20-N-54
Poque (see Polk)
Porche, Alixes 20-P-94
Porche, Augustin 20-P-97
Porche, Augustin 10-P-81
Porche, Baptiste 10-P-81
Porche, Francois 10-P-80
Porche, Hippolite 10-P-79
Porche, Joseph 10-P-81
Porche, Marclean 20-P-96
Porche, Michel 10-P-81
Porche, Mitchel 20-P-97
Porche, Pier 20-P-91
Porche, Pierre 10-P-79
Porche, Simon 20-P-96
Porche, Simon 10-P-81
Porche, Vincent 10-P-79
Porche, Vincent 20-P-96
Porche, Widow 20-P-96
Pork ?, George 20-P-97
Pork ? Poss ?, Joseph 20-P-97
Porro, Iasedo ? 20-N-46
Porter, Jos. F. 20-N-71
Poso, Alveno 20-N-60
Poss ? Pork ?, Joseph 20-P-97
Pougeole, F. 10-I-6
Poujot, Francois 20-I-25
Pourciau (Porciau, Pourcieau,
Pourcieu)
Porciau, Batiese 20-P-98
Pourcieu files, Batiest 20-P-98
Pourcieau (fils), Bte. 10-P-82
Porciau, Francis 20-P-98
Pourcieau, Jn. Bte. 10-P-82

Pourrier, Jno. Bat. 20-N-45
Poydras, Julian 20-P-94
Poydras, Julien 10-P-81
Praer, Benjamin 20-I-14
Prather, John 20-R-116
Prather, Nicholas 20-R-116
Preocann ?, Louis 20-N-67
Price, William 10-R-104
Prince, N. 10-N-37
Pro, Antonio 20-N-60
Procello, Bat. 20-N-61
Procello, Louis 20-N-60
Procello ?, Manuel 20-N-47
Provoste, Doctr. 20-P-94
Proveaux, John 20-R-113
Prucillo ?, Jose 20-N-53
Pruett (Pruet, Prewet)
Pruet ?, Manuel 20-N-61
Prewet, Beasley 10-R-104
Pruet, Beasley 20-R-115
Prudhomme (Prud'homme)
Prudhomme, Ant. 20-N-65
Prud'homme, Antne. 10-N-35
Prudhomme, Antoine 90-N-147
Prudhomme, Antoine 90-N-149
Prudhomme, Bastien 90-N-147
Prudhomme, Ve. Bastien 90-N-147
Prudhomme, Bat. Frans. 20-N-44
Prudhomme, Bte. Bastien 90-N-147
Prudhomme, Dominique 90-N-146
Prudhomme, Emanl. 10-N-35
Prud'homme, Emanuel 20-N-67
Prudhomme, Emanuel 20-N-74
Prudhomme, Fis. 90-N-147
Prudhomme, Frans. 20-N-44
Prud'homme, Jacques Bastien 10-N-3
Prudhomme, Jaque 90-N-147
Prudhomme, Jno. Bt. 20-N-67
Prudhomme, Mad. 20-N-43
Prudhomme, Manuel 90-N-146
Prudhomme, Narcisse 10-N-36
Prudhomme, Narcisse 20-N-67
Prudhomme, Paul 20-N-65
Puevedus ? H. 20-N-52
Purvis, George 10-P-83

Quevie ?, Jean 10-P-80
Quindlette, Jos. 20-N-60
Qunies ?, Abraham 20-R-113
Quintment, Widow 10-I-4
Quirey, Pierre 20-N-70
Quirk, Henry 20-N-53

Quirk, Edmond 20-N-48
Quirk, Me. 20-N-48

Rabalais (Raballe, Raballay)
Raballe, Joseph 10-N-36
Raballe, Joseph 20-N-73
Raballay, Josephe 90-N-145
Rachal (Rachall)
Rachall, Ant. 20-N-71
Rachall, Wid. Ant. 20-N-71
Rachall, Ant. Benj. 20-N-68
Rachall, Ant. ? Bmy. 20-N-65
Rachal, Ante. 10-N-36
Rachal, Antoine 90-N-144
Rachall, Bat. 20-N-70
Rachal, Bertely. fils de la Ve.
  90-N-145
Rachal, Berthelemy 10-N-36
Rachal, Ve. Berty. 20-N-146
Rachal, Ve. Berthy. 10-N-34
Rachal, Berthy. fils de Bt.
  10-N-35
Rachall, Wid. Bmy. 20-N-68
Rachal, Bt. fils de Ls. 90-N-144
Rachal, Dominique 10-N-35
Rachal, Dominique 90-N-144
Rachall, Dorseno 20-N-71
Rachall, Dque. 20-N-65
Rachal, Etiene 90-N-146
Rachal, Etienne 10-N-37
Rachall, Etienne 20-N-71
Rachall, Geronie 20-N-66
Rachall, Hillaire 20-N-65
Rachall, J.B.L. 20-N-73
Rachal, J. Bte. By. 90-N-144
Rachal, Jean Bte. 10-N-36
Rachal, Jean Bte. Berthy.
  10-N-35
Rachall, Jno. Bat. 20-N-67
Rachall, Joseph 20-N-72
Rachall, Julian 20-N-68
Rachal fils, Julien 10-N-35
Rachal, Dne. Ve. Julien
  10-N-35
Rachal, Juillien 90-N-144
Rachall, Louis 20-N-67
Rachall, Louis 20-N-71
Rachal fils, Louis 90-N-144
Rachal Perre, Louis 90-N-144
Rachall Senr., Louis 20-N-65
Rachal, Louis Bertelmy 90-N-145
Rachal, Louis Berthy. 10-N-35
Rachall, Ls. J. 20-N-73

Rachall, Manuel 20-N-70
Rachal, Manuel 90-N-146
Rachall, Narcisse 20-N-72
Rachall, Noel 20-N-66
Rachall, Noel Berty. 10-N-34
Rachal fils, Simon 90-N-144
Rachall, Spalier 20-N-71
Rachall, Sylvester 20-N-70
Rachall, Wid. 20-N-66
Rachall, Wid. 20-N-72
Raday, Jean 20-I-18
Radaz, Jose 20-R-114
Ragan, Jean B. 10-P-82
Ral, August O. 20-R-115
Rambin, Andre 90-N-143
Rambin pere, Andre 10-N-33
Rambin, Fis. 90-N-143
Rambin, Michel 90-N-143
Ramens ?, Diegue 90-N-147
Ramway ?, Joseph Rene 20-R-129
Raud, Godefroi 20-I-13
Raud, Philippe 20-I-13
Raud fils, Philippe 20-I-20
Ray, John 20-R-129
Raya, Zacharia 20-I-15
Reboul, L.A. 10-I-3
Reboul, Louis 20-I-23
Reed, Archibald 10-R-104
Reed, Archibald 20-R-114
Reed, William 10-R-104
Reed, Wm. 10-I-8
Reeder, Robert A. 20-R-114
Rees, Sewel 20-R-117
Reeves & Brice 20-R-138
Regant, J.B. 20-P-94
Remondet, Dennis 10-P-84
Reni ? Revi ?, Pierre 10-N-36
Revoil, Antoine 10-R-104
Reyland, Peggy 10-N-37
Riard, Wdo. Zaze 20-P-90
Ricard, Cyprn. 10-I-5
Ricard, Jose 20-N-72
Ricard, Maximilien 20-I-19
Rice, Jean 10-N-33
Rice, William 20-R-113
Richard, Auguste 20-I-27
Richard, Ciprien 20-I-20
Richard, Jo. 10-I-7
Richard, Joseph 20-I-13
Richard, Mathew 20-N-50
Richard, Paul 10-I-7
Richard, Paul 20-I-27
Richard, Pierre 20-I-25
Richard Jun., S. 10-I-7

Richard Sen., S. 10-I-7
Richard, Simonnet 20-I-27
Richard, Stephen 20-N-51
Richard, Widow 10-I-3
Richardson, J.B. 20-R-129
Richardson, R. 10-N-37
Riche, Louis 10-P-82
Richey, Andrew 10-P-84
Right, Abraham 20-I-19
Rills (Rils)
  Rils, Jean Bteste. 20-I-22
  Rills, Joseph 10-I-3
  Rils, Joseph 20-I-20
  Rils, Vve. 20-I-22
  Rills, Widow lo-I-3
Ring, Thomas 20-I-15
Rio, Faustin 20-N-58
Rippee, John 10-R-104
Rippey, John 20-R-114
Rison, Jarratt 10-R-104
Rivais, Joseph 20-I-17
Rivas Jr., P. 10-I-7
Rivas Senr., F. 10-I-7
Rivet, Ve. Balise 20-I-14
Rivet, Joseph 10-I-4
Rivet, Marcel 20-I-14
Rivet, Pierre 10-I-3
Rivet, Pierre 20-I-21
Rivet fils, Pierre 20-I-21
Rivet fils, Pre. 10-I-4
Rivet, Vital 10-I-3
Riviere, J. 10-I-6
Robellard (see Robillard)
Robellas, Hosa 20-R-124
Roberts (Robert)
  Roberts, Abraham 20-R-114
  Roberts, Daniel 20-R-113
  Roberts, Griniball 20-R-114
  Robert, J. 20-I-22
  Roberts, Joseph 20-R-114
  Roberts, Joseph B. 20-R-133
  Roberts, Paul 20-R-114
Robertson, Jno. 20-N-43
Robertson, Moses 20-N-43
Robichaux (Robichaud)
  Robichaux, Ve. 20-I-14
  Robichaud, Widow 10-I-6
Robillard (Robellard)
  Robillard, Philippe 10-P-82
  Robillard, Widow Phillip 20-P-97
  Robellard, Pierre 10-P-81
Robin (see Rambin, Rombin also)
  Robin, Doctr. 20-P-98

Robien, Frans. 20-N-68
Robieux, Auguste 10-N-35
Robieux, Francois 10-N-36
Robitaud, Peter 20-P-96
Roche, Pharaon 20-I-16
Roderigues, Mariano 20-N-51
Rodrigue, Matheo 20-I-17
Rombin (see Rambin, Robin also)
  Rombin, A.M. 20-N-43
  Rombin, Andres 20-N-44
  Rombin, Frans. 20-N-44
  Rombin, Micheel 20-N-43
  Rombin, Zeno 20-N-43
Rond, Michel 10-P-80
Roque, Azile 20-N-69
Roque, Christopher 20-N-69
Rosallos, Jose 20-N-47
Roshto (Rosto)
  Rosto, Remy 20-N-70
Ross, Steven 20-I-13
Roth, Godry. 10-I-5
Roth, Philip 10-I-5
Rothrock ?, Catharine 20-R-114
Rouger, Pierre 20-N-63
Roundtree ?, M. 20-P-89
Rouquier, Francois 10-N-34
Rouquier, Frans. 20-N-55
Rouquier, Fris. 90-N-143
Rousreau files, Joseph 20-P-89
Roullin ? Rousin ?, Soulange
  20-N-55
Rousselin, JeanP. 10-P-82
Rowley ?, Job 20-R-114
Roy, John 10-P-82
Roy, R.W. 20-R-118
Rozier, Augustin C.D. 20-P-91
Rubleau, Helene 10-N-37
Ruff, Christian 20-N-50
Rule, Elizabeth 10-P-79
Runnels ?, Nedham 20-N-50
Russel, George 20-R-122
Ryer, Jacob 10-N-37

Sadeaux ? Ladeau ?, Gabriel
  20-R-110
Saden, Maria 20-N-51
Saffre, Alexandre 10-P-81
Sagim ? Sagne ?, Juan 20-N-51
Saids, Adams 20-I-16
Saids, John 20-I-15
Saizan (Sazan, Sazen, LaSazine,
  Sezan, Soizan, Sizan ?)

Saizan, Baptiste 10-P-81
Saizan, Celestin 10-P-81
Soizan, Vve. Domque 10-P-81
Sezan, Francis 20-P-90
Sazen, J.B. 20-P-90
Sizan ?, J.B. 20-P-98
Sazan, George 20-P-94
LaSazine, Juan 20-N-60
Saizan, Veuve 10-P-81
Sales, William 20-R-133
Salin, Juan 20-N-58
Samson (Sampson, Sansom)
Samson, Francois 10-P-81
Sansom, Andrew 20-R-109
Sampson, Widow 20-P-97
Sanche, Francisco 20-N-45
Sanche, Jose M. 20-N-45
Sanche, Julio 20-N-45
Sanche, Mary Anna 20-N-45
Sanchos, Enos 20-N-52
Sanchos, Jose 20-N-52
Sanchos, Joseph 20-N-57
Sanchos, Juan 20-N-52
Sanchos, More 20-N-52
Sandifer (Sandiford)
Sandiford, Made. 10-R-104
Sanos, Augt. 20-N-74
Sante, Jose 20-N-43
Santo, Juan 20-N-59
Santos, Etienne 20-N-72
Santos, Joseph 20-N-66
Santos, Marino 20-N-54
Santos, Mad. Jose 20-N-45
Santozcoy, Jose 20-N-46
Saulinor, Joseph 20-N-45
Sauve, Mr. 10-N-35
Savin, Francis 20-P-97
Scapine, John 20-N-57
Schamps, Geo. 20-N-60
Schellette (see Chelette)
Schitz (see Shitz)
Scott, Alexander 20-R-110
Scott, Charles T. 20-R-109
Scott, E. 20-R-116
Scott ?, Joseph H. 20-R-118
Scott, J.W. 10-I-7
Scott, Thomas C. 20-R-109
Seader, Bat. 20-N-71
Seadre, Jacqu 20-N-71
Seard, J.B. 20-P-90
Searmouche ? Caramouche ?,
  Narcse., 10-P-81
Sebal, Bretance ? 20-N-49

Seeders, John 10-P-83
Seguneau, F. 10-I-6
Segur (see Sigur)
Self, John 20-N-51
Semion, Stephen 20-P-94
Sepano, Jose 20-N-52
Serpentine, Frans. 20-N-61
Seton ? Leton ?, Jones 20-R-124
Sevan, Ellen 20-N-64
Sevollos, Gaudeloupe 20-N-72
Severnez, Castor 20-N-54
Sevry, William 20-I-13
Sewindeler, John 10-P-82
Sexton & Morgan 20-R-110
Sezan (See Saizan)
Shane, R.M. 10-P-84
Sharp, William 20-N-54
Shaunbaugh, Barthmy. 10-N-34
Shaw, William 10-R-104
Shearer, John 20-R-118
Shelatre (see Chlatre also)
  Shelatre, Joseph 20-I-23
  Shelatre, Michel 20-I-23
Sheult, Benj. 20-N-65
Shields (Sheilds)
  Shields, James 20-N-54
  Sheilds, Theodore 20-R-110
Shirley, James 20-N-63
Shitz (Schitz)
  Schitz, George 10-P-82
  Schitz, Widow George 20-P-96
  Shitz,Widow H. 20-P-95
  Shitz, Lauzant 20-P-93
Shortridge, Daniel 10-N-34
Shuffiele, William 20-R-113
Shuvalla, Joseph 20-R-114
Sibley (Sibly)
  Sibley, John 10-N-34
  Sibley, Jno. 20-N-64
  Sibly, R.W. 20-R-.110
  Sibley, S.H. 20-N-64
  Sibley, Wertley 20-N-49
Sides, Adam 10-I-8
Siguinau, Francois 20-I-26
Sigur (Segur)
  Segur, Achille et Cadet 20-I-20
  Segur, Cadet et Achille 20-I-20
  Sigur, Pierre 20-I-19
  Segur, Pierre 10-I-5
Simmons, Jake 20-R-109
Simois, Joseph 20-I-26
Simonds ? Simondz ?, Geo. 20-N-54
Siston ? Liston?, Pierre 20-N-59

Sivadore, P. 20-P-94
Skinner, Wm. 20-N-49
Slate, B. 10-R-104
Slate ? State ?, Madam 20-R-114
Slate, Merond 20-N-65
Slayter, Jsaiah 10-R-104
Slingland ?, William 20-R-118
Slocum, Charles 20-N-41
Slocum, Charles 20-N-64
Slocum, Wm. 10-N-34
Smith, Adolphus 20-R-109
Smith, Ebenezer 10-P-79
Smith, George W. 10-R-104
Smith, John 20-I-17
Smith, John 20-R-117
Smith, John M. 20-R-109
Smith, Vve. Marie 20-I-19
Smith, Orren 10-R-104
Smith, Palmer 20-R-110
Smith, Ralph 20-R-110
Smith, Richard 10-R-104
Smith, William 20-R-114
Sneed, Geo. 20-N-71
Socier, Louis 20-N-61
Soizan (see Saizan)
Sola, Margrett 20-N-73
Solabellas (Sollibellas)
  Sollibellas, Joseph M. 10-R-104
  Solabellas, Joseph M. 20-R-110
Solle, Mat. 10-P-82
Sompestrack ?, A. 10-N-34
Sompeyerac ?, Marc 20-N-70
Sompycan, Ambroise 20-N-63
Sonda, Joshua Ponon 20-N-62
Sorell (Sorel)
  Sorel, Dominique 10-N-33
  Sorrell, Dque. 20-N-57
Sostarge, Remy 20-N-53
Sothan ?, Jose 20-N-53
Soto (see DeSoto also)
  Soto, Michel 20-N-52
Sots, Encarnation 20-N-51
Southerland, Emily 20-N-61
Soy, Isaac 20-N-45
Spade, Madm. 10-N-37
Spen, Pedro 20-N-47
Spencer, Susan 20-R-129
Sprigg, Horatio J. 20-R-109
Spriggs, H.L. 10-R-104
Spurlock, David 20-R-109
Sricholinde ?, Pierre 10-P-82
Sroddy, Andrew 10-R-104
St. Andre (St. Andry; see Andre
  also)

St. Andre, Andre 10-N-36
St. Andry, Andre 20-N-?1
St. Andre, Andre 90-N-144
St. Andre, Jacob 10-N-36
St. Andre, Jacob 20-N-71
St. Andre, Onezeme 20-N-71
Ste. Anne 90-N-150
St. Anne, Ailhaud 90-N-143
St. Anne, Arthaud ? 10-N-35
St. Armand (St. Arman)
  St. Arman, Beauard 20-N-56
  St. Armand, Widow 20-N-62
St. Cyr (St. Cire)
  St. Cyr, Alexis 20-P-95
  St. Cire, Joseph 10-P-80
  St. Cyr, Joseph 20-P-96
  St. Cyr, Widow 20-P-96
St. Denis, Ve. 90-N-146
St. Eago 20-N-61
St. Eago, Juan 20-N-52
St. Germain (Germain)
  St. Germain 20-P-91
  Germain, F.Ve. 10-N-37
  St. Germain, Frans. 20-N-71
  Germain, Guillm. 10-I-7
St. Helois, Mme. 10-P-80
St. Miguelle (St. Miguell; see
  Miguel also)
  St. Miguelle, Cetons 20-N-54
  St. Miguell, Faustin 20-N-51
  St. Miguelle, Jean 20-N-54
St. Pierre (see de St. Pierre)
Stakcer, Henry 20-N-54
Stafford, James 20-R-109
Stafford, Leroy 20-R-109
Stampley, Peter 10-R-104
Starkman, Henry 20-N-51
Starkman, Mad. 20-N-51
Start, Benj. 20-N-64
State ? Slate, Madam 20-R-114
Stein, Robert 10-P-83
Stephens, Vve. 10-P-79
Stephens, Alexander 20-R-110
Stevane, Thomas 20-I-27
Stewart (Steward)
  Stewart, Charles 20-P-94
  Stewart, Charles 10-R-104
  Steward, James 20-P-91
  Stewart, James 20-R-117
  Stewart, James D. 20-R-116
Stokes, Benjamin M. 20-R-110
Stone, Jane 20-R-109
Stope, Philip 10-I-5
Stopp, Philip 20-I-22

Villeret, Abraham 10-P-83
Villiard, Jean Bte. 20-I-14
Villier (see Devillier also)
Villier, Chevalier 20-I-23
Villiere, C.J. 20-P-96
Villier, Eleasar Ricard
  20-I-13
Vincant, Michel ange. 90-N-148
Vincent (dit), Francs. Poirier
  10-N-36
Vincent, Antoine 10-P-79
Vincent, Joseph 10-P-82
Vincent, Nicholas 10-R-105
Vitrae, Jacques 10-P-83

Wade, Ann 10-R-105
Wale, Patrick 20-R-112
Walker, Hugh 20-N-50
Walker, Joseph 10-R-105
Walker, Joseph 20-R-112
Wallace, Elisha 20-R-133
Wallace, Jacob 20-N-45
Wallace, James 10-R-105
Wallace, Jimes 20-N-46
Wallace, Susan 20-R-112
Wallace, Thos. 20-N-45
Wallat, John 20-N-53
Walthers, Mrs. 10-R-105
Ware, John 20-R-112
Warrick, John 20-N-55
Warwick, John 10-R-105
Waters, Charles 20-R-127
Watts, P. 10-N-33
Webb, A. 10-I-8
Webb, Henry 20-N-45
Webb, James 10-R-105
Weeks, David 20-R-105
Weight & Hynson 20-R-127
Weit, Fransways 20-R-112
Welch (Welsh)
  Welch, Martha 20-R-112
  Welsh, Nicholas 10-R-105
  Welsh, Thomas 10-R-105
  Welch, Thomas 20-R-112
Wells, Darcas 10-R-105
Wells, John P. 20-N-61
Wells, Levi 10-R-105
Wells, Lewis 20-R-112
Wells, Louis 10-R-105
Wells, Montfort 20-R-116
Wells, Samuel L. 20-R-123
Wells, Willing 10-R-105

Wentrell, David 10-P-84
Westmoreland, J. 20-R-113
Wethers, Enos 20-N-55
Whiting, John 20-R-116
Whitson, William 10-R-105
White, James 10-R-105
White, Reuben 10-R-105
Whittaker, George 10-R-105
Whofette ? Whosette ?, Mario
  20-N-52
Wickner, Jean Bite. 20-I-16
Wiggins, William 20-R-130
Wilbourne, Wm. 10-P-79
Wiley, Federick 20-R-112
Wiley, John 10-R-105
Wiley, William 10-R-105
Wiley, William 10-R-105
Wiley, William 10-R-105
Wiley, William 20-R-123
Wilkinson, George F. 20-R-112
Wilson (Willson)
  Wilson 20-P-89
  Willson, James 20-N-53
  Wilson, Nicholas 20-I-21
  Wilson, Peter 20-I-16
  Willson ?, Robert 10-R-105
  Wilson, Samuel 20-R-112
  Willson, Thos. 20-N-53
  Wilson, William 20-R-112
Williams, Archibald P. 20-R-112
Williams, James W. 20-R-122
Williams, Thomas 10-R-105
Williamson, James 20-R-112
Willis, John 20-R-116
Winfree, Benj. 20-N-53
Winfree, Jacob 10-I-8
Winfree, Philip 20-I-28
Winfree, Phillip 20-N-53
Winfree, Php. 10-I-8
Wintire, Margarte 20-R-133
Wintush, John 20-R-133
Wirtman, David 20-N-48
Witicher, Osgoods 20-N-70
Woods, John 20-R-122
Woolf, Mad. 20-N-62
Wray, John 10-R-105
Wrinikely, John 20-N-54
Wrinkly, Abraham 20-N-54
Wylie, John 20-N-55

Xasszon, Maxele 20-N-51
Ximanes, Maria F. 20-N-60

Yarborough Jr., J.S. 10-I-8
Yarborough Sr., J.S. 10-I-8
Yarborough, Wm. 10-I-8
Yoast, J. 20-P-89
Yocum, Jesse 20-N-53
Yocum, Thos. 20-N-53
Young, John 10-R-105
Young, John 10-R-105
Young, John 20-R-113
Young, Mary 20-R-113
Young, Rebecca 10-P-84
Young, William 10-P-80
Young, William 20-R-118

Zanout, James 20-P-92

FOOTNOTES

[1] II U.S. Stat., pp. 564-568

[2] Ibid, p. 570

[3] Ibid, p. 605

[4] Ibid, p. 658

[5] Ibid, p. 661

[6] III U.S. Stat., pp. 548-553

[7] Ibid, p. 643

[8] Ibid, p. 719

[9] Ibid, p. 719

[10] National Archives and Records Service Commission, Washington, D.C. Federal census records for Louisiana M-252;10

[11] Ibid, M-33; 31

[12] Ibid, M-252; 10

[13] Ibid, M-33; 31

[14] Ibid, M-252; 10

[15] Ibid, M-33; 31

[16] Ibid, M-252; 10

[17] Ibid, M-33; 31

[18] "Natchitoches Parish Records, Repartation of Assessment Taxes, March, 1790" Department of Archives, Louisiana State University, Baton Rouge, Louisiana. The compiler wishes to acknowledge Mr. Louis Charrier who presented him with a copy of this document while he was in the process of compiling this book. A translation of that document according to page numbers in this book is as follows:

Front cover of manuscript: (p. 141)
      Repartation of seventy-five piastres that the community of inhabitants agreed to pay Mr. J. Bte. Maurin.
                                   1 March 1790

p. 143
Repartation concerning the community of inhabitants of Nat-
chitoches made by me, Metoyer, Syndic, of the said Post, on account
of 75 piastres that the community agreed to pay to Mr. Jean Bap-
tiste Maurin for the addition made on the presbytery of this Parish
as he verifies it in writing with which I secured him and which was
signed by the oldest inhabitants of said post.

6 January 1790
After mature examination of the information that everyone
gave me, I discovered that every white that has attained the age
of fourteen years and above must pay one real for himself as well
as widows and free, and the same amount for each one of their
slaves, young as well as old, as is specificed hereafter.

Headings of each page:
  Names of inhabitants   Whites   Slaves   Reaux   Money
                                                                Received

[The "P" appearing before each name is indication that that
certain person had paid his real. Compare the absence of the
"P" before the name with the column for money received when
the latter is blank.]

Suite en l'autre part   Carried to the next part
Mont. et Suite de l'autre   Total and continuation from
                                       the other part

pp. 148-149
The present repartation amounts to 922 reaux that constitute
the sum of 115 piastres and 2 reaux from which Mr. J. Bte. Maurin
must be paid 75 piastres. There will be a remainder of 40 piastres
and 2 reaux to pay future unknown expenses in the conservation of
the church and presbytery of this parish, assuming that each
individual pay his part, for whom each one is registered in the
present list at Natchitoches.

3 March 1790

Publication made at the end of the parish Mass. The in-
habitants are informed that the following information that they
gave me and the distribution made to pay 75 piastres to Mr. J.
Bte. Maurin for an extension that he made on the presbytery which
the community agreed to pay.

As a result by the following repartition every white man
who had attained the age of fourteen years and over, the widows,
the Blacks and Mulattos, Free will have to pay M. Compton during
this month one real for himself and also for every slave, young
as well as old, under the pain of constraint.

So that no one can pretend to be ignorant [of this repartation]
the present has been remitted to Mr. Antoine Himelle so that he
can read it and pass it on to his neighbor and gradually from
neighbor to neighbor, and to Mr. Antoine Prudhomme who will give
it to Mr. Bastien and Charles Durent and who in turn will give it

Page 186

to me. The present certified on the day and week that he will
have received it.

Natchitoches 3 March 1790
[signed] Metoyer, Syndic

A copy sent to Me. Thomasine in the absence of her husband
to give it to the last dwelling on the River Cannes; a copy sent
also to Mr. Jiniasse Mayou to notify the people at Grand Ecore
and Camete.

Natchitoches 3 March 1790
[signed] Metoyer, Syndic

p. 150

Amount due Mr. J. Bte. Maurin 75 piastres for the payment
of the said extension that is to be subtracted and the leaves
600 reaux.

Carried over: 224 reaux
Carried over from the other total of 224 reaux that leaves
28 piastres.

In view of the length of time taken to make the payments
and the difficulty for the inhabitants to pay 1 real for them-
selves, I found it relevant to facilitate everyone to remit to
Mr. McMarcollay the said debts due that being charge of those
of the church on the condition to pay him 5 percent commission.
The said Sir in having this done for 80, I payed him 4 piastres
that are to be subtracted from the 28 piastres ---$\frac{4}{24}$

There remains in the community box 24 piastres in the items
hereafter detailled to wit:

Two gifts of Remis Toutin amounting to 10 piastres and of the
order of Mr. Ste. Anne who gave me in deduction of one of the
notes the greatest sum that Mr. Marcollay gave me for balance
of the 80 piastres of debts due which I had charged him 10
piastres. I still owe the community fourteen piastres less any
error or omission, which sum I remitted to Mr. Mair syndic of
the post of Natchitoches.

30 9bre 1793
[signed] Metoyer

Back cover:
Completion turned in by Mr. Maer.

Page 187

Guide & Key for the 1810 Census

Name of household head   1, 2, 3, 4, 5, 6, 7, 8, 9,10,11,12.
- -
I _ _ _ _ _ _ _ _ _ _ cut along dotted line and use as guide _ _ _ _ _ _ I

Place guide over one name so that name and numbers are visible. Match
numbers of guide with those on the census recapitualtion of each
individual name. Refer from the guide numbers to the numbers on the
key.

                                Key

1. Free white males under ten years of age
2. Free white males of ten and under 16
3. Free white males of 16 and under 26, including heads of families
4. Free white males of 26 and under 45, including heads of families
5. Free white males of 45 and upwards, including heads of families
6. Free white females under 10 years of age
7. Free white females of ten and under 16
8. Free white females of 16 and under 26, including heads of families
9. Free white females of 26 and under 45, including heads of families
10. Free white females of 45 and upwards, including heads of families
11. All other free persons except Indians not taxed
12. Slaves

Guide & Key for the 1820 Census

Name of household head   1, 2, 3, 4, 5, 6, 7, 8, 9,10,11,12,13,
- -
| Cut along dotted line and use as guide |
- -
14,15,16,17,18,19,20,21,22,23,24,25,26,27,28,29,30,31.

Place guide over one name so that name and numbers are visible. Match
numbers of guide with those on the census recapitulation of each
individual name. Refer from the guide numbers to the numbers on the
key.

Key

1. Free white males under ten years
2. Free white males of ten and under 16
3. Free white males between 16 and 18
4. Free white males of 16 and under 26, including heads of families
5. Free white males of 26 and under 45, including heads of families
6. Free white males of 45 and upwards, including heads of families
7. Free white females under 10 years of age
8. Free white females of 10 and under 16
9. Free white females of 16 and under 26, including heads of families
10. Free white females of 26 and under 45, including heads of families
11. Free white females of 45 and upwards, including heads of families
12. Foreigners not naturalized
13. Number of persons engaged in Agriculture
14. Number of persons engaged in Commerce
15. Number of persons engaged in Manufacture
16. Slave males under 14
17. Slave males of 14 and under 26
18. Slave males of 26 and under 45
19. Slave males of 45 and upwards
20. Slave females of (under) 14
21. Slave females of 14 and under 26
22. Slave females of 26 and under 45
23. Slave females of 45 and upwards
24. Free colored males under 14 years
25. Free colored males of 14 and under 26
26. Free colored males of 26 and under 45
27. Free colored males of 45 and upwards
28. Free colored females under 14 years
29. Free colored females of 14 and under 26
30. Free colored females of 26 and under 45
31. Free colored females of 45 and upwards

www.ingramcontent.com/pod-product-compliance
Lightning Source LLC
Chambersburg PA
CBHW062024270326
41929CB00014B/2310